高等院校财经类应用型专业系列教材

高级财务会计

主　编　邢淑兰

天津大学出版社
TIANJIN UNIVERSITY PRESS

图书在版编目(CIP)数据

高级财务会计 / 邢淑兰主编. -- 天津 : 天津大学出版社, 2023.5（2024.7重印）
高等院校财经类应用型专业系列教材
ISBN 978-7-5618-7458-5

Ⅰ. ①高… Ⅱ. ①邢… Ⅲ. ①财务会计－高等学校－教材 Ⅳ. ①F234.4

中国国家版本馆CIP数据核字(2023)第073456号

出版发行 天津大学出版社
地　　址 天津市卫津路92号天津大学内（邮编：300072）
电　　话 发行部：022-27403647
网　　址 www.tjupress.com.cn
印　　刷 天津泰宇印务有限公司
经　　销 全国各地新华书店
开　　本 787mm×1092mm　1/16
印　　张 20.75
字　　数 518千
版　　次 2023年5月第1版
印　　次 2024年7月第2次
定　　价 56.00元

本书编委会

主　编：邢淑兰

副主编：李志英　王　珏

前　　言

社会经济的发展导致了现代会计的裂变。现代会计从其诞生之日起就在孕育高级财务会计。西方国家工业革命的成功，有力地推动了社会生产力的发展，市场竞争更加激烈，企业的兼并、合并必然产生母子公司，这就要求在会计上编制合并报表，以完整地反映企业集团的财务状况和营运能力。美国早期会计学家亨利·斯威尼在1936年就出版了《稳定币值会计》一书，提出应当使用等值美元调整传统财务报表上的美元。20世纪40年代中期至50年代末，美国注册会计师协会下属的会计程序委员会连续提交了几份会计研究公报，主张采用适当的报表附注与说明，但未修改以历史成本为基础的财务报告。原有的财务会计的框架难以解决会计领域的诸多新问题，而这些问题又是财务会计必须解决的，因此必须在原有的财务会计学的基础上，建立一门新的学科来解决这些会计领域的新问题，于是高级财务会计在20世纪60年代就应运而生了。2006年企业会计准则体系的建立，以及近年来企业会计准则的修订完善、新准则的发布，标志着我国已初步完成了会计国际化的进程，实现了会计准则的国际趋同。随着改革开放和社会主义现代化建设的深入推进，在守正创新、问题导向、坚持系统观念的基础上，真正解决市场经济中复杂会计业务问题的新理念、新思路、新办法不断提出，为高级财务会计的课程建设提供科学思想方法。

高级财务会计是财经类本科专业开设的专业核心课程。高级财务会计是研究客观经济环境中的特殊交易或事项的会计处理问题的一门课程。该课程的教学内容具有争议性、变动性、前沿性、交叉性、高阶性和复杂性等特点，给教师教学和学生学习带来了极大的挑战。基于该课程教学过程中存在着诸多亟待解决的问题，在新时代背景下，根据多年的教学经验和研究积累，我们以很大的勇气全面深化教学改革，编写了符合应用型标准的高级财务会计教材，实现突破性变革、系统性重塑、整体性重构，将“以培养学生会计应用型思维为中心”教学理念融入教学，重视发展学生的高阶会计思维，发挥专业课程价值塑造功能。

“十四五”时期是会计工作实现高质量发展的关键时期。大数据、人工智能、移动互联网、物联网、区块链等技术革新，催生新产业、新业态、新模式，进一步推动会计工作与经济业务深度融合，推动会计智能化发展，以“变革融合”为特征的会计改革发展趋势对会计人才建设提出新要求。社会迫切需要一批既精通专业又熟悉信息技术，既具备战略思维又富有创新能力的复合型会计人才。我国将加快建设现代化经济体系，加快构建以国内大循环为主体、国内国际双循环相互促进的新发展格局，这就需要广大会计人才不断提高贯彻新发展理念、构建新发展格局的能力和水平，在企业管理、政府治理、注册会计师审计、会计教学科研、会计国际交流合作等领域大展拳脚，在推动经济社会高质量发展、推进国家治理体系和治理能力现代化、建设高水平开放型经济新体制中发挥更大作用。

本书在编写过程中，系统考虑当前社会经济发展的需要和学生的会计基础，突出实务，体现课程特点。财务会计教材从偏重财务核算，逐步提升为注重财务案例的分析和决策等高阶能力的培养，以期增长学生的智慧，丰富学生的情感，激发学生追求理想和自由的愿望，增强学生承担责任的信心。学生通过积极参与课堂案例探讨和交流不但能获得成就感，而且能拓展会计思维。教师通过课堂做学生的知心人和引路人，将学生培养成怀抱梦想又脚踏实地，敢想敢为又善作善成，有理想、敢担当、能吃苦、肯奋斗的新时代好青年，让学生在全面建设社会主义现代化国家的火热实践中贡献自己的力量。

本书在内容安排上，坚定特色发展办学方向，创新培养模式，以打造高素质、专业化、复合型、国际化会计人才队伍为目的，顺应人才发展体制改革，加快建设国家战略人才力量，全方位培养引进用好人才，加强科学谋划，做好全面设计，坚决破除各种障碍，以强烈的责任感、使命感、紧迫感推进各项任务落实。

本书的指导思想是引导学生更新知识、拓展技能、完善知识结构、提高能力素质从而符合社会经济活动的要求。本书将现实性与前瞻性相结合，共分为九章，即非货币性资产交换、债务重组、所得税会计、外币折算、租赁、股份支付、会计调整、企业合并、合并财务报表。

本书为西安培华学院立项的自编教材，旨在推动财会类专业教育发展，加强职业道德和课程思政建设，培养符合新时代高质量发展要求的大中型企业高端会计人才，满足经济社会发展对高素质复合型国际化人才的需要。通过对最新财经法规和会计准则制度的学习、深入研究现有教材的优缺点，我们编写了符合人才培养方案的特色教材，培养学生依法执行会计准则的能力，让学生掌握行业发展的新知识、新技术、新技能，提高实际工作能力和职业道德水平。

本书由西安培华学院会计与金融学院的邢淑兰、李志英、王珏三位教师负责编写，其中邢淑兰负责第四章、第七章、第八章、第九章的编写，李志英负责第一章、第五章、第六章的编写，王珏负责第二章、第三章的编写。

本书在编写过程中参阅了大量国内外高级财务会计教材和文献，在此我们对其作者致以诚挚的谢意。由于水平有限，书中难免存在不少欠缺和不当之处，恳请读者批评指正，以便我们能够在再版时及时修改完善。

编　者

目　　录

第一章　非货币性资产交换

学习目标与要求

通过对本章的学习，了解并掌握：

1. 货币性资产和非货币性资产的概念及其认定；
2. 非货币性资产交换商业实质的判断；
3. 非货币性资产交换的确认与计量；
4. 非货币性资产交换的会计处理方法。

第一节　非货币性资产交换概述

一、非货币性资产交换的界定

（一）货币性资产和非货币性资产

1. 货币性资产

货币性资产，是指企业持有的货币资金和收取固定或可确定金额的货币资金的权利，包括现金、银行存款、应收账款、应收票据以及准备持有至到期的债券投资等。货币性资产的共同特征是它们为企业带来的经济利益的货币金额是固定的或者可以确定的。例如，将来可以收到的应收账款的金额就是其账面价值，准备持有至到期的债券投资在将来为企业带来的经济利益的金额就是债券的面值加上到期利息，二者为企业带来的经济利益的货币金额均是可以确定的。

2. 非货币性资产

非货币性资产，是指货币性资产以外的资产，包括存货、固定资产、无形资产、长期股权投资以及不准备持有至到期的债券投资等。与货币资金以及应收款项等货币性资产相比，这类资产为企业带来的经济利益的货币金额是不固定的或者不确定的。例如，企业持有固定资产主要通过生产经营，以折旧方式将其价值转移到产品成本中去，然后通过产品销售取得经济利益。很显然，固定资产为企业带来的经济利益的货币金额是不确定的。

因此，货币性资产与非货币性资产是两个相对应的概念，二者的区别在于其为企业带来的经济利益的货币金额，是否固定或者可确定。如果某项资产在将来为企业带来的经济利益的货币金额是固定的或者可确定的，则该项资产属于货币性资产；反之，若该项资产将来为企业带来的经济利益的货币金额是不固定的或不可确定的，则该项资产属于非货币性资产。

（二）非货币性资产交换的概念

在正常的生产经营活动中，企业一般以货币性资产（如银行存款、应收账款等）为对价交换原材料、固定资产等非货币性资产，这些交换最终会涉及现金的流入或流出。与这类交易不同的是，非货币性资产交换是指双方主要以固定资产、无形资产和长期股权投资等非货币性资产进行的交换，在交换中不涉及或只涉及少量的货币性资产。根据这一定义，非货币性资产交换具有以下特点。

1. 非货币性资产交换的主要对象是非货币性资产

与通常情况下企业以货币性资产交换非货币性资产不同，非货币性资产交换中双方交换的资产主要涉及非货币性资产，如甲公司以一台价值 200 万元的设备与乙公司交换一项价值为 200 万元的专利权（无形资产）。

2. 非货币性资产交换也可能涉及少量的货币性资产

进行非货币性资产交换并不意味着不涉及任何货币性资产。实务中可能存在换出非货币性资产的同时，支付一定金额的货币性资产的情况；或在换入非货币性资产时，收到一定金额的货币性资产的情况。此时，在非货币性资产交换中，该货币性资产称为补价。

二、非货币性资产交换的认定

很显然，如果双方均以非货币性资产进行交换，则该交换肯定属于非货币性资产交换。但是如果双方的交换还涉及补价，那么该交换是否属于非货币性资产交换则需要根据补价占整个交换的金额的比例大小来确定。具体而言，支付的补价占换入资产的公允价值（或占换出资产的公允价值和支付的补价之和）的比例，或者收到的补价占换出资产的公允价值（或占换入资产的公允价值和收到的补价之和）的比例低于 25%，则该交换被视为非货币性资产交换；高于 25%（含 25%）的，则该交换不能被认定为非货币性资产交换。

三、非货币性资产交换不涉及的交易或事项

根据非货币性资产交换会计准则（《企业会计准则第 7 号——非货币性资产交换》），非货币性资产交换不涉及以下交易和事项。

（一）换出资产为存货的非货币性资产交换

企业以存货换取客户的非货币性资产（如固定资产、无形资产等）的，换出存货的企业相关的会计处理适用《企业会计准则第 14 号——收入》。

财政部 2017 年 7 月发布的《关于修订印发〈企业会计准则第 14 号——收入〉的通知》规定："企业以存货换取客户的固定资产、无形资产等的，按照本准则的规定进行会计处理；其他非货币性资产，按照《企业会计准则第 7 号——非货币性资产交换》的规定进行会计处理。"

（二）非货币性资产交换中涉及企业合并

非货币性资产交换中涉及企业合并的，适用《企业会计准则第 20 号——企业合并》《企业会计准则第 2 号——长期股权投资》和《企业会计准则第 33 号——合并财务报表》。

（三）非货币性资产中涉及金融资产

非货币性资产交换中涉及《企业会计准则第 22 号——金融工具确认和计量》规定的金融资产的，金融资产的确认、终止确认和计量适用《企业会计准则第 22 号——金融工具确认和计量》和《企业会计准则第 23 号——金融资产转移》。

（四）非货币性资产交换中涉及使用权资产或应收融资租赁款

非货币性资产交换中涉及《企业会计准则第21号——租赁》规定的使用权资产或应收融资租赁款等的，相关资产的确认、终止确认和计量适用《企业会计准则第21号——租赁》。

（五）非货币性资产交换构成权益性交易

非货币性资产交换的一方直接或间接对另一方持股且以股东身份进行交易的，或者非货币性资产交换的双方均受同一方或相同的多方最终控制，且该非货币性资产交换的交易实质是交换的一方向另一方进行了权益性分配或交换的一方接受了另一方权益性投入的，应当适用权益性交易的有关会计处理规定。例如，集团重组中发生的非货币性资产划拨、划转行为，在股东或最终控制方的安排下，企业无代价或以明显不公平的代价将非货币性资产转让给其他企业或接受其他企业的非货币性资产，该类转让的实质是企业进行了权益性分配或接受了权益性投入，这类行为不适用本章所述的非货币性资产交换会计处理规定，应当适用权益性交易的有关会计处理规定。企业应当依据实质重于形式的原则判断非货币性资产交换是否构成权益性交易。

（六）其他不适用非货币性资产交换准则的交易和事项

（1）企业从政府无偿取得非货币性资产（比如，政府无偿提供非货币性资产给企业建造固定资产等）的，适用《企业会计准则第16号——政府补助》。

（2）企业将非流动资产或处置组分配给所有者的，适用《企业会计准则第42号——持有待售的非流动资产、处置组和终止经营》。

（3）企业以非货币性资产向职工发放非货币性福利的，适用《企业会计准则第9号——职工薪酬》。

（4）企业以发行股票形式取得的非货币性资产，相当于以权益工具换入非货币性资产，其成本确定适用相关资产准则。

（5）企业用于非货币性资产交换的非货币性资产应当符合资产的定义并满足资产的确认条件，且作为资产列报于企业的资产负债表上。因此，企业用于交换的资产目前尚未列报于资产负债表上或不存在或尚不属于本企业的，适用其他相关会计准则。

第二节　非货币性资产交换的确认与计量

一、非货币性资产交换的确认

在非货币性资产交换中，对于换入资产，企业应当在换入资产符合资产定义并满足资产确认条件时予以确认；对于换出资产，企业应当在换出资产满足资产终止确认条件时予以终止确认。

如果换入资产的确认时点与换出资产的终止确认时点不一致，企业在资产负债表日应当按照下列原则进行处理。

（1）换入资产满足资产确认条件，换出资产尚未满足终止确认条件的，在确认换入资产的同时将交付换出资产的义务确认为一项负债。

（2）换入资产尚未满足资产确认条件，换出资产满足终止确认条件的，在终止确认换出资产的同时将取得换入资产的权利确认为一项资产。

二、非货币性资产交换的计量

在非货币性资产交换的情况下，不论交换中涉及的资产是一项还是多项，换入资产成本的确定都有两种计量基础：公允价值和账面价值。

（一）以公允价值为计量基础

非货币性资产交换同时满足下列两个条件的，应当将公允价值和应支付的相关税费作为换入资产的成本，换出资产公允价值与换出资产账面价值的差额计入当期损益。

（1）交换具有商业实质。

（2）换入资产或换出资产的公允价值能够可靠计量。

1. 商业实质的判断

在确定资产交换是否具有商业实质时，企业应当重点考虑该项资产交换预计使企业未来现金流量发生变动的程度。企业可通过比较换出资产和换入资产预计产生的未来现金流量或其现值，确定非货币性资产交换是否具有商业实质。只有换出资产与换入资产预计产生的未来现金流量或其现值的差额较大（表明交易的发生使企业经济状况发生了明显改变），非货币性资产交换才具有商业实质。

企业发生的非货币性资产交换，符合下列条件之一的，视为具有商业实质。

（1）换入资产的未来现金流量在风险、时间和金额方面与换出资产显著不同。这种显著不同，既可以是三个方面都显著不同，也可以只是其中一个或者两个方面显著不同，具体包括但不限于以下情况。

①风险、金额方面相同，时间方面不同。例如，某企业以一台存货换入一台生产设备。因存货流动性强，能够在较短的时间内产生现金流量，而生产设备作为固定资产要在较长的时间后才能为企业带来现金流量，两者产生现金流量的时间相差较大，可以判断上述存货与固定资产的未来现金流量显著不同，因而这两项资产的交换具有商业实质。

②时间、金额方面相同，风险方面不同。此处的风险是指资产在未来产生现金流量的不确定程度。例如，甲企业以其用于经营出租的一幢公寓楼，与乙企业同样用于经营出租的一幢公寓楼进行交换，两幢公寓楼的租期、每期租金总额均相同，但是甲企业的公寓楼被租给一家财务及信用状况良好的企业作为办公场所，而乙企业的客户则都是单个租户，相比较而言，甲企业取得租金的风险较小，乙企业租金的取得依赖各单个租户的财务和信用状况。因此，两幢公寓楼的未来现金流量显著不同，其现金流入的风险或不确定性程度存在明显差异，可以判断这两项资产的交换具有商业实质。

③风险、时间方面相同，金额方面不同。这种情况是指交换的资产预计产生的未来现金流量总额相同，产生的现金流量的风险和时间也相同，但交换的资产在某一具体时间产生的现金流量存在明显差异。例如，某企业以一项商标权换入另一企业的一项专利技术，预计两项无形资产的使用寿命相同，在使用寿命内预计为企业带来的现金流量总额相同，但是换入的专利技术是新开发的，预计开始阶段产生的现金流量明显少于后期，而该企业拥有的商标权每年产生的现金流量比较稳定，两项无形资产在每年内产生的现金流量的金额存在明显

的差异。因此,可以认定上述商标权与专利技术的交换具有商业实质。

（2）使用换入资产所产生的预计未来现金流量现值与继续使用换出资产不同,且其差额与换入资产和换出资产的公允价值相比是重大的。企业如按照上述条件（1）难以判断某项非货币性资产交换是否具有商业实质,还可以通过计算、比较换入资产和换出资产预计产生的未来现金流量的现值进行判断。资产预计产生的未来现金流量的现值,应当按照资产在持续使用过程和最终处置时预计产生的税后未来现金流量,选择恰当的折现率对预计未来现金流量折现后的金额加以确定。应该注意的是,折现率应该根据企业自身而不是市场参与者对资产特定风险的评价来确定。

从市场参与者的角度分析,换入资产和换出资产预计产生的未来现金流量在风险、时间和金额方面可能相同或相似,但是,鉴于换入资产的性质和换入资产的企业的经营活动的特征等因素,换入资产与换入资产的企业的其他现有资产相结合,能够产生比换出资产更大的作用,使换入资产的企业受该换入资产影响的经营活动部分产生的现金流量,与换出资产的明显不同,从而使该企业换入资产预计产生的未来现金流量的现值与换出资产的发生明显差异,这表明这两项资产的交换具有商业实质。

例如,某企业以一项专利权换入另一企业拥有的长期股权投资,假定该项专利权与该项长期股权投资的公允价值相同,两项资产未来现金流量在风险、时间和金额方面相同。但是,对换入资产的企业来讲,换入该项长期股权投资使该企业对被投资方的关系由重大影响变为控制关系,从而对换入资产的企业预计产生的未来现金流量的现值与换出的专利权的有较大差异;另一企业换入的专利权能够解决生产中的技术难题,从而对该企业预计产生的未来现金流量的现值与换出的长期股权投资的有明显差异。因而这两项资产的交换具有商业实质。

2. 公允价值可靠计量的确定

资产存在活跃市场,是资产公允价值能够可靠计量的明显证据,但不是唯一要求。属于以下三种情形之一的,视为公允价值能够可靠计量。

（1）换入资产或换出资产存在活跃市场。

（2）换入资产或换出资产不存在活跃市场,但同类或类似资产存在活跃市场。

（3）换入资产或换出资产不存在同类或类似资产可比市场交易,但可以采用估值技术确定公允价值。采用估值技术确定的公允价值必须符合以下条件之一,才视为能够可靠计量。

①采用估值技术确定的公允价值估计数的变动区间很小。

②在公允价值估计数变动区间内,各种用于确定公允价值估计数的概率能够合理确定。

（二）以账面价值为计量基础

不具有商业实质或交换涉及的资产的公允价值均不能可靠计量的非货币性资产交换,应当将换出资产的账面价值和应支付的相关税费作为换入资产的成本,无论是否支付补价,均不确认损益;收到或支付的补价应调整换入资产的入账价值。其中,收到补价方应当以换出资产的账面价值减去补价为换入资产的成本;支付补价方应当以换出资产的账面价值加上补价为换入资产的成本。

第三节　非货币性资产交换的会计处理

一、以公允价值为计量基础的会计处理

在非货币性资产交换具有商业实质，且换入资产或换出资产的公允价值能够可靠计量的情况下，应以交换资产的公允价值为基础，对该非货币性资产交换进行会计处理。

（一）换入单项资产的非货币性资产交换的会计处理

1. 换入资产成本的确定

换入资产和换出资产的公允价值均能够可靠计量的，应当以换出资产的公允价值作为确定换入资产成本的基础。一般来说，取得资产的成本应当按照所放弃资产的对价来确定，在非货币性资产交换中，换出资产就是放弃的对价，如果其公允价值能够可靠计量，应当优先考虑将换出资产的公允价值作为确定换入资产成本的基础；如果有确凿证据表明换入资产的公允价值更加可靠的，应当以换入资产的公允价值为基础确定换入资产的成本。涉及补价的，应该按补价调整换入资产的入账价值。具体而言，换入资产的入账价值应根据下列公式确定：

换入资产的入账价值=换出资产的公允价值+应支付的相关税费+支付的补价（-收到的补价）

上述公式中，应支付的相关税费是指根据会计准则的规定应该计入换入资产成本的各项税金和相关费用，如企业换入固定资产时，承担的固定资产保险费、运输安装费等以及直接计入固定资产的相关税金（如不允许抵扣的增值税）。需要说明的是，交换中涉及的增值税计入换入资产的成本须符合税法的相关规定，如果税法允许抵扣，则应单独计入增值税进项税额，反之，则应计入换入资产的成本。

当然，如果有确凿的证据表明换入资产的公允价值比换出资产的公允价值更可靠，则应直接以换入资产的公允价值为基础来确定换入资产的入账价值。

2. 换出资产损益的确定

在以公允价值为基础对非货币性资产交换进行会计处理时，换出资产的公允价值和账面价值的差额，应计入当期损益。具体会计处理应根据换出资产的种类进行确定。

（1）换出资产为存货的，应当根据收入准则规定处理，按照客户支付对价的公允价值（即换入资产的公允价值）确认销售收入，同时结转销售成本，换入资产公允价值与换出资产账面价值的差额，属于企业营业利润的构成部分。

（2）换出资产为固定资产、在建工程、无形资产的，换出资产公允价值与换出资产账面价值的差额，计入资产处置损益。

（3）换出资产为长期股权投资的，换出资产公允价值与换出资产账面价值的差额，计入投资收益。

（4）换出资产为投资性房地产的，按换出资产公允价值或换入资产公允价值确认其他业务收入，按换出资产账面价值结转其他业务成本，二者的差额计入当期损益。

换入资产与换出资产涉及相关税费的，如换出存货作为销售计算的销项税额，换入资产

作为存货应当确认的可抵扣的增值税进项税额，按照相关税收规定计算确定。

3. 以公允价值为计量基础进行会计处理

（1）不涉及补价的非货币性资产交换。在不涉及补价的情况下，换入资产的入账价值为：

换入资产的入账价值=换出资产的公允价值（或换入资产的公允价值）+应支付的相关税费

换出资产应确认的损益为：

换出资产应确认的损益=换出资产的公允价值（或换入资产的公允价值）-换出资产的账面价值-应计入损益的相关税费

【例 1-1】2022 年 9 月 1 日，甲公司以生产经营过程中使用的一台设备交换乙公司生产的一批产品，换入的产品作为存货管理。甲、乙公司均为增值税一般纳税人，适用的增值税税率为 13%。设备的账面价值为 150 万元，在交换日的累计折旧为 40 万元，公允价值（计税价格）为 100 万元。产品的账面价值为 60 万元，在交换日的市场价格为 100 万元，产品的计税价格等于市场价格。乙公司换入的设备作为生产用固定资产管理。

假设甲公司在整个交易过程中，除支付设备的清理费用 1 万元外，没有发生其他相关税费，乙公司在整个交易过程中没有发生除增值税以外的其他税费。

整个资产交换过程中没有补价，因此，该项交换属于非货币性资产交换。本例是存货与固定资产的交换，如前所述，两项资产的交换具有商业实质；同时，两项资产的公允价值都能够可靠地计量，符合以公允价值计量的两个条件。因此，甲公司应当以换出资产的公允价值为基础，乙公司应当以换入资产的公允价值为基础确定换入资产的成本，并确认产生的损益。

①甲公司的账务处理如下。

换入产品的入账价值=换出资产的公允价值+应支付的相关税费=100（万元）

应确认的损益=100-（150-40）-1=-11（万元）

借：固定资产清理	1 100 000	
累计折旧	400 000	
贷：固定资产——设备		1 500 000
借：固定资产清理	10 000	
贷：银行存款		10 000
借：库存商品	1 000 000	
应交税费——应交增值税（进项税额）	130 000	
资产处置损益	110 000	
贷：固定资产清理		1 110 000
应交税费——应交增值税（销项税额）		130 000

②乙公司的账务处理如下。

根据增值税税法的有关规定，企业以库存商品换入其他资产，视同发生销售行为，应计算增值税销项税额，缴纳增值税。根据收入准则，乙公司应以换入资产公允价值为基础确认收入。

换入固定资产的入账价值=100（万元）

应确认的损益=100-60=40（万元）（分别通过“主营业务收入”和“主营业务成本”核算）

借：固定资产——设备	1 000 000
应交税费——应交增值税（进项税额）	130 000
贷：主营业务收入	1 000 000
应交税费——应交增值税（销项税额）	130 000
借：主营业务成本	600 000
贷：库存商品	600 000

【例 1-2】2022 年 8 月 10 日，为了提高产品质量，甲公司以其持有的对乙公司的长期股权投资交换丙公司拥有的一项专利技术。在交换日，甲公司持有的长期股权投资账面余额为 800 万元，已计提长期股权投资减值准备为 100 万元，在交换日的公允价值为 600 万元；丙公司专利技术的账面原价为 1 000 万元，累计已摊销金额为 200 万元，已计提减值准备为 100 万元，在交换日的公允价值为 600 万元。丙公司交换完成后对乙公司的关系由重大影响变为控制关系，甲公司换入的专利权可以大幅度改善其产品质量。税务机关核定的专利技术的增值税税率为 6%。甲公司向丙公司支付增值税 36 万元。假设长期股权投资转让不考虑增值税。

该项资产交换未涉及补价，属于非货币性资产交换。本例属于长期股权投资与无形资产的交换。对甲公司来说，换入专利技术能够大幅度改善产品质量，相对于持有的对乙公司的长期股权投资来说，预计产生的未来现金流量的时间、金额和风险均不相同；对丙公司来说，换入对乙公司的长期股权投资，使其对乙公司的关系由重大影响变为控制关系，因而其可决定乙公司的财务和经营政策，拥有了从乙公司经营活动中获取经济利益的权利，与专利技术预计产生的未来现金流量在时间、风险和金额方面均显著不同。因此，这两项资产的交换具有商业实质；同时，两项资产的公允价值都能够可靠地计量，符合以公允价值计量的条件。甲公司和丙公司均应当以换出资产的公允价值为基础确定换入资产的成本，并确认产生的损益。

①甲公司的账务处理如下。

换入无形资产的入账价值=换出资产的公允价值+应支付的相关税费

=600（万元）

应确认的损益=600-（800-100）=-100（万元）

借：无形资产——专利权	6 000 000
应交税费——应交增值税（进项税额）	360 000
长期股权投资减值准备	1 000 000
投资收益	1 000 000
贷：长期股权投资	8 000 000
银行存款	360 000

②丙公司的账务处理如下。

换入长期股权投资的入账价值=换出资产的公允价值+应支付的相关税费

=600(万元)

应确认的损益=600-(1 000-200-100)=-100(万元)

借：长期股权投资	6 000 000	
银行存款	360 000	
累计摊销	2 000 000	
无形资产减值准备	1 000 000	
资产处置损益	1 000 000	
贷：无形资产——专利权		10 000 000
应交税费——应交增值税(销项税额)		360 000

(2)涉及补价的非货币性资产交换。在涉及补价时,应先根据补价占整个交易的金额的比例来确定该项交易是否属于非货币性资产交换。收到补价的企业,如果其收取的补价占换出资产公允价值的比例低于25%,或者支付补价的企业,如果其支付的补价占换出资产公允价值与支付的补价之和的比例低于25%,则该交易视为非货币性资产交换,即:

收到补价的企业:收到的补价 ÷ 换出资产公允价值<25%

支付补价的企业:支付的补价 ÷(换出资产公允价值+支付的补价)<25%

在涉及补价的情况下,收到补价的企业换入资产的入账价值为:

换入资产的入账价值=换出资产的公允价值+相关税费-收到的补价

支付补价的企业换入资产的入账价值为:

换入资产的入账价值=换出资产的公允价值+相关税费+支付的补价

换出资产应确认的损益为:

应确认的损益=换出资产的公允价值-换出资产的账面价值-与换出资产相关的税费

【例 1-3】2022 年 9 月 1 日,甲公司以其拥有的用于经营出租的一幢公寓楼与乙公司持有的以交易为目的的股票投资交换。甲公司对用于交换的投资性房地产采用成本模式计量。在交换日,该幢公寓楼的账面原价为 4 000 万元,已提折旧 1 500 万元,未计提减值准备,在交换日的公允价值为 3 000 万元。乙公司持有的以交易为目的的股票投资账面价值为 2 400 万元,在交换日的公允价值为 2 800 万元,乙公司支付了 470 万元(其中包含增值税 270 万元)给甲公司。乙公司换入公寓楼后将其作为办公大楼使用,甲公司换入股票投资后仍然用于交易。不动产的增值税税率为 9%。假设不考虑乙公司交换金融资产涉及的增值税。

该项资产交换涉及收付货币性资产,即补价 200 万元(不包括增值税)。

对甲公司而言:收到的补价 200 万元 ÷ 换出资产的公允价值 3 000 万元=6.67%<25%,故该项资产交换属于非货币性资产交换。

对乙公司而言:支付的补价 200 万元 ÷(换出资产的公允价值 2 800 万元+支付的补价 200 万元)=6.67%<25%,故该项资产交换属于非货币性资产交换。

本例属于投资性房地产与交易性金融资产的交换。对甲公司而言,换入以交易为目的的股票投资使得企业可以在希望其变现的时候取得现金流量,但风险程度要比获取租金大,用于经营出租的公寓楼,可以获得稳定均衡的现金流,但是不能满足企业急需大量现金的需要,因此交易性股票投资带来的未来现金流量与出租的公寓楼带来的现金流在时间、风险方面有显著区别,因此可判断两项资产的交换具有商业实质。同时,股票投资和公寓楼的公允价值均能够可靠地计量,因此甲、乙公司均应当以公允价值为基础确定换入资产的成本,并确认产生的损益。

①甲公司的账务处理如下。

换入资产的入账价值=换出资产的公允价值+相关税费-收到的补价

=3 000-200=2 800(万元)

应确认的损益=换出资产的公允价值-换出资产的账面价值

=3 000-(4 000-1 500)=500(万元)

借:其他业务成本　25 000 000
　投资性房地产累计折旧　15 000 000
　贷:投资性房地产　40 000 000

借:交易性金融资产　28 000 000
　银行存款　4 700 000
　贷:其他业务收入　30 000 000
　　应交税费——应交增值税(销项税额)　2 700 000

②乙公司的账务处理如下。

换入资产的入账价值=换出资产的公允价值+相关税费+支付的补价

=2 800+200=3 000(万元)

应确认的损益=换出资产的公允价值-换出资产的账面价值

=2 800-2 400=400(万元)

借:固定资产　30 000 000
　应交税费——应交增值税(进项税额)　2 700 000
　贷:交易性金融资产　24 000 000
　　银行存款　4 700 000
　　投资收益　4 000 000

(二)同时换入多项资产的非货币性资产交换的会计处理

1. 换入资产成本的确定

在非货币性资产交换中,企业可能以一项非货币性资产同时换入另一企业的多项非货币性资产,或同时以多项非货币性资产换入另一企业的一项非货币性资产,或以多项非货币性资产同时换入另一企业的多项非货币性资产,也可能涉及补价。如果该交换具有商业实质,并且换入资产或者换出资产的公允价值能够可靠计量,则该非货币性资产交换应该采用公允价值计量。

涉及多项资产的非货币性资产交换在采用公允价值计量时,对于同时换入的多项资产,按照换入的金融资产以外的各项换入资产公允价值的相对比例,将换出资产公允价值总额(涉及补价的,加上支付补价的公允价值或减去收到补价的公允价值)扣除换入金融资产的公允价值后的净额进行分摊，以分摊至各项换入资产的金额，加上应支付的相关税费，作为各项换入资产的成本进行初始计量。

有确凿证据表明换入资产的公允价值更加可靠的，以各项换入资产的公允价值和应支付的相关税费作为各项换入资产的初始计量金额。

2. 以公允价值为计量基础进行会计处理

与换入单项非货币性资产的交换相似，在以公允价值为计量基础进行涉及多项非货币资产的交换的会计处理时，企业应该将各项换出资产的公允价值与其账面价值之间的差额，在各项换出资产终止确认时计入当期损益。

有确凿证据表明换入资产的公允价值更加可靠的，按照各项换出资产的公允价值的相对比例，将换入资产的公允价值总额（涉及补价的，减去支付补价的公允价值或加上收到补价的公允价值）分摊至各项换出资产，分摊至各项换出资产的金额与各项换出资产账面价值之间的差额，在各项换出资产终止确认时计入当期损益。

【例 1-4】甲公司和乙公司均为增值税一般纳税人，适用的增值税税率为 13%，不动产的增值税税率为 9%。2022 年 8 月 1 日，为适应业务发展的需要，经协商，甲公司决定以生产经营过程中使用的厂房以及库存商品换入乙公司生产经营过程中使用的办公楼和设备。甲公司厂房的账面原价为 3 500 万元，在交换日的累计折旧为 2 200 万元，公允价值为 1 500 万元；库存商品的账面价值为 300 万元，交换日的市场价格为 500 万元，市场价格等于计税价格。乙公司办公楼的账面原价为 1 800 万元，在交换日的累计折旧为 800 万元，公允价值为 1 400 万元；设备的账面原价为 600 万元，在交换日的累计折旧为 300 万元，公允价值为 400 万元。乙公司另外向甲公司支付银行存款 222 万元，其中包括由于换出资产和换入资产公允价值不同而支付的补价 200 万元，以及换出资产销项税额与换入资产进项税额的差额 22 万元。

甲公司换入的乙公司的办公楼和设备均作为固定资产；乙公司换入的甲公司的厂房作为固定资产，换入的库存商品作为原材料。甲、乙公司均开具了增值税专用发票。

本例涉及收付货币性资产，应当计算甲公司收到的货币性资产占甲公司换出资产公允价值总额的比例（等于乙公司支付的补价占乙公司换出资产公允价值与支付的补价之和的比例），即：

$$200 \div (1\,500+500) \times 100\%=10\%<25\%$$

据此可以认定这一涉及多项资产的交换行为属于非货币性资产交换。甲公司为了拓展业务，需要办公楼以及生产设备等；乙公司为了扩大产品生产，需要厂房和原材料，换入的资产对换入企业均能发挥更大的作用。因此，该项涉及多项资产的非货币性资产交换具有商业实质。同时，各单项换入资产和换出资产的公允价值均能可靠计量，因此甲、乙公司均应当以换出资产的公允价值为基础确定换入资产的总成本，并确认换出资产产生的相关损益。同时，按照各单项换入资产的公允价值占换入资产公允价值总额的比例，确定各单项换入资产的成本。

（1）甲公司的账务处理如下。

①根据税法的有关规定计算增值税。

换出资产（库存商品与厂房）的增值税销项税额=500 × 13%+1 500 × 9%

=200（万元）

换入资产（办公楼与设备）的增值税进项税额=1 400 × 9%+400 × 13%

=178（万元）

②计算换入资产、换出资产公允价值总额。

换出资产公允价值总额=1 500+500=2 000（万元）

换入资产公允价值总额=1 400+400=1 800（万元）

③计算换入资产总成本。

换入资产总成本=换出资产公允价值-收到的补价+应支付的相关税费

=2 000-200+0=1 800（万元）

④计算确定换入各项资产的公允价值占换入资产公允价值总额的比例。

办公楼公允价值占换入资产公允价值总额的比例=1 400 ÷ 1 800 × 100%=77.78%

设备公允价值占换入资产公允价值总额的比例=400 ÷ 1 800 × 100%=22.22%

⑤计算确定换入各项资产的成本。

换入办公楼的成本=1 800 × 77.78%=1 400（万元）

换入设备的成本=1 800 × 22.22%=400（万元）

⑥计算换出资产损益。

换出固定资产产生的损益=1 500-（3 500-2 200）=200（万元）

换出存货产生的损益=500-300=200（万元）

⑦会计分录。

借：固定资产清理	13 000 000	
累计折旧	22 000 000	
贷：固定资产——厂房		35 000 000
借：固定资产——办公楼	14 000 000	
——设备	4 000 000	
应交税费——应交增值税（进项税额）	1 780 000	
银行存款	2 220 000	
贷：固定资产清理		13 000 000
资产处置损益		2 000 000
主营业务收入		5 000 000
应交税费——应交增值税（销项税额）		2 000 000
借：主营业务成本	3 000 000	
贷：库存商品		3 000 000

（2）乙公司的账务处理如下。

①根据税法的有关规定计算增值税。

换入资产（库存商品与厂房）的增值税进项税额=500 × 13%+1 500 × 9%

=200（万元）

换出资产（办公楼与设备）的增值税销项税额=1 400 × 9%+400 × 13%

=178（万元）

②计算换入资产、换出资产公允价值总额。

换入资产公允价值总额=1 500+500=2 000（万元）

换出资产公允价值总额=1 400+400=1 800（万元）

③计算换入资产总成本。

换入资产总成本=换出资产公允价值+支付的补价=1 800+200=2 000（万元）

④计算确定换入各项资产的公允价值占换入资产公允价值总额的比例。

厂房公允价值占换入资产公允价值总额的比例=1 500 ÷ 2 000 × 100%=75%

原材料公允价值占换入资产公允价值总额的比例=500 ÷ 2 000 × 100%=25%

⑤计算确定换入各项资产的成本。

换入厂房的成本=2 000 × 75%=1 500（万元）

换入原材料的成本=2 000 × 25%=500（万元）

⑥计算确定损益。

换出固定资产产生的损益=1 400−（1 800−800）+400−（600−300）
=500（万元）

⑦会计分录。

借：固定资产清理	13 000 000	
累计折旧	11 000 000	
贷：固定资产——办公楼		18 000 000
——设备		6 000 000
借：固定资产——厂房	15 000 000	
原材料	5 000 000	
应交税费——应交增值税（进项税额）	2 000 000	
贷：固定资产清理		13 000 000
应交税费——应交增值税（销项税额）		1 780 000
银行存款		2 220 000
资产处置损益		5 000 000

【**例 1-5**】甲公司和乙公司均为增值税一般纳税人，适用的增值税税率均为13%。2022年8月，为适应业务发展的需要，经协商，甲公司决定以生产经营过程中使用的设备和货车换入乙公司生产经营过程中使用的小汽车和客运汽车。甲公司设备的账面原价为1 800万元，在交换日的累计折旧为300万元，公允价值为1 350万元；货车的账面原价为600万元，在交换日的累计折旧为480万元，公允价值为100万元。乙公司小汽车的账面原价为1 300万元，在交换日的累计折旧为690万元，公允价值为709.5万元；客运汽车的账面原价为1 300万元，在交换日的累计折旧为680万元，公允价值为700万元。乙公司另外向甲公司支付银行存款45.765万元，其中包括由于换出和换入资产的公允价值不同而支付的补价40.5万元，以及换出资产销项税额与换入资产进项税额的差额5.265万元。

假定甲公司和乙公司都没有为换出资产计提减值准备；甲公司换入乙公司的小汽车、客运汽车作为固定资产使用和管理；乙公司换入甲公司的设备、货车作为固定资产使用和管理。假定甲公司和乙公司上述交易涉及的增值税进项税额按照税法规定可抵扣且已得到认证；不考虑其他相关税费。

本例涉及收付货币性资产，应当计算甲公司收到的货币性资产占甲公司换出资产公允价值总额的比例（等于乙公司支付的货币性资产占乙公司换入资产公允价值的比例），即

40.5 ÷（1 350+100）=2.79%<25%

据此可以认定这一项涉及多项资产的交换行为属于非货币性资产交换。甲公司未来拓展运输业务，需要小汽车、客运汽车等，乙公司为了扩大产品生产，需要设备和货车。换入的资产对换入企业均能发挥更大的作用，因此该项涉及多项资产的非货币性资产交换具有商业实质。由于各单项换入资产和换出资产的公允价值均能可靠计量，因此甲、乙公司均应当以公允价值为基础确定换入资产的总成本，确认产生的相关损益。同时，按照各单项换入资产的公允价值占换入资产公允价值总额的比例，确定各单项换入资产的成本。

（1）甲公司的账务处理如下。

①根据税法的有关规定计算增值税。

换出设备的增值税销项税额=1 350 × 13%=175.5（万元）

换出货车的增值税销项税额=100 × 13%=13（万元）

换入小汽车、客运汽车的增值税进项税额=（709.5+700）× 13%=183.235（万元）

②计算换入资产、换出资产公允价值总额。

换出资产公允价值总额=1 350+100=1 450（万元）

换入资产公允价值总额=709.5+700=1 409.5（万元）

③计算换入资产总成本。

换入资产总成本=换出资产公允价值-收到的补价+应支付的相关税费

=1 450-40.5+0=1 409.5（万元）

④计算确定换入各项资产的公允价值占换入资产公允价值总额的比例。

小汽车公允价值占换入资产公允价值总额的比例=709.5 ÷ 1 409.5 × 100%

=50.34%

客运汽车公允价值占换入资产公允价值总额的比例=700 ÷ 1 409.5 × 100%

=49.66%

⑤计算确定换入各项资产的成本。

小汽车的成本=1 409.5 × 50.34%=709.5（万元）

客运汽车的成本=1 409.5 × 49.66%=700（万元）

⑥会计分录。

借：固定资产清理	16 200 000	
累计折旧	7 800 000	
贷：固定资产——设备		18 000 000
——货车		6 000 000
借：固定资产——小汽车	7 095 000	
——客运汽车	7 000 000	
应交税费——应交增值税（进项税额）	1 832 350	
银行存款	457 650	

资产处置损益　1 700 000
贷：固定资产清理　16 200 000
应交税费——应交增值税（销项税额）　1 885 000

（2）乙公司的账务处理如下。

①根据税法的有关规定计算增值税。

换入货车的增值税进项税额=100×13%=13（万元）

换入设备的增值税进项税额=1 350×13%=175.5（万元）

换出小汽车、客运汽车的增值税销项税额=（709.5+700）×13%
=183.235（万元）

②计算换入资产、换出资产公允价值总额。

换入资产公允价值总额=1 350+100=1 450（万元）

换出资产公允价值总额=709.5+700=1 409.5（万元）

③计算换入资产总成本。

换入资产总成本=换出资产公允价值+支付的补价
=1 409.5+40.5=1 450（万元）

④计算确定换入各项资产的公允价值占换入资产公允价值总额的比例。

设备公允价值占换入资产公允价值总额的比例=1 350÷1 450×100%=93.10%

货车公允价值占换入资产公允价值总额的比例=100÷1 450×100%=6.90%

⑤计算确定换入各项资产的成本。

设备的成本=1 450×93.10%=1 350（万元）

货车的成本=1 450×6.90%=100（万元）

⑥会计分录。

借：固定资产清理　12 300 000
累计折旧　13 700 000
贷：固定资产——小汽车　13 000 000
——客运汽车　13 000 000

借：固定资产——设备　13 500 000
——货车　1 000 000
应交税费——应交增值税（进项税额）　1 885 000
贷：固定资产清理　12 300 000
应交税费——应交增值税（销项税额）　1 832 350
银行存款　457 650
资产处置损益　1 795 000

二、以账面价值为计量基础的会计处理

非货币性资产交换不具有商业实质，或者虽然具有商业实质但换入资产和换出资产的公允价值均不能可靠计量，应当以换出资产账面价值为基础确定换入资产成本，无论是否支付补价，换入资产均不确认损益。

一般来说，如果换入资产和换出资产的公允价值都不能可靠计量，该项非货币性资产交换通常不具有商业实质，因为在这种情况下，很难比较两项资产产生的未来现金流量在时间、风险和金额方面的差异，很难判断两项资产交换后企业经济状况是否存在显著差异。

（一）换入单项资产的非货币性资产交换的会计处理

1. 换入资产成本的确定

在以账面价值为计量基础的非货币性资产交换的会计处理中，换入资产的成本应以换出资产的账面价值为基础来确定，涉及补价的，应按补价调整换入资产的入账价值，即：

换入资产的成本=换出资产的账面价值+支付的补价（-收到的补价）+应计入资产成本的相关税费

2. 以账面价值为计量基础进行会计处理

在以账面价值为计量基础的非货币性资产交换的会计处理中，由于换出资产以账面价值计量，因此不确认换出资产交换时产生的损益。

【例 1-6】甲公司拥有一台专有设备，该设备账面原价为 800 万元，已计提折旧 550 万元，乙公司拥有一项长期股权投资，账面价值为 200 万元，两项资产均未计提减值准备。甲公司决定以其专有设备与乙公司持有的长期股权投资进行交换。该专有设备系专门制造的，性质特殊，其公允价值不能可靠计量；乙公司拥有的长期股权投资在活跃市场中没有报价，其公允价值也不能可靠计量。假定交易不考虑增值税等相关税费。

该项资产交换不涉及货币性资产，因此该项交换属于非货币性资产交换。由于两项资产的公允价值不能可靠计量，因此甲、乙公司换入资产的成本均应当按照换出资产的账面价值确定，并且在交换中不确认损益。

（1）甲公司的账务处理如下。

换入资产的成本=换出专有设备的账面价值=800-550=250（万元）

借：固定资产清理	2 500 000	
累计折旧	5 500 000	
贷：固定资产——专有设备		8 000 000
借：长期股权投资	2 500 000	
贷：固定资产清理		2 500 000

（2）乙公司的账务处理如下。

换入资产的成本=换出长期股权投资的账面价值=200（万元）

借：固定资产——专有设备	2 000 000	
贷：长期股权投资		2 000 000

【例 1-7】甲公司和乙公司均为出租车经营公司。甲公司以其出租用的福特汽车与乙公司出租用的通用汽车交换。甲公司换出的汽车原价为 1 800 万元，已提折旧为 350 万元，公允价值为 1 400 万元；乙公司换出的汽车原价为 2 000 万元，已提折旧为 500 万元，公允价值为 1 600 万元。乙公司收到甲公司支付的补价 200 万元。甲、乙公司换入的汽车均作为出租用的经营汽车。假设不考虑增值税等相关税费。

本例涉及补价，应当计算补价占交换资产价值总额的比例，即：

$200 \div 1\,600 \times 100\% = 12.5\% < 25\%$

因此，该交换属于非货币性资产交换。甲、乙公司交换的资产均是出租车，换入和换出资产在风险、时间和金额方面基本相同。甲、乙公司均经营出租车业务，换入资产对其的作用和换出资产的基本相同。因此，可以判断，该非货币性资产交换不具有商业实质，甲、乙公司均应该按账面价值计量，且不确认损益。

（1）甲公司的财务处理如下。

换入资产的成本=换出资产的账面价值+支付的补价

=1 800−350+200=1 650（万元）

借：固定资产清理	14 500 000	
累计折旧	3 500 000	
贷：固定资产——出租车		18 000 000
借：固定资产——出租车	16 500 000	
贷：固定资产清理		14 500 000
银行存款		2 000 000

（2）乙公司（收到补价方）的财务处理如下。

换入资产的成本=换出资产的账面价值−收到的补价

=2 000−500−200=1 300（万元）

借：固定资产清理	15 000 000	
累计折旧	5 000 000	
贷：固定资产——出租车		20 000 000
借：固定资产——出租车	13 000 000	
银行存款	2 000 000	
贷：固定资产清理		15 000 000

（二）同时换入多项资产的非货币性资产交换的会计处理

在涉及多项非货币性资产的交换中，如果该非货币性资产交换不具有商业实质或换入资产和换出资产的公允价值均不能可靠计量，换入资产的总成本应当以换出资产的账面价值总额为基础确定，同时按照各项换入资产的公允价值占换入资产的公允价值总额的比例，对以换出资产账面价值总额为基础确定的换入资产的总成本进行分配，确定各项换入资产的成本，即：

换入资产的总成本=换出资产账面价值之和+支付的补价（−收到的补价）

换入总资产成本的分配比例=某项换入资产的公允价值 ÷ 换入资产公允价值之和

换入资产的公允价值不能够可靠计量的，可以按照各换入资产原账面价值的相对比例或其他合理的比例对换出资产的账面价值进行分摊。

同时在交换过程中，各项换出资产终止确认时均不确认损益。

【例 1-8】2022 年 9 月 1 日，甲公司与乙公司协商，以其一项专利技术与乙公司正处在建造过程的一幢建筑物以及其对 A 公司的长期股权投资进行交换。甲公司换出专利技术的账面原价为 5 000 万元，已计提摊销 500 万元。乙公司在建工程截止到交换日的成本为 2 000 万元，对 A 公司的长期股权投资账面余额为 1 000 万元。甲公司持有的专利技术的公允价值不能可靠计量，乙公司的在建工程以及持有的对 A 公司长期股权投资的公允价值也不能可靠计量。假设不考虑增值税等相关税费。

本例不涉及收付货币性资产,属于非货币性资产交换。由于换入资产、换出资产的公允价值均不能可靠计量,甲、乙公司均应当以换出资产的账面价值总额确定换入资产的成本,甲公司应当按各项换入资产的账面价值占换入资产账面价值总额的比例分配确定各项换入资产的成本。

(1)甲公司的账务处理如下。

①计算换入资产、换出资产账面价值总额。

换入资产账面价值总额=2 000+1 000=3 000(万元)

换出资产账面价值总额=5 000−500=4 500(万元)

②确定换入资产总成本。

换入资产总成本=换出资产账面价值总额=4 500(万元)

③计算各项换入资产账面价值占换入资产账面价值总额的比例。

在建工程占换入资产账面价值总额的比例=2 000 ÷ 3 000=66.67%

长期股权投资占换入资产账面价值总额的比例=1 000 ÷ 3 000=33.33%

④确定各项换入资产的成本。

换入在建工程的成本=4 500 × 66.67%=3 000(万元)

换入长期股权投资的成本=4 500 × 33.33%=1 500(万元)

⑤会计分录。

借:在建工程	30 000 000	
长期股权投资	15 000 000	
累计折旧	5 000 000	
贷:无形资产——专利技术		50 000 000

(2)乙公司的账务处理如下。

①确定换入资产总成本。

换入资产总成本=换出资产账面价值总额=3 000(万元)

②会计分录。

借:无形资产——专利技术	30 000 000	
贷:在建工程		20 000 000
长期股权投资		10 000 000

【例 1-9】2022 年 5 月,甲公司因经营战略发生较大转变,产品结构发生较大调整,原生产产品的专有设备、生产产品的专利技术等已不符合生产新产品的需要,经与乙公司协商,以其专用设备连同专利技术与乙公司正处于建造过程的一幢建筑物以及其对丙公司的长期股权投资进行交换。甲公司换出专有设备的账面原价为 1 200 万元,已提折旧为 750 万元;专利技术账面原价为 450 万元,已摊销金额为 270 万元。乙公司在建工程截止到交换日的成本为 525 万元,对丙公司的长期股权投资账面余额为 150 万元。由于甲公司持有的专有设备和专利技术在市场上已不多见,因此公允价值不能可靠计量。乙公司的在建工程因完工程度难以合理确定,其公允价值不能可靠计量,乙公司对丙公司长期股权投资的公允价值也不能可靠计量。假定甲、乙公司均未对上述资产计提减值准备,假定不考虑相关税费等

因素。

本例不涉及收付货币性资产，属于非货币性资产交换；由于换入资产、换出资产的公允价值均不能可靠计量，甲、乙公司均应当以换出资产账面价值总额确定换入资产的成本，各项换入资产的成本应当按各项换入资产的账面价值占换入资产账面价值总额的比例分配后确定。

（1）甲公司的账务处理如下。

①计算换入资产、换出资账面价值总额。

换入资产账面价值总额=525+150=675（万元）

换出资产账面价值总额=（1 200−750）+（450−270）=630（万元）

②确定换入资产总成本。

换入资产总成本=换出资产账面价值总额=630（万元）

③计算各项换入资产账面价值占换入资产账面价值总额的比例。

在建工程占换入资产账面价值总额的比例=525 ÷ 675 × 100%=77.8%

长期股权投资占换入资产账面价值总额的比例=150 ÷ 675 × 100%=22.2%

④确定各项换入资产的成本。

换入在建工程的成本=630 × 77.8%=490.14（万元）

换入长期股权投资的成本=630 × 22.2%=139.86（万元）

⑤会计分录。

借：固定资产清理	4 500 000	
累计折旧	7 500 000	
贷：固定资产——专有设备		12 000 000
借：在建工程	4 901 400	
长期股权投资	1 398 600	
累计摊销	2 700 000	
贷：固定资产清理		4 500 000
无形资产——专利技术		4 500 000

（2）乙公司的账务处理如下。

①计算换入资产、换出资产账面价值总额。

换入资产账面价值总额=（1 200−750）+（450−270）=630（万元）

换出资产账面价值总额=525+150=675（万元）

②确定换入资产总成本。

换入资产总成本=换出资产账面价值总额=675（万元）

③计算各项换入资产账面价值占换入资产账面价值总额的比例。

专有设备占换入资产账面价值总额的比例=450 ÷ 630 × 100%=71.4%

专利技术占换入资产账面价值总额的比例=180 ÷ 630 × 100%=28.6%

④确定各项换入资产的成本。

换入专有设备的成本=675 × 71.4%=481.95（万元）

换入专利技术的成本=675 × 28.6%=193.05（万元）

⑤会计分录。

借：固定资产——专有设备 4 819 500

　　无形资产——专利技术 1 930 500

　　贷：在建工程 5 250 000

　　　　长期股权投资 1 500 000

本章小结

一、非货币性资产交换的概念

非货币性资产交换，是指企业主要以固定资产、无形资产、投资性房地产和长期股权投资等非货币性资产进行的交换。该交换不涉及或只涉及少量的货币性资产（即补价）。

认定涉及少量货币性资产的交换为非货币性资产交换，通常以补价占整个资产交换金额的比例低于25%为参考标准。具体来说，从收到补价的企业来看，收到的货币性资产占换出资产公允价值（或占换入资产公允价值和收到的货币性资产之和）的比例低于25%，则该交换被视为非货币性资产交换；从支付补价的企业来看，支付的货币性资产占换出资产的公允价值与支付的补价之和（或占换入资产公允价值）的比例低于25%，则该交换被视为非货币性资产交换。上述比例高于25%（含25%）的交换则被视为货币性资产交换，适用《企业会计准则第14号——收入》等相关准则的规定。

二、非货币性资产交换的确认和计量

（一）非货币性资产交换具有商业实质的判断

满足下列条件之一的非货币性资产交换具有商业实质。

（1）换入资产的未来现金流量在风险、时间或金额方面与换出资产的显著不同。

（2）使用换入资产预计产生的未来现金流量的现值与继续使用换出资产预计产生的未来现金流量的现值不同，且其差额与换入资产和换出资产的公允价值相比是重大的。

（二）对非货币性资产交换进行确认和计量

（1）非货币性资产交换具有商业实质，且换入资产或换出资产的公允价值能够可靠计量的，应当以公允价值和应支付的相关税费作为换入资产的成本，公允价值与换出资产账面价值的差额计入当期损益。

企业在按照公允价值和应支付的相关税费确定换入资产成本的情况下，发生补价的，应当视情况的不同而差别处理。

①支付补价的，应当以换出资产的公允价值加上支付的补价（或换入资产的公允价值）和应支付的相关税费确定换入资产的成本。

②收到补价的，应当以换出资产的公允价值减去收到的补价（或换入资产的公允价值）加上应支付的相关税费确定换入资产的成本。

换出资产公允价值与其账面价值的差额，应当分不同情况进行处理。

①企业以存货换取客户的非货币性资产（如固定资产、无形资产等）的，换出存货的企

业相关的会计处理适用《企业会计准则第 14 号——收入》。

②换出资产为固定资产、在建工程、生产性生物资产、无形资产的，换出资产公允价值和换出资产账面价值的差额，计入资产处置损益。

③换出资产为长期股权投资的，换出资产公允价值和换出资产账面价值的差额，计入投资损益。

④换出资产为投资性房地产的，按换出资产公允价值或换入资产公允价值确认其他业务收入，按换出资产账面价值结转其他业务成本，二者之间的差额计入当期损益。

（2）非货币性资产交换不具有商业实质，或者虽然具有商业实质但换入资产和换出资产的公允价值均不能可靠计量的，应当以换出资产的账面价值和应支付的相关税费确定换入资产的成本，无论是否支付补价，均不确认损益。

企业在按照换出资产的账面价值和应支付的相关税费确定换入资产成本的情况下，发生补价的，应当分下列情况进行处理。

①支付补价的，应当以换出资产的账面价值加上支付的补价和应支付的相关税费确定换入资产的初始计量金额，不确认损益。

②收到补价的，应当以换出资产的账面价值减去收到的补价加上应支付的相关税费确定换入资产的初始计量金额，不确认损益。

（三）涉及多项资产的非货币性资产交换

非货币性资产交换同时换入多项资产的，在确定各项换入资产的成本时，应当分下列情况进行处理。

（1）非货币性资产交换具有商业实质，且换入资产的公允价值能够可靠计量的，应当按照换入各项资产的公允价值占换入资产公允价值总额的比例，对换入资产的成本总额进行分配，确定各项换入资产的成本。

（2）非货币性资产交换不具有商业实质，或者虽具有商业实质但换入资产的公允价值不能可靠计量的，应当按照换入各项资产的原账面价值占换入资产原账面价值总额的比例，对换入资产的成本总额进行分配，确定各项换入资产的成本。

思考题

1. 货币性资产交换和非货币性资产交换在账务处理上有何区别？
2. 如何认定非货币性资产交换？如何判断非货币性资产交换具有商业实质？
3. 以公允价值为计量基础的非货币性资产交换的会计处理的原则有哪些？
4. 以账面价值为计量基础的非货币性资产交换的会计处理的原则有哪些？
5. 非货币性资产交换中，如果换入多项资产，应如何确定每项换入资产的入账价值？
6. 换入多项非货币性资产的交换，应该如何进行会计处理？

案例分析

【案例描述】

甲公司 2022 年度发生如下经济业务。

（1）甲公司以其生产的一批应税消费品换入丙公司的一台设备，这批应税消费品的成本为 480 000 元，已提存货跌价准备 10 000 元，计税价格等于不含增值税的市场价格 500 000 元，适用增值税税率为 13%，消费税税率为 10%。设备的原价为 700 000 元，已提折旧 150 000 元，设备的公允价值为 600 000 元。交换过程中甲公司支付给丙公司现金 113 000 元，同时甲公司支付与固定资产相关的费用 5 000 元。

（2）甲公司以其持有的商业汇票（应收票据）90 000 元与乙公司交换原材料。该原材料的成本为 80 000 元，市场价格为 100 000 元，交换过程中甲公司支付给乙公司现金 23 000 元，同时支付原材料的运杂费等相关费用 2 000 元。

（3）甲公司以一台设备换入丁公司的专利权，设备的原价为 600 000 元，已提折旧 220 000 元，已提减值准备 40 000 元，设备的公允价值（计税价格）为 400 000 元。专利权的账面原价为 500 000 元，已提累计摊销为 150 000 元，公允价值（计税价格）为 300 000 元。专利权的增值税税率为 6%。甲公司收到丁公司支付的补价及增值税差额 134 000 元。

（4）甲公司以材料 A 与乙公司交换材料 B，材料 A 和 B 均为甲、乙公司生产中的辅料。在交换日，A 材料的成本为 30 000 元，公允价值为 40 000 元。B 材料的成本为 35 000 元，公允价值为 40 000 元。甲、乙公司交换取得的材料均作为生产用辅料。

假定不考虑除增值税、消费税以外的其他相关税费。

要求：判断上述哪些经济业务属于非货币性资产交换；如果属于非货币性资产交换，请分析并说明该交换是否具有商业实质并分别对甲公司的上述业务进行会计处理。

【案例解析】

（1）该交易的补价为 10（11.3 ÷（1+13%））万元，补价占交易金额的比例为 10 ÷ 60 × 100%=16.67%<25%，因此，该交易属于非货币性资产交换。该交易为存货与固定资产的交换，二者产生现金流量的时间不一致，因此该交易具有商业实质。甲公司的会计处理如下。

借：固定资产	605 000	
应交税费——应交增值税（进项税额）	78 000	
贷：主营业务收入		500 000
应交税费——应交增值税（销项税额）		65 000
银行存款		118 000
借：税金及附加	50 000	
贷：应交税费——应交消费税		50 000
借：主营业务成本	470 000	
存货跌价准备	10 000	
贷：库存商品		480 000

（2）该交易是货币性资产和非货币性资产进行的交换，不属于非货币性资产交换。其会计处理如下。

借：原材料	102 000	
应交税费——应交增值税（进项税额）	13 000	
贷：银行存款		25 000
应收票据		90 000

（3）该交易的补价为10（40-30）万元，占交易总额的比例为10÷40×100%=25%，因此该交易不属于非货币性资产交换。甲公司的会计处理如下。

借：固定资产清理	340 000	
固定资产减值准备	40 000	
累计折旧	220 000	
贷：固定资产		600 000
借：无形资产	300 000	
应交税费——应交增值税（进项税额）	18 000	
银行存款	134 000	
贷：固定资产清理		340 000
资产处置损益		60 000
应交税费——应交增值税（销项税额）		52 000

（4）该交换是存货之间的交换，不涉及补价，因此该交换属于非货币性资产交换。由于双方交换的是辅助材料，二者在现金流量的时间、金额和风险方面没有显著不同，换入资产和换出资产的未来现金流量基本相同，因此可以判断该交易不具有商业实质。交换双方应该以账面价值为计量基础。甲公司的会计处理如下。

借：原材料——B	30 000	
应交税费——应交增值税（进项税额）	5 200	
贷：原材料——A		30 000
应交税费——应交增值税（销项税额）		5 200

自测题

一、单项选择题

1. 下列各项中，属于货币性资产的是（　　）。

A. 固定资产　　B. 长期股权投资　　C. 应收票据　　D. 原材料

2. 以下事项中，属于非货币性资产交换的是（　　）。

A. 用应收票据100万元交换原材料　　B. 用应收账款100万元抵偿债务

C. 用银行存款30万元购入汽车　　D. 用价值30万元的原材料换取等值的设备

3. 下列说法中，不正确的是（　　）。

A. 非货币性资产交换可以涉及少量补价，通常以补价占整个资产交换金额的比例低于25%为参考标准

B. 当交换具有商业实质并且公允价值能够可靠计量时，应当以公允价值和应支付的相关税费确定换入资产的成本

C. 不具有商业实质的交换，应当以换出资产的账面价值和应支付的相关税费确定换入资产的成本

D. 收到补价时应确认收益，支付补价时不能确认收益

4. 甲企业用一台设备换入两种急需的原材料A和B，已知设备的账面价值是150 000

元,材料A的公允价值为50 000元,材料B的公允价值是60 000元,增值税税率为13%,计税价格等于公允价值。假设交换具有商业实质,则甲企业原材料的入账价值是(　　)元。

A.150 000　　B.110 000　　C.128 700　　D.131 300

5.A公司以一台甲设备换入B公司的一台乙设备,甲设备的账面原价为60万元,已提折旧3万元,已提减值准备3万元,其公允价值为40万元。B公司向A公司支付补价5万元。A公司支付清理费用0.5万元。假设该交换具有商业实质,且不考虑相关税费。A公司换入的乙设备的入账价值为(　　)万元。

A.54　　B.40　　C.35.5　　D.35

6. 在交换具有商业实质且公允价值能够可靠计量时,下列说法中不正确的是(　　)。

A. 非货币性资产交换不能确认损益

B. 换出资产为固定资产、无形资产的,换出资产公允价值与其账面价值的差额,计入资产处置损益

C. 换出资产为长期股权投资的,换出资产公允价值与其账面价值的差额,计入投资收益

D. 收到补价方,应当以换出资产的公允价值减去补价加上应支付的相关税费,确定换入资产的成本

7.A公司以一台甲设备换入B公司的一台乙设备,甲设备的账面原价为80万元,已提折旧32万元,已提减值准备4万元,其公允价值为60万元, A公司另向B公司支付补价4万元。假设该交换不具有商业实质,且不考虑相关税费,则A公司换入的乙设备的入账价值为(　　)万元。

A.80　　B.64　　C.44　　D.48

8. 下列有关非货币性资产交换的核算中,处理正确的是(　　)。

A. 非货币性资产交换的核算中,无论是否涉及补价,交换双方都要解决换入资产的入账价值和确认换出资产的损益问题

B. 多项资产交换与单项资产交换的主要区别在于,需要对换入各项资产的价值进行分配,其分配方法全部按各项换入资产的公允价值占换入资产公允价值总额的比例进行分配,以确定各项换入资产的入账价值

C. 非货币性资产交换具有商业实质且公允价值能够可靠计量的,在发生补价的情况下,支付补价方,可以以换入资产的公允价值和应支付的相关税费,确定换入资产的成本

D. 不具有商业实质的非货币性资产交换中,一般纳税人的增值税对换入或换出资产的入账价值一定无影响

9.A公司以一台设备换入B公司类似的一台设备。该设备的账面原值为100万元,累计已提折旧为20万元,已提减值准备10万元,公允价值为80万元。A公司另向B公司支付补价3万元。假设该交换不具有商业实质,且不考虑相关税费。A公司在交换中应确认的资产交换损益为(　　)万元。

A.0　　B.13　　C.7　　D.10

10.A公司以一台设备换入B公司类似的一台设备。该设备的账面原值为100万元,累计已提折旧为20万元,已提减值准备10万元,公允价值为80万元。A公司另向B公司支

付补价 3 万元。假设该交换具有商业实质,且不考虑相关税费。A 公司应确认的资产转让收益为(　　)万元。

A.0　　B.13　　C.7　　D.10

11. 甲公司发生的下列交易中(不考虑相关税费),属于非货币性资产交换的是(　　)。

A. 以公允价值为 270 万元的固定资产换入乙公司账面价值为 320 万元的无形资产,并支付补价 75 万元

B. 以账面价值为 280 万元的固定资产换入丙公司公允价值为 200 万元的一项专利权,并收到补价 80 万元

C. 以公允价值为 320 万元的长期股权投资换入丁公司账面价值为 460 万元的短期股票投资,并支付补价 160 万元

D. 以账面价值为 380 万元的应收票据换入戊公司公允价值为 400 万元的一台设备,并支付补价 20 万元

12. 甲公司以一批库存商品换入乙公司一台设备,并收到对方支付的补价 22.6 万元。该批库存商品的账面价值为 200 万元,公允价值为 300 万元,乙公司设备的原值为 300 万元,已提折旧 60 万元,公允价值为 280 万元,甲、乙公司适用的增值税税率为 13%;假定不考虑除增值税以外的其他相关税费。甲公司换入设备的入账价值和该项交易对损益的影响是(　　)万元。

A.280 和 0　　B.280 和 100　　C.276.6 和 100　　D.180 和 100

二、多项选择题

1. 下列交易中,属于非货币性资产交换的有(　　)。

A. 以固定资产换入交易性金融资产　　B. 以银行汇票购买原材料

C. 以银行本票购买固定资产　　D. 以长期股权投资换入原材料

E. 以商业票据换入无形资产

2. 下列项目中,属于货币性资产的有(　　)。

A. 银行存款　　B. 长期股权投资　　C. 存货　　D. 其他应收款

E. 投资性房地产

3. 在计算补价占整个交易金额的比例以认定某项交易为非货币性交换时,下列处理正确的有(　　)。

A. 收到的补价 ÷ 换出资产公允价值 < 25%

B. 收到的补价 ÷(收到的补价+换出资产公允价值)< 25%

C. 支付的补价 ÷(支付的补价+换入资产账面价值)< 25%

D. 支付的补价 ÷(支付的补价+换出资产公允价值)< 25%

E. 支付的补价 ÷ 换入资产公允价值 < 25%

4. 下列各项中,可视为具有商业实质的有(　　)。

A. 换入资产与换出资产的未来现金流量的风险、金额相同,时间不同

B. 换入资产与换出资产的未来现金流量的时间、金额相同,风险不同

C. 换入资产与换出资产的未来现金流量的风险、时间相同,金额不同

D. 换入资产与换出资产的未来现金流量的风险、时间、金额均不同

E. 换入资产预计产生的未来现金流量现值与换出资产的不同，且其差额与换入资产和换出资产的公允价值相比是重大的

5. 非货币性资产交换中，以公允价值为计量基础确定换入资产入账价值的条件有(　　)。

A. 换入的是非货币性资产

B. 收到补价或支付补价

C. 该项交换具有商业实质

D. 换入资产或换出资产的公允价值能够可靠计量

E. 补价占整个资产交换金额的比例低于 25%

6. 在换入资产按公允价值计量的情况下，换出资产为固定资产、金融资产的，其换出资产公允价值和换出资产账面价值的差额，可计入(　　)。

A. 营业外收入　　B. 留存收益　　C. 营业外支出　　D. 资产处置损益

E. 投资收益

7. 关于非货币性资产交换，下列说法中正确的有(　　)。

A. 只要非货币性资产交换具有商业实质，就应当以公允价值和应支付的相关税费确定换入资产的成本

B. 若换入资产的未来现金流量在风险、时间和金额方面与换出资产的显著不同，则该非货币性资产交换具有商业实质

C. 若换入资产预计产生的未来现金流量现值与换出资产的不同，且其差额与换入资产和换出资产的公允价值相比是重大的，则该非货币性资产交换具有商业实质

D. 在以公允价值为计量基础时，应以换出资产的公允价值作为换入资产的成本的基础，但换入资产公允价值更可靠的除外

E. 只要换出资产的公允价值能够可靠计量，就应当以其公允价值和应支付的相关税费确定换入资产的成本

8. 以下属于货币性资产条件的有(　　)。

A. 可以给企业带来经济利益　　B. 具有流动性

C. 为出售而持有　　D. 为企业带来的经济利益是固定的

E. 为企业带来的经济利益是可确定的

9. 非货币性资产交换以账面价值为计量基础时，下列处理中正确的有(　　)。

A. 以换出资产的账面价值作为确定换入资产成本的基础

B. 换出资产公允价值与换出资产账面价值的差额计入当期损益

C. 涉及多项非货币性资产的交换中，某项资产入账价值等于换出资产账面价值总额乘以换入该项资产的账面价值占换入资产账面价值总额的比例

D. 在不涉及金融资产的多项非货币性资产的交换中，某项资产的入账价值等于换出资产账面价值总额乘以换入该项资产的公允价值占换入资产公允价值总额的比例

E. 涉及多项非货币性资产的交换，双方账面价值总额一致时，某项换入资产入账价值一定等于该资产原账面价值

10. 下列交易中，属于非货币性资产交换的有（　　）。

A. 以公允价值为 100 万元的设备换取一项长期股权投资

B. 以公允价值为 100 万元的产品和 5 万元银行存款换取 2 辆汽车

C. 以公允价值为 300 万元的厂房和 150 万元银行存款换取一项土地使用权

D. 以公允价值为 100 万元的设备换取一处库房，同时支付 28 万元的补价

E. 以公允价值为 100 万元的设备换取一处库房，同时收到 28 万元的补价

11. 关于以公允价值为计量基础的非货币性资产交换的会计处理，下列说法中正确的有（　　）。

A. 收到补价的企业，以换入资产的公允价值加上应支付的相关税费，确定换入资产的入账价值

B. 支付补价的企业，以换出资产的公允价值加上支付的补价和应支付的相关税费，确定换入资产的入账价值

C. 收到补价的企业，以换出资产的公允价值减去补价加上应支付的相关税费，确定换入资产的入账价值

D. 换出资产公允价值与其账面价值的差额计入当期损益

E. 只有涉及补价的非货币性资产交换才确认换出资产的损益

12. 非货币性资产交换具有商业实质且公允价值能够可靠计量的，对于换出资产公允价值与其账面价值的差额，下列说法中正确的有（　　）。

A. 换出资产为存货的，应当视同销售处理，根据收入准则规定按客户支付非现金对价的公允价值确认商品销售收入，同时结转商品销售成本

B. 换出资产为无形资产的，换出资产公允价值和换出资产账面价值的差额，计入资产处置损益

C. 换出资产为固定资产的，换出资产公允价值和换出资产账面价值的差额，计入资产处置损益

D. 换出资产为长期股权投资的，换出资产公允价值和换出资产账面价值的差额，计入投资收益

E. 换出资产为其他权益工具投资的，换出资产公允价值和换出资产账面价值的差额，计入留存收益

三、判断题

1. 债权投资属于货币性资产。（　　）

2. 存货与存货的交换一定具有商业实质。（　　）

3. 在具有商业实质且公允价值能够可靠计量的情况下，如果换出的资产为固定资产、无形资产和投资性房地产，则换出资产的账面价值和公允价值之间的差额，计入营业外收入或营业外支出。（　　）

4. 在不具有商业实质的非货币性资产交换中，收到补价方，应当按照换出资产的账面价值减去收到的补价加上为换出资产支付的相关税费，确定换入资产的入账价值。（　　）

5. 不具有商业实质但换入资产的公允价值能够可靠计量的非货币性资产交换，在同时

换入多项资产的情况下，确定各项换入资产的入账价值时，需要按照换入各项资产的公允价值占换入资产公允价值总额的比例，确定各项换入资产的成本。 （ ）

6. 在非货币性资产交换中，企业为换入固定资产而发生的运杂费，应该计入换入固定资产的成本。 （ ）

7. 非货币性资产交换可以涉及少量的货币性资产，但货币性资产占整个资产交换金额的比例最高不能超过25%（不含25%）。 （ ）

8. 非货币性资产交换具有商业实质、换入资产的公允价值能够可靠计量，但是换出资产的公允价值不能可靠计量的，应以换入资产的公允价值为基础确定换入资产的总成本。

（ ）

9. 非货币性资产交换不具有商业实质，或换入资产和换出资产的公允价值均不能可靠计量的，以换出资产账面价值总额为基础确定换入资产的总成本。 （ ）

10. 短期股票投资、货币资金和应收款项都属于货币性资产。 （ ）

11. 非货币性资产交换是指交易双方以非货币性资产进行的交换，不涉及货币性资产。

（ ）

12. 非货币性资产交换中，企业不论收到还是支付补价，补价均作为调整换入资产入账价值的依据。 （ ）

四、计算及账务处理题

1. 甲公司以一台设备换入乙公司的专利权。设备的原价为600 000元，已提折旧220 000元，已提减值准备40 000元，设备的公允价值为400 000元。专利权的账面原价为500 000元，累计摊销为150 000元，公允价值为380 000元。甲公司收到乙公司支付的现金49 200元（其中包含补价20 000元，增值税税差29 200元）。乙公司将换入的设备作为生产用固定资产。甲、乙两公司适用的增值税税率为13%，无形资产的增值税税率为6%。假设：①该交换具有商业实质；②该交换不具有商业实质。

要求：分别根据上述两种假设编制甲公司与乙公司的有关会计分录。

2. 甲公司为增值税一般纳税人。2019年度发生如下经济业务。

（1）甲公司以其生产的一批应税消费品换入乙公司的一台设备。这批应税消费品的成本为380 000元，已提存货跌价准备20 000元，计税价格（等于公允价值）为400 000元。甲公司另向乙公司支付银行存款113 000元（其中包括支付补价100 000元，支付增值税的差额13 000元），同时为换入资产支付相关费用10 000元。乙公司的设备原价为800 000元，已提折旧220 000元，设备的公允价值为500 000元。

（2）甲公司以一项长期股权投资与丙公司交换一台设备和一项专利权。甲公司的长期股权投资账面余额为230万元，其中其他综合收益明细借方40万元（可以分类进损益），计提减值准备20万元，公允价值为190万元。丙公司的设备原价为100万元，累计折旧40万元，公允价值为50万元；专利权账面价值为120万元，公允价值为150万元。甲公司支付给丙公司银行存款27万元（其中包括支付补价10万元，增值税进项税额17万元），为换入资产共计支付相关税费10万元。

（3）甲公司以其持有的其他权益工具投资交换丁公司的产成品。在交换日，甲公司的其他权益工具投资账面余额为 380 000 元（其中成本为 320 000 元，公允价值变动为 60 000 元），公允价值为 420 000 元。换入产成品的账面价值为 320 000 元，公允价值（计税价格）为 400 000 元，增值税为 52 000 元。甲公司向丁公司支付银行存款 32 000 元（其中包括收取补价 20 000 元，支付增值税进项税额 52 000 元），换入的产成品作为库存商品核算。

（4）假设上述交换均具有商业实质且公允价值能够可靠计量，增值税税率为 13%，无形资产增值税税率为 6%，应税消费品的消费税税率为 10%。

要求：根据上述经济业务，编制甲公司有关会计分录。

3. 甲公司和乙公司均为增值税一般纳税企业，适用的增值税税率均为 13%。2019 年 10 月 1 日，甲公司与乙公司进行资产交换，甲公司将其持有的库存商品、长期股权投资、无形资产同乙公司的原材料、固定资产（厂房）进行交换。甲公司持有的库存商品的账面价值为 200 万元，公允价值为 300 万元（不含增值税）；长期股权投资的账面价值为 800 万元，公允价值为 1 000 万元；无形资产的账面原价为 800 万元，已累计摊销的金额为 300 万元，公允价值为 700 万元（不含 6%的增值税）。乙公司原材料的账面价值为 300 万元，公允价值为 400 万元（不含增值税）；厂房的账面原价为 1 500 万元，已计提折旧为 300 万元，公允价值为 1 800 万元（不含 9%的增值税）。同时，甲公司支付给乙公司银行存款 333 万元（其中包括支付补价 200 万元，支付增值税差额 133 万元）。假定该交换具有商业实质，甲公司换入的原材料、固定资产仍作为原材料和固定资产核算，乙公司换入的库存商品、长期股权投资和无形资产仍作为库存商品、长期股权投资和无形资产核算。

要求：

（1）计算甲、乙公司换入资产的总成本；

（2）计算甲、乙公司各项换入资产的入账价值；

（3）编制甲、乙公司相关的会计分录。

第二章　债务重组

学习目标与要求

通过对本章的学习，了解并掌握：

1. 债务重组的含义及重组方式；
2. 债务重组会计确认与计量的原则；
3. 债务重组会计核算方法；
4. 债务重组的信息披露。

第一节　债务重组概述

一、债务重组的含义

为适应社会主义市场经济发展需要、规范债务重组的会计处理、提高会计信息质量，根据《企业会计准则——基本准则》，财政部对《企业会计准则第 12 号——债务重组》进行了修订，明确了债务重组的定义，规范了债务重组的确认、计量和相关信息的披露。

债务重组，是指在不改变交易对手方的情况下，经债权人和债务人协定或法院裁定，就清偿债务的时间、金额或方式等重新达成协议的交易。

（一）不改变交易对手方

债务重组是在不改变交易对手方的情况下进行的交易。实务中经常出现第三方参与相关交易的情形。例如，某公司以不同于原合同条款的方式代债务人向债权人偿债；又如，新组建的公司承接原债务人的债务，与债权人进行债务重组；再如，资产管理公司从债权人处购得债权，再与债务人进行债务重组。在上述情形下，企业应当先考虑债权和债务是否发生终止确认，适用《企业会计准则第 22 号——金融工具确认和计量》和《企业会计准则第 23 号——金融资产转移》等准则，再就债务重组交易适用《企业会计准则第 12 号——债务重组》。

（二）重新达成协议的交易

债务重组是债权人和债务人就清偿债务的时间、金额或方式等重新达成协议的交易。债务重组不强调在债务人发生财务困难的背景下进行，也不论债权人是否作出让步。也就是说，无论何种原因导致债务人未按原定条件偿还债务，也无论双方是否同意债务人以低于债务的金额偿还债务，只要债权人和债务人就债务条款重新达成了协议，就符合债务重组的定义，适用《企业会计准则第 12 号——债务重组》。例如，债权人在减免债务人部分债务本金的同时提高剩余债务的利息，或者债权人同意债务人用等值库存商品抵偿到期债务等，均属于《企业会计准则第 12 号——债务重组》规定的债务重组。

（三）债权和债务的范围

债务重组涉及的债权和债务是指《企业会计准则第 22 号——金融工具确认和计量》规定的金融工具，针对合同资产、合同负债、预计负债等进行的交易安排不属于《企业会计准则第 12 号——债务重组》规定的范围，针对租赁应收款和租赁应付款的债务重组，属于《企业会计准则第 12 号——债务重组》规定的范围。

（四）债务重组的范围

（1）通过债务重组形成企业合并的，适用《企业会计准则第 20 号——企业合并》。债务人以股权投资清偿债务或者将债务转为权益工具，可能对应导致债权人取得被投资单位或债务人的控制权，在合并财务报表层面，债权人取得资产和负债的确认和计量适用《企业会计准则第 20 号——企业合并》的有关规定。

（2）债务重组构成权益性交易的，应当适用权益性交易的有关会计处理规定，债权人和债务人不确认构成权益性交易的债务重组相关损益。例如，债权人或债务人中的一方直接或间接对另一方持股且以股东身份进行债务重组的，或者债权人与债务人在债务重组前后均受同一方或相同的多方最终控制，且该债务重组的交易实质是债权人或债务人进行了权益性分配或接受了权益性投入的，适用权益性交易的有关会计处理规定。债务重组中不属于权益性交易的部分仍然应当确认债务重组相关损益。

债务重组涉及债权人和债务人，对债权人而言为“债权重组”，对债务人而言为“债务重组”，为便于表述统称为“债务重组”。

二、债务重组的方式

债务重组的方式主要包括债务人以资产清偿债务、债务人将债务转为权益工具、修改其他条款，以及上述方式的组合。

（一）债务人以资产清偿债务

债务人以资产清偿债务，是债务人转让其资产给债权人以清偿债务的债务重组方式。债务人用于偿债的资产通常是已经在资产负债表中确认的资产，例如，现金、应收账款、长期股权投资、投资性房地产、固定资产、在建工程、生物资产、无形资产等。债务人以日常活动产出的商品或服务清偿债务的，用于偿债的资产可能体现为存货等资产。

在受让上述资产后，按照相关会计准则要求及企业会计核算要求，债权人核算相关受让资产的类别可能与债务人不同。例如，债务人以作为固定资产核算的房产清偿债务，债权人可能将受让的房产作为投资性房地产核算；债务人以部分长期股权投资清偿债务，债权人可能将受让的投资作为金融资产核算；债务人以存货清偿债务，债权人可能将受让的资产作为固定资产核算等。

除上述已经在资产负债表中确认的资产外，债务人也可能以不符合确认条件而未予确认的资产清偿债务。例如，债务人以未确认的内部产生的品牌清偿债务，债权人在获得的商标权符合无形资产确认条件的前提下将其作为无形资产核算。在少数情况下，债务人还可能以处置组（即一组资产和与这些资产直接相关的负债）清偿债务。

（二）债务人将债务转为权益工具

这里的权益工具，是指根据《企业会计准则第 37 号——金融工具列报》分类为“权益工具”的金融工具，会计处理上体现为股本、实收资本、资本公积等科目。

实务中，有些债务重组名义上采用“债转股”的方式，但同时附加相关条款，如约定债务人在未来某个时点有义务以某一金额回购股权，或债权人持有的股份享有强制分红权等。对于债务人，这些“股权”可能并不是根据《企业会计准则第 37 号——金融工具列报》分类为“权益工具”的金融工具，所以这种方式并不属于债务人将债务转为权益工具的债务重组方式。债权人和债务人还可能协议以一项同时包含金融负债成分和权益工具成分的复合金融工具替换原债权债务，这类交易也不属于债务人将债务转为权益工具的债务重组方式。

（三）修改其他条款

修改债权和债务的其他条款，是债务人不以资产清偿债务，也不将债务转为权益工具，而是改变债权和债务的其他条款的债务重组方式，如调整债务本金、改变债务利息、变更还款期限等。经修改其他条款的债权和债务分别形成重组债权和重组债务。

（四）组合方式

组合方式，是采用债务人以资产清偿债务、债务人将债务转为权益工具、修改其他条款三种方式中两种及两种以上方式的组合清偿债务的债务重组方式。例如，债权人和债务人约定，由债务人以机器设备清偿部分债务，将另一部分债务转为权益工具，调减剩余债务的本金，但利率和还款期限不变；再如，债务人以现金清偿部分债务，同时将剩余债务展期等。

第二节 债务重组的会计处理

一、债权和债务的终止确认

债务重组中涉及的债权和债务的终止确认，应当遵循《企业会计准则第 22 号——金融工具确认和计量》和《企业会计准则第 23 号——金融资产转移》有关金融资产和金融负债终止确认的规定。

债权人在收取债权现金流量的合同权利终止时终止确认债权，债务人在债务的现时义务解除时终止确认债务。只有在符合终止确认条件时才能终止确认相关债权和债务，并确认债务重组相关损益。

对于终止确认的债权，债权人应当结转已计提的减值准备中对应该债权终止确认部分的金额。对于终止确认的分类为以公允价值计量且其变动计入其他综合收益的债权，之前计入其他综合收益的累计利得或损失应当从其他综合收益中转出，计入“投资收益”科目。

（一）以资产清偿债务或将债务转为权益工具

1. 债权人

对于采用以资产清偿债务或者将债务转为权益工具的方式进行的债务重组，由于债权人在拥有或控制相关资产时，通常其收取债权现金流量的合同权利也同时终止，债权人一般可以终止确认该债权。

2. 债务人

同样地，债务人通过交付资产或权益工具解除了其清偿债务的现时义务，债务人一般可以终止确认该债务。

（二）修改其他条款

修改其他条款的判断原则是：如果重组债务未来现金流量（包括支付和收取的某些费用）现值与原债务的剩余期间现金流量现值之间的差异超过10%，则意味着新的合同条款进行了实质性修改或者重组债务实质上是不同的。有关现值的计算均采用原债务的实际利率。如调整债务本金、改变债务利息、变更还款期限等的情形均属于修改其他条款的债务重组方式。

1. 债权人

对于债权人，债务重组通过调整债务本金、改变债务利息、变更还款期限等修改合同条款方式进行的，通常情况下，其应当整体考虑是否对全部债权的合同条款作出了实质性修改。如果作出了实质性修改，或者债权人与债务人之间签订协议，以获取实质上不同的新金融资产方式替换债权，债权人应当终止确认原债权，并按照修改后的条款或新协议确认新金融资产。

2. 债务人

对于债务人，如果对债务或部分债务的合同条款作出了实质性修改形成重组债务，或者债权人与债务人之间签订协议，以承担实质上不同的重组债务方式替换债务，债务人应当终止确认原债务，同时按照修改后的条款确认新金融负债。

（三）组合方式

1. 债权人

对于债权人，通常情况下其应当整体考虑是否终止确认全部债权。由于组合方式涉及多种债务重组方式，一般可以认为对全部债权的合同条款作出了实质性修改，从而终止确认全部债权，并按照修改后的条款确认新金融资产。

2. 债务人

对于债务人，针对组合中采用以资产清偿债务或者将债务转为权益工具的方式进行的债务重组，如果债务人清偿该部分债务的现时义务已经解除，应当终止确认该部分债务。针对组合中以修改其他条款的方式进行的债务重组，债务人需要根据具体情况，判断对应的部分债务是否满足终止确认条件。

二、债权人的会计处理

（一）以资产清偿债务或将债务转为权益工具

采用以资产清偿债务或者将债务转为权益工具方式进行债务重组的，债权人应当在相关资产符合其定义和确认条件时予以确认。

1. 债权人受让金融资产

债权人受让包括现金在内的单项或多项金融资产的，应当按照《企业会计准则第22号——金融工具确认和计量》的规定进行确认和计量。金融资产初始确认时应当以其公允价值计量。金融资产确认金额与债权终止确认日账面价值之间的差额，计入“投资收益”科目，但收取的金融资产的公允价值与交易价格（即放弃债权的公允价值）存在差异的，应当按照《企业会计准则第22号——金融工具确认和计量》第三十四条的规定处理。

会计处理如下。

借：相关金融资产 （以公允价值计量）
　　坏账准备
　　贷：应收账款
　　　　银行存款 （支付的相关交易费用）
　　　　投资收益 （差额，或借方）

2. 债权人受让非金融资产

采用以资产清偿债务的方式进行债务重组的，债权人初始确认受让的金融资产以外的资产时，应当按照下列原则以成本计量。

存货的成本，包括放弃债权的公允价值和使该资产达到当前位置和状态所发生的可直接归属于该资产的税金、运输费、装卸费、保险费等的其他成本。

对联营企业或合营企业投资的成本，包括放弃债权的公允价值和可直接归属于该资产的税金等的其他成本。

投资性房地产的成本，包括放弃债权的公允价值和可直接归属于该资产的税金等的其他成本。

固定资产的成本，包括放弃债权的公允价值和使该资产达到预定可使用状态前所发生的可直接归属于该资产的税金、运输费、装卸费、安装费、专业人员服务费等的其他成本。

生物资产的成本，包括放弃债权的公允价值和可直接归属于该资产的税金、运输费、保险费等的其他成本。

无形资产的成本，包括放弃债权的公允价值和可直接归属于使该资产达到预定用途所发生的税金等的其他成本。

放弃债权的公允价值与账面价值之间的差额，计入“投资收益”科目。

会计处理如下。

借：相关非金融资产（以成本计量）
　　坏账准备
　　贷：应收账款
　　　　银行存款（支付的直接相关税费等）
　　　　投资收益（差额，或借方）

3. 将债务转为权益工具

采用将债务转为权益工具的方式进行债务重组导致债权人将债权转为对联营企业或合营企业的权益性投资的，债权人应当按照《企业会计准则第 12 号——债务重组》第六条的规定计量其初始投资成本。放弃债权的公允价值与账面价值之间的差额，应当计入当期损益。

如取得对联营企业或合营企业的权益性投资，相应会计处理如下。

借：长期股权投资（放弃债权的公允价值+直接相关税费）
　　坏账准备
　　贷：应收账款等
　　　　银行存款等（支付的直接相关税费等）
　　　　投资收益（放弃债权的公允价值-放弃债权的账面价值）

4. 债权人受让多项资产

债权人受让多项非金融资产，或者包括金融资产、非金融资产在内的多项资产的，应当按照《企业会计准则第 22 号——金融工具确认和计量》的规定确认和计量受让的金融资产；按照受让的金融资产以外的各项资产在债务重组合同生效日的公允价值比例，对放弃债权在合同生效日的公允价值扣除受让金融资产当日公允价值后的净额进行分配，并以此为基础分别确定各项资产的成本。放弃债权的公允价值与账面价值之间的差额，计入“投资收益”科目。

5. 债权人受让处置组

债务人以处置组清偿债务的，债权人应当分别按照《企业会计准则第 22 号——金融工具确认和计量》和其他相关准则的规定，对处置组中的金融资产和负债进行初始计量，然后按照金融资产以外的各项资产在债务重组合同生效日的公允价值比例，对放弃债权在合同生效日的公允价值以及承担的处置组中负债的确认金额之和，扣除受让金融资产当日公允价值后的净额进行分配，并以此为基础分别确定各项资产的成本。放弃债权的公允价值与账面价值之间的差额，计入“投资收益”科目。

（二）修改其他条款

债务重组以修改其他条款方式进行的，如果修改其他条款导致全部债权终止确认，债权人应当按照修改后的条款以公允价值初始计量重组债权，重组债权的确认金额与债权终止确认日账面价值之间的差额，计入“投资收益”科目。会计处理如下。

借：重组债权　（以公允价值计量）
　　坏账准备
　　贷：应收账款等
　　　　投资收益（差额，或借方）

如果修改其他条款未导致债权终止确认，债权人应当根据其分类，继续以摊余成本、以公允价值计量且其变动计入其他综合收益或者以公允价值计量且其变动计入当期损益进行后续计量。对于以摊余成本计量的债权，债权人应当根据重新议定合同的现金流量变化情况，重新计算该重组债权的账面余额，并将相关利得或损失计入“投资收益”科目。如继续以摊余成本进行后续计量的会计处理如下。

借或贷：应收账款等
贷或借：投资收益

（三）组合方式

债务重组采用组合方式进行的，一般可以认为对全部债权的合同条款作出了实质性修改，债权人应当按照修改后的条款，首先按照《企业会计准则第 22 号——金融工具确认和计量》的规定以公允价值初始计量新的金融资产和受让的新金融资产，按照受让的金融资产以外的各项资产在债务重组合同生效日的公允价值比例，对放弃债权在合同生效日的公允价值扣除受让金融资产和重组债权当日公允价值后的净额进行分配，并以此为基础分别确定各项资产的成本。放弃债权的公允价值与放弃债权的账面价值之间的差额，计入当期损益。

三、债务人的会计处理

(一)债务人以资产清偿债务

采用以资产清偿债务的方式进行债务重组的,债务人应当在相关资产和所清偿债务符合终止确认条件时予以终止确认,所清偿债务账面价值与转让资产账面价值之间的差额计入当期损益。

1. 债务人以金融资产清偿债务

债务人以单项或多项金融资产清偿债务的,债务的账面价值与偿债金融资产账面价值的差额,计入“投资收益”科目。偿债金融资产已计提减值准备的,应结转已计提的减值准备。会计处理如下。

借:应付账款等 (账面价值)

  贷:出让的金融资产 (偿债金融资产账面价值)

    投资收益(差额,或借方)

对于以被分类为以公允价值计量且其变动计入其他综合收益的债务工具投资清偿债务的,之前计入其他综合收益的累计利得或损失应当从“其他综合收益”中转出,计入“投资收益”科目。

对于以被指定为以公允价值计量且其变动计入其他综合收益的非交易性权益工具投资清偿债务的,之前计入其他综合收益的累计利得或损失应当从“其他综合收益”中转出,计入“盈余公积”“利润分配——未分配利润”等科目。会计处理如下。

借:其他综合收益——其他权益工具投资公允价值变动

  贷:盈余公积

    利润分配——未分配利润

    (或相反分录)

2. 债务人以非金融资产清偿债务

债务人以单项或多项非金融资产清偿债务的,或者以包括金融资产和非金融资产在内的多项资产清偿债务的,不需要区分资产处置损益和债务重组损益,也不需要区分不同资产的处置损益,而应将所清偿债务账面价值与转让资产账面价值之间的差额,计入“其他收益——债务重组收益”科目。偿债资产已计提减值准备的,应结转已计提的减值准备。会计处理如下。

借:应付账款等 (账面价值)

  贷:非金融资产等(账面价值)

    银行存款(其他成本)

    其他收益——债务重组收益(差额,或借方)

债务人以包含非金融资产的处置组清偿债务的,应当将所清偿债务和处置组中负债的账面价值之和,与处置组中资产的账面价值之间的差额,计入“其他收益——债务重组收益”科目。处置组所属的资产组或资产组组合按照《企业会计准则第8号——资产减值》分摊了企业合并中取得的商誉的,该处置组应当包含分摊至处置组的商誉。处置组中的资产已计提减值准备的,应结转已计提的减值准备。

会计处理如下。

借：应付账款（清偿债务账面价值）

　　处置组负债（处置组负债的账面价值）

　　贷：处置组资产（处置组资产的账面价值）

　　　　其他收益——债务重组收益（差额，或借方）

（二）债务人将债务转为权益工具

采用将债务转为权益工具的方式进行债务重组的，债务人应当在所清偿债务符合终止确认条件时予以终止确认。债务人初始确认权益工具时应当按照权益工具的公允价值计量，权益工具的公允价值不能可靠计量的，应当按照所清偿债务的公允价值计量。所清偿债务账面价值与权益工具确认金额之间的差额，应当计入“投资收益”科目。债务人因发行权益工具而支出的相关税费等，应当依次冲减资本溢价、盈余公积、未分配利润等。

会计处理如下。

借：应付账款等（账面价值）

　　贷：股本

　　　　资本公积——股本溢价

　　　　银行存款（发行费用）

　　　　投资收益（差额，或借方）

（三）修改其他条款

采用修改其他条款的方式进行债务重组的，债务人应当按照《企业会计准则第22号——金融工具确认和计量》和《企业会计准则第37号——金融工具列报》的规定，确认和计量重组债务。

如果修改其他条款导致债务终止确认，债务人应当按照公允价值计量重组债务，终止确认的债务账面价值与重组债务确认金额之间的差额，计入“投资收益”科目。

会计处理如下。

借：应付账款等（账面价值）

　　贷：重组债务（以公允价值计量）

　　　　投资收益（差额，或借方）

如果修改其他条款未导致债务终止确认，或者仅导致部分债务终止确认，对于未终止确认的部分债务，债务人应当根据其分类，继续以摊余成本、以公允价值计量且其变动计入当期损益或其他适当方法进行后续计量。

对于以摊余成本计量的债务，债务人应当根据重新议定合同的现金流量变化情况，重新计算该重组债务的账面价值，并将相关利得或损失计入“投资收益”科目。重新计算的该重组债务的账面价值，应当根据将新议定或修改的合同现金流量按债务的原实际利率折现的现值确定。对于修改或重新议定合同所产生的成本或费用，债务人应当调整修改后的重组债务的账面价值，并在修改后的重组债务的剩余期限内摊销。

（四）组合方式

在以组合方式进行的债务重组中，对于将债务转为权益工具形成的重组债务，债务人应当在初始确认时按照权益工具的公允价值计量，权益工具的公允价值不能可靠计量的，应当按照所清偿债务的公允价值计量。对于修改其他条款形成的重组债务，债务人应当参照上述“修改其他条款”的原则确认和计量重组债务。所清偿债务的账面价值与转让资产的账面价值以及权益工具和重组债务的确认金额之和的差额，计入“其他收益——债务重组收益”或“投资收益”科目。

四、债务重组会计处理

（一）以资产清偿债务

1. 以金融资产清偿债务

【例 2-1】2022 年 5 月 10 日，A 公司销售一批材料给 B 公司，含税价格为 226 000 元，原定两个月后偿还货款，后因 B 公司资金周转困难无法按合同规定如期足额偿还债务，同年 8 月 20 日双方协议 A 公司同意减免 B 公司 40 000 元债务，余额用银行存款立即偿清。A 公司已对该债权计提了 1 000 元坏账准备。

（1）A 公司应作如下账务处理。

借：银行存款	186 000	
投资收益	39 000	
坏账准备	1 000	
贷：应收账款		226 000

（2）B 公司应作如下账务处理。

借：应付账款	226 000	
贷：银行存款		186 000
投资收益		40 000

【例 2-2】2022 年 6 月 10 日，A 公司向 B 公司销售商品，应收款项 100 万元。A 公司将应收账款分类为以摊余成本计量的金融资产。B 公司将该项应付账款分类为以摊余成本计量的金融负债，且因财务困难逾期无法偿还。2022 年 9 月 15 日，双方签订债务重组合同。B 公司以计入交易性金融资产的股权工具进行偿还。该交易性金融资产的账面价值为 90 万元（其中成本 80 万元，公允价值变动 10 万元），公允价值为 80 万元，双方办理完成股权转让手续。A 公司支付交易税费 4 万元。当日 A 公司应收账款的公允价值为 80 万元，已计提坏账准备 10 万元。假设不考虑相关税费。

（1）A 公司应作如下账务处理。

借：交易性金融资产	800 000	
坏账准备	100 000	
投资收益	140 000	
贷：应收账款		1 000 000
银行存款		40 000

（2）B 公司应作如下账务处理。

借：应付账款	1 000 000	
贷：交易性金融资产——成本		800 000
——公允价值变动		100 000

投资收益　　100 000

2. 以非金融资产清偿债务

【例 2-3】仍以上题为例，2022 年 6 月 10 日，A 公司向 B 公司销售商品应收款项 100 万元。A 公司将应收账款分类为以摊余成本计量的金融资产。B 公司将该项应付账款分类为以摊余成本计量的金融负债，且因财务困难逾期无法偿还。2022 年 9 月 15 日，双方签订债务重组合同。B 公司以原材料进行偿还，原材料的账面余额为 65 万元，公允价值为 80 万元，已计提存货减值准备 5 万元。A 公司已将原材料验收入库，支付运杂费 2 万元，并解除相关债务。假定 A 公司的债权在当日的公允价值为 90 万元。不考虑相关税费。

（1）A 公司应作如下账务处理。

借：原材料　　920 000
　　投资收益　　100 000
　　贷：应收账款　　1 000 000
　　　　银行存款　　20 000

（2）B 公司应作如下账务处理。

借：应付账款　　1 000 000
　　存货跌价准备　　50 000
　　贷：原材料　　650 000
　　　　其他收益——债务重组收益　　400 000

【例 2-4】2022 年 7 月 10 日，A 公司向 B 公司销售商品一批，应收 B 公司款项 100 万元。A 公司将该应收款项分类为以摊余成本计量的金融资产。B 公司将该应付账款分类为以摊余成本计量的金融负债。2022 年 10 月 10 日，双方签订债务重组合同，B 公司以一项作为无形资产核算的非专利技术偿还该欠款。该无形资产的账面余额为 100 万元，累计摊销额为 10 万元，已计提减值准备 2 万元。

10 月 20 日双方办理完成该无形资产转让手续，A 公司支付 4 万元评估费用。当日，A 公司应收款项的公允价值为 87 万元，已计提坏账准备 10 万元，B 公司应付款项仍为 100 万元。假设不考虑相关税费。

（1）A 公司应作如下账务处理。

借：无形资产　　910 000
　　坏账准备　　100 000
　　投资收益　　30 000
　　贷：应收账款　　1 000 000
　　　　银行存款　　40 000

（2）B 公司应作如下账务处理。

借：应付账款　　1 000 000
　　累计摊销　　100 000
　　无形资产减值准备　　20 000
　　贷：无形资产　　1 000 000
　　　　其他收益——债务重组收益　　120 000

3. 以包括金融资产、非金融资产在内的多项资产清偿债务

【例 2-5】2022 年 7 月 10 日，A 公司向 B 公司销售商品，应收款项 100 万元。A 公司将应收账款分类为以摊余成本计量的金融资产。B 公司将该项应付账款分类为以摊余成本计量的金融负债，且因财务困难逾期无法偿还。2022 年 10 月 10 日，双方签订债务重组合同，B 公司以一台作为固定资产管理的机器设备和一项计入交易性金融资产的股权工具抵偿欠款。当日，该债权的公允价值为 90 万元，B 公司用于抵债设备的原始价值 80 万，已提折旧 15 万，公允价值为（不含增值税）60 万元；交易性金融资产成本为 18 万，市值为 22.2 万元。抵债资产于 10 月 20 日完成转让手续。B 公司发生设备清理费 0.5 万元，A 公司发生设备安装费 2 万元。A 公司对该债权已计提坏账准备 5 万元。10 月 20 日股票市值为 20 万元，A 公司将其作为以公允价值计量且其变动计入当期损益的金融资产入账。A、B 公司均为增值税一般纳税人，适用增值税税率为 13%。不考虑其他相关税费。

（1）A 公司应作如下账务处理。

借：在建工程	600 000	
应交税费——应交增值税（进项税额）	78 000	
交易性金融资产	200 000	
坏账准备	50 000	
投资收益	72 000	
贷：应收账款		1 000 000
借：在建工程	20 000	
贷：银行存款		20 000
借：固定资产	620 000	
贷：在建工程		620 000

（2）B 公司应作如下账务处理。

借：固定资产清理	650 000	
累计折旧	150 000	
贷：固定资产		800 000
借：固定资产清理	5 000	
贷：银行存款		5 000
借：应付账款	1 000 000	
贷：固定资产清理		655 000
交易性金融资产		180 000
其他收益——债务重组收益		165 000

（二）将债务转为权益工具

【例 2-6】2022 年 6 月 10 日，A 公司向 B 公司销售商品，应收款项 100 万元。A 公司将应收账款分类为以摊余成本计量的金融资产。B 公司将该项应付账款分类为以摊余成本计量的金融负债，且因财务困难逾期无法偿还。2022 年 9 月 15 日，双方签订债务重组协议。协议规定 B 公司将债务转为资本，A 公司取得其增资后注册资本 300 万元的 20%股权，该股权的公允价值为 80 万元，此增资手续已经完成，取得出资证明。当日 A 公司应收账款的

公允价值为 80 万元。A 公司取得 B 公司股权后对 B 公司有重大影响。

（1）A 公司应作如下账务处理。

借：长期股权投资——B 公司（成本）	800 000	
投资收益	200 000	
贷：应收账款		1 000 000

（2）B 公司应作如下账务处理。

借：应付账款	1 000 000	
贷：实收资本		600 000
资本公积——资本溢价		200 000
投资收益		200 000

（三）修改其他条款

【例 2-7】A 公司向 B 公司销售商品，应收款项 100 万元。A 公司将应收账款分类为以摊余成本计量的金融资产。B 公司将该项应付账款分类为以摊余成本计量的金融负债，该债务因财务困难逾期无法偿还。2022 年 12 月 31 日，双方签订债务重组协议。A 公司同意免除 B 公司 20 万元的债务，并将剩余债务延期至 2023 年 12 月 31 日，且要求按照 5%的年利率（与实际利率相同）支付利息。该债务重组协议从协议签订日起开始实施。假设重组日重组债权的公允价值等于账面价值。

（1）A 公司应作如下账务处理。

①债务重组日。

借：应收账款——债务重组	800 000	
投资收益	200 000	
贷：应收账款		1 000 000

②收到债权资金。

借：银行存款	840 000	
贷：财务费用		40 000
应收账款		800 000

（2）B 公司应作如下账务处理。

①债务重组日。

借：应付账款	1 000 000	
贷：应付账款——债务重组		800 000
投资收益		200 000

②偿还债务资金。

借：应付账款——债务重组	800 000	
财务费用	40 000	
贷：银行存款		840 000

（四）组合方式

【例 2-8】B 公司应付 A 公司货款 100 万元，因财务困难逾期无法偿还。2022 年 9 月 15 日，双方签订债务重组协议。A 公司同意免除 B 公司 20 万元的债务，B 公司以一项专利偿还,该专利账面余额 25 万元,已提摊销 5 万元,公允价值 20 万元;剩余债务转为对 B 公司的投资。A 公司取得其增资后注册资本 250 万元的 20%股权,对 B 公司有重大影响。重组手续均已完成。假设重组日重组债权的公允价值等于账面价值。不考虑其他相关税费。

(1)A 公司应作如下账务处理。

借:无形资产	200 000	
长期股权投资	600 000	
投资收益	200 000	
贷:应收账款		1 000 000

(2)B 公司应作如下账务处理。

借:应付账款	1 000 000	
累计摊销	50 000	
贷:无形资产		250 000
实收资本		500 000
资本公积		100 000
其他收益——债务重组收益		200 000

第三节 债务重组会计信息的披露

债务重组中涉及的债权、重组债权、债务、重组债务和其他金融工具的披露,应当按照《企业会计准则第 37 号——金融工具列报》的规定处理。此外,债权人和债务人还应当在附注中披露与债务重组有关的额外信息。

一、债权人应披露的信息

债权人应当在附注中披露与债务重组有关的下列信息。

(1)根据债务重组方式,分组披露债权账面价值和债务重组相关损益。分组时,债权人可以按照以资产清偿债务方式、将债务转为权益工具方式、修改其他条款方式、组合方式的标准分组,也可以根据重要性原则以更细化的标准分组。

(2)披露债务重组导致的对联营企业或合营企业的权益性投资增加额,以及该投资占联营企业或合营企业股份总额的比例。

二、债务人应披露的信息

债务人应当在附注中披露与债务重组有关的下列信息。

(1)根据债务重组方式,分组披露债务账面价值和债务重组相关损益。分组的标准与对债权人的要求类似。

(2)披露债务重组导致的股本等所有者权益的增加额。

报表使用者可能关心与债务重组相关的其他信息,例如,债权人和债务人是否具有关联方关系;又如,如何确定将债务转为权益工具方式中的权益工具以及修改其他条款方式中的重组债权或重组债务等的公允价值;再如,是否存在与债务重组相关的或有事项等。企业应当根据《企业会计准则第 13 号——或有事项》《企业会计准则第 22 号——金融工具确认和计量》《企业会计准则第 36 号——关联方披露》《企业会计准则第 37 号——金融工具列报》《企业会计准则第 39 号——公允价值计量》等准则规定，披露相关信息。

本章小结

债务重组，又称债务重整，是指债权人按照其与债务人达成的协议或法院的裁决同意债务人修改债务条件的事项的交易。也就是说，只要修改了原定债务偿还条件的，即债务重组时确定的债务偿还条件不同于原协议的，均视为债务重组。

债务重组的方式有以金融资产清偿债务和以非金融资产清偿债务；将债务转为权益工具；修改其他条款，如延长债务偿还期限、延长债务偿还期限并加收利息、延长债务偿还期限并减少债务本金或债务利息等；以上两种或两种以上方式的组合。

思考题

1. 什么是债务重组？
2. 如何理解债务重组的本质特征？
3. 债务重组的方式有哪几种？
4. 债务重组损益应如何确认？
5. 各种债务重组方式下如何对债务损益进行计量？

案例分析

【案例描述】

2020 年 2 月 10 日，甲公司（债务人）从乙公司买一批材料，约定 6 个月后甲公司应结清款项 100 万元（假定无重大融资成分）。乙公司将该应收款项分类为以公允价值计量且其变动计入当期损益的金融资产；甲公司将该应付款项分类为以摊余成本计量的金融负债。

2020 年 8 月 12 日，甲公司因无法支付货款与乙公司协商进行债务重组，双方商定乙公司将该债权转为对甲公司的股权投资。

2020 年 10 月 20 日，乙公司办结了对甲公司的增资手续，甲公司和乙公司分别支付手续费等相关费用 1.5 万元和 1.2 万元。债转股后甲公司总股本为 100 万元，乙公司持有的抵债股权占甲公司总股本的 25%，对甲公司具有重大影响，甲公司股权公允价值不能可靠计量。甲公司应付款项的账面价值仍为 100 万元。

2020 年 3 月 31 日，应收款项和应付款项的公允价值均为 100 万元。

2020 年 8 月 12 日，应收款项和应付款项的公允价值均为 76 万元。

2020 年 10 月 20 日，应收款项和应付款项的公允价值均为 78 万元。

假定不考虑其他相关税费。

要求：编制债务重组的相关会计分录。

【案例解析】

(1)乙公司(债权人)的会计处理。

① 8 月 12 日(100 万元变 76 万元)。

借:公允价值变动损益	240 000	
贷:交易性金融资产——公允价值变动		240 000

② 10 月 20 日。

长期股权投资——甲公司=78+1.2=79.2(万元)

借:长期股权投资——甲公司	792 000	
交易性金融资产——公允价值变动	240 000	
贷:交易性金融资产——成本		1 000 000
投资收益		20 000
银行存款		12 000

(2)10 月 20 日甲公司(债务人)的会计处理。

资本公积——股本溢价=78-25-1.5=51.5(万元)

借:应付账款	1 000 000	
贷:股本		250 000
资本公积——股本溢价		515 000
银行存款		15 000
投资收益		220 000

资本公积:由于甲公司股权的公允价值不能可靠计量,初始确认权益工具公允价值时应当按照所清偿债务的公允价值 78 万元计量,并扣除因发行权益工具支出的相关税费 1.5 万元。

自测题

一、单项选择题

1. 债权人受让包括现金在内的单项或多项金融资产的,应当按照金融工具确认和计量准则的规定进行确认和计量。金融资产初始确认时应当以(　　)计量,金融资产确认金额与债权终止确认日账面价值之间的差额计入(　　)科目。

A. 金融资产的公允价值、投资收益　　B. 金融资产账面价值、投资收益

C. 放弃债权的公允价值、其他收益　　D. 放弃债权的账面价值、投资收益

2. 2020 年 9 月 15 日甲企业根据债务重组协议,用一批库存商品和银行存款 5 万元归还应付乙公司的账款 90 万元。库存商品的账面余额为 50 万元,公允价值为 60 万元,增值税销项税额为 7.8 万元,未计提存货跌价准备。则债务重组日甲企业债务重组利得是(　　)万元。

A. 60　　B. 10　　C. 17.2　　D. 27.2

3. 以资产清偿债务方式进行债务重组的,债务人应当在相关资产和所清偿债务符合终止确认条件时予以终止确认,所清偿债务(　　)之间的差额计入当期损益。

A. 账面价值与转让资产账面价值　　B. 公允价值与转让资产账面价值
C. 账面价值与转让资产公允价值　　D. 公允价值与转让资产公允价值

4. 甲公司是乙公司控股股东,为了弥补乙公司临时性经营现金流短缺,甲公司向乙公司提供 5 000 万元无息借款,并约定于 1 年后收回。借款期满时,尽管乙公司具有充足的现金流,甲公司仍然决定免除乙公司部分本金还款义务,仅收回 1 000 万元借款。乙公司确认债务重组相关损益(　　)。

A.1 000 万元
B.4 000 万元
C. 5 000 万元
D. 属于权益性交易不确认债务重组相关损益

5. 债务人以低于应付债务账面价值的固定资产清偿债务的,支付的固定资产账面价值低于应付债务账面价值的差额,应当计入(　　)。

A. 其他收益　　B. 营业外收入　　C. 资产处置损益　　D. 投资收益

6. 甲公司欠乙公司 600 万元货款,到期日为 2020 年 10 月 30 日。甲公司因财务困难,经协商于 2020 年 11 月 15 日与乙公司签订债务重组协议,协议规定甲公司以价值 550 万元的商品抵偿欠乙公司上述全部债务。2020 年 11 月 20 日,乙公司收到该商品并验收入库,2020 年 11 月 22 日办理了有关债务解除手续。该债务重组的重组日为(　　)。

A. 2020 年 10 月 30 日　　B. 2020 年 11 月 15 日
C. 2020 年 11 月 20 日　　D. 2020 年 11 月 22 日

7. 甲公司应收乙公司应收账款 800 万元,到期后乙公司无法偿还,经磋商双方达成重组协议,同意按银行存款 600 万元结清该笔货款。甲公司已经为该笔应收账款计提了 100 万元的坏账准备,在债务重组日,该事项对甲公司和乙公司的影响分别为(　　)。

A. 甲公司资本公积减少 200 万元,乙公司资本公积增加 200 万元
B. 甲公司投资收益减少 100 万元,乙公司投资收益增加 200 万元
C. 甲公司投资收益减少 100 万元,乙公司其他收益增加 200 万元
D. 甲公司营业外支出增加 100 万元,乙公司营业外收入增加 200 万元

8. 债权人受让多项非金融资产,或者包括金融资产、非金融资产在内的多项资产的,应当按照《企业会计准则第 22 号——金融工具确认和计量》的规定确认和计量受让的金融资产;按照受让的金融资产以外的各项资产在债务重组合同生效日的公允价值比例,对放弃债权在合同生效日的(　　)后的净额进行分配,并以此为基础分别确定各项资产的成本。放弃债权的公允价值与账面价值之间的差额计入“投资收益”科目。

A. 公允价值扣除受让金融资产当日公允价值
B. 公允价值扣除受让金融资产当日账面价值
C. 账面价值扣除受让金融资产当日账面价值
D. 账面价值扣除受让金融资产当日公允价值

9.2020 年 1 月 1 日, A 公司销售一批材料给 B 公司,含税价为 105 000 元。2020 年 7 月 1 日, B 公司无法按合同规定偿还债务,经双方协议, A 公司同意 B 公司用产品抵偿该应收账款。该产品公允价值为 80 000 元,增值税税率为 13%,产品成本为 70 000 元。B 公司

为转让的材料计提了存货跌价准备 500 元，A 公司为债权计提了坏账准备 500 元。假定增值税不单独结算,不考虑其他税费。B 公司应确认的债务重组利得为(　　)元。

A. 22 400　　B. 21 900　　C. 25 000　　D. 24 600

10. 下列各项中,属于债权人应当在附注中披露的债务重组的有关信息的是(　　)。

A. 根据债务重组方式,分组披露债权账面价值和债务重组相关损益

B. 债务重组导致的对子公司的权益性投资增加额

C. 按资产类别披露受让各项资产的入账成本

D. 终止确认债权是否计提过减值准备以及减值的金额

11. 采用以资产清偿债务的方式进行的债务重组,如果债权人将受让资产划分为持有待售类别,其受让资产的入账价值为(　　)。

A. 放弃债权的公允价值与相关税费之和

B. 假定不划分为持有待售类别情况下的初始计量金额和公允价值减去出售费用后的净额二者孰低

C. 公允价值减去出售费用后的净额

D. 债务人资产的原账面价值

12. 2020 年 1 月 1 日,甲公司与乙公司进行债务重组,重组日甲公司应收乙公司账款账面余额为 200 万元,已提坏账准备 20 万元,其公允价值为 190 万元,乙公司以一批存货抵偿上述账款,该批库存商品的公允价值为 200 万元,增值税为 26 万元。甲公司为取得库存商品支付的运费和保险费为 2 万元,支付增值税 26 万元,假定不考虑除增值税外的其他因素。甲公司债务重组取得存货的入账价值为(　　)万元。

A .192　　B. 202　　C. 186　　D. 200

13. 2020 年 7 月 30 日,甲公司就应收 A 公司账款 6 000 万元与 A 公司签订债务重组合同。合同规定：A 公司以其拥有的一栋在建写字楼及一项按权益法核算的长期股权投资偿付该项债务；A 公司在建写字楼和长期股权投资所有权转移至甲公司后,双方债权债务结清。2020 年 8 月 10 日，A 公司将在建写字楼和长期股权投资所有权转移至甲公司。同日，甲公司该应收款项已计提的坏账准备为 800 万元；A 公司该在建写字楼的账面余额为 1 800 万元,未计提减值准备,公允价值为 2 200 万元；A 公司该长期股权投资的账面余额为 2 600 万元(假定全部为“投资成本”和“损益调整”明细科目的余额),已计提的减值准备为 200 万元,公允价值为 2 300 万元。甲公司将取得的股权投资作为长期股权投资,并采用权益法核算。甲公司和 A 公司均为增值税一般纳税人,写字楼适用的增值税税率为 9%,以摊余成本计量上述应收款项和应付账款。不考虑其他因素，A 公司因该项债务重组应确认的损益金额为(　　)。

A.1 500 万元　　B.1 602 万元　　C.1 900 万元　　D.3 400 万元

14. 2020 年 1 月 5 日,甲公司就应付乙公司账款 900 万元与乙公司达成债务重组协议：甲公司以银行存款偿还 200 万元的债务,其余债务以设备、无形资产(专利权,免征增值税)抵偿。用以偿债的设备的账面原价为 250 万元,已提折旧 20 万元,已提减值准备 10 万元,公允价值为 260 万元;无形资产账面原价为 300 万元,已摊销 150 万元,公允价值为 200 万元。乙公司将该应收款项分类为以摊余成本计量的金融资产,甲公司将该应付账款分类为

以摊余成本计量的金融负债。甲公司和乙公司均为增值税一般纳税人，适用的增值税税率为13%。不考虑其他因素，甲公司因该项债务重组影响损益的金额为（　　）。

A.195.8 万元　　B.240 万元　　C.296.2 万元　　D.330 万元

15. 下列不属于债务重组的相关披露内容的是（　　）。

A. 根据《企业会计准则第 36 号——关联方披露》规定披露债权人和债务人是否具有关联方关系

B. 根据《企业会计准则第 22 号——金融工具确认和计量》《企业会计准则第 37 号——金融工具列报》规定披露如何确定将债务转为权益工具方式中的权益工具

C. 根据《企业会计准则第 13 号——或有事项》规定披露是否存在与债务重组相关的或有事项

D. 无须披露修改其他条款方式中的新重组债权或重组债务等的公允价值

二、多项选择题

1. 关于债务重组，下列说法中不正确的有（　　）。

A. 债务重组一定是在债务人发生财务困难的情况下发生的

B. 债务重组一定是债权人按照其与债务人达成的协议或者法院的裁定作出让步的事项

C. 债务重组既包括持续经营情况下的债务重组也包括非持续经营情况下的债务重组

D. 债务重组是指在不改变交易对手方的情况下，经债权人和债务人协定或法院裁定，就清偿债务的时间、金额或方式等重新达成协议的交易

2. 采用将债务转为权益工具的方式进行债务重组，以下说法正确的是（　　）。

A. 采用将债务转为权益工具的方式进行债务重组导致债权人将债权转为对联营企业或合营企业的权益性投资的，债权人应当按照以放弃债权的公允价值和相关税费计量其初始投资成本

B. 债务重组采用将债务转为权益工具方式进行的，债务人初始确认权益工具时，应当按照权益工具的公允价值计量，权益工具的公允价值不能可靠计量的，应当按照所清偿债务的公允价值计量

C. 债务人所清偿债务账面价值与权益工具确认金额之间的差额，计入“投资收益”科目

D. 债务人因发行权益工具而支出的相关税费等，应当依次冲减盈余公积、未分配利润、资本公积（资本或股本溢价）等

3. 债务重组的方式主要包括（　　）。

A. 以资产清偿债务

B. 将债务转为权益工具

C. 修改其他条款但不包括上述 A 和 B 两种方式

D. 以上三种方式的组合

4. 下列关于以资产抵债方式下债务重组的论断中，正确的有（　　）。

A. 存货的成本，包括放弃债权的公允价值和使该资产达到当前位置和状态所发生的可直接归属于该资产的税金、运输费、装卸费、保险费等的其他成本

B. 对联营企业或合营企业投资的成本，包括放弃债权的公允价值和可直接归属于该资产的税金等的其他成本

C. 固定资产的成本，包括放弃债权的公允价值和使该资产达到预定可使用状态前所发生的可直接归属于该资产的税金、运输费、装卸费、安装费、专业人员服务费等的其他成本

D. 无形资产的成本，包括放弃债权的公允价值和可直接归属于使该资产达到预定用途所发生的税金等的其他成本

5. 下列关于将债务转为权益工具方式的债务重组的说法中，正确的有（　　）。

A. 债务人应当将债权人放弃债权而享有股份面值的总额确认为股本或实收资本，股份的公允价值总额与股本或实收资本之间的差额确认为当期损益

B. 债务人应当将债权人放弃债权而享有的股份面值的总额确认为股本或实收资本，股份公允价值和股本或实收资本之间的差额确认为资本公积

C. 所清偿债务的账面价值与股份面值总额之间的差额计入当期损益

D. 将债务转为权益工具，与发行股票直接相关的手续费应冲减资本公积

三、判断题

1. 重组债权已计提减值准备的，应当先用收到资产的入账价值与重组债权的账面余额之间的差额冲减已计提的减值准备，冲减后仍有损失的，计入投资收益；冲减后仍有余额的，应予转回并抵减当期信用减值损失。（　　）

2. 对于在报告期间已经开始协商但在报告期资产负债表日后的债务重组，不属于资产负债表日后调整事项。（　　）

3. 债务重组采用将债务转为权益工具方式进行的，债务人初始确认权益工具时，应当按照权益工具的公允价值计量，权益工具的公允价值不能可靠计量的，应当按照所清偿债务的公允价值计量。所清偿债务账面价值与权益工具确认金额之间的差额，记入“其他收益”科目。债务人因发行权益工具而支出的相关税费等，应当依次冲减资本公积（资本或股本溢价）、盈余公积、未分配利润等。（　　）

4. 债务重组采用修改其他条款方式进行的，如果修改其他条款导致债务终止确认，债务人应当按照公允价值计量重组债务，终止确认的债务账面价值与重组债务确认金额之间的差额，记入“投资收益”科目。（　　）

5. 以组合方式进行债务重组的，债权人应当首先按照《企业会计准则第22号——金融工具确认和计量》的规定确认和计量受让的金融资产和重组债权，然后按照受让的金融资产以外的各项资产的公允价值比例，对放弃债权的公允价值扣除受让金融资产和重组债权确认金额后的净额进行分配，并以此为基础按照前述规定分别确定各项资产的成本。放弃债权的公允价值与账面价值之间的差额，应当计入当期损益。（　　）

四、计算及账务处理题

1. 甲、乙公司均为增值税一般纳税人，适用的增值税税率均为13%。有关债务重组的资料如下：2020年3月6日，甲公司因购买商品而欠乙公司购货款及税款合计700万元。乙公司将该应收款项分类为以摊余成本计量的金融资产，甲公司将该应付账款分类为以摊余

成本计量的金融负债。2020 年 3 月 15 日，双方经协商确定，甲公司以其生产的产品和其拥有的并作为以公允价值计量且其变动计入当期损益的金融资产核算的某公司股票投资抵偿债务。当日，该产品的成本为 180 万元，已计提存货跌价准备 1 万元，公允价值为 220 万元；该股票投资的账面价值为 300 万元（其中取得时的成本为 200 万元，公允价值变动为 100 万元），公允价值为 400 万元。乙公司该应收账款的公允价值为 680 万元。乙公司将该产品作为生产经营用固定资产入账，将该股票投资作为其他权益工具投资核算。2020 年 3 月 31 日，抵债资产已转让完毕，乙公司对该项应收账款计提的坏账准备为 2.5 万元，上述股票投资的公允价值为 420 万元。

要求：编制甲公司、乙公司债务重组的会计分录。

2.2020 年 3 月 18 日，甲公司向乙公司销售一批商品，应收乙公司款项的入账金额为 3 660 万元。甲公司将该应收款项分类为以摊余成本计量的金融资产。乙公司将该应付账款分类为以摊余成本计量的金融负债。9 月 18 日，甲公司应收乙公司账款 3 660 万元已逾期，经协商双方决定进行债务重组。乙公司以一项固定资产（设备）抵偿上述债务，该设备的成本为 2 850 万元，已计提折旧 50 万元。甲公司该项应收账款在重组日的公允价值为 3 390 万元。甲公司已对该债权计提坏账准备 20 万元。甲公司支付评估费用 6 万元。

要求：编制 2020 年 9 月 18 日债务重组双方的会计分录。

第三章 所得税会计

学习目标与要求

通过对本章的学习,了解并掌握:

1. 所得税会计的概念和特点;
2. 资产负债表债务法的基本程序;
3. 资产、负债的计税基础和暂时性差异;
4. 递延所得税负债和递延所得税资产的确认与计量。

第一节 所得税会计概述

一、所得税会计的概念

所得税会计就是研究如何处理按照会计准则计算的税前会计利润或亏损与按照税法计算的应税所得之间的差异的会计理论和方法。会计利润是根据会计准则确定的一定期间内扣除所得税费用前的利润,即利润表中的利润总额,其能向财务报告使用者提供关于企业经营成果的会计信息,为其决策提供相关的可靠依据;应税所得则是根据税法确定的一定期间内据以交纳所得税的利润,亦称“应税利润”“应纳税所得额”,其能为企业进行纳税申报和国家税务机关掌握 企业的经营所得提供依据。

财务会计与所得税税法属于经济领域的不同分支,其目标和要求均不相同。企业的会计核算以向财务报告使用者提供高质量的会计信息为目标,国家的税收管理则以鼓励纳税人公平竞争、合理纳税为目标。为了实现目标,企业的会计核算以会计准则为规范,按照权责发生制的原则,反映企业的经营成果;税收管理则以税法为依据确认企业的应税所得。会计准则与所得税税法对收益和费用进行确认的规范不同,导致会计利润与应税所得之间存在差异,如国债利息收入、符合条件的居民企业之间的股息、红利等权益性投资收益等为免税收入,而税收滞纳金、罚金、罚款和被没收财物的损失、超过规定标准的捐赠支出等禁止税前扣除,企业所得税是以会计利润为计税依据,并对其按税法口径调整成为应纳税所得额,以此算出的应纳税额,这就为所得税会计提出了一系列需要解决的问题。

二、所得税会计的特点

根据《企业会计准则第 18 号——所得税》的规定,我国企业采用资产负债表债务法对所得税进行会计处理。资产负债表债务法在所得税的会计核算方面遵循资产、负债的界定,在取得资产、负债时,应当确定其计税基础,从资产、负债角度考虑,比较按照会计准则确定的资产、负债的账面价值与根据所得税税法规定确定的计税基础之间的差异,这种差异称为暂时性差异，具体分为应纳税暂时性差异和可抵扣暂时性差异。资产、负债的账面价值与其计税基础存在差异的，应当按照会计准则规定确认所产生的递延所得税资产或递延所得税负债，并在此基础上确定利润表中的所得税费用。

资产的账面价值代表的是某项资产在持续持有及最终处置的一定期间，为企业带来的未来经济利益的总额。资产负债表债务法着眼于资产负债表，关注资产、负债的暂时性差异对未来纳税的影响。如果资产的账面价值小于其计税基础，表明该项资产于未来期间产生的经济利益流入低于按照税法规定允许税前扣除的金额，产生可抵扣未来期间的应纳税所得的因素，减少未来期间以所得税税款的方式流出企业的经济利益，该项资产应确认为递延所得税资产，反映企业未来应少纳税的权利。反之，一项资产的账面价值大于其计税基础，两者之间的差额会增加企业于未来期间的应纳税所得额及应交所得税，使企业形成经济利益流出的义务，该项资产应确认为递延所得税负债，反映企业未来应纳税的义务。

【例 3-1】某企业 2020 年 12 月 5 日购进商品的成本为 100 万元，年末提存货跌价准备 10 万元，账面价值为 90 万元。所得税税率为 25%。税法规定，企业计提的资产减值损失在发生实质性损失时允许税前扣除，即应在商品销售的报告期以税前会计利润计算应纳税所得额时调减 10 万元，少交所得税 10×25%=2.5 万元。2020 年末应纳税所得额包含已计提的存货跌价准备 10 万元。因此，2020 年末，该存货的账面价值 90 万元，计税基础 100 万元，产生的暂时性差异，应确认递延所得税资产。

三、所得税会计核算的一般程序

采用资产负债表债务法核算所得税，除企业合并等特殊事项和交易应于发生时确认取得的资产和负债带来的所得税影响外，企业一般应于每一资产负债表日进行所得税核算。企业进行所得税核算一般应遵循以下程序。

（1）根据当期应纳税所得额与适用所得税税率计算确定当期应交所得税。

（2）根据会计准则的规定，确定资产负债表中除递延所得税资产和递延所得税负债以外的资产、负债项目的账面价值。

（3）根据会计准则对资产、负债计税基础的规定，以税法为基础，确定资产负债表中相关资产、负债项目的计税基础。

（4）比较资产、负债的账面价值与计税基础，分别确定应纳税暂时性差异和可抵扣暂时性差异。确定资产、负债以外的特殊项目产生的暂时性差异。

（5）根据应纳税暂时性差异、可抵扣暂时性差异以及适用税率，确定资产负债表日递延所得税负债和递延所得税资产的期末应有余额，并与递延所得税负债和递延所得税资产的期初余额相比，进而确认当期递延所得税负债和递延所得税资产的发生额。

（6）根据当期应交所得税和递延所得税，确认当期所得税费用。

当期所得税费用=当期应交所得税 ± 递延所得税费用

资产负债表债务法下的基本账务处理如下。

借：所得税费用

借或贷：递延所得税资产（当期确认或转回的暂时性差异的纳税影响额）

贷或借：递延所得税负债

贷：应交税费——应交所得税（应税所得 × 现行税率）

资产、负债的账面价值一般表现为资产负债表上列示的金额，因此计税基础和暂时性差异的确定、递延所得税的确认与计量是理解和应用资产负债表债务法的关键。

第二节 计税基础与暂时性差异

一、计税基础

（一）资产的计税基础

资产的计税基础，是指企业收回资产账面价值的过程中，计算应纳税所得额时按照税法规定可以自应税经济利益中抵扣的金额。其中，“企业收回资产账面价值的过程”发生在某项资产从现在到终止确认的期间；“可以自应税经济利益中抵扣的金额”实际上是指某项资产在未来期间计税时可以税前扣除的金额。所以，资产的计税基础即某一项资产在未来期间计税时按照税法规定可以税前扣除的金额。

通常情况下，资产在取得时其入账价值与计税基础是相同的，一般为取得成本。因为资产初始确认时以其取得成本入账，资产的计税基础就是按照税法规定未来计税时可以税前扣除的金额，而税法规定，企业为取得某项资产支付的成本在未来期间准予税前扣除，因而，资产取得时的计税基础等于该资产初始确认的账面价值。如固定资产、外购的无形资产、以公允价值计量且其变动计入当期损益的金融资产、长期股权投资等。

资产后续计量过程中，计税基础是指资产的取得成本减去以前期间按照税法规定已经税前扣除的金额后的余额。因企业会计准则规定与税法规定不同，可能产生资产的账面价值与其计税基础的差异。在资产后续计量中会涉及计提减值准备、确认公允价值变动损益等会计处理，而税法规定已确认未实现的损益应在未来实际发生时才准予税前扣除，这时资产的账面价值与计税基础就产生了差异。如交易性金融资产的公允价值变动，按照企业会计准则规定，交易性金融资产期末应以公允价值计量，公允价值的变动计入当期损益；按照税法规定，交易性金融资产在持有期间公允价值变动不计入应纳税所得额，即其计税基础保持不变，这就产生了交易性金融资产的账面价值与计税基础之间的差异。

1. 固定资产

固定资产的账面价值=固定资产原价-会计累计折旧-固定资产减值准备

固定资产的计税基础=固定资产原价-税法累计折旧

初始确认时，会计的账面价值和税法确定的计税基础一般无差异。后续计量过程中，因会计准则和税法采用的折旧方法、折旧年限的不同，以及计提固定资产减值准备等会计处理，固定资产的账面价值与计税基础就产生了差异。

【例 3-2】A 企业于 2019 年 12 月 5 日购买设备并投入使用，设备原值 500 万元，使用年限为 10 年，不考虑残值。会计上采用年限平均法计提折旧。税法规定，该类固定资产采用加速折旧法计提折旧可予税前扣除，该企业在计税时采用双倍余额递减法计算折旧。2020 年末，企业估计该项固定资产的可收回金额为 430 万元。则：

2020 年末该固定资产的账面净值=500-500 × 10% =450（万元）

2020 年末该固定资产的减值=450−430=20（万元）

2020 年末该固定资产的账面价值=500−50−20=430（万元）

2020 年末该固定资产的计税基础=500−500 × 20%=400（万元）

会计准则规定，对于资产的可收回金额低于其账面价值的，须计提资产减值准备；税法规定，不符合国务院财政、税务主管部门规定的各项资产减值准备不允许税前扣除，即其计税基础不会因减值准备的提取而变化。此例中，该项固定资产的账面价值 430 万元与其计税基础 400 万元之间的 30 万元差额，将于未来期间增加企业的应纳税所得额。

若上例中，税法规定该固定资产按年限平均法计提折旧，其最低折旧年限为 10 年，其他条件不变，则：

2020 年末该固定资产的计税基础=500−500 × 10%=450（万元）。该项固定资产的账面价值 430 万元与其计税基础 450 万元之间的 20 万元差额，将于未来期间减少企业的应纳税所得额。

2. 无形资产

无形资产的账面价值与计税基础的差异主要产生于内部研究开发形成的无形资产以及使用寿命不确定的无形资产。其他方式取得的无形资产，初始确认时按照会计准则规定确定的入账价值与按照税法规定确定的计税基础之间一般不存在差异。

（1）内部研究开发形成的无形资产。

会计准则规定，对于内部研究开发形成的无形资产，研究阶段的支出应当费用化计入当期损益，开发阶段符合资本化条件以后至达到预定用途前发生的支出应当资本化作为无形资产的成本。

税法规定：①自行开发的无形资产，以开发过程中该资产符合资本化条件后至达到预定用途前发生的支出为计税基础；②对于企业为开发新技术、新产品、新工艺发生的研究开发费用，未形成无形资产计入当期损益的，在按照规定据实扣除的基础上，按照研究开发费用的 75%加计扣除；形成无形资产的，按照无形资产成本的 175%摊销。

此外，会计准则中有例外条款，即如该无形资产的确认不是产生于企业合并交易、同时在确认时既不影响会计利润也不影响应纳税所得额，则不确认该暂时性差异的所得税影响。该种情况下，无形资产在初始确认时，对于会计准则与税收规定之间存在的暂时性差异不予确认；持续持有过程中，在初始未予确认暂时性差异的所得税影响范围内的摊销额等的差异亦不予确认。

【例 3-3】A 企业当期为开发新技术发生研究开发支出计 2 000 万元，其中研究阶段支出 400 万元，开发阶段符合资本化条件前发生的支出为 400 万元，符合资本化条件后至达到预定用途前发生的支出为 1 200 万元。假定开发形成的无形资产在当期期末已达到预定用途（尚未开始摊销）。

在企业当期发生的研究开发支出中，按照会计准则规定应予费用化的金额为 800 万元，按照税法规定可在当期税前扣除 1 400 万元（800+800 × 75%）；予以资本化期末形成无形资产的账面价值为 1 200 万元，在未来期间可予税前扣除的金额为 2 100 万元（1 200 × 175%），所以，其计税基础为 2 100 万元。账面价值与计税基础的差异为 900 万元。

需说明的是，该差异因产生于无形资产的初始确认时，该无形资产并非产生于企业合并，且该无形资产在初始确认时既未影响会计利润，也未影响应纳税所得额，因此该900万元暂时性差异的所得税影响不予确认。

(2)使用寿命不确定的无形资产。

在无形资产后续计量时，会计准则与税法的差异主要产生于是否需要摊销、摊销方法和年限的差异及无形资产减值准备的提取。

会计准则规定，对于使用寿命不确定的无形资产，不要求摊销，但持有期间每年应进行减值测试；税法规定，企业取得的无形资产成本(外购商誉除外)，应在一定期限内摊销。在对无形资产计提减值准备的情况下，因税法规定计提的无形资产减值准备在转变为实质性损失前不允许税前扣除，即在提取无形资产减值准备的期间，无形资产的计税基础不会随减值准备的提取而发生变化，从而造成无形资产的账面价值与计税基础的差异。

【例3-4】A企业于2020年1月1日取得某项专利，成本为200万元，企业根据判断无法合理预计其使用年限，将其作为使用寿命不确定的无形资产处理。2020年末经减值测试，该项无形资产未发生减值。按照税法规定，该无形资产按照10年期限采用直线法摊销。会计核算该项使用寿命不确定的无形资产，因未发生减值，2020年末的账面价值为取得时的成本200万元。而该项无形资产的计税基础，应在成本200万元的基础上减去税法规定可予税前扣除的摊销额20万元。该无形资产的账面价值200万元与计税基础180万元之间的差额20万元将计入未来期间企业的应纳税所得额。

3. 以公允价值计量的金融资产

(1)以公允价值计量且其变动计入当期损益的金融资产。

按照《企业会计准则第22号——金融工具确认和计量》的规定，以公允价值计量且其变动计入当期损益的金融资产于某一会计期末的账面价值为其公允价值。

税法规定，以公允价值计量的金融资产在持有期间市价的波动在计税时不予考虑，有关金融资产在某一会计期末的计税基础为其取得成本，这就造成在公允价值变动的情况下，对于以公允价值计量的金融资产，其账面价值与计税基础之间存在差异。

【例3-5】A企业年内确认一项2 000万元的权益性投资为交易性金融资产，年末公允价值增至2 200万元。

按照会计准则规定，交易性金融资产以公允价值列示，因此年末账面价值为2 200万元，按照税法规定，交易性金融资产公允价值变动在计税时不予考虑，年末计税基础为2 000万元，产生差异200万元。

(2)以公允价值计量且其变动计入其他综合收益的金融资产。

会计准则规定，账面价值期末按公允价值计量，公允价值变动计入其他综合收益；税法规定，计税基础为取得时的成本。

4. 长期股权投资

对于企业持有的长期股权投资，会计准则规定按其对被投资单位的影响程度分别采用成本法和权益法进行核算。而对于投资资产的处理，税法要求按规定确定其成本后，在转让或处置投资资产时，其成本准予扣除。因此，在没有发生减值的情况下，成本法下长期股权投资的账面价值与计税基础一般相同。税法中对于长期股权投资并没有权益法的概念。长期股权投资取得后，如果按照会计准则规定采用权益法核算，则一般情况下在持有过程中随着应享有的被投资单位净资产份额的变化，其账面价值与计税基础会产生差异，该差异主要源于三种情况。

（1）初始投资成本的调整。

采用权益法核算的长期股权投资，取得时应比较其初始投资成本与按比例计算应享有的被投资单位可辨认净资产公允价值的份额，在初始投资成本小于应享有的被投资单位可辨认净资产公允价值份额的情况下，应当调整长期股权投资的账面价值，同时确认为当期收益。该种情况在确定了长期股权投资的初始投资成本以后，税法并不要求对其成本进行调整，计税基础维持原取得成本不变，其账面价值与计税基础会产生差异。

（2）投资损益的确认。

对于采用权益法核算的长期股权投资，持有投资期间在被投资单位实现净利润或发生净损失时，投资企业按照持股比例计算应享有的部分，一方面应调整长期股权投资的账面价值，同时确认为各期损益。在长期股权投资的账面价值因确认投资损益变化的同时，其计税基础不会随之发生变化，账面价值与计税基础就会产生差异。

按照税法规定，居民企业直接投资于其他居民企业取得的投资收益免征企业所得税，即作为投资企业，其在未来期间自被投资单位分得有关现金股利或利润时，该部分现金股利或利润免税，在持续持有的情况下，该部分差额对未来期间不会产生计税影响。

（3）应享有的被投资单位其他权益的变化。

采用权益法核算的长期股权投资，除确认应享有的被投资单位的净损益外，对于应享有的被投资单位的其他权益变化，也应调整长期股权投资的账面价值，但其计税基础不会发生变化。在长期持有的情况下，预计未来期间也不会转回。

【例 3-6】A 公司于 2020 年 1 月 2 日以 500 万元取得 B 公司 30%的有表决权股份，对 B 公司施加重大影响，A 公司对该项长期股权投资采用权益法核算。投资时 B 公司可辨认净资产公允价值总额为 2 200 万元（假定取得投资时 B 公司各项可辨认资产、负债的公允价值与账面价值相同）。B 公司 2020 年实现净利润 300 万元。2020 年 B 公司持有的以公允价值计量且其变动计入其他综合收益的金融资产，因公允价值变动致使其他综合收益增加 100 万元。A 公司、B 公司适用的所得税税率均为 25%，双方采用的会计政策及会计期间相同。

此例中，A 公司的初始投资 500 万元小于按照持股比例计算应享有的 B 公司可辨认净资产公允价值份额 660 万元（2 200 × 30%），因此 A 公司初始投资成本须调增 160 万元，按照 660 万元入账。对于 B 公司 2020 年实现净利润 300 万元，A 公司应按照 30%的份额 90 万元确认投资收益，调整长期股权投资的账面价值。同时，对于 B 公司持有的以公允价值计量且其变动计入其他综合收益的金融资产收益增加的 100 万元，A 公司按照其享有的 30%的份额 30 万元调整长期股权投资的账面价值。因此，2020 年末 A 公司长期股权投资的账面价值=500+160+90+30=780（万元）。

而税法中没有权益法的概念，A 公司初始投资成本与按照持股比例计算应享有的 B 公司可辨认净资产公允价值份额的差额 160 万元、应享有的被投资单位的净损益 90 万元、以及应享有的 B 公司的其他综合收益 30 万元，不影响长期股权投资的计税基础，因此 2020 年末 A 公司长期股权投资的计税基础为取得时的成本 500 万元。

5. 其他资产

(1)投资性房地产。

会计准则规定,投资性房地产核算有两种计量模式:成本模式和公允价值模式。采用成本模式计量的投资性房地产,其账面价值与计税基础与固定资产、无形资产相似,账面价值等于初始成本减去会计投资性房地产累计折旧(或摊销)、减去投资性房地产减值准备;采用公允价值模式计量的投资性房地产,应反映投资性房地产公允价值的变动,其账面价值等于期末公允价值。无论哪种核算模式,投资性房地产的计税基础都等于初始成本减去税法投资性房地产累计折旧(或摊销)。

(2)其他计提减值准备的资产。

会计核算中,计提资产减值准备将减少资产的账面价值。税法规定,资产在发生实质性损失之前,所计提的减值准备不允许税前扣除,即其计税基础不会因减值准备的提取而变化。如存货成本为 200 万元,已提存货跌价准备 30 万元,则存货的账面价值为 170 万元,存货的计税基础为成本 200 万元。再如,应收账款账面余额 120 万元,期末对应收账款计提了 18 万元的坏账准备,假定该公司应收账款及坏账准备的期初余额均为 0,则应收账款的账面价值为 102 万元,计税基础为 120 万元。

(二)负债的计税基础

负债的计税基础,是指负债的账面价值减去未来期间计算应纳税所得额时按照税法规定可予抵扣的金额。其中,"未来期间"是指负债的偿还期间;"可予以抵扣的金额"是指可予以税前扣除的与负债有关的费用或损失,而对那些与费用或损失无关却与收入有关的负债而言,可予以抵扣的金额就应解释为非应税收入。

负债的初始确认和偿还不影响企业损益和应纳税所得额,或者负债的初始确认影响企业损益,但负债的偿还却不会产生纳税义务,按照税法规定可予以税前扣除的与负债有关的费用或损失为零,则该负债的计税基础等于其账面价值。如短期借款、应付票据、应付账款等负债的确认和偿还,通常不会对当期损益和应纳税所得额产生影响,其计税基础即为账面价值。

1. 企业因销售商品、提供售后服务等原因确认的预计负债

如果负债的确认影响企业损益,并影响不同期间的应纳税所得额,则负债的计税基础与账面价值就产生了差异。如企业因销售商品、提供售后服务等原因确认的预计负债,会计准则规定,企业对于预计提供售后服务将发生的支出在满足有关确认条件时,销售当期即应确认为费用,同时确认预计负债。税法规定,与销售产品相关的支出应于实际发生时予以税前扣除,该负债未来可予以税前扣除的金额为账面价值,该负债的计税基础为零。

【例 3-7】某公司某年对销售产品承诺提供 3 年的保修服务,在当年度利润表中确认了 100 万元的销售费用,同时确认为预计负债,当年度未发生任何保修支出,则该项负债年末账面价值为 100 万元;而按照税法规定,与产品售后服务相关的费用应在将来实际发生时税前扣除,该项负债年末计税基础为零。即在未来期间企业实际发生 100 万元的经济利益流出用以履行产品保修义务时,税法规定允许税前扣除,减少未来实际发生期间的应纳税所得额。

但某些情况下,因有些事项确认的预计负债,税法规定其支出无论是否实际发生均不允

许税前扣除，即未来期间按税法规定可予抵扣的金额为零，则该项预计负债账面价值等于计税基础。如公司为其他公司借款承担的债务担保。

2. 合同负债

企业在向客户转让商品之前，客户已经支付了合同对价或企业已经取得了无条件收取合同对价的权利，因不符合收入确认条件，会计上将其确认为合同负债。如企业预收销货款，因不符合收入确认条件，会计将其确认为一项合同负债，税法规定这一款项不计入本期应纳税所得额，计入未来收入确认期的应纳税所得额，即该负债未来期间可予以税前扣除的金额为零，则该负债的计税基础就等于账面价值；但某些情况下，如对于房地产开发企业，按照税法规定这种预收销货款应计入当期应纳税所得额，因合同负债产生时已经计算并交纳所得税，未来期间可全额税前扣除，即该负债未来期间可予以税前扣除的金额为合同负债的账面价值，则合同负债的计税基础为零。

【例 3-8】A 公司某年末收到客户一笔合同预付款，金额为 1 500 万元，作为合同负债核算，负债账面价值为 1 500 万元；若税法规定该款项不计入取得当期应纳税所得额，则该合同负债的账面价值为 1 500 万元，计税基础为 1 500 万元；若该款项计入取得当期应纳税所得额，计算并交纳所得税，则该合同负债的账面价值为 1 500 万元，其计税基础则为零，产生暂时性差异。

3. 应付职工薪酬

会计准则规定，企业为获得职工提供的服务给予其的各种形式的报酬以及其他相关支出均应作为企业的成本费用，在未支付之前确认为负债下的应付职工薪酬。税法对于合理的职工薪酬基本允许税前扣除，但税法明确规定了税前扣除标准的，按照会计准则规定计入成本费用支出的金额超过规定标准部分，应进行纳税调整，不允许税前扣除，超出扣除标准部分的负债对未来期间应纳税所得额不产生影响，因此其计税基础等于其账面价值，不产生暂时性差异。

4. 其他负债

其他负债如企业应交的罚款和滞纳金等，在尚未支付之前按照会计准则规定确认为费用，同时作为负债反映。税法规定，行政性罚款和滞纳金不能税前扣除，即该部分费用无论是在发生当期还是在以后期间均不允许税前扣除，即计税基础等于账面价值。

（三）特殊交易或事项中产生的资产、负债的计税基础的确定

除企业在正常生产经营活动过程中取得的资产和负债以外，对于某些特殊交易中产生的资产、负债，其计税基础的确定应遵从税法规定，如企业合并过程中取得资产、负债的计税基础的确定。

企业合并是将两个或两个以上单独的企业（主体）合并形成一个报告主体的交易或事项。按合并双方合并前后最终控制方是否变化进行分类，企业合并分为同一控制下的企业合并和非同一控制下的企业合并。会计准则规定，同一控制下的企业合并，合并方对于合并中取得的被合并方的有关资产、负债均按照其原账面价值确认，合并中不产生新的资产和负债；非同一控制下的企业合并，购买方对于合并中取得的被购买方的各项可辨认资产、负债应当按照公允价值确认，企业合并成本大于合并中取得可辨认净资产公允价值份额的部分确认为商誉，企业合并成本小于合并中取得可辨认净资产公允价值份额的部分计入合并当期损益。

税法规定，从合并方取得的股权比例、合并中支付的非股权支付额的角度考虑，不考虑税法中规定的免税合并的条件，则合并方自被合并方取得的有关资产、负债的计税基础应当按公允价值重新认定，则在同一控制下的企业合并中，相关资产、负债的账面价值与计税基础会存在差异，从而产生需要确认的递延所得税资产或负债。如果购买方取得被购买方的股权比例、合并中股权支付额的比例等达到税法中规定的免税合并的条件，则计税时可以作为免税合并处理，即购买方对于交易中取得的被购买方的各项有关可辨认资产、负债的计税基础应按其原有计税基础核算，在非同一控制下的企业合并中，购买方取得的被购买方的各项有关可辨认资产、负债的账面价值与计税基础则会产生暂时性差异。

二、暂时性差异

暂时性差异，是指资产或负债的账面价值与其计税基础之间的差额；未作为资产和负债确认的项目，按照税法规定可以确定其计税基础的，该计税基础与其账面价值之间的差额也属于暂时性差异。按照暂时性差异对未来期间应税金额的影响，其可分为应纳税暂时性差异和可抵扣暂时性差异。

（一）应纳税暂时性差异

应纳税暂时性差异，是指在确定未来收回资产或清偿负债期间的应纳税所得额时，将导致产生应税金额的暂时性差异。该项暂时性差异在未来期间转回时将会增加转回期间的应纳税所得额和相应的应交所得税。

应纳税暂时性差异通常产生于下列情况。

（1）资产的账面价值大于其计税基础。资产的账面价值代表的是企业在持续使用或最终出售该项资产时将取得的经济利益的总额，而计税基础代表的是资产在未来期间可予税前扣除的金额。如果资产的账面价值大于其计税基础，则表明该项资产未来期间产生的经济利益不能全部税前抵扣，导致出售该资产期间的应纳税所得额相对于会计收益增加，两者之差需要交所得税，从而产生应纳税暂时性差异。

（2）负债的账面价值小于其计税基础。负债的账面价值为企业预计在未来期间清偿该项负债时的经济利益流出，而其计税基础代表的是负债的账面价值在扣除税法规定未来期间允许税前扣除的金额之后的金额。从上述概念间的关系可以看出，负债的账面价值与其计税基础不同产生的暂时性差异，本质上是与该项负债相关的费用支出在未来期间计税时按照税法规定可予以税前扣除的金额。负债的账面价值小于其计税基础，意味着该项负债在未来期间允许税前扣除的金额为负数，从而增加未来期间的应纳税所得额和相应的应交所得税，产生应纳税暂时性差异。

（二）可抵扣暂时性差异

可抵扣暂时性差异，是指在确定未来收回资产或清偿负债期间的应纳税所得额时，将导致产生可抵扣金额的暂时性差异。该项暂时性差异在未来期间转回时，将会减少转回期间的应纳税所得额和相应的应交所得税。

可抵扣暂时性差异一般产生于以下两种情况。

（1）资产的账面价值小于其计税基础。资产的账面价值小于其计税基础，意味着该项资产未来期间产生的经济利益小于按照税法规定可税前扣除的金额，导致出售该资产期间的应纳税所得额相对于会计收益减少，两者之间的差异减少了企业在未来期间的应纳税所得额和相应的应交所得税，产生可抵扣暂时性差异。

（2）负债的账面价值大于其计税基础。由负债的账面价值与计税基础之间的关系可以看出，若负债的账面价值大于其计税基础，则该项负债在未来期间允许税前扣除的金额为正数，未来期间按照税法规定与负债相关的费用支出可以自未来应税经济利益中扣除，从而减少未来期间的应纳税所得额和相应的应交所得税，产生可抵扣暂时性差异。

【例 3-9】某企业 2020 年 12 月 31 日计提预计负债产品质量保证费 20 万元，于 2021 年发生产品质保维修。税法规定，企业计提的产品质量保证费在实际发生时允许税前扣除，即应在商品返修的报告期调减应纳税所得额，少交所得税=20×25%（所得税税率）=5（万元）。2020 年末，负债的账面价值 20 万元，计税基础为零，负债的账面价值大于其计税基础，产生可抵扣暂时性差异，应确认递延所得税资产。

（三）特殊项目产生的暂时性差异

1. 未作为资产、负债确认的项目产生的暂时性差异

某些交易或事项发生以后，由于不符合资产、负债的确认条件而未被确认为资产负债表中的资产或负债项目，但按照税法规定能够确定其计税基础的，其账面价值与计税基础之间的差异也构成暂时性差异。如企业发生的符合条件的广告费和业务宣传费支出，除另有规定外，不超过销售收入 15%的部分准予扣除，超过部分准予在以后纳税年度结转扣除。

【例 3-10】A 公司某年发生了 2 000 万元的广告费支出，作为销售费用计入当期损益。税法规定，该类支出不超过当年销售收入 15%的部分允许当期税前扣除；超过部分允许向以后年度结转税前扣除。公司该年实现销售收入 10 000 万元。

该广告费支出因按照会计准则规定在发生时已计入当期损益，不体现为期末资产负债表中的资产，资产负债表中的账面价值为 0；税法规定该支出不超过当年销售收入 15%的部分 1 500（10 000×15%）万元允许当期税前扣除，故计税基础为 500（2 000−10 000×15%）万元。其账面价值小于计税基础产生的暂时性差异为可抵扣暂时性差异，符合确认条件时，应确认相关的递延所得税资产。

2. 可抵扣亏损及税款抵减产生的暂时性差异

按照税法规定可以结转以后年度的未弥补亏损及税款抵减，如 A 公司于 2020 年因政策性原因发生经营亏损 2 000 万元，可用于抵减以后 5 个年度的应纳税所得额，即该公司预计于未来 5 年期间能够产生足够的应纳税所得额弥补该亏损。该差异虽不是因资产、负债的账面价值与计税基础不同产生的，但本质上可抵扣亏损和税款抵减与可抵扣暂时性差异具有同样的作用，均能减少未来期间的应纳税所得额和应交所得税，视同可抵扣暂时性差异，因此符合条件的情况下，应确认与其相关的递延所得税资产。

【例 3-11】A 企业发生下列业务，分析产生的暂时性差异。

（1）企业应收账款账面余额 1 000 万元，已计提坏账 200 万元。

（2）企业某年 12 月计入成本费用的职工工资总额为 4 000 万元，至年末尚未支付。按照适用税法规定，当期计入成本费用的 4 000 万元工资支出中，可予税前扣除的合理部分为 3 000 万元。

（3）企业某年购入原材料的成本为 3 000 万元，因部分生产线停工，当年未领用任何原材料，年末资产负债表日估计该原材料的可变现净值为 2 000 万元。假定该原材料期初余额为零。

（4）企业自公开市场取得一项权益性投资，购买成本为 2 000 万元，作为交易性金融资产核算，期末该投资的公允价值为 2 500 万元。

（5）企业因合同违约被提起违约赔偿诉讼，法院即将作出判决，期末企业计提 50 万元的预计负债。

分析如下。

（1）应收账款账面价值 800（1 000−200）万元。税法规定，资产减值准备不允许税前扣除，所以计税基础为 1 000 万元，资产的账面价值小于计税基础，形成可抵扣暂时性差异。

（2）应付职工薪酬于年末的账面价值为 4 000 万元。税法规定，企业发生的合理的工资、薪金支出，准予据实扣除，超过部分在当期和以后期间均不允许扣除，故该项应付职工薪酬于年末的计税基础为 4 000（4 000−0）万元，账面价值等于其计税基础，不形成暂时性差异。

（3）该原材料因期末可变现净值低于成本，应计提的存货跌价准备为 1 000（3 000−2 000）万元，期末该项原材料的账面价值为 2 000（3 000−1 000）万元。该原材料的计税基础不会因存货跌价准备的提取而发生变化，其计税基础为 3 000 万元不变。资产的账面价值小于其计税基础，形成可抵扣暂时性差异。

（4）会计准则规定交易性金融资产以公允价值计量，该资产期末账面价值为 2 500 万元。税法规定以公允价值计量的金融资产在持有期间公允价值的变动不计入应纳税所得额，其在期末的计税基础应维持原取得成本不变，为 2 000 万元。资产的账面价值大于其计税基础，形成应纳税暂时性差异。

（5）该负债账面价值 50 万元。因税法规定，纳税人按照经济合同规定支付的违约金准予税前扣除，故该负债的计税基础为 0（50−50）。负债的账面价值大于其计税基础，形成可抵扣暂时性差异。

第三节　所得税的会计处理

所得税的会计处理主要包括对暂时性差异的纳税影响，即递延所得税的确认与计量，对当期应交所得税以及当期所得税费用的确认与计量。企业应当将当期和以前期间应交未交的所得税确认为负债，将已支付的所得税超过应支付的部分确认为资产。资产负债表日，企业通过比较资产、负债项目的账面价值和计税基础的差异，确定应纳税暂时性差异或可抵扣暂时性差异，并按照会计准则规定确认递延所得税负债或递延所得税资产。

一、递延所得税负债和递延所得税资产的确认和计量

（一）递延所得税负债的确认和计量

1. 递延所得税负债的确认

应纳税暂时性差异在转回期间，对未来的纳税产生影响，将增加企业当期的应纳税所得额和应交所得税，导致经济利益流出企业，构成企业未来要多缴纳所得税的义务，应作为递

延所得税负债予以确认。

(1)递延所得税负债确认的一般原则。

企业在计算确定了应纳税暂时性差异后,应当按照所得税准则的规定确认暂时性差异对未来的纳税影响,即未来要多缴纳所得税的义务,根据应纳税暂时性差异和适用税率计算递延所得税负债。除会计准则中明确规定可不确认递延所得税负债的情况以外,企业对于所有的应纳税暂时性差异均应确认相关的递延所得税负债。除与直接计入所有者权益的交易或事项以及企业合并中取得的资产、负债相关的以外,企业在确认递延所得税负债的同时,应对当期所得税费用进行调整。与应纳税暂时性差异相关的递延所得税负债的确认,体现了会计上的谨慎性原则,即企业进行会计核算时不应高估资产、不应低估负债。

会计准则规定,确认因应纳税暂时性差异产生的递延所得税负债时,交易或事项发生时影响到会计利润或应纳税所得额的,相关的所得税影响应作为利润表中所得税费用的组成部分。会计处理如下。

借:所得税费用

　　贷:递延所得税负债

与直接计入所有者权益的交易或事项相关的,如会计政策变更或前期差错更正、合并财务报表的评估增值等,其所得税影响应增加或减少所有者权益;企业合并产生的相关的递延所得税影响应调整购买日应确认的商誉或是计入当期损益的金额。会计处理如下。

借:其他综合收益

　　盈余公积/利润分配——未分配利润

　　资本公积

　　所得税费用

　　商誉

　　贷:递延所得税负债

(2)不确认递延所得税负债的特殊情况。

有些情况下,虽然资产、负债的账面价值与其计税基础不同,产生了应纳税暂时性差异,但出于各方面考虑,所得税准则中规定不确认相应的递延所得税负债,主要包括如下内容。

①商誉的初始确认。

非同一控制下的企业合并中,企业合并成本大于合并中取得的被购买方的可辨认净资产公允价值份额产生的差额,按照会计准则规定应确认为商誉。因会计与税收的划分标准不同,税收法规规定在免税合并的情况下,计税时不认可商誉的价值,即从税法角度,商誉的计税基础为零,两者之间的差额形成应纳税暂时性差异。对于商誉的账面价值与其计税基础不同产生的该应纳税暂时性差异,准则规定不确认与其相关的递延所得税负债。

②交易发生时既不影响会计利润也不影响应纳税所得额(或可抵扣亏损)。

除企业合并以外的其他交易或事项中,如果该项交易或事项发生时既不影响会计利润,也不影响应纳税所得额,则所产生的资产、负债的初始确认金额与其计税基础不同,形成应纳税暂时性差异的,该交易或事项发生时不确认相应的递延所得税负债。

该规定主要考虑由于交易发生时既不影响会计利润,也不影响应纳税所得额,而确认递延所得税负债的直接结果是增加有关资产的账面价值或是降低所确认负债的账面价值,使得资产、负债在初始确认时,违背历史成本原则,影响会计信息的可靠性。

③与子公司、联营企业、合营企业投资等相关的应纳税暂时性差异。

与子公司、联营企业、合营企业投资等相关的应纳税暂时性差异,一般应确认相应的递延所得税负债,但同时满足以下两个条件的除外:一是投资企业能够控制暂时性差异转回的时间;二是该暂时性差异在可预见的未来很可能不会转回。满足上述条件时,投资企业可以运用自身的影响力控制暂时性差异的转回,如果不希望其转回,则在可预见的未来该项暂时性差异即不会转回,对未来期间计税不产生影响,从而无须确认相应的递延所得税负债。

对于采用权益法核算的长期股权投资,其账面价值与计税基础产生的暂时性差异是否应确认相关的所得税影响,应考虑该项投资的持有意图。

一是如果企业拟长期持有该项投资,因初始投资成本的调整产生的暂时性差异预计未来期间不会转回,则对未来期间没有所得税影响;因确认投资损益产生的暂时性差异,如果在未来期间逐期分回现金股利或利润时免税,也对未来期间的所得税不存在影响;因确认应享有的被投资单位的其他综合收益及其他权益变动而产生的暂时性差异,在长期持有的情况下预计未来期间也不会转回。因此,在长期持有的情况下,对于采用权益法核算的长期股权投资,其账面价值与计税基础之间的差异一般不确认相关的所得税影响。

二是对于采用权益法核算的长期股权投资,如果投资企业改变持有意图拟对外出售,按照税法规定,企业在转让或者处置投资资产时,投资资产的成本准予扣除。在持有意图由长期持有转变为拟近期出售的情况下,因长期股权投资账面价值与计税基础不同产生的有关暂时性差异,均应确认相关的所得税影响。

2. 递延所得税负债的计量

会计准则规定,资产负债表日,对于递延所得税负债,应当根据适用税法规定,按照预期收回该资产或清偿该负债期间的适用税率计量,即递延所得税负债应以相关应纳税暂时性差异转回期间税法规定的适用的所得税税率计量。无论应纳税暂时性差异的转回期间如何,相关的递延所得税负债不要求折现。

【例 3-12】A 企业取得管理用固定资产,原值 10 万元,预计净残值为 0,折旧年限 4 年(会计准则与税法规定均相同),会计准则规定采用直线法计提折旧,税法规定采用年数总和法计提折旧,当期所得税税率为 25%,假定转回期间的所得税税率为 10%,不考虑其他因素的影响(表 3-1)。

表 3-1 固定资产折旧

项目	第 1 年	第 2 年	第 3 年	第 4 年	合计
会计折旧/万元	2.5	2.5	2.5	2.5	10
税法折旧/万元	4	3	2	1	10
纳税调整额	调减 1.5 万元	调减 0.5 万元	调增 0.5 万元	调增 1.5 万元	—
账面价值/万元	7.5	5	2.5	0	—
计税基础/万元	6	3	1	0	—
应纳税暂时性差异/万元	1.5	2	1.5	0	—
递延所得税负债余额/万元	0.15	0.20	0.15	0	—

【例 3-13】如前例，A 企业年内确认一项 2 000 万元的权益性投资为交易性金融资产，年末该资产的公允价值增至 2 200 万元。假定企业适用的所得税税率为 25%。

年末交易性金融资产账面价值为 2 200 万元，计税基础为 2 000 万元，资产的账面价值大于其计税基础，形成应纳税暂时性差异 200 万元，须确认递延所得税负债 50（200 × 25%）万元。年末会计处理如下。

借：交易性金融资产——公允价值变动　2 000 000
　贷：公允价值变动损益　2 000 000
借：所得税费用　500 000
　贷：递延所得税负债　500 000

（二）递延所得税资产的确认和计量

1. 递延所得税资产的确认

可抵扣暂时性差异在转回期间将减少企业当期的应纳税所得额和应交所得税，导致经济利益流入企业，所得税的影响金额构成企业未来的一项经济利益，应作为递延所得税资产予以确认。

（1）递延所得税资产确认的一般原则。

企业在计算确定了可抵扣暂时性差异后，应当按照所得税准则的规定确认暂时性差异对未来的纳税影响，即未来要少缴纳所得税的权利，根据可抵扣暂时性差异和适用税率计算递延所得税资产。除会计准则中明确规定可不确认递延所得税资产的情况以外，企业对于所有的可抵扣暂时性差异均应确认相关的递延所得税资产。

在可抵扣暂时性差异预期转回的未来期间内，企业无法产生足够的应纳税所得额使可抵扣暂时性差异发挥作用，从而使与可抵扣暂时性差异相关的经济利益无法实现的，不应确认递延所得税资产。企业有明确的证据表明其于可抵扣暂时性差异转回的未来期间能够产生足够的应纳税所得额，进而利用可抵扣暂时性差异的，确认因可抵扣暂时性差异产生的递延所得税资产应以未来期间可能取得的应纳税所得额为限。

确认可抵扣暂时性差异产生的递延所得税资产时，除与直接计入所有者权益的交易或事项以及企业合并中取得的资产、负债相关的以外，企业在确认递延所得税资产的同时，应将其直接计入所得税费用；与直接计入所有者权益的交易或事项相关的，其所得税影响应增加或减少所有者权益；企业合并产生的可抵扣暂时性差异，相关的递延所得税影响应调整购买日应确认的商誉或计入合并当期损益的金额。会计处理如下。

借：递延所得税资产
　贷：商誉
　　资本公积
　　其他综合收益
　　盈余公积/利润分配——未分配利润
　　所得税费用

确认递延所得税资产应注意如下方面。

①与子公司、联营企业、合营企业的投资相关的可抵扣暂时性差异。

对与子公司、联营企业、合营企业的投资相关的可抵扣暂时性差异，同时满足下列条件的,应当确认相关的递延所得税资产:一是暂时性差异在可预见的未来很可能转回;二是未来很可能获得用来抵扣可抵扣暂时性差异的应纳税所得额。

对联营企业和合营企业等的投资产生的可抵扣暂时性差异,主要产生于权益法下被投资单位发生亏损时,投资企业按照持股比例确认的应予承担的部分相应减少,从而导致长期股权投资的账面价值相对降低,但税法规定长期股权投资的成本在持有期间不发生变化,造成长期股权投资的账面价值小于其计税基础,产生可抵扣暂时性差异。

在投资企业对有关投资计提减值准备的情况下,也会产生可抵扣暂时性差异。

②未弥补亏损和税款抵减。

对于按照税法规定可以结转以后年度的未弥补亏损和税款抵减,应视同可抵扣暂时性差异处理。在有关的亏损或税款抵减金额得到税务部门的认可或预计能够得到税务部门的认可且预计可利用未弥补亏损或税款抵减的未来期间内能够取得足够的应纳税所得额时,除会计准则中规定不予确认的情况外,应当以很可能取得的应纳税所得额为限,确认相应的递延所得税资产,同时减少确认当期的所得税费用。会计处理为借记递延所得税资产,贷记所得税费用。

需要说明的是,资产负债表日,有确凿证据表明未来期间很可能获得足够的应纳税所得额用来抵扣可抵扣暂时性差异的,应当确认以前期间未确认的递延所得税资产。

在判断企业于可抵扣暂时性差异转回的未来期间是否能够产生足够的应税利润时,应考虑以下两个方面的影响。第一,通过正常的生产经营活动能够实现的应税利润,比如企业通过销售商品、提供劳务等所实现的收入,扣除有关的成本费用等支出后的金额。该种情况的预测应当以经企业管理层批准的最近财务预算或预测数据以及该预算或者预测期之后年份稳定的或者递减的增长率为基础。第二,以前期间产生的应纳税暂时性差异在未来期间转回时将增加的应税利润。

考虑到可抵扣暂时性差异转回的期间内可能取得应税利润的限制,因无法取得足够的应税利润而未确认相关的递延所得税资产的,应在会计报表附注中进行披露。

(2)不确认递延所得税资产的特殊情况。

某些情况下,企业发生的某项交易或事项不属于企业合并,并且交易发生时既不影响会计利润也不影响应纳税所得额,且该项交易中产生的资产、负债的初始确认金额与其计税基础不同,产生可抵扣暂时性差异的,所得税准则规定在交易或事项发生时不确认相关的递延所得税资产。

如前述例(例 3-3)A 企业当期为开发新技术发生研究开发支出计 2 000 万元,其中研究阶段支出 400 万元,开发阶段符合资本化条件前发生的支出为 400 万元,符合资本化条件后至达到预定用途前发生的支出为 1 200 万元。假定开发形成的无形资产在当期期末已达到预定用途(尚未开始摊销)。该无形资产的账面价值为 1 200 万元,计税基础为 2 100 万元,账面价值小于计税基础,产生可抵扣暂时性差异为 900 万元。该差异因产生于无形资产的初始确认时,该无形资产并非产生于企业合并且该无形资产在初始确认时既未影响会计利润,也未影响应纳税所得额,因此不确认相关的递延所得税资产。

2. 递延所得税资产的计量

（1）递延所得税资产适用税率的确定。

计量递延所得税资产时，应当以预期收回该资产期间的适用所得税税率为基础计算确定。无论相关的可抵扣暂时性差异转回期间如何，企业不应对递延所得税资产折现。

（2）递延所得税资产的复核。

资产负债表日，企业应当对递延所得税资产的账面价值进行复核。如果未来期间很可能无法获得足够的应纳税所得额用以抵扣递延所得税资产的利益，应当减记递延所得税资产的账面价值。减记的递延所得税资产，除原确认时计入所有者权益的，其减记金额亦应计入所有者权益外，其他的情况均应增加当期的所得税费用。在很可能获得足够的应纳税所得额时，减记的金额应当转回。

【例 3-14】A 企业某年购入原材料的成本为 3 000 万元，因部分生产线停工，当年未领用任何原材料，年末资产负债表日估计该原材料的可变现净值为 2 000 万元，企业计提了存货跌价准备 1 000 万元。假定该原材料期初余额为零，除该原材料计提存货跌价准备产生的会计准则与税法规定之间的差异外，不存在其他差异，企业预计在未来期间能够产生足够的应纳税所得额用来抵扣可抵扣暂时性差异。适用所得税税率为 25%。

期末该项原材料的账面价值为 2 000 万元，其计税基础为 3 000 万元，产生可抵扣暂时性差异 1 000 万元。则年末递延所得税资产 250（1 000 × 25%）万元的会计处理如下。

借：递延所得税资产	2 500 000	
贷：所得税费用		2 500 000

若次年将不需用原材料以 1 800 万元的价款出售，其他假定条件不变。原材料出售产生损失 1 200（3 000−1 800）万元，其中 1 000 万元是上年可抵扣暂时性差异在次年全部转回所减少的应纳税所得额，并相应减少了本年应交所得税 250 万元（1 000 × 25%）。则次年末可抵扣暂时性差异转回的会计处理如下。

借：所得税费用	2 500 000	
贷：递延所得税资产		2 500 000

（三）特殊交易或事项中涉及的递延所得税的确认和计量

1. 直接计入所有者权益的交易或事项产生的递延所得税

与当期及以前期间直接计入所有者权益的交易或事项相关的当期所得税及递延所得税应当计入所有者权益。直接计入所有者权益的交易或事项如下。

（1）会计政策变更采用追溯调整法或对前期差错更正采用追溯重述法调整期初留存收益。

（2）以公允价值计量且其变动计入其他综合收益的金融资产公允价值的变动金额计入其他综合收益。

（3）同时包含负债及权益成分的金融工具在初始确认时计入所有者权益。

（4）自用房地产转为采用公允价值模式计量的投资性房地产时公允价值大于原账面价值的差额计入其他综合收益等。

2. 企业合并中产生的递延所得税

在企业合并中，购买方取得的可抵扣暂时性差异，比如，购买日取得的被购买方在以前期间发生的未弥补亏损等可抵扣暂时性差异，按照税法规定可以用于抵减以后年度应纳税所得额，但在购买日不符合递延所得税资产确认条件的，不予以确认。

购买日后12个月内，如进一步的信息表明购买日的相关情况已经存在，预期购买方在购买日可抵扣暂时性差异带来的经济利益能够实现的，应当确认相关的递延所得税资产，同时冲减商誉，商誉不足冲减的，差额部分确认为当期损益（所得税费用）。

除上述情况以外，确认与企业合并相关的递延所得税资产，应当计入当期损益。

3. 与股份支付相关的支出在按照会计准则规定确认为成本费用时，其相关的所得税影响应区别于税法的规定进行处理

（1）如果税法规定与股份支付相关的支出不允许税前扣除，则不形成暂时性差异。

（2）如果税法规定与股份支付相关的支出允许税前扣除，在按照会计准则规定确认成本费用的期间内，企业应当根据会计期末取得的信息估计可税前扣除的金额计算确定其计税基础及由此产生的暂时性差异，在符合确认条件的情况下，应当确认相关的递延所得税。

（四）适用税率变动对已确认递延所得税资产和递延所得税负债的影响

资产负债表日，对于递延所得税资产和递延所得税负债，应当根据税法规定，按照预期收回该资产或清偿该负债期间的适用税率计量。适用税率发生变化的，应对已确认的递延所得税资产和递延所得税负债进行重新计量，除直接在所有者权益中确认的交易或者事项产生的递延所得税资产和递延所得税负债以外，应当将其影响数计入变化当期的所得税费用。

【例3-15】期初递延所得税负债100万元，所得税税率25%，本期所得税税率改为15%。则：

应纳税暂时性差异=100÷25%=400（万元）

税率变动应调整的递延所得税负债=400×（15%−25%）=−40（万元）

调整后的递延所得税负债=100−40=60（万元）

借：递延所得税负债 400 000

贷：所得税费用 400 000

二、当期所得税与递延所得税的确认与计量

（一）当期所得税

当期所得税是指企业按照税法规定计算确定的针对当期发生的交易和事项，应交纳的所得税金额，即当期应交所得税。

企业在确定当期所得税时，对于当期发生的交易或事项，会计处理与税收处理不同的，企业应在会计利润的基础上，按照税法的规定进行调整，计算出当期应税利润，即当期应纳税所得额，并按照应纳税所得额与适用的所得税税率计算确定当期应交所得税。即：

当期应纳税所得额=会计利润+纳税调整增加额−纳税调整减少额

=会计利润+按照会计准则规定计入利润表但计税时不允许税前扣除的费用 ± 计入利润表的费用与按照税法规定可予税前抵扣的金额之间的差额 ± 计入利润表的收入与按税法规定应计入应纳税所得额的收入之间的差额−税法规定的不征税收入 ±

其他需要调整的因素

当期应交所得税=当期应纳税所得额 × 当期适用所得税税率

（二）递延所得税

递延所得税是指按照所得税准则规定当期应予确认的递延所得税资产和递延所得税负债金额，即递延所得税资产及递延所得税负债当期发生额的综合结果，但不包括计入所有者权益的交易或事项的所得税影响。

用公式表示为：

递延所得税=当期递延所得税负债-当期递延所得税资产

或者：

递延所得税=（递延所得税负债的期末余额-递延所得税负债的期初余额）-（递延所得税资产的期末余额-递延所得税资产的期初余额）

其中：递延所得税负债的期末余额=期末应纳税暂时性差异 × 适用税率

递延所得税资产的期末余额=期末可抵扣暂时性差异 × 适用税率

递延所得税大于零，为递延所得税费用；递延所得税小于零，为递延所得税收益。

需要说明的是，企业因确认递延所得税资产和递延所得税负债产生的递延所得税，一般应当计入所得税费用，但以下两种情况除外。

（1）某项交易或事项按照会计准则规定应计入所有者权益的，由该交易或事项产生的递延所得税资产或递延所得税负债及其变化亦应计入所有者权益，不构成利润表中的递延所得税费用（或收益）。

（2）企业合并中取得的资产、负债，其账面价值与计税基础不同，应确认相关递延所得税的，递延所得税的确认影响合并中产生的商誉或是计入当期损益的金额，不影响所得税费用。

三、所得税费用的确认和计量

企业在计算确定当期应交所得税以及递延所得税的基础上，应将两者之和确认为利润表中的所得税费用，但不包括直接计入所有者权益的交易或事项的所得税影响。即：

所得税费用=当期应交所得税+当期应确认的递延所得税

【例 3-16】A 企业 12 月 31 日资产负债表中有关项目账面价值及其计税基础如表 3-2 所示。

表 3-2　项目账面价值及其计税基础

单位：万元

项目	账面价值	计税基础	暂时性差异	
			应纳税暂时性差异	可抵扣暂时性差异
交易性金融资产	1 500	1 000	500	—
预计负债	100	0	—	100
合计	—	—	500	100

假定年初“递延所得税负债”和“递延所得税资产”科目均无余额，除上述项目外，该企业其他资产、负债的账面价值与其计税基础不存在差异，也不存在可抵扣亏损和税款抵减；该企业当期按照税法规定计算确定的应交所得税为600万元；该企业预计在未来期间能够产生足够的应纳税所得额用以抵扣可抵扣暂时性差异。企业适应所得税税率为25%。

该企业计算确认的递延所得税负债、递延所得税资产、递延所得税以及所得税费用如下。

递延所得税负债=500×25%=125（万元）

递延所得税资产=100×25%=25（万元）

递延所得税=125-25=100（万元）

当期应交所得税＝600（万元）

所得税费用=600+100=700（万元）

企业有关所得税的会计处理如下。

（1）确认本期应交所得税。

借：所得税费用	6 000 000	
贷：应交税费——应交所得税		6 000 000

（2）确认递延所得税。

借：所得税费用	1 000 000	
递延所得税资产	250 000	
贷：递延所得税负债		1 250 000

或者将上述会计分录合并，则：

借：所得税费用	7 000 000	
递延所得税资产	250 000	
贷：递延所得税负债		1 250 000
应交税费——应交所得税		6 000 000

四、所得税会计信息的列报与披露

（一）列报

（1）递延所得税资产和递延所得税负债应当分别作为非流动资产和非流动负债在资产负债表中列示。

（2）所得税费用应当在利润表中单独列示。

（二）披露

企业应当在附注中披露与所得税有关的下列信息。

（1）所得税费用（收益）的主要组成部分。

（2）所得税费用（收益）与会计利润关系的说明。

（3）未确认递延所得税资产的可抵扣暂时性差异，可抵扣亏损的金额（如果存在到期日，还应披露到期日）。

（4）根据每一类暂时性差异及可抵扣亏损，在列报期间确认的递延所得税资产或递延所得税负债的金额，确认递延所得税资产的依据。

（5）未确认递延所得税负债的，与对子公司、联营企业及合营企业的投资相关的暂时性差异金额。

本章小结

所得税会计（income tax accounting）是研究如何处理按照会计准则计算的税前会计利润或亏损与按照税法计算的应税所得之间的差异的会计理论和方法，是税务会计的一个分支，是反映企业所得税的确认、计量和报告的一整套会计原理、程序和方法。它诞生于西方的会计学领域，最早出现在20世纪初的美国。

永久性差异是指，企业一定时期的税前会计利润与应税所得之间由于计算口径不同而产生的差额，这种差额在本期发生，并不在以后各期转回。时间性差异是指，企业一定时期的税前会计利润与应税所得之间的差额，它是由有些收入和支出项目计入应税所得的时间与计入税前会计利润的时间不一致产生的。时间性差异发生于某一时期，但在以后的一期或若干期内可以转回。这两种不同的差异，会计核算可采用“应付税款法”或“纳税影响会计法”。

递延所得税资产是企业未来可以用来抵税用的资产，以后是会归还给企业的。递延所得税资产是指对于可抵扣暂时性差异，以未来期间很可能取得用来抵扣可抵扣暂时性差异的应纳税所得额为限确认的一项资产。

递延所得税负债就是指企业需要交纳偿还的税金，企业在未来是需要对这部分税进行补缴的，少付并不是企业未履行其纳税义务，而是说这部分税金支付的时间延后了。递延所得税负债可理解为根据应税暂时性差异计算的未来期间应付所得税的金额。因应纳税暂时性差异在转回期间将增加企业的应纳税所得额和应交所得税，导致企业经济利益的流出，在其发生当期，构成企业应支付税金的义务，应作为负债确认。

思考题

1. 什么是资产负债表债务法？
2. 如何理解资产的计税基础？
3. 如何理解负债的计税基础？
4. 如何理解应纳税暂时性差异？
5. 如何理解可抵扣暂时性差异？
6. 一般情况下，如何对递延所得税进行确认？
7. 如何对特殊交易或业务的递延所得税进行确认？
8. 如何对递延所得税进行计量？
9. 哪些情况下不确认暂时性差异的纳税影响？为什么？

案例分析

【案例描述】

ABC公司所得税采用资产负债表债务法核算，适用的所得税税率为25%，递延所得税资产和递延所得税负债期初均无余额，预计未来有足够的应纳税所得额用于抵扣可抵扣暂时性差异。ABC 公司 2022 年度实现会计利润总额为 2 000 万元，2022 年与所得税有关的经济业务如下。

（1）2021 年 12 月购入一台管理用设备，原价为 300 万元，预计净残值率为 5%，预计使用年限为 10 年，税法认可的折旧年限、预计净残值率和会计规定一致，会计按双倍余额递减法计提折旧，税法按直线法计提折旧。

（2）2022 年 1 月 5 日，以 120 万元购入一项非专利技术，ABC 公司根据各方面情况判断，无法合理预计其为企业带来的经济利益的期限，将其视为使用寿命不确定的无形资产。假定税法规定此专利技术摊销年限为 10 年，采用直线法摊销，无残值。2022 年 12 月 31 日，该无形资产的可收回金额为 90 万元。

（3）2022 年公司因销售产品承诺 3 年的保修服务，年末预计负债账面余额为 80 万元，当年度未发生任何保修支出，按照税法规定，与产品售后服务有关的费用在实际支付时允许税前扣除。

要求：

（1）计算 ABC 公司 2022 年 12 月 31 日递延所得税资产余额；

（2）计算 ABC 公司 2022 年所得税费用的金额并编制与所得税相关的会计分录。

【案例解析】

（1）2022 年 12 月 31 日固定资产的账面价值=300−300/10×2=240（万元）

计税基础=300−（300−300×5%）/10=271.5（万元）

产生可抵扣暂时性差异=271.5−240=31.5（万元）

应确认递延所得税资产=31.5×25%=7.875（万元）

（2）无形资产使用寿命不确定，不计提摊销，所以 2022 年 12 月 31 日成本为 120 万元，可收回金额为 90 万元，所以账面价值为 90 万元。

计税基础=120−120/10=108（万元）

产生可抵扣暂时性差异=108−90=18（万元）

递延所得税资产=18×25%=4.5（万元）

（3）2022 年 12 月 31 日预计负债账面价值为 80 万元，计税基础为 0，产生可抵扣暂时性差异 80 万元。

递延所得税资产=80×25%=20（万元）

综上：2022 年 12 月 31 日递延所得税资产余额=7.875+4.5+20=32.375（万元）

ABC 公司 2022 年应交所得税=（2 000+31.5+18+80）×25%=532.375（万元）

递延所得税资产为 32.375 万元。

所得税费用=532.375−32.375=500（万元）。

会计分录如下。

借：所得税费用	5 000 000	
递延所得税资产	323 750	
贷：应交税费——应交所得税		5 323 750

自测题

一、单项选择题

1. 长江公司于 2018 年 12 月 31 日取得某项固定资产,其初始入账价值为 4 200 万元,预计使用年限为 20 年,采用年限平均法计提折旧,预计净残值为 0。税法规定,对于该项固定资产采用双倍余额递减法计提折旧,使用年限、预计净残值与会计估计相同。则 2020 年 12 月 31 日该项固定资产的计税基础为(　　)万元。

A.3 920　　B.3 402　　C.280　　D.0

2. 大海公司自行研发“三新”技术,开发阶段形成的符合资本化条件的支出 150 万元,该项研发当期达到预定用途转入无形资产核算,假定大海公司当期摊销无形资产 30 万元。税法规定的摊销方法、摊销年限和残值与会计准则的规定相同。大海公司当期期末无形资产的计税基础为(　　)万元。

A.150　　B.120　　C.0　　D.180

3. 下列项目中,不产生暂时性差异的是(　　)。

A. 会计上固定资产的账面价值与其计税基础不一致

B. 确认国债利息收入同时确认的资产

C. 以公允价值计量且其变动计入当期损益的金融资产确认公允价值变动

D. 存货计提存货跌价准备

4. 甲公司 2020 年末的“预计负债——产品质量保修费用”科目贷方余额为 300 万元,2021 年计提产品质量保修费用 200 万元,实际发生保修支出 100 万元。税法规定,与产品质量相关的费用在实际发生时允许税前扣除,则 2021 年递延所得税资产发生额为(　　)万元。

A.0　　B.25　　C.100　　D.200

5. 甲公司适用的所得税税率为 25%,采用资产负债表债务法核算所得税。甲公司自行研究开发的 B 专利技术(符合相关规定)于 2021 年 7 月 5 日达到预定可使用状态,并作为无形资产入账。B 专利技术的成本为 4 000 万元,预计使用 10 年,无残值,采用直线法摊销。假定甲公司 B 专利技术的摊销方法、摊销年限和净残值符合税法规定。则甲公司 2021 年 12 月 31 日应确认递延所得税资产为(　　)万元。

A.475　　B.50　　C.100　　D.0

6. 甲公司期初递延所得税负债余额为 5 万元,期初递延所得税资产无余额,本期期末资产账面价值为 300 万元,计税基础为 260 万元,负债账面价值为 150 万元,计税基础为 120 万元,适用的所得税税率为 25%。假设该暂时性差异全部影响损益,并且除上诉暂时性差异外无其他暂时性差异,不考虑其他因素,本期应确认的递延所得税费用为(　　)万元。

A.7.5　　B.5　　C.2.5　　D.−2.5

7.M 公司在 2016 年度的会计利润为−600 万元,按照税法规定允许用以后 5 年税前利润弥补亏损。年末 M 公司调整经营策略,预计 2017 年至 2019 年每年税前利润分别为 150 万元、250 万元和 450 万元,假设适用的所得税税率为 25%,无其他暂时性差异。则 M 公司该事项对2017年递延所得税资产的影响正确的是(　　)。

A. 递延所得税资产借方发生额62.5万元

B. 递延所得税资产借方发生额37.5万元

C. 递延所得税资产贷方发生额62.5万元

D. 递延所得税资产贷方发生额37.5万元

8. 甲公司2021年实现营业收入1 000万元,利润总额为400万元,当年广告费用实际发生额200万元,税法规定每年广告费用的应税支出不得超过当年营业收入的15%,甲公司采用资产负债表债务法核算所得税,适用的所得税税率为25%,当年行政性罚款支出为10万元,当年购入的以公允价值计量且其变动计入当期损益的金融资产截至年末增值了10万元,假定不考虑其他因素,则甲公司2021年应确认的所得税费用为(　　)万元。

A.102.5　　B.100　　C.115　　D.112.5

9. 若某公司未来期间有足够的应纳税所得额用以抵扣可抵扣暂时性差异,则下列交易或事项中,会引起"递延所得税资产"科目余额减少的是(　　)。

A. 确认固定资产减值损失

B. 本期发生亏损,税法允许在以后5年内弥补

C. 转回存货跌价准备

D. 新购入的固定资产,会计上采用加速折旧法,税法上采用年限平均法

10. 下列各项中,在计算应纳税所得额时应当纳税调减的是(　　)。

A. 计提固定资产减值准备

B. 行政性罚款支出

C. 发生的业务招待费税法上不允许扣除部分

D. 确认国债利息收入

二、多项选择题

1. 甲公司与乙公司签订了一项租赁协议,将其原先自用的一栋写字楼出租给乙公司使用,租赁期开始日为2020年3月31日。2020年3月31日,该写字楼的账面余额为25 000万元,已计提累计折旧为5 000万元,公允价值为23 000万元,甲公司对该项投资性房地产采用公允价值模式进行后续计量。假定转换前该写字楼的计税基础与账面价值相等,税法规定,该写字楼预计尚可使用年限为10年,预计净残值为0。2020年12月31日,该项写字楼的公允价值为24 000万元。则关于甲公司该项投资性房地产,以下说法中正确的有(　　)。

A.2020年12月31日投资性房地产的计税基础为24 000万元

B.2020年12月31日投资性房地产确认的递延所得税负债为1 375万元

C.2020年12月31日投资性房地产确认的其他综合收益金额为1 375万元

D.2020年12月31日投资性房地产确认的所得税费用金额为625万元

2. 大海公司2020年1月1日存货跌价准备余额为10万元,因本期销售结转存货跌价准备2万元。2020年12月31日存货成本为90万元,可变现净值为70万元。税法规定,企业计提的资产减值损失在发生实质性损失时允许税前扣除。则下列表述中正确的有(　　)。

A. 大海公司 2020 年 12 月 31 日计提存货跌价准备 12 万元

B. 大海公司 2020 年 12 月 31 日存货账面价值为 70 万元

C. 大海公司 2020 年 12 月 31 日存货计税基础为 70 万元

D. 大海公司 2020 年 12 月 31 日存货计税基础为 90 万元

3. 下列选项中产生可抵扣暂时性差异的有(　　)。

A. 预提产品保修费用

B. 计提存货跌价准备

C. 采用公允价值模式后续计量的投资性房地产期末公允价值大于投资性房地产取得时的成本

D. 计提固定资产减值准备

4. 甲公司适用的所得税税率为 25%,采用资产负债表债务法核算所得税。2020 年 12 月 31 日因职工教育经费超过税前扣除限额确认递延所得税资产 10 万元，2021 年度,甲公司计提工资薪金 4 800 万元,实际发放 4 000 万元。发生职工教育经费 90 万元。税法规定,工资按实际发放金额在税前列支,企业发生的职工教育经费支出,不超过工资薪金总额 2.5%的部分,准予扣除,超过部分准予以后纳税年度结转扣除。关于甲公司,下列表述中正确的有(　　)。

A. 应付职工薪酬产生可抵扣暂时性差异 800 万元

B. 应付职工薪酬不产生暂时性差异

C. 职工教育经费税前可扣除 100 万元

D. 应当转回职工教育经费确认的递延所得税资产 10 万元

5. 甲公司全年实现税前会计利润 200 万元,非公益性捐赠支出为 15 万元,各项税收的滞纳金和罚款为 3 万元,超标的业务宣传费为 5 万元,发生的其他可抵扣暂时性差异为 20 万元(该暂时性差异影响损益)。该公司适用的所得税税率为 25%,期初递延所得税资产及递延所得税负债的余额均为 0。不考虑其他因素,下列各项关于甲公司的处理正确的有(　　)。

A. 企业应交所得税为 60.75 万元

B. 企业应纳税所得额为 243 万元

C. 企业递延所得税资产期末余额为 6.25 万元

D. 本期所得税费用为 60.75 万元

6. 甲公司所得税采用资产负债表债务法核算,适用的所得税税率为 25%。2020 年 1 月 5 日,甲公司以增发市场价值为 700 万元的本企业普通股股票为对价购入乙公司 100%净资产,甲公司与乙公司不存在关联方关系。购买日乙公司不考虑所得税因素的可辨认净资产的公允价值与计税基础分别为 600 万元和 500 万元。则甲公司购买日下列会计处理中,正确的有(　　)

A. 购买日乙公司考虑所得税影响后的可辨认净资产公允价值为 575 万元

B. 购买日确认商誉的金额为 100 万元

C. 购买日该商誉产生的应纳税暂时性差异不确认递延所得税负债

D. 购买日乙公司可辨认净资产公允价值与计税基础产生的差异对应所得税费用

7. 下列项目中会影响资产负债表期末递延所得税负债账面价值的有(　　)。

A. 期初递延所得税负债

B. 本期转回的递延所得税负债

C. 投资企业对采用权益法核算并打算长期持有的长期股权投资根据被投资单位实现的净利润确认的投资收益

D. 本期应付职工薪酬中超过税法规定的税前扣除标准的部分

8. 下列说法中,正确的有(　　)。

A. 资产负债表日,有确凿证据表明未来期间很可能获得足够的应纳税所得额用来抵扣可抵扣暂时性差异的,应当确认以前期间未确认的递延所得税资产

B. 资产负债表日,有确凿证据表明未来期间很可能获得足够的应纳税所得额用来抵扣可抵扣暂时性差异的,应当确认以前期间未确认的递延所得税负债

C. 当某项交易同时具有“该项交易不是企业合并”和“交易发生时既不影响会计利润也不影响应纳税所得额(或可抵扣亏损)”两个特征时,该项交易中因资产或负债的初始确认所产生的暂时性差异不确认递延所得税资产

D. 当某项交易同时具有“该项交易不是企业合并”和“交易发生时既不影响会计利润也不影响应纳税所得额(或可抵扣亏损)”两个特征时,该项交易中因资产或负债的初始确认所产生的暂时性差异应确认递延所得税资产

9. 下列各项关于递延所得税的相关处理中,正确的有(　　)。

A. 企业因确认递延所得税资产和递延所得税负债产生的递延所得税一般应当计入所得税费用

B. 与直接计入所有者权益的交易或者事项相关的递延所得税,应当计入所得税费用

C. 与直接计入所有者权益的交易或者事项相关的递延所得税,应当计入所有者权益

D. 合并财务报表中因抵销未实现内部交易损益导致的合并资产负债表中资产、负债的账面价值与其计税基础不同产生暂时性差异的,应当确认相应的递延所得税,同时调整所得税费用,但特殊情况的除外

10. 关于所得税的列示,下列说法中正确的有(　　)。

A. 递延所得税资产和递延所得税负债一般应当分别作为非流动资产和非流动负债在资产负债表中列示

B. 在个别财务报表中,当期所得税资产与当期所得税负债及递延所得税资产与递延所得税负债可以以抵销后的净额列示

C. 应交所得税应当在利润表中单独列示

D. 在合并财务报表中,当期所得税资产与负债及递延所得税资产及递延所得税负债可以以抵销后的净额列示

三、计算分析题

1. 甲公司 2021 年度实现的利润总额为 2 000 万元,所得税采用资产负债表债务法核算,适用的所得税税率为 25%,递延所得税资产和递延所得税负债期初无余额。甲公司 2021 年度与所得税有关的经济业务如下。

（1）2020 年 12 月购入管理用固定资产，原价为 300 万元，预计净残值为 15 万元，预计使用年限为 10 年，按双倍余额递减法计提折旧，税法按年限平均法计提折旧，折旧年限与预计净残值和会计规定相一致。

（2）2021 年 1 月 1 日，甲公司支付价款 120 万元购入一项专利技术，企业根据各方面情况判断，无法合理预计其为企业带来的经济利益的期限，将其视为使用寿命不确定的无形资产。假定税法规定此专利技术摊销年限为 10 年，采用直线法摊销，无残值。2021 年 12 月 31 日，该无形资产的可收回金额为 90 万元，甲公司对该项无形资产计提减值。

（3）2021 年甲公司因销售产品承诺免费的保修服务，未构成单项履约义务，按照或有事项原则处理。年末预计负债账面余额为 80 万元，当年度未发生任何保修支出，按照税法规定，与产品售后服务有关的费用在实际支付时抵扣。

（4）2021 年 8 月 4 日购入一项以公允价值计量且其变动计入其他综合收益的金融资产（债务工具），取得成本为 900 万元，2021 年 12 月 31 日该项以公允价值计量且其变动计入其他综合收益的金融资产（债务工具）公允价值为 1 020 万元，假定税法规定，以公允价值计量且其变动计入其他综合收益的金融资产（债务工具）持有期间公允价值变动金额不计入应纳税所得额，待出售时一并计入应纳税所得额。

假定不考虑其他因素。

要求：

（1）计算甲公司 2021 年应纳税所得额和应交所得税金额；

（2）计算甲公司 2021 年 12 月 31 日递延所得税资产和递延所得税负债余额；

（3）计算甲公司 2021 年所得税费用金额并编制与所得税相关的会计分录。

2. 长城公司系上市公司，为增值税一般纳税人，适用增值税税率为 17%，适用企业所得税税率 25%。所得税核算采用资产负债表债务法，2021 年 1 月 1 日“递延所得税资产”科目余额为 500 万元，“递延所得税负债”科目余额为 0 元，具体明细如下表所示。

项目内容	递延所得税资产余额
可弥补的以前年度亏损	350 万元
计提的产品质量保证金	100 万元
广告费用超过扣除限额	50 万元

2021 年度长城公司实现销售收入 50 000 万元，会计利润总额 6 000 万元，与企业所得税相关的交易或事项如下。

（1）2021 年 3 月 1 日，以 4 000 万元价格购入办公大楼并在当日出租给黄河公司，年租金为 180 万元，作为投资性房地产核算，且采用公允价值模式进行后续计量，按税法规定该办公大楼采用年限平均法计提折旧，预计使用年限为 20 年，净残值率为 10%。2021 年 12 月 31 日该办公大楼的公允价值为 3 600 万元。

（2）2021 年 6 月 30 日，对子公司的投资确认投资收益 100 万元。

（3）2021 年 11 月 1 日，以 5 元/股的价格购入丁公司股票 200 万股作为以公允价值计量且其变动计入其他综合收益的金融资产核算，另支付交易费用 10 万元。2021 年 12 月 31 日，该股票的收盘价为 7 元/股。

（4）2021 年度因产品销售承诺的免费保修业务计提产品质量保证金 350 万元，当期实际发生保修业务费用 310 万元。

（5）2021 年度发生广告费用 7 000 万元，均通过银行转账支付，税法规定，企业当年发生的广告费用支出不超过当年销售收入 15%的部分，准予税前扣除；超过部分，准予结转以后年度税前扣除。长城公司均已按企业会计准则的规定对上述交易或事项进行了会计处理，预计在未来期间有足够的应纳税所得额，用于抵扣可抵扣暂时性差异，假设除上述事项外，没有影响所得税核算的其他因素。

要求：

（1）根据资料（3），编制以公允价值计量且其变动计入其他综合收益的金融资产取得、期末公允价值变动及期末确认递延所得税的会计分录；

（2）计算长城公司 2021 年末"递延所得税资产"科目余额；

（3）计算长城公司 2021 年末"递延所得税负债"科目余额；

（4）计算长城公司 2021 年度应确认的递延所得税费用；

（5）计算长城公司 2021 年度应交纳的企业所得税；

（6）计算长城公司 2021 年度所得税费用并编制与所得税费用有关的会计分录。

第四章　外币折算

学习目标与要求

通过对本章的学习,了解并掌握;

1. 外币折算的思路和主要内容;
2. 外币业务折算会计处理方法;
3. 外币报表折算的会计处理;
4. 期末汇兑损益的计算及会计处理。

第一节　记账本位币的确定

一、记账本位币的定义

记账本位币,是指企业经营所处的主要经济环境中的货币。在我国,企业通常应选择人民币作为记账本位币。业务收支以人民币以外的货币为主的企业,可以按照规定选定一种货币作为记账本位币。但是,编报的财务报表应当折算为人民币。

二、企业记账本位币的确定

企业选择记账本位币,应当考虑下列因素:

(1)该货币主要影响商品和劳务的销售价格,此种情况下通常以该货币进行商品和劳务的计价及结算;

(2)该货币主要影响商品和劳务所需人工、材料的费用和其他费用,此种情况下通常以该货币进行上述费用的计价和结算;

(3)融资活动获得的货币以及保存从经营活动中收取的款项所使用的货币。

企业记账本位币一经确定,不得随意变更,除非企业经营所处的主要经济环境发生重大变化。

三、境外经营记账本位币的确定

(一)境外经营的含义

(1)企业在境外的子公司、合营企业、联营企业、分支机构,视为境外经营。

(2)当企业在境内的子公司、联营企业、合营企业、分支机构,采用不同于企业记账本位币的,也视同境外经营。

(二)境外经营记账本位币的确定

企业选定境外经营的记账本位币,还应当考虑下列因素:

（1）境外经营从事的活动是否拥有很强的自主性；

（2）境外经营活动中涉及的企业交易是否在境外经营活动中占有较大比重；

（3）境外经营活动产生的现金流量是否直接影响企业的现金流量，是否可以随时汇回；

（4）境外经营活动产生的现金流量是否足以偿还其现有债务和可预期的债务。

四、记账本位币变更的会计处理

企业因经营所处的主要经济环境发生重大变化，确需变更记账本位币的，应当采用变更当日的即期汇率将所有项目折算为变更后的记账本位币，折算后的金额作为新的记账本位币的历史成本。

第二节　外币交易的会计处理

一、外币交易的核算程序

（一）外币交易的概念

外币交易，是指企业发生的以外币计价或者结算的交易。

（二）外币交易的内容

外币交易包括：

（1）买入或者卖出以外币计价的商品或者劳务；

（2）借入或者借出外币资金；

（3）其他以外币计价或者结算的交易。

（三）外币交易核算的基本程序

企业发生外币交易时，其会计核算的基本程序为：

（1）将外币金额采用交易发生日的即期汇率或即期汇率的近似汇率折算为记账本位币金额；

（2）期末，将所有外币货币性项目的外币余额，按照期末即期汇率折算为记账本位币金额，并与原记账本位币金额相比较，其差额确认为汇兑差额；

（3）结算外币货币性项目时，将其外币计算金额按照当日即期汇率折算为记账本位币金额，并与原记账本位币金额相比较，其差额计入“财务费用——汇兑差额”科目。

二、汇率分类

（一）汇率从银行买卖外汇的角度可分为买入汇率、卖出汇率和中间汇率。

（1）买入汇率是指银行向客户买入外币时所采用的汇率，亦称“买入价”。

（2）卖出汇率是指银行向客户出售外币时所采用的汇率，亦称“卖出价”。

（3）中间汇率是指银行买入汇率与卖出汇率的简单算术平均数。

（二）汇率按外汇交易交割期限可分为即期汇率、即期汇率的近似汇率、远期汇率

（1）即期汇率：通常是指中国人民银行公布的当日人民币外汇牌价的中间价。企业发生的外币兑换业务或涉及外币兑换的交易事项，应当以交易实际采用的汇率，即银行买入价

或卖出价折算。

（2）即期汇率的近似汇率：是指按照系统合理的方法确定的、与交易发生日即期汇率近似的汇率，通常是指当期平均汇率或加权平均汇率等。

（3）远期汇率：又称期汇汇率，是外汇买卖双方事先约定的、在未来某一特定日期进行交割的汇率。如果远期汇率比即期汇率高则表示升水；远期汇率比即期汇率低则表示贴水；两者相等则表示平价。

三、外币交易的会计处理

（一）初始确认

外币交易应当在初始确认时，采用交易发生日的即期汇率将外币金额折算为记账本位币金额；也可以采用按照系统合理的方法确定的、与交易发生日即期汇率近似的汇率折算。

企业收到的投资者以外币投入的资本，应当采用交易发生日的即期汇率折算，不得采用合同约定汇率和即期汇率的近似汇率折算，外币投入资本与相应的货币性项目的记账本位币金额之间不产生外币资本折算差额。

【例 4-1】甲股份有限公司属于增值税一般纳税企业，选定的记账本位币为人民币，其外币交易采用交易发生日的即期汇率折算。2021 年 3 月 12 日，其从美国乙公司购入某种工业原料 500 吨，每吨价格为 4 000 美元，当日的即期汇率为 1 美元=7.6 元人民币，进口关税为 1 520 000 元人民币，支付进口增值税 2 842 400 元人民币，货款尚未支付，进口关税及增值税由银行存款支付。有关会计分录如下。

原材料=500 × 4 000 × 7.6+1 520 000=16 720 000（元）

应收账款——乙公司（美元）=500 × 4 000 × 7.6=15 200 000（元）

借：原材料	16 720 000	
应交税费——应交增值税（进项税额）	2 842 400	
贷：应付账款——乙公司（美元）		15 200 000
银行存款		4 362 400

【例 4-2】甲股份有限公司的记账本位币为人民币，对外币交易采用交易发生日的即期汇率折算。2021 年 4 月 3 日，其向乙公司出口销售商品 12 000 件，销售合同规定的销售价格为每件 250 美元，当日的即期汇率为 1 美元=7.65 元人民币。假设不考虑相关税费，货款尚未收到。相关会计分录如下。

应收账款——乙公司（美元）=12 000 × 250=765=22 950 000（元）

借：应收账款——乙公司（美元）	22 950 000	
贷：主营业务收入		22 950 000

乙公司的记账本位币为人民币，对外币交易采用交易发生日的即期汇率折算。2021 年 3 月 3 日，从境外丙公司购入不需要安装的设备一台，设备价款为 250 000 美元，购入该设备当日的即期汇率为 1 美元=7.6 元人民币，适用的增值税税率为 17%，款项尚未支付，增值税以银行存款支付。相关会计分录如下。

应交税费——应交增值税=25 000 × 7.6 × 17%=323 000（元）

应付账款——丙公司（美元）=25 000 × 7.6=1 900 000（元）

借：固定资产——机器设备 1 900 000

应交税费——应交增值税（进项税额） 323 000

贷：应付账款——丙公司（美元） 1 900 000

银行存款 323 000

【例 4-3】甲股份有限公司的记账本位币为人民币，对外币交易采用交易发生日的即期汇率折算。根据其与外商签订的投资合同，外商将分两次投入外币资本，投资合同约定的汇率是 1 美元=8.00 元人民币。2016 年 7 月 1 日，甲股份有限公司第一次收到外商投入资本 300 000 美元，当日的即期汇率为 1 美元=7.8 元人民币；2021 年 2 月 3 日，第二次收到外商投入资本 300 000 美元，当日的即期汇率为 1 美元=7.6 元人民币。有关会计分录如下。

2016 年 7 月 1 日，第一次收到外币资本时：

借：银行存款——美元 2 340 000

贷：股本 2 340 000

2021 年 2 月 3 日，第二次收到外币资本时：

借：银行存款——美元 2 280 000

贷：股本 2 280 000

【例 4-4】乙股份有限公司以人民币为记账本位币，对外币交易采用交易发生日的即期汇率折算。2021 年 6 月 1 日，其到银行将 50 000 美元兑换为人民币，银行当日的美元买入价为 1 美元=7.55 元人民币，中间价为 1 美元=7.60 元人民币。

本例中，企业与银行发生货币兑换，兑换所用汇率为银行的买入价或卖出价，而通常记账所用的即期汇率为中间价，由于汇率变动而产生的汇兑差额计入当期财务费用。有关会计分录如下。

借：银行存款——人民币 377 500

财务费用——汇兑差额 2 500

贷：银行存款——美元 380 000

甲股份有限公司以人民币为记账本位币，对外币交易采用交易发生日的即期汇率折算。2021 年 6 月 1 日，因外币支付需要，从银行购入 10 000 欧元，银行当日的欧元卖出价为 1 欧元=11 元人民币，当日的中间价为 1 欧元=10.7 元人民币。有关会计分录如下。

借：银行存款——欧元 107 000

财务费用——汇兑差额 3 000

贷：银行存款——人民币 110 000

【例 4-5】乙公司以人民币为记账本位币，2021 年 6 月 1 日，乙公司与美国甲公司签订投资合同，甲公司将向乙公司出资 2 000 000 美元，占乙公司注册资本的 23%；甲公司的出资款将在合同签订后一年内分两次（一次 1 000 000 美元）汇到乙公司账上。合同约定汇率为 1 美元= 6.5 元人民币。当日的即期汇率为 1 美元= 6.45 元人民币。9 月 10 日，乙公司收到甲公司汇来的第一期出资款，当日的即期汇率为 1 美元=6.35 元人民币。

有关会计分录如下。

借：银行存款——美元 6 350 000

贷：实收资本 6 350 000

乙公司收到甲公司汇来的第二期出资款，当日的即期汇率为 1 美元= 6.40 元人民币。有关会计分录如下。

借：银行存款——美元　　6 400 000

　贷：实收资本　　6 400 000

(二)期末调整或结算

外币交易期末调整或结算如图 4-1 所示。

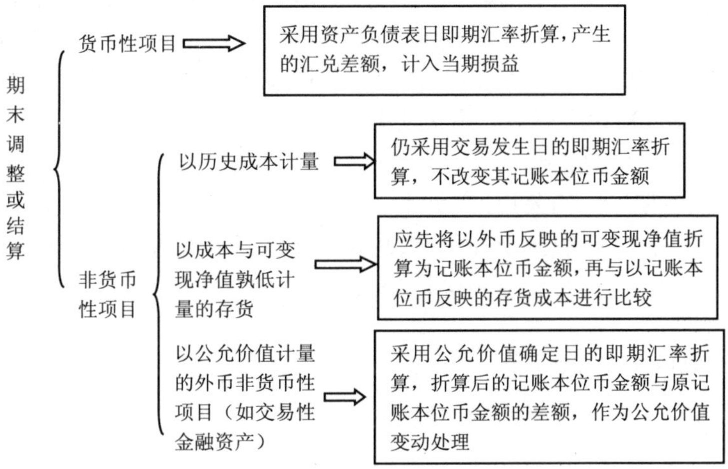

图 4-1　外币交易期末调整或结算

1. 货币性项目

货币性项目，是指企业持有的货币资金和将以固定或可确定的金额的货币收取的资产或者偿付的负债。例如，库存现金、银行存款、应收账款、其他应收款、长期应收款、短期借款、应付账款、其他应付款、长期借款、应付债券、长期应付款等。

期末调整或结算货币性项目时，采用资产负债表日即期汇率折算。因资产负债表日即期汇率与初始确认时或者前一资产负债表日即期汇率不同而产生的汇兑差额，计入当期损益。

期末外币货币性项目调整或结算步骤如下：

(1)计算外币货币性项目外币余额；

(2)用外币余额乘以资产负债表日即期汇率计算记账本位币余额；

(3)上述记账本位币余额与原记账本位币余额的差额即为汇兑差额。

另外，结算外币货币性项目时，因汇率波动而形成的汇兑差额也应当计入当期损益(图 4-2)。

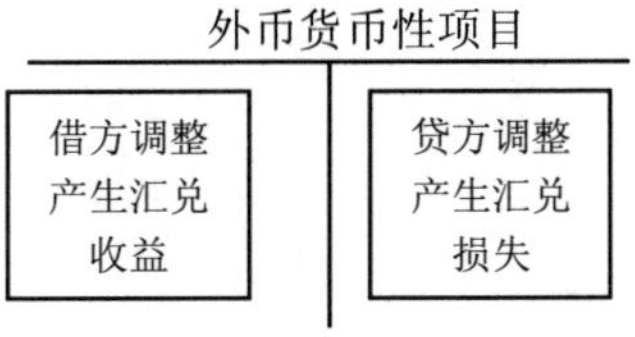

图 4-2　汇兑差额

【例 4-6】沿用【例 4-1】。2021 年 3 月 31 日,甲股份有限公司尚未向乙公司支付所欠工业原料款。当日即期汇率为 1 美元=7.55 元人民币。应付乙公司货款按期末即期汇率折算为 15 100 000(500×4 000×7.55)元人民币,与该货款原记账本位币之差 100 000 元人民币计入当期损益。有关会计分录如下。

借:应付账款——乙公司(美元)　　100 000
　贷:财务费用——汇兑差额　　100 000

沿用【例 4-2】。2021 年 4 月 30 日,甲股份有限公司仍未收到乙公司发来的销售货款。当日的即期汇率为 1 美元=7.6 元人民币。乙公司所欠销售货款按当日即期汇率折算为 22 800 000(12 000×250×7.6)元人民币,与该货款原记账本位币之差额为 150 000(22 950 000−22 800 000)元人民币。有关会计分录如下。

借:财务费用——汇兑差额　　150 000
　贷:应收账款——乙公司(美元)　　150 000

假定 2021 年 5 月 20 日收到上述货款,兑换成人民币后直接存入银行,当日银行的美元买入价为 1 美元=7.62 元人民币,有关会计分录如下。

借:银行存款——人民币　　22 860 000
　贷:应收账款——美元　　22 800 000
　　财务费用——汇兑差额　　60 000

2. 非货币性项目

非货币性项目,是指货币性项目以外的项目。例如,存货、长期股权投资、固定资产、无形资产等。

(1)以历史成本计量的外币非货币性项目,仍采用交易发生日的即期汇率折算,不改变其记账本位币金额。

(2)对于以成本与可变现净值孰低计量的存货,如果其可变现净值以外币确定,则在确定存货的期末价值时,应先将可变现净值折算为记账本位币金额,再与以记账本位币反映的存货成本进行比较。

【例 4-7】P 上市公司以人民币为记账本位币。2021 年 11 月 2 日,从英国 W 公司采购国内市场尚无的 A 商品 10 000 件,每件价格为 1 000 英镑,当日即期汇率为 1 英镑=15 元人民币。2021 年 12 月 31 日,尚有 1 000 件 A 商品未销售出去,国内市场仍无 A 商品供应, A 商品在国际市场的价格降至 900 英镑。12 月 31 日的即期汇率是 1 英镑=15.5 元人民币。假定不考虑增值税等相关税费。

本例中,由于存货在资产负债表日采用成本与可变现净值孰低计量,因此,在以外币购入存货并且该存货在资产负债表日确定的可变现净值以外币反映时,计提存货跌价准备时应当考虑汇率变动的影响。因此,该公司应作会计分录如下。

11 月 2 日,购入 A 商品。

借:库存商品——A 商品　　150 000 000
　贷:银行存款——英镑　　150 000 000

12 月 31 日,计提存货跌价准备。

存货跌价准备=1 000×1 000×15−1 000×900×15.5=1 050 000(元人民币)

借：资产减值损失　1 050 000

　　贷：存货跌价准备　1 050 000

（3）对于以公允价值计量的外币非货币性项目，如交易性金融资产（股票、基金等），采用公允价值确定日的即期汇率折算，折算后的记账本位币金额与原记账本位币金额的差额，作为公允价值变动处理。

【例 4-8】国内甲公司的记账本位币为人民币。2021 年 12 月 2 日以 30 000 港元购入乙公司 H 股 10 000 股作为短期投资，当日汇率为 1 港元=1.2 元人民币，款项已付。2021 年 12 月 31 日，由于市价变动，当月购入的乙公司 H 股变为 35 000 港元，当日 1 港元=1 元人民币。2021 年 12 月 2 日，该公司应对上述交易应作以下处理。

借：交易性金融资产　36 000

　　贷：银行存款（港元户）　36 000

由于该项短期股票投资从境外市场购入、以外币计价，在资产负债表日，不仅应考虑其港币市价的变动，还应一并考虑汇率变动的影响。

上述交易性金融资产以资产负债表日的人民币 35 000（35 000 × 1）元入账，与原账面价值 36 000（30 000 × 1.2）元的差额为 1 000 元人民币，计入公允价值变动损益。相应的会计分录如下。

借：公允价值变动损益　1 000

　　贷：交易性金融资产　1 000

【例 4-9】甲公司以人民币为记账本位币，发生外币交易时采用交易发生日的即期汇率折算。2021 年 10 月 10 日购入 1 000 美元的债券作为以公允价值计量且其变动计入其他综合收益的金融资产核算，当日即期汇率为 1 美元=6.13 元人民币，至 2021 年 12 月 31 日，该债券的公允价值为 1 100 美元，1 美元= 6.14 元人民币。2022 年 12 月 31，该债券的公允价值为 1 050 美元，当日即期汇率为 1 美元= 6.11 元人民币。

2021 年 10 月 10 日

借：其他债权投资——成本　6 130

　　贷：银行存款　6 130

2021 年 12 月 31 日

借：其他债权投资——公允价值变动　614

　　贷：其他综合收益　614

借：其他债权投资—— 汇兑差额　10

　　贷：财务费用　10

2022 年 12 月 31 日

借：其他综合收益　308.5

　　贷：其他债权投资——公允价值变动　308.5

【例 4-10】某企业外币交易核算采用当月月初的即期汇率作为即期汇率的近似汇率，并将其作为当月外币交易业务的折算汇率，按月计算汇兑损益。当年 5 月 1 日的即期汇率为 1 美元=7.1 元人民币。当年 4 月 30 日的即期汇率为 1 美元=7.1 元人民币，各外币账户当年 4 月 30 日的期末余额如表 4-1 所示。

表 4-1 外币账户

外币账户	外币余额/美元	折算汇率	记账本位币金额/元	
银行存款	100 000	7.1	710 000	
应收账款——甲企业	10 000	7.1	71 000	
应付账款——A 企业	10 000	7.1	71 000	
短期借款	15 000	7.1	106 500	

该企业 5 月外币收支业务如下。

5 日，收回甲企业货款 8 000 美元。

8 日，支付 A 企业货款 5 000 美元。

20 日，归还短期借款 10 000 美元。

23 日，出售给甲企业一批产品，货款 25 000 美元，货已发出，货款尚未收到。

根据上述业务资料，该企业应作如下会计分录（不考虑增值税等相关税金）。

（1）借：银行存款（美元户） 56 800
　　贷：应收账款——甲企业（美元户） 56 800

（2）借：应付账款——A 企业（美元户） 35 500
　　贷：银行存款（美元户） 35 500

（3）借：短期借款（美元户） 71 000
　　贷：银行存款（美元户） 71 000

（4）借：应收账款——甲企业应收款——甲企业（美元户） 177 500
　　贷：主营业务收入 177 500

若当年 5 月 31 日的即期汇率为 1 美元=7.05 元人民币，则该企业调整的各外币账户余额如下面各个科目表所示（表 4-2~表 4-5）。

表 4-2 银行存款（美元户）

摘要	美元/美元	汇率	人民币/元
期初余额（借）	100 000	7.1	710 000
借方发生额	8 000	7.1	56 800
贷方发生额	15 000	7.1	106 500
期末余额	93 000		660 300
期末调整	93 000	7.05	655 650
汇兑损益			4 650（贷）

表 4-3 应收账款——甲企业（美元户）

摘要	美元/美元	汇率	人民币/元
期初余额（借）	10 000	7.1	71 000
借方发生额	25 000	7.1	177 500
贷方发生额	8 000	7.1	56 800

续表

摘要	美元/美元	汇率	人民币/元
期末余额	27 000		191 700
期末调整	27 000	7.05	190 350
汇兑损益			1 350(贷)

表 4-4　应付账款——A 企业(美元户)

摘要	美元/美元	汇率	人民币/元
期初余额(借)	10 000	7.1	71 000
贷方发生额	0	7.1	0
借方发生额	5 000	7.1	35 500
期末余额	5 000		35 500
期末调整	5 000	7.05	35 250
汇兑损益			250(贷)

表 4-5　短期借款(美元户)

摘要	美元/美元	汇率	人民币/元
期初余额(借)	15 000	7.1	106 500
贷方发生额	0	7.1	0
借方发生额	10 000	7.1	71 000
期末余额	5 000		35 500
期末调整	5 000	7.05	35 250
汇兑损益			250(借)

根据对上述各外币账户的调整结果编制如下调整会计分录。

借：应付账款——A 企业(美元户)　250
　　短期借款(美元户)　250
　　财务费用　5 500
　　贷：银行存款(美元户)　4 650
　　　　应收账款——甲企业(美元户)　1 350

第三节　外币财务报表折算

一、外币财务报表折算方法

对外币财务报表的折算，常见的方法一般有四种：流动和非流动法、货币性与非货币性法、时态法、现时汇率法。

1. 流动与非流动法

流动与非流动法将资产负债表上的资产和负债项目划分为流动性项目与非流动性项目两大类。资产负债表中的流动资产和流动负债项目按资产负债表日的现时汇率折算，非流动资产和非流动负债及实收资本等项目按取得时的历史汇率折算，留存收益项目依资产负债表的平衡原理轧差计算得到；利润表上折旧与摊销费用按相应资产取得时的历史汇率折算，其他收入和费用项目按报告期的平均汇率折算，销货成本根据“期初存货+本期购货-期末存货”的关系确定。

形成的折算损失计入报告企业的合并损益中；形成的折算收益，已实现部分予以确认，未实现部分予以递延。

2. 货币性与非货币性法

货币性与非货币性法将资产负债表上的资产和负债项目划分为货币性项目与非货币性项目两大类。货币性资产和负债按期末现时汇率折算，非货币性资产和负债按历史汇率折算。

3. 时态法

时态法又称时间度量法，是一种以资产、负债项目的计量属性为选择折算汇率的依据的一种外币财务报表折算方法。资产负债表各项目以过去价值计量的，采用历史汇率；以现在价值计量的，采用现时汇率。利润表各项目的折算与流动与非流动法下利润表的折算相同。

4. 现行汇率法

现行汇率法下，资产和负债项目均按现时汇率折算，实收资本按历史汇率折算；利润表各项目按当期（年）平均汇率折算。产生的折算损益作为所有者权益的一个单独项目予以列示。

二、我国会计准则采用的折算方法

（1）资产负债表中的资产和负债项目，采用资产负债表日的即期汇率（ 期末汇率 ）折算，所有者权益项目除“未分配利润 ”（特殊：盈余公积）项目外，其他项目采用 发生时的即期汇率折算（历史汇率）。（原因：以前有利润及利润分配表，“未分配利润”源于此，现在为所有者权益变动表 ）

（2）利润表中的收入和费用项目，采用交易发生日的即期汇率折算或即期汇率的近似汇率折算。

（3）产生的外币财务财务报表折算差额，在编制合并财务报表时，应在合并资产负债表中所有者权益项目下的“其他综合收益 ”项目列示。

三、境外经营财务报表的折算

（1）资产负债表中的资产和负债项目，采用资产负债表日的即期汇率折算，所有者权益项目除“未分配利润”项目外，其他项目采用发生时的即期汇率折算。

（2）利润表中的收入和费用项目，采用交易发生日的即期汇率折算；也可以采用按照系统合理的方法确定的、与交易发生日即期汇率近似的汇率折算。

（3）按照上述规定折算产生的外币财务报表折算差额，在合并资产负债表中所有者权益项目下的“外币财务报表折算差额”下单独列示。

【例 4-11】国内甲公司的记账本位币为人民币，该公司在境外有一子公司乙公司，乙公司确定的记账本位币为美元。根据合同约定，甲公司拥有乙公司 70%的股权，并能够对乙公司的财务和经营政策施加重大影响（这里不严谨，如果是子公司，那么甲公司可以控制乙公司。为举例说明情况，故忽略此不严谨之处）。甲公司采用当期平均汇率折算乙公司利润表项目。乙公司的有关资料如下。

2021 年 12 月 31 日的汇率为 1 美元=7.7 元人民币，2021 年的平均汇率为 1 美元=7.6 元人民币，实收资本、资本公积发生日的即期汇率为 1 美元=8 元人民币，2021 年 12 月 31 日的实收资本为 500 万美元，折算为人民币为 4 000 万元；累计盈余公积为 50 万美元，折算为人民币为 405 万元，累计未分配利润为 120 万美元，折算为人民币为 972 万元，甲、乙公司均在年末提取盈余公积，乙公司当年提取的盈余公积为 70 万美元。报表折算如表 4-6~表 4-8 所示。

表 4-6　利润表

项目	期末数/万美元	折算汇率	折算为人民币金额/万元
一、营业收入	2 000	7.6	15 200
减：营业成本	1 500	7.6	11 400
营业税金及附加	40	7.6	304
管理费用	100	7.6	760
财务费用	10	7.6	76
加：投资收益	30	7.6	228
二、营业利润	380	—	2 888
加：营业外收入	40	7.6	304
减：营业外支出	20	7.6	152
三、利润总额	400	—	3 040
减：所得税费用	120	7.6	912
四、净利润	280	—	2 128
五、每股收益			

表 4-7　所有者权益变动表

<table>
<tr><th rowspan="2">项目</th><th colspan="3">实收资本</th><th colspan="3">盈余公积</th><th colspan="2">未分配利润</th><th rowspan="2">外币财务报表折算差额</th><th>股东权益合计</th></tr>
<tr><th>美元/万美元</th><th>折算汇率</th><th>人民币/万元</th><th>美元/万美元</th><th>折算汇率</th><th>人民币/万元</th><th>美元/万美元</th><th>人民币/万元</th><th>人民币/万元</th></tr>
<tr><td>一、本年年初余额</td><td>500</td><td>8</td><td>4 000</td><td>50</td><td></td><td>405</td><td>120</td><td>972</td><td></td><td>5 377</td></tr>
<tr><td>二、本年增减变动金额</td><td></td><td></td><td></td><td></td><td></td><td></td><td></td><td></td><td></td><td></td></tr>
<tr><td>（一）净利润</td><td></td><td></td><td></td><td></td><td></td><td></td><td>280</td><td>2 128</td><td></td><td>2 128</td></tr>
</table>

续表

项目	实收资本			盈余公积			未分配利润		外币财务报表折算差额	股东权益合计
	美元/万美元	折算汇率	人民币/万元	美元/万美元	折算汇率	人民币/万元	美元/万美元	人民币/万元		人民币/万元
（二）直接计入所有者权益的利得和损失										-190
其中：外币财务报表折算差额									-190	-190
（三）利润分配										
提取盈余公积				70	7.6	532	-70	-532		0
三、本年年末余额	500	8	4 000	120		937	330	2 568	-190	7 315

当期计提的盈余公积采用当期平均汇率折算，期初盈余公积由以前年度计提的盈余公积按相应年度平均汇率折算后金额累计得到，期初未分配利润记账本位币金额由以前年度未分配利润记账本位币金额累计得到。

表 4-8 资产负债表

资产	期末数/万美元	折算汇率	折算为人民币金额/万元	负债和所有者权益（或股东权益）	期末数/万美元	折算汇率	折算为人民币金额/万元
流动资产：				流动负债：			
货币资金	190	7.7	1 463	短期借款	45	7.7	346.5
应收账款	190	7.7	1 463	应付账款	285	7.7	2 194.5
存货	240	7.7	1 848	其他流动负债	110	7.7	847
其他流动资产	200	7.7	1 540	流动负债合计	440	—	3 388
流动资产合计	820	—	6 314	非流动负债：			
非流动资产：				长期借款	140	7.7	1 078
长期应收款	120	7.7	924	应付债券	80	7.7	616
固定资产	550	7.7	4 235	其他非流动负债	90	7.7	693
在建工程	80	7.7	616	非流动负债合计	310	—	2 387
无形资产	100	7.7	770	负债合计	750		5 775
其他非流动资产	30	7.7	231	所有者权益：			
非流动资产合计	880	—	6 776	实收资本	500	8	4 000
				盈余公积	120		937
				未分配利润	330		2 568
				外币财务报表折算差额			-190
				所有者权益合计	950		7 315
资产总计	1 700		13 090	负债和所有者权益总计	1 700		13 090

四、境外经营的处置

企业在处置境外经营时，应当将资产负债表中所有者权益项目下列示的、与该境外经营相关的外币财务报表折算差额，自所有者权益项目转入处置当期损益；部分处置境外经营的，应当按处置的比例计算处置部分的外币财务报表折算差额，并将其转入处置当期损益。

处置境外经营的，将已列入的归属于子公司其他综合收益外币财务报表折算差额中少数股东的部分，视全部处置或部分处置分别予以终止确认或转入少数股东权益。

【例 4-12】甲公司持有在境外注册的乙公司的 100%的股权，能够对乙公司的财务和经营政策实施控制。甲公司以人民币为记账本位币，乙公司以港币为记账本位币，发生外币交易时甲公司和乙公司均采用交易发生日的即期汇率进行折算。

（1）2021 年 10 月 20 日，甲公司以每股 2 美元的价格购入丙公司 B 股票 20 万股，支付价款 40 万美元，另支付交易费用 0.5 万美元。甲公司将购入的上述股票作为交易性金融资产核算，当日即期汇率为 1 美元=6.84 元人民币。2021 年 12 月 31 日，丙公司 B 股票的市价为每股 2.5 美元。

（2）2021 年 12 月 31 日，除上述交易性金融资产外，甲公司其他有关资产、负债项目的期末余额如表 4-9 所示。

表 4-9 有关资产、负债项目的期末余额

项目	外币金额	按照 2021 年 12 月 31 日年末汇率调整前的人民币账面余额
银行存款	600 万美元	4 102 万元
应收账款	300 万美元	2 051 万元
预付款项	100 万美元	683 万元
长期应收款	1 500 万港元	1 323 万元
持有至到期的投资	50 万美元	342 万元
短期借款	450 万美元	3 075 万元
应付账款	256 万美元	1 753 万元
预收款项	82 万美元	560 万元

上述长期应收款实质上构成了甲公司对乙公司境外经营的净投资，除长期应收款外，其他资产、负债均与关联方无关。2021 年 12 月 31 日，即期汇率为 1 美元=6.82 元人民币，1 港元=0.88 元人民币。

要求：根据上述资料，不考虑其他因素，请计算甲公司在 2021 年度个别财务报表中因外币货币性项目期末汇率调整应当确认的汇兑损失是多少。

甲公司在 2021 年度个别财务报表中因外币货币性项目期末汇率调整应当确认的汇兑损失=[（4 102+2 051+342+1 323）-（3 075+1 753）]-{[（600+300+50）-（450+256）]×6.82+1 500×0.88}=5.92（万元）。

【例 4-13】甲公司为境内注册的公司，其控股 80%的乙公司注册地为英国伦敦。甲公司生产产品的 30%销售给乙公司，由乙公司在英国销售；同时，甲公司生产所需原材料的 30%

自乙公司采购。甲公司以人民币为记账本位币，出口产品和进口原材料均以英镑结算。乙公司除了销售甲公司的产品以及向甲公司出售原材料外，在英国建有独立的生产基地，其生产的产品全部在英国销售，生产所需原材料在英国采购。

2020 年 12 月 31 日，甲公司应收乙公司账款为 1 500 万英镑；应付乙公司账款为 1 000 万英镑；实质上构成对乙公司净投资的长期应收款为 2 000 万英镑。当日，英镑与人民币的汇率为 1∶10。

2021 年，甲公司向乙公司出口销售形成应收乙公司账款 5 000 万英镑，按即期汇率折算的人民币金额为 49 400 万元；自乙公司进口原材料形成应付乙公司账款 3 400 万英镑，按即期汇率折算的人民币金额为 33 728 万元。2021 年 12 月 31 日，甲公司应收乙公司账款 6 500 万英镑，应付乙公司账款 4 400 万英镑，长期应收乙公司款项 2 000 万英镑，英镑与人民币的汇率为 1∶9.94。

2022 年 3 月 31 日，根据甲公司的战略安排，乙公司销售产品、采购原材料开始以欧元结算。2022 年 4 月 1 日，乙公司变更记账本位币，当日英镑与欧元的汇率为 1∶0.98。

要求：

根据上述资料，不考虑其他因素，请计算甲公司 2021 年度因期末汇率变动产生的汇兑损益是多少。

对乙公司应付账款产生的汇兑损失= 4 400 × 9.94−（1 000 × 10+33 728）= 8（万元）；

对乙公司应收账款产生的汇兑损失=（1 500 × 10+49 400）−6 500 × 9.94=−210（万元）；

对乙公司长期应收款产生的汇兑损失 =2 000 × 10−2 000 × 9.94=120（万元）；

计入当期损益的汇兑损失=8−210+120=−82（万元）。

五、外币折算的披露

企业应当在附注中披露与外币折算有关的下列信息：

（1）企业及其境外经营选定的记账本位币及选定的原因，记账本位币发生变更的，说明变更理由；

（2）采用即期汇率的近似汇率的，说明即期汇率的近似汇率的确定方法；

（3）计入当期损益的汇兑差额；

（4）处置境外经营对外币财务报表折算差额的影响。

本章小结

外币折算是指把不同的外币金额换算成等值的本国货币或者另外一种等值的外币的程序，它只是在会计上对原来的外币金额的重新表述，或者说，是将外币统一换算成记账本位币的等值。

企业在资产负债表日，应当按照下列规定对外币货币性项目和外币非货币性项目进行处理。

（1）外币货币性项目，采用资产负债表日即期汇率折算。因资产负债表日即期汇率与初始确认时或者前一资产负债表日即期汇率不同而产生的汇兑差额，计入当期损益。

（2）以历史成本计量的外币非货币性项目，仍采用交易发生日的即期汇率折算，不改变其记账本位币金额。货币性项目，是指企业持有的货币资金和将以固定或可确定的金额的货币收取的资产或者偿付的负债。非货币性项目，是指货币性项目以外的项目。

企业对境外经营的财务报表进行折算时，应当遵循下列规定。

（1）资产负债表中的资产和负债项目，采用资产负债表日的即期汇率折算，所有者权益项目除“未分配利润”项目外，其他项目采用发生时的即期汇率折算。

（2）利润表中的收入和费用项目，采用交易发生日的即期汇率折算；也可以采用按照系统合理的方法确定的、与交易发生日即期汇率近似的汇率折算。

按照上述折算产生的外币财务报表折算差额，在资产负债表中所有者权益项目下单独列示。

思考题

1. 什么是记账本位币，如何确定记账本位币？
2. 什么是外币交易，外币交易包括哪几个方面的内容？
3. 什么是汇兑损益，汇兑损益的列支渠道有哪些？
4. 外币非货币性项目的汇兑损益如何确认？
5. 什么是境外经营？

案例分析

【案例描述】

甲公司以人民币为记账本位币，其外币交易采用交易发生日的即期汇率折算，按月计算汇兑损益。甲公司在银行设有欧元账户。

甲公司有关外币账户 2021 年 5 月 31 日的余额如表 4-10 所示。

表 4-10　甲公司有关外币账户 2021 年 5 月 31 日的余额

项目	外币账户余额/欧元	汇率	人民币/元
银行存款	800 000	9.55	7 640 000
应收账款	400 000	9.55	3 820 000
应付账款	200 000	9.55	1 910 000

甲公司 2021 年 6 月份发生的有关外币交易或事项如下。

（1）6 月 5 日，以人民币向银行买入 200 000 欧元。当日即期汇率为 1 欧元兑换人民币 9.69 元，当日银行卖出价为 1 欧元兑换人民币 9.75 元。

（2）6 月 12 日，从国外购入一批原材料，总价款为 400 000 欧元。该原材料已验收入库，货款尚未支付。当日即期汇率为 1 欧元兑换人民币 9.64 元。另外，以银行存款支付该原材料的进口关税人民币 644 000 元、增值税人民币 765 000 元。

（3）6月16日，出口销售一批商品，销售价款为600 000欧元，货款尚未收到。当日即期汇率为1欧元兑换人民币9.41元。假设不考虑相关税费。

（4）6月25日，收到应收账款300 000欧元，款项已存入银行。当日即期汇率为1欧元兑换人民币9.54元。该应收账款系2月份出口销售发生的。

（5）6月30日，即期汇率为1欧元兑换人民币9.64元。

要求：

（1）根据上述经济业务编制会计分录；

（2）计算期末甲公司各欧元账户的汇兑差额，并编制会计分录。

【案例解析】

（1）甲公司有关外币交易或事项的会计分录如下。

①借：银行存款——欧元户 1 938 000
　　财务费用——汇兑差额 12 000
　贷：银行存款——人民币户 1 950 000

②借：原材料 4 500 000
　　应交税费——应交增值税（进项税额） 765 000
　贷：应付账款——欧元户 3 856 000
　　银行存款——人民币户 1 409 000

③借：应收账款——欧元户 5 646 000
　　贷：主营业务收入 5 646 000

④借：银行存款——欧元户 2 862 000
　　财务费用——汇兑差额 3 000
　　贷：应收账款——欧元户 2 865 000

（2）2021年6月30日，期末产生的汇兑差额计算如下。

①银行存款欧元户的汇兑差额：

（800 000+200 000+300 000）×9.64-（7 640 000+1 938 000+2 862 000）
=92 000（元）（汇兑收益）

②应收账款欧元户的汇兑差额：

（400 000+600 000-300 000）×9.64-（3 820 000+5 646 000-2 865 000）
=147 000（元）（汇兑收益）

③应付账款欧元户汇兑差额：

（200 000+400 000）×9.64-（1 910 000+3 856 000）
=18 000（元）（汇兑损失）

借：银行存款——欧元户 92 000
　应收账款——欧元户 147 000
　贷：应付账款——欧元户 18 000
　　财务费用——汇兑差额 221 000

自测题

一、单项选择题

1. 下列各项关于企业记账本位币的表述中，不正确的是(　　)。

A. 企业的记账本位币一经确定，不得改变

B. 企业因经营所处的主要经济环境发生重大变化，确须变更记账本位币的，应当采用变更当日的即期汇率将所有项目折算为变更后的记账本位币，折算后的金额作为新的记账本位币的历史成本

C. 企业变更记账本位币时须要在附注中进行披露

D. 企业记账本位币发生变更的，其比较财务报表应当以可比当日的即期汇率折算所有资产负债表和利润表项目

2. 下列各项中，甲公司在选择其记账本位币时，不应该考虑的因素是(　　)。

A. 主要影响商品和劳务销售价格的货币

B. 主要影响商品和劳务所需人工成本的货币

C. 融资活动获得的货币

D. 缴纳增值税时使用的货币

3. 甲公司记账本位币为人民币，对外币业务采用交易发生日的即期汇率折算，每季度末计提利息和计算汇兑损益。2020 年 1 月 1 日，为购置某项固定资产，甲公司从金融机构借入专门借款 1 000 万美元，期限为 1 年，年利率为 8%，到期一次还本付息，借入时即期汇率为 1 美元=6.25 元人民币，3 月 31 日即期汇率为 1 美元=6.3 元人民币，6 月 30 日即期汇率为 1 美元=6.32 元人民币。不考虑其他因素的影响，则 2020 年 6 月 30 日甲公司应确认的该项专门借款的汇兑收益为(　　)万元人民币。

A.20.4　　B.−20.4　　C.−20　　D.−20.8

4. 甲公司记账本位币为人民币，对外币交易采用交易日的即期汇率折算。2021 年 1 月 2 日，甲公司将货款 2 000 万欧元兑换为人民币，当日的即期汇率为 1 欧元=9.25 元人民币，银行当日欧元买入价为 1 欧元=9.2 元人民币，欧元卖出价为 1 欧元=9.31 元人民币。不考虑其他因素，甲公司该项兑换业务产生的当期损益的金额为(　　)万元人民币。

A.−100　　B.−120　　C.0　　D.−110

5. 新华公司的记账本位币为人民币，对外币交易发生采用交易发生日的即期汇率折算。根据其与外商签订的投资合同，外商将分两次投入外币资本，投资合同约定的汇率为 1 英镑=15.5 元人民币。2020 年 4 月 1 日，新华公司收到外商第一笔投入资本 50 万英镑，当日即期汇率为 1 英镑=15.6 元人民币；2020 年 10 月 1 日，收到外商第二笔投入资本 80 万英镑，当日即期汇率为 1 英镑=15.65 元人民币；2020 年 12 月 31 日的即期汇率为 1 英镑=15.8 元人民币。假设新华公司没有其他外币投资，则新华公司 2020 年 12 月 31 日资产负债表中反映的外商投入的实收资本金额为(　　)万元人民币。

A.2 032　　B.2 015　　C.2 054　　D.2 048

6. 甲公司以人民币为记账本位币，对外币交易采用交易发生日的即期汇率折算，按月计

算汇兑损益。2021 年 5 月 31 日的即期汇率为 1 欧元=9.43 元人民币。6 月 1 日，甲公司收回 5 月 20 日产生的应收账款 600 万欧元，当日的即期汇率为 1 欧元=9.55 元人民币。不考虑其他因素，则甲公司因该项交易计入财务费用的金额为(　　)万元人民币。

A.0　　B.5 730　　C.72　　D.−72

7. 某公司记账本位币为人民币，其一境外子公司的记账本位币为美元。本期期末汇率为 1 美元=6.65 元人民币，当期即期汇率的近似汇率(采用平均汇率确定)为 1 美元=6.43 元人民币。假定该子公司利润表采用平均汇率折算。子公司资产负债表中"盈余公积"项目期初余额为 2 500 万美元，折合人民币 16 250 万元，本期所有者权益变动表"提取盈余公积"项目金额为 800 万美元，则子公司资产负债表"盈余公积"项目的期末余额经折算后的金额为(　　)万元人民币。

A.21 945　　B.21 394　　C.21 570　　D.16 250

8. 甲公司需要编制合并财务报表，对其持有 70%股份的境外经营子公司的财务报表进行折算，该外币财务报表折算后资产合计为 3 200 万元人民币，负债合计为 2 150 万元人民币，所有者权益合计为 981 万元人民币，合并资产负债表上因外币财务报表折算差额导致"其他综合收益"项目应列示的金额是(　　)万元人民币。

A.48.3　　B.69　　C.−48.3　　D.−69

9. 企业收到投资者以外币投入的资本，应当采用(　　)进行折算。

A. 合同约定的汇率

B. 实际收到款项当日的即期汇率

C. 采用系统合理的方法确定的、与交易发生日即期汇率近似的汇率

D. 资产负债表日的即期汇率

10. 甲公司的记账本位币为人民币，对外币交易采用交易发生日的即期汇率折算。甲公司拥有乙公司 60%的股权。乙公司在美国注册，在美国生产产品并全部在当地销售，生产所需原材料直接在美国采购。2012 年末，甲公司应收乙公司长期款项 600 万美元，该长期应收款实质上构成对乙公司净投资的一部分，2012 年 12 月 31 日折算的人民币金额为 4 680 万元。不考虑其他因素，关于甲公司应收乙公司的 600 万美元于资产负债表日产生的汇兑差额在合并财务报表如何列示，下列说法中正确的是(　　)。

A. 转入合并利润表的投资收益项目

B. 转入合并利润表的财务费用项目

C. 转入合并资产负债表的"其他综合收益"项目

D. 单设"合并报表汇兑差额"项目反映

二、多项选择题

1. 甲公司的记账本位币是欧元，其发生的下列交易中属于外币交易的有(　　)。

A. 买入以人民币计价的库存商品

B. 买入以美元计价的债券作为以公允价值计量且其变动计入其他综合收益的金融资产

C. 买入以欧元计价的无形资产

D. 借入以人民币计价的长期借款

2. 下列项目中，属于境外经营或视同境外经营的有(　　)。

A. 企业在境外的分支机构

B. 采用相同于企业记账本位币的，在境内的子公司

C. 采用不同于企业记账本位币的，在境内的合营企业

D. 采用不同于企业记账本位币的，在境内的分支机构

3. 下列各项外币资产因汇率变动产生的影响中，计入当期损益的有(　　)。

A. 应收账款

B. 以公允价值计量且其变动计入当期损益的金融资产

C. 以公允价值计量且其变动计入其他综合收益的非交易性权益工具

D. 以摊余成本计量的金融资产

4.M 公司的记账本位币为人民币，对外币业务采用交易发生日的即期汇率折算，按月计算汇兑损益。2020 年 1 月 20 日 M 公司出口销售一批产品，价款为 120 万美元，货款尚未收到，当日的即期汇率为 1 美元=6.25 元人民币。1 月 31 日的即期汇率为 1 美元=6.40 元人民币；2 月 28 日即期汇率为 1 美元=6.46 元人民币。货款于 3 月 25 日收回，当日即期汇率为 1 美元=6.48 元人民币。不考虑增值税等其他因素，则下列处理中正确的有(　　)。

A. 该外币债权 2 月份产生的汇兑收益为 25.2 万元人民币

B. 该外币债权 2 月份产生的汇兑收益为 7.2 万元人民币

C. 该外币债权 3 月 25 日结算时产生的汇兑收益为 9.6 万元人民币

D. 该外币债权 3 月 25 日结算时产生的汇兑收益为 2.4 万元人民币

5. 甲公司为境内注册的公司，其 30%的收入来自出口销售，其余收入来自国内销售；生产产品所需原材料有 30%需要进口，出口产品和进口原材料通常以欧元结算。2020 年 12 月 31 日，甲公司应收账款余额为 200 万欧元，折算的人民币金额为 2 000 万元；应付账款余额为 350 万欧元，折算的人民币金额为 3 500 万元。2021 年甲公司出口产品形成应收账款 1 000 万欧元，按交易发生日的即期汇率折算的人民币金额为 10 200 万元；进口原材料形成应付账款 650 万欧元，按交易发生日的即期汇率折算的人民币金额为 6 578 万元。2021 年 12 月 31 日欧元与人民币的汇率为 1∶10.08。甲公司拥有乙公司 80%的股权。乙公司在美国注册，在美国生产产品并全部在当地销售，生产所需原材料直接在美国采购。2020 年末，甲公司对乙公司长期应收款 1 000 万美元实质上构成对乙公司净投资的一部分，2020 年 12 月 31 日折算的人民币金额为 8 200 万元。2021 年 12 月 31 日美元与人民币的汇率为 1∶7.8。下列项目中表述正确的有(　　)。

A. 合并资产负债表中归属于乙公司少数股东的外币财务报表折算差额应计入其他综合收益

B.“应收账款——欧元”账户产生的汇兑损失为 104 万元人民币

C.“应付账款——欧元”账户产生的汇兑损失为 2 万元人民币

D.“长期应收款——美元”账户产生的汇兑损失为 400 万元人民币

6. 下列各项属于货币性项目的有(　　)。

A. 预收账款

B. 以公允价值计量且其变动计入当期损益的金融资产

C. 应收账款

D. 应付债券

7. 下列各项关于外币财务报表折算的表述中,正确的有( )。

A. 资产负债表中的资产和负债项目,采用资产负债表日的即期汇率折算

B. 资产负债表中的所有者权益项目,采用交易发生时的即期汇率折算

C. 利润表中的收入和费用项目,采用交易发生日的即期汇率或即期汇率的近似汇率折算

D. 产生的外币财务报表折算差额,在编制合并财务报表时,应在合并资产负债表中所有者权益项目下的"其他综合收益"项目中列示

8. 对境外经营的财务报表进行折算时,利润表中的收入和费用项目,可以采用的折算汇率有( )。

A. 交易发生日的即期汇率

B. 资产负债表日的即期汇率

C. 当期的平均汇率

D. 交易发生日即期汇率的近似汇率

9. 甲公司的记账本位币为人民币,对外币交易采用交易发生日的即期汇率折算。2020年1月2日,甲公司为增资扩股与某外商签订投资合同,当日收到外商投入资本5 000万美元,当日的即期汇率为1美元=6.35元人民币,其中,25 000万元人民币作为注册资本的组成部分。假定投资合同约定的汇率为1美元=6.5元人民币,2020年12月31日的即期汇率为1美元=6.21元人民币。不考虑其他因素,则下列表述中不正确的有( )。

A. 甲公司收到资本时应确认银行存款美元账户的金额为32 500万元人民币

B. 甲公司收到资本时应确认的实收资本的金额为25 000万元人民币

C. 甲公司收到资本时应确认的资本公积的金额为7 500万元人民币

D. 2020年末甲公司应调整资本公积的金额为-700万元人民币

10. 下列关于境外经营处置的说法中,正确的有( )。

A. 企业可能通过出售、清算、返还股本或放弃全部或部分权益等方式处置其在境外经营中的利益

B. 企业处置全部境外经营时,应当将资产负债表中所有者权益项目下列示的、与该境外经营有关的外币财务报表折算差额(其他综合收益),自所有者权益项目转入处置当期损益

C. 企业部分处置境外经营的,应当按处置的比例计算处置部分的外币财务报表折算差额(其他综合收益),转入处置当期损益

D. 企业部分处置境外经营的,应当将资产负债表中所有者权益项目下列示的、与该境外经营有关的外币财务报表折算差额(其他综合收益),全部自所有者权益项目转入处置当期损益

三、计算分析题

1. 甲股份有限公司(以下简称甲公司)为增值税一般纳税人。甲公司以人民币作为记

账本位币，对外币业务采用交易发生日的即期汇率折算，按季度计算汇兑损益。

（1）甲公司有关外币账户 2020 年 12 月 31 日的余额如下。

外币账户	外币账户余额/万美元	汇率	折算人民币账户余额/万元
银行存款	400	7.56	3 024
应收账款	500	7.56	3 780
应付账款	300	7.56	2 268
长期借款	1 000	7.56	7 560

（2）甲公司 2021 年第一季度发生的有关外币交易或事项如下。

① 1 月 5 日，用人民币从银行购入 30 万美元。当日即期汇率为 1 美元=7.9 元人民币，当日银行美元买入价为 1 美元=7.88 元人民币，银行美元卖出价为 1 美元=7.92 元人民币。

② 1 月 10 日，从国外购入一批原材料，货款总额为 500 万美元（不含增值税）。该原材料已验收入库，货款尚未支付。当日即期汇率为 1 美元=7.92 元人民币。另外，以银行存款支付该原材料的进口关税 620 万元人民币、增值税税额 778.6 万元人民币。

③ 2 月 14 日，出口销售商品 300 件，销售合同规定的销售价格为每件 2.5 万美元，货款尚未收到。当日即期汇率为 1 美元=7.93 元人民币。假设不考虑增值税等相关税费。

④ 2 月 20 日，收到应收账款 300 万美元，款项已存入银行。当日即期汇率为 1 美元=7.93 元人民币。该应收账款系 2020 年出口销售发生。

⑤ 3 月 31 日，计提长期借款第一季度发生的利息。该长期借款系 2020 年 12 月 31 日从中国银行借入，专门用于购买建造某生产线的专用设备，借入款项已于当日支付给该专用设备的外国供应商。该生产线的在建工程已于 2020 年 12 月开工。该外币借款金额为 1 000 万美元，期限为 2 年，年利率为 5%，按季计提借款利息，到期一次还本付息。该专用设备于 3 月 20 日验收合格并投入安装。至 2021 年 3 月 31 日，该生产线尚处于建造过程中。

⑥ 2021 年 3 月 31 日，出口销售商品的货款仍未收到，当日即期汇率为 1 美元=7.98 元人民币。

要求：

（1）编制甲公司 2021 年第一季度与外币交易或事项相关的会计分录。

（2）填列甲公司 2021 年 3 月 31 日外币账户发生的汇兑损益（汇兑收益以“+”表示，汇兑损失以“-”表示），并编制汇兑损益相关的会计分录。

外币账户	2021 年 3 月 31 日汇兑差额（人民币）/万元
银行存款（美元户）	
应收账款（美元户）	
应付账款（美元户）	
长期借款（美元户）	

2. 国内甲公司 2020 年 12 月 1 日以每股 3 港元的价格买入乙公司 H 股 10 000 股，作为短期投资，当日汇率为 1 港元=1.2 元人民币，款项已付。当月 31 日，该 H 股股价为每股 3.5 元，汇率为 1 港元=1 元人民币。

要求：编制甲公司 12 月 1 日与 12 月 31 日的会计分录。

第五章 租赁

学习目标与要求

通过对本章的学习，了解并掌握：
1. 租赁付款额、租赁收款额、租赁内含利率等概念的含义；
2. 租赁额分类及融资租赁的认定标准；
3. 承租人的会计处理；
4. 出租人的会计处理；
5. 售后租回的会计处理。

第一节 租赁会计概述

一、租赁的定义

在市场经济条件下，租赁作为企业融资的重要形式，企业对其的需求日益增长，越来越多的企业通过租赁的形式获取相关资产的使用权。租赁是指出租人在承租人定期支付租金的条件下，授予承租人在约定的期限内占有和使用租赁财产（不动产或动产）的权利的一种契约。人们习惯上称这种契约为租约合同。

目前，中外会计准则对租赁的定义基本相同，都采用的是“租赁协议（合同）观”。《国际财务报告准则第16号——租赁》（IFRS16）将租赁定义为：转移了一项资产（标的资产）在一段时间内的使用权以换取对价的一项合同或合同的一部分。美国《会计准则公告第13号——租赁》（FAS13）将租赁定义为：在一个规定的期间转移资产（有形或无形）使用权的协议。英国《第21号标准会计实务公告》（SSAP21）将租赁定义为：拥有资产的出租人在一个约定期内，以约定的租金将资产使用权转交给承租人的协议。我国《企业会计准则第21号——租赁》（2018）将租赁定义为：在一定期间内，出租人将资产的使用权让与承租人以获取对价的合同。

二、租赁的识别

企业在合同开始日就应对合同进行评估，确定该合同是否是一项租赁或包含一项租赁。如果合同中一方让渡了在一定期间内控制一项或多项已识别资产使用的权利以换取对价，则该合同为租赁或者包含租赁。

一项合同要被分类为租赁合同，必须同时满足如下条件。

（1）存在一定期间。在合同中，“一定期间”也可以表述为已识别资产的使用量，例如，某项设备的产出量。

（2）存在已识别的资产。

（3）资产供应方向客户转移了对已识别资产使用权的控制。如果客户有权在部分合同期内控制已识别资产的使用，则合同包含一项在该部分合同期间的租赁。

同时符合下列条件的，使用已识别资产的权利构成一项单独租赁。

（1）承租人可从单独使用该资产或将其与易于获得的其他资源一起使用中获利。

（2）该资产与合同中的其他资产不存在高度依赖或高度关联关系。

如果合同条款和条件没有发生变化，则企业无须重新评估合同是否为租赁或者包含租赁。

（一）已识别资产

要判断是否存在已识别的资产，客户需要考虑以下三个方面的因素：①是否存在对资产的指定；②是否存在对指定资产的实质性替换权；③合同中的标的涉及的是资产的组成部分时，资产之间是否存在物理区分。

1. 对资产的指定

构成租赁的前提必须是合同标的是特定的已识别资产。已识别资产通常由合同明确指定，也可以在资产可供客户使用时隐性指定。

【例 5-1】某航空租赁公司（供应方）有 10 架飞机，每架飞机有唯一编号（自 01 至 10）。客户知道该供应方拥有的飞机情况，假设存在以下两种情形：①客户与供应方签订合同使用其中 1 架飞机，合同中明确该飞机为编号 05 的飞机；②客户与供应方签订合同使用 10 架飞机，合同并没有约定飞机的型号、编号等。

分析：在第一种情形下，合同明确指定了编号为 05 的特定飞机，该 05 号飞机为已识别资产；在第二种情形下，合同虽未明确指定使用的飞机编号，但由于客户知晓该供应方有且仅有编号 01 至 10 的 10 架飞机，因此，该合同的标的已隐含指定为编号 01 至 10 的特定 10 架飞机。因此，上述两种情况下，合同均可认定为包含租赁。

如果客户与供应方签订合同使用其中 1 架飞机，合同中没有指定编号，供应方拥有的 10 架飞机中任意 1 架都可以执行合同约定的执飞任务，则该合同未指定已识别资产，该合同不包含租赁。

2. 实质性替换权

某些情况下，即使合同已对资产进行指定，如果资产的供应方在整个使用期间拥有对该资产的实质性替换权，则该资产不属于已识别资产。其原因在于，如果资产供应方在整个使用期间能自由替换合同资产，那么实际上，合同只规定了满足客户需求的一类资产，而不是被唯一识别出的一项或几项资产。也就是说，在这种情况下，合同资产并未和资产供应方的同类其他资产明确区分开来，并未被识别出来。

同时符合下列条件时，供应方拥有资产的实质性替换权。

资产供应方拥有在整个使用期间替换资产的实际能力。例如，客户无法阻止供应方替换资产，且用于替换的资产是供应方易于取得或者可以在合理期间内取得的。

资产供应方通过行使替换资产的权利将获取经济利益。即，替换资产的预期经济利益将超过替换资产所需的成本。

如果供应方仅在特定日期或特定事件发生当日或之后拥有替换资产的权利或义务，则供应方的替换权不具有实质性,因为供应方没有在整个使用期间替换资产的实际能力。

与资产位于资产供应方所在地相比,如果资产位于客户所在地或其他位置,替换资产所需要的成本更有可能超过其所能获取的利益。

资产供应方在资产运行结果不佳或者进行技术升级的情况下,因修理和维护而替换资产的权利或义务不属于实质性替换权。

企业难以确定资产供应方是否拥有实质性替换权的,应视为资产供应方没有对该资产的实质性替换权。

【例 5-2】甲公司(客户)与乙公司(供应方)签订合同,合同要求乙公司在 5 年内按照约定的时间表使用指定型号的火车车厢为甲公司运输约定数量的货物。合同中约定的时间表和货物数量为甲公司在 5 年内有权使用 10 节指定型号火车车厢。合同规定了所运输货物的性质。乙公司有大量类似的车厢可以满足合同要求。车厢不用于运输货物时存放在乙公司处。

分析:①乙公司在整个使用期间有替换每节车厢的实际能力,用于替换的车厢是乙公司易于获得的,且无须甲公司批准即可替换;②乙公司可通过替换车厢获得经济利益,车厢存放在乙公司处,乙公司拥有大量类似的车厢,替换每节车厢的成本极小,乙公司可以通过替换车厢获益,例如,使用已位于任务所在地的车厢执行任务,或利用某客户未使用而闲置的车厢。

因此,乙公司拥有车厢的实质性替换权,合同中用于运输甲公司货物的车厢不属于已识别资产。

【例 5-3】甲公司(客户)与乙公司(供应方)签订了使用 1 架指定飞机的 2 年合同,合同详细规定了飞机的内、外部规格。合同规定,乙公司在 2 年合同期内可以随时替换飞机,在飞机出现故障时则必须替换飞机;无论哪种情况下,所替换的飞机必须符合合同中规定的内、外部规格。在乙公司的机队中配备符合甲公司要求规格的飞机所需的成本高昂。

分析:本例中,合同明确指定了飞机的内、外部规格,尽管合同允许乙公司替换飞机,但配备另 1 架符合合同要求的规格的飞机会发生高昂的成本,乙公司不会因替换飞机而获益,因此乙公司的替换权不具有实质性。因此,合同中存在已识别资产。

3. 合同标的为资产的组成部分(物理可区分)

如果资产的部分产能在物理上可区分(例如,建筑物的某一层),则该部分产能属于已识别资产。如果资产的某部分产能与其他部分在物理上不可区分(例如,光缆的部分容量),则该部分不属于已识别资产,除非其实质上代表该资产的全部产能,从而使客户获得因使用该资产所产生的几乎全部经济利益的权利。

【例 5-4】甲公司(客户)与乙公司(公用设施公司)签订了一份为期 15 年的合同,取得连接 A、B 城市光缆中的 3 条指定的物理上可区分的光纤的使用权。若光纤损坏,乙公司应负责修理和维护。乙公司拥有额外的光纤,但仅可因修理、维护或故障等原因替换指定给甲公司使用的光纤。

分析:合同明确指定了 3 条光纤,并且这些光纤与光缆中的其他光纤在物理上可区分。乙公司不可因修理、维护或故障以外的原因替换光纤,因此合同中存在 3 条已识别光纤资产。

假设甲公司与乙公司签订了一份为期 15 年的合同，取得连接 A、B 城市光缆中约定带宽的光纤的使用权。甲公司约定的带宽相当于使用光缆中 3 条光纤的全部传输容量（乙公司光缆包含 15 条传输容量相近的光纤）。在这种情形下，甲公司仅使用光缆的部分传输容量，乙公司提供给甲公司使用的光纤与其余光纤在物理上不可区分，且其不代表光缆的几乎全部传输容量。此时，合同中就不存在已识别资产。

（二）控制已识别资产的使用

为了评估一项合同是否让渡了在一定期间内控制已识别资产使用的权利，企业应当评估在整个使用期间客户是否拥有以下两种权利：①基本获取使用已识别资产带来的所有经济利益的权利；②主导已识别资产的使用的权利。

1. 客户是否有权获得因使用资产所产生的几乎全部经济利益

拟考虑的经济利益是在客户使用资产的权利的规定范围内产生的经济利益。客户可以采取多种方式（例如使用、持有或转租赁资产）从使用资产中获取经济利益。这些经济利益包括使用资产带来的主要产品和副产品，以及使用资产带来的与第三方进行商业交易实现的其他经济利益。在评估合同是否赋予客户从使用资产中获取几乎全部经济利益的权利时，应考虑上述所有利益。例如：①如果合同规定汽车在使用期间仅在某一特定区域使用，则企业应当仅考虑在该区域内使用汽车所产生的经济利益，而不应考虑在该区域外使用汽车所产生的经济利益；②如果合同规定客户在使用期间仅能在特定里程范围内驾驶汽车，则企业应当仅考虑在允许的里程范围内使用汽车所产生的经济利益，而不应考虑超出该里程范围使用汽车所产生的经济利益。

2. 客户是否有权主导资产的使用

存在下列情形之一的，可视为客户有权主导对已识别资产在整个使用期间的使用。

（1）如果客户有权在整个使用期间在合同界定的使用权范围内改变资产的使用目的和使用方式，则视为客户有权在该使用期间主导资产的使用目的和使用方式。在判断客户是否有权在整个使用期间主导已识别资产的使用目的和使用方式时，企业应当考虑在该使用期间与改变资产的使用目的和使用方式最为相关的决策权。最为相关的决策权是指对使用资产所产生的经济利益产生影响的决策权。最为相关的决策权可能因资产性质、合同条款和条件的不同而不同。此类决策权包括：①变更资产产出类型的权利，例如，决定将集装箱用于运输商品还是储存商品，或者决定在零售区域销售的产品的组合；②变更资产的产出时间的权利，例如，决定机器或发电厂的运行时间；③变更资产的产出地点的权利，例如，决定卡车或轮船的目的地，或者决定设备的使用地点；④决定资产是否产出以及产出量的权利，例如，决定是否使用发电厂以及发电量的大小。

如果由供应方决定标的资产的使用目的和使用方式，则不属于租赁。例如，如果机组人员只是执行客户的命令，由客户决定起飞时间、航线安排等（航空干租业务），说明客户有权在整个使用期间主导已识别资产的使用目的和使用方式，合同包含租赁；如果是供应方的机组人员决定起飞时间、航线安排等（航空湿租业务），那就不属于租赁，而属于购买航空运输服务。

（2）已识别资产的使用目的和使用方式在使用前已预先确定，并且客户有权在整个使用期间自行或主导他人按照其确定的方式运营该资产，或者客户设计了已识别资产（或资产的特定方面),并在设计时已预先确定了该资产在整个使用期间的使用目的和使用方式。

与资产使用目的和使用方式相关的决策可以通过很多方式预先确定,例如,通过设计资产或在合同中对资产的使用作出限制来预先确定相关决策。如果有关资产使用目的和使用方式的决策是预先确定的,此时,如果客户在整个使用期间有资产运营权,或者可以通过预先确定资产在整个使用期间的使用目的和使用方式而设计资产,则客户仍然可以主导资产的使用。

【例 5-5】甲公司(客户)与乙公司(供应方)就使用一辆卡车在一周时间将货物从 A 地运至 B 地签订了合同。根据合同,乙公司只提供卡车、发运及到货的时间和站点,甲公司负责派人驾车将货物自甲地运至乙地。合同中明确指定了卡车,并规定在合同期内该卡车只允许用于运输合同中指定的货物,乙公司没有替换权。合同规定了卡车可行驶的最大里程。甲公司可在合同规定的范围内确定具体的行驶速度、路线、停车休息地点等。甲公司在指定路程完成后无权继续使用这辆卡车。

分析:本例中,合同明确指定了一辆卡车,且乙公司无权替换,因此合同存在已识别资产。合同预先确定了卡车的使用目的和使用方式,即在规定时间内将指定货物从 A 地运至 B 地。甲公司有权在整个使用期间决定卡车的使用(例如决定行驶速度、路线、停车休息地点),因此,甲公司主导了卡车的使用,甲公司通过控制卡车的操作在整个使用期间全权决定卡车的使用。

【例 5-6】甲公司与乙铁路货运公司(简称乙公司)签订了一项合同,规定甲公司可以使用乙公司特定类型的列车车厢 10 节,期限为 5 年。合同指定了车厢,且这些车厢的所有权属于乙公司。何时、何地使用这些车厢以及运送何种货物由甲公司决定。列车车厢闲置不用时由甲公司保管。如果甲公司愿意,列车车厢也可以用作其他用途。但是,合同规定,甲公司不得运输特定类型的货物(例如爆炸物)。如果某些车厢需要保养或者修理,乙公司应调换相同型号的车厢;否则,乙公司在这 5 年期间内不得收回这些列车车厢,除非是客户违约。

合同还规定,如果甲公司需要,乙公司还应提供机车和司机。机车由乙公司保管,并指导司机详细规划甲公司运输商品的要求。乙公司可以选择任意机车来完成甲公司的要求,而且每一机车并非仅运送甲公司的商品,还可以运送其他客户的商品(例如,如果其他客户要求运送商品的目的地接近甲公司要求的目的地,且具有相同的时间区间,乙公司可以在一个机车上同时加挂 60 节车厢)。

判断:该合同包含列车车厢租赁。

分析:甲公司有权在 5 年内使用 10 节车厢。已识别的车厢为 10 节,这些车厢已在合同中明确标明。一旦交付给甲公司,这些列车车厢仅在需要保养或者修理时才能被调换。牵引车厢的机车不属于已识别资产,因为合同中既没有明确,也没有暗含的规定。

甲公司有权在 5 年内控制 10 节车厢的使用,因为:①甲公司实质上有权获得 5 年内使用这些车厢而产生的全部经济利益,在 5 年时间内,甲公司对这些车厢具有排他性使用(包括不运送甲公司商品时的使用)权;②甲公司拥有车厢使用的主导权,对车厢所能运送商品的合同性限制(如不能运输爆炸物)是乙公司的一种保护性权利,这界定了甲公司使用车厢的权利范围。

在合同所明确的使用权范围内，甲公司可以决定车厢在何时、何地使用以及运送何种物品。在车厢不运送物品时，甲公司也可以决定是否使用以及如何使用这些车厢（例如，是否用于以及何时用于储存货物）。在5年时间内，甲公司还有权利改变上述这些决定。尽管机车和司机（均由乙公司控制）对于车厢的有效使用至关重要，但乙公司仅对机车和司机有决定权，并不拥有决定如何使用和为何使用车厢的主导权。因此，在合同期间，乙公司不能控制车厢的使用。

【例 5-7】某玩具公司与某火车站经营者签订了一项合同，在2年时间内使用火车站特许经营区销售其玩具。合同规定了经营区面积，但地点可位于火车站的任意候车区。在合同期间内，火车站有权在任何时间变更玩具公司的经营区地点。因为玩具公司使用移动售货亭销售商品，火车站变更玩具公司经营区所处位置的成本很低，火车站中有很多区域可供使用，而且也满足合同中的特许经营区要求。

判断：该合同不包含租赁。

分析：尽管合同中规定了玩具公司使用的经营区的面积，但这并非一项已识别资产。玩具公司控制着其售货亭，但合同的指向是火车站特许经营区，而这一区域的位置可在火车站主导下而改变。火车站拥有变更玩具公司所使用的经营区的实质性权利。①火车站拥有改变玩具公司所使用经营区的实现能力，火车站候车区中的许多区域均可满足合同规定的区域要求，而且火车站有权不经客户同意，随时将位置变更为另一符合要求的位置。②火车站将获得因区域变更而产生的经济利益。火车站变更玩具公司使用的经营区域，成本极低，因为售货亭易于移动。火车站将从变更火车站候车区空间中受益，因为通过改变，火车站可以最有效地利用火车站候车区。

【例 5-8】某外贸公司与某远洋运输公司（简称运输公司）签订合同，使用指定的船舶将货物从上海运至纽约。所使用的船舶已在合同中明确规定，运输公司没有调换船舶的权利。货物实质上将占用该船全部的载重量。合同还规定了所运输货物的商品种类、提船和交船日期。运输公司操作和维护船舶，负责船上货物的安全运送。在合同期间，外贸公司不能雇用其他方操作船舶，也不能自己操作船舶。

判断：该合同不包含租赁。

分析：该合同存在一项已识别资产，因为该船舶已在合同中明确规定，而且供应商无权调换指定的船舶。外贸公司实质上拥有该船舶使用期间产生的全部经济利益。外贸公司的货物将实质上占用该船舶的全部载重量，从而限制了其他方从该船的使用中获取经济利益。但是，外贸公司没有船舶使用的控制权，因为外贸公司没有船舶使用的主导权。外贸公司没有如何使用船舶、为何目的使用船舶的主导权。如何使用以及出于何目的使用船舶（即在特定期间从上海运送特定的货物至纽约），已在合同中预先确定。在使用期间，外贸公司无权改变该船舶的使用方式和使用目的；同时，也没有使用船舶的其他权利（例如，无权操作船舶），也不能事先设计该船舶。在船舶的使用上，该外贸公司与使用该船舶运送货物的其他众多客户拥有同样的权利。

三、租赁的分拆与合并

（一）租赁的分拆

合同中同时包含多项单独租赁的，承租人和出租人应当将合同予以分拆，并分别对各项单独租赁进行会计处理。

合同中同时包含租赁和非租赁部分的，承租人和出租人应当将租赁和非租赁部分进行分拆，对租赁部分进行相应的会计处理，对非租赁部分应当按照其他适用的企业会计准则进行会计处理。

在分拆合同包含的租赁和非租赁部分时，承租人应当按照各租赁部分单独价格及非租赁部分的单独价格之和的相对比例分摊合同对价，出租人应当根据收入准则关于交易价格分摊的规定分摊合同对价。

为简化处理，承租人可以按照租赁资产的类别选择是否分拆合同包含的租赁和非租赁部分。承租人选择不分拆的，应当将各租赁部分及与其相关的非租赁部分分别合并为租赁，按照租赁准则进行会计处理。但是，对于按照金融工具确认和计量准则应分拆的嵌入衍生工具，承租人不应将其与租赁部分合并进行会计处理。

同时符合下列条件的，使用已识别资产的权利构成合同中的一项单独租赁：①承租人可从单独使用该资产或将其与易于获得的其他资源一起使用中获利；②该资产与合同中的其他资产不存在高度依赖或高度关联关系。

【例 5-9】出租人将一台推土机、一辆卡车和一台长臂挖掘机出租给承租人用于开采作业，租期 4 年，租赁期内，每一设备均由出租人维保。所有设备及其维保服务成本的合同总对价为 6 000 万元，分 4 年支付，每年末支付 1 500 万元。

合同包含租赁部分（推土机、卡车和长臂挖掘机）和非租赁部分（维保服务），承租人可以将合同金额 6 000 万元分拆为租赁部分与非租赁部分，然后分别作出相应的会计处理。

由于推土机、卡车和长臂挖掘机均可单独使用，同时也不高度依赖和高度相关，因此推土机租赁、卡车租赁和长臂挖掘机租赁均是单独的租赁成分。所以，承租人的合同包含 3 项租赁成分和 3 项非租赁成分（维保服务）。合同对价应分配至 3 项租赁成分和 3 项非租赁部分（服务合同）。

（二）租赁的合并

企业与同一交易方或其关联方在同一时间或相近时间订立的两份或多份包含租赁的合同，在符合下列条件之一时，应当合并为一份合同进行会计处理。

（1）该两份或多份合同基于总体商业目的而订立并构成一揽子交易，若不作为整体考虑则无法理解其总体商业目的。

（2）该两份或多份合同中的某份合同的对价金额取决于其他合同的定价或履行情况。

（3）该两份或多份合同让渡的资产使用权合起来构成一项单独租赁。

四、租赁的特点与分类

（一）租赁的特点

租赁作为一项经济活动或一项协议，与其他业务相比，具有以下主要特点。

(1)租赁转移的是租赁资产的使用权。从租赁的目的来看,承租人的目的是获得资产的使用权,在租赁的有效期内,租赁资产的所有权归出租人所有。租赁资产的所有权与使用权相分离是租赁业务的主要特征。因此,租赁下,协议双方在租赁期内转移的是资产的使用权,而非资产的所有权,由此我们可以将租赁与资产所有权发生转移的资产买卖协议,以及资产的使用权不从合同的一方转移给另一方的服务合约(如劳务合同、运输合同、保管合同、仓储合同等)区分开来。

(2)租赁资产使用权的转移是有偿的(即使用权的转移以租金的支付为条件),从而使租赁有别于无偿提供使用权的借用合同。

租赁的上述特征决定了租赁资产必须以资产所有权和使用权可相互分离为前提,使用权能够单独转让和收回。

(3)"融资"与"融物"相结合。融资租赁是融通资金的一种形式。租赁中出租人通过出租设备等资产,向承租人提供信贷,承租人则通过租赁获得了相当于购置该租赁资产的信贷资金,以达到融资的目的。因此,融资租赁兼具"融资"和"融物"的特点。

在融资租赁中,租金一般采用分期的方式支付。承租人支付的租金中不仅包括设备买价,还包括租赁期内买价的利息。因此,租金总额要高于设备买价,承租人支付的租金的现值大约与租赁资产的公允价值相等。但是租赁对承租人而言,不必像普通的设备购买那样需要立即支付大量的现金,使其能够以每期较少的资金取得生产所需的昂贵设备。因此,融资租赁不仅可以帮助承租人解决资金短缺的问题,还有助于保持承租人资金的流动性。

(二)租赁的分类

租赁可按照不同的标准进行分类。对租赁的正确分类,有助于加深对租赁性质的理解,从而有效地利用各种租赁形式,充分发挥租赁的作用。目前,中外会计准则对租赁业务所作的分类有相同之处,即根据与租赁资产所有权有关的风险和报酬的归属对租赁进行分类。例如《国际财务报告准则第16号——租赁》依据"与租赁资产所有权相关的风险与报酬归属于出租人和承租人的程度",将租赁分为融资租赁和经营租赁,并指出"如果一项租赁实质上转移了与资产所有权相关的全部风险和报酬,那么该项租赁应归类为融资租赁",否则应归类为经营租赁。这一分类标准被许多国家和地区采用,如美国、英国、德国、加拿大、澳大利亚、墨西哥、印度、马来西亚、新西兰、巴基斯坦、新加坡、南非等。我国租赁准则也采用了与之一致的分类方法。但有些国家,如法国和巴西将所有租赁都归类为经营租赁;日本虽然也采用这一标准分类,但在实际业务中将租赁作为融资租赁的时候非常少,而往往将租赁协议作为分期收款销售或经营租赁处理。美国和加拿大对租赁的分类较其他国家复杂,其将出租人的融资租赁进一步分为销售租赁、直接融资租赁和杠杆租赁(美国)。下面对这几类租赁分别进行介绍。

1. 租赁的基本分类

根据与租赁资产所有权有关的风险和报酬是否从出租人转移到承租人,租赁可以分为融资租赁和经营租赁两大类。

融资租赁,也称资本租赁,是指出租人实质上将与租赁资产所有权有关的全部风险和报酬转移给了承租人的一种租赁,其所有权最终可能转移,也可能不转移。所谓与租赁资产所有权有关的风险是指由于生产能力的闲置或工艺技术的陈旧而可能造成的损失,以及由于经济情况变动而可能造成的收入变动。所谓与租赁资产所有权有关的报酬是指在租赁资产的有效使用年限内直接使用租赁资产而可能获取的经济利益，以及租赁资产增值或处置租赁资产所实现的收益。

如果与租赁资产所有权有关的风险和报酬实质上并未转移给承租人，那么这种租赁就应属于经营租赁。经营租赁下资产的所有权不转移，租赁期满后，承租人有退租或续租的选择权，而不存在优惠购买选择权。

判断一项租赁是融资租赁还是经营租赁，应依据交易的实质，而不是合同的形式，即根据与租赁资产所有权有关的风险和报酬是否转移来判断。具体说来，如果一项租赁满足以下任一标准，则应将其确定为融资租赁。

（1）在租赁期届满时，租赁资产的所有权转移给承租人。此种情况通常是指租赁协议中已经约定，或者根据其他条件在租赁开始日就可以合理地判断，租赁期届满时出租人会将资产的所有权转移给承租人，那么该项租赁应当被认定为融资租赁。

（2）承租人有购买租赁资产的选择权，并且所订立的购买价款预计将远低于行使选择权时租赁资产的公允价值，因而在租赁开始日就可合理地确定承租人将会行使这种选择权。该种情况事实上属于上述第一种情况中的一种，即承租人租赁期满取得该租赁资产的所有权。不同的是第一种情况是承租人在租赁期满无对价取得租赁资产的所有权，第二种情况是承租人在租赁期满有对价取得租赁资产的所有权。

【例 5-10】出租人和承租人签订了一项租赁协议，租赁期限为 3 年，租赁期届满时承租人有权以 1 000 元的价格购买租赁资产，在签订租赁协议时估计该租赁资产租赁期届满时的公允价值为 40 000 元，由于购买价格仅为公允价值的 2.5%（远低于公允价值 40 000 元），如果没有特别的情况，承租人在租赁期届满时将会购买该项资产。在这种情况下，在租赁开始日即可判断该项租赁为融资租赁。

（3）租赁资产的所有权不转移，但租赁期占租赁资产尚可使用寿命的大部分。这里的“大部分”一般指租赁期占租赁开始日租赁资产尚可使用寿命的 75%以上（含 75%）。值得注意的是，这里的量化标准只是指导性标准，企业在具体运用时，必须以相关会计准则规定的相关条件进行判断。这条标准强调的是租赁期占租赁资产尚可使用寿命的比例，而非租赁期占该项资产全部可使用年限的比例。如果租赁资产是旧资产，在租赁前已使用年限超过资产自全新时起算可使用年限的 75%以上时，则这条判断标准不适用，即不能使用这条标准确定租赁的类型。

【例 5-11】某项租赁设备全新时可使用年限为 10 年，已经使用了 3 年，从第 4 年开始租出，租赁期为 6 年，由于租赁开始时该设备尚可使用寿命为 7 年，租赁期占尚可使用寿命 85.7%（6 年/7 年），符合第 3 条标准，因此该项租赁应当被认定为融资租赁；如果从第 4 年开始，租赁期为 3 年，租赁期占尚可使用寿命的 42.9%（3 年/7 年），就不符合第 3 条标准，因此该项租赁不应被认定为融资租赁（假定也不符合其他判断标准）。假如该项设备已经使用了 8 年，从第 9 年开始租赁，租赁期为 2 年，此时，该设备尚可使用寿命为 2 年，虽然租赁期为尚可使用寿命的 100%（2 年/2 年），但由于在租赁前该设备的已使用年限超过了全部使用年限（10 年）的 75%（8 年/10 年=80%>75%），因此，也不能采用这条标准来判断租赁的种类。

(4)在租赁开始日,租赁收款额的现值几乎相当于租赁资产的公允价值。这里的"几乎相当于",一般应在90%以上(含90%)。需要说明的是,这里的量化标准只是指导性标准,企业在具体运用时,必须以相关会计准则规定的相关条件进行判断。

(5)租赁资产性质特殊,如果不作较大改造,只有承租人才能使用。这条标准是指租赁资产是由出租人根据承租人对资产型号、规格等方面的特殊要求专门购买或建造的,具有专购、专用性质。这些租赁资产如果不作较大的重新改制,其他企业通常难以使用。这种情况下,该项租赁也应当被认定为融资租赁。

一项租赁存在下列一项或多项迹象的,也可能分类为融资租赁。

(1)若承租人撤销租赁,撤销租赁对出租人造成的损失由承租人承担。

(2)资产余值的公允价值波动所产生的利得或损失归属于承租人。

(3)承租人有能力以远低于市场水平的租金继续租赁至下一期间。

2. 租赁的其他分类

按出租人租赁资产的来源和取得方式,租赁还可以分为销售租赁、直接融资租赁、售后租回、杠杆租赁和转租赁等。

(1)销售租赁。销售租赁是指销售性质的租赁,它是制造商或经销商销售商品的一种途径,即制造商或经销商作为出租人,将其制造或经销的商品通过收取一定租金提供给承租人使用。在这种情况下,出租人获取的收益不仅含有融资收益,还包括商品产销差价或进销差价。销售租赁与分期收款销售方式比较接近,主要区别是前者的所有权没有发生转移,而后者的所有权发生了转移。

(2)直接融资租赁。直接融资租赁是指出租人将自行购入的资产租给承租人并收取租金的租赁业务。它在形式上与销售租赁十分类似,主要区别是在直接融资租赁中,出租人赚取的主要是融资收益。

(3)售后租回。售后租回又称回租租赁,它是一项特殊的租赁业务,是指销售方将自制或外购的资产销售出去后再租赁回来的业务,简称回租。在回租的方式下,销售方同时又是承租人,购买方同时又是出租人。承租人通过售后租回,在不影响其对租赁资产的占有、使用和收益的前提下,将一次性的固定资产投入转化为未来的分次支出,既可以保证正常的生产经营活动,又能够有效缓解自身的资金压力,是一种灵活的租赁方式。对出租人而言,售后租回应该按照前述的基本分类标准划分为融资租赁和经营租赁。

(4)杠杆租赁。杠杆租赁是融资租赁的一种特殊方式,又称第三者权益租赁,租赁协议是承租人、出租人及贷款人间的三边协定。具体做法是,由出租人(如租赁公司)拿出部分资金,然后加上贷款人提供的资金(通常出租人仅提供其中20%~40%的资金,贷款人则提供60%~80%的资金),购买承租人欲使用的资产,并交由承租人使用;而承租人使用租赁资产后,应定期支付租赁费用。租赁公司既是出租人又是借资人,既要收取租金又要偿还债务。由于这种租赁的收益一般大于借款成本支出,出租人借款购物出租可获得财务杠杆利益,故其被称为杠杆租赁。

(5)转租赁。转租赁是指承租人在租赁期内将租入资产出租给第三方的行为,简称转租。

五、租赁的相关概念

租赁作为一类性质特殊且较为复杂的经济业务，有着一些特殊的概念。在租赁业务的核算中，也会涉及一些特定的概念，明确这些概念的含义是掌握租赁业务特性及其会计核算方法的基础。

1. 租赁期

租赁期是指承租人有权使用租赁资产且不可撤销的期间。不可撤销主要是从承租人角度来说的，即租赁合同签订后，承租人一般不可撤销该项租赁。通常，租赁期与租赁合同中约定的租赁时间是一致的，但是如果承租人有权选择续租该资产并且在租赁开始日就可以合理确定承租人将会行使这种选择权，不论其是否再支付租金，续租期也包括在租赁期之内；如果承租人有权选择终止租赁该资产，但在租赁开始日就可以合理确定承租人不会行使该选择权，则租赁期应当包含终止租赁选择权涵盖的期间。

在确定租赁期和评估不可撤销租赁期时，企业应根据租赁条款约定确定可强制执行合同的期间。

如果承租人和出租人双方均有权在未经另一方许可的情况下终止租赁，且罚款金额不重大，则该租赁不再可强制执行。如果只有承租人有权终止租赁，则在确定租赁期时，企业应将该项权利视为承租人可行使的终止租赁选择权。如果只有出租人有权终止租赁，则不可撤销的租赁期包括终止租赁选择权所涵盖的期间。

发生承租人可控范围内的重大事件或变化，且影响承租人是否合理确定将行使相应选择权的，承租人应当对其是否合理确定将行使续租选择权、购买选择权或不行使终止租赁选择权进行重新评估，并根据重新评估结果调整租赁期。

2. 租赁开始日

租赁开始日是指租赁合同签署日与租赁各方就主要条款作出承诺日中的较早者。租赁开始日是一个很重要的时间概念。在租赁开始日，出租人须对租赁类型作出判断，即租赁业务是融资租赁还是经营租赁，并在租赁开始日确定租赁收款额及其现值、租赁资产的公允价值、资产余值、担保余值等款项的金额。

在租赁开始日后，出租人无须对租赁的分类进行重新评估，除非发生租赁变更。租赁资产预计使用寿命、预计余值等会计估计变更或发生承租人违约等情况变化的，出租人不对租赁的分类进行重新评估。

3. 租赁期开始日

租赁期开始日是指出租人提供租赁资产使其可供承租人使用的起始日期，表明租赁行为的开始。在租赁期开始日，承租人应当对租入资产、租赁负债进行初始确认；出租人应当对应收融资租赁款进行初始确认。严格来说，在租赁期开始日，租赁业务的会计处理才真正开始。因此，这一时间概念与前述的租赁开始日是有区别的，在租赁开始日出租方只是对租赁业务进行分类，并确定相关款项的金额，而在租赁期开始日，租赁双方在会计上才开始对租赁业务进行初始确认。

4. 资产余值

资产余值是指估计的租赁期届满时租赁资产的公允价值。为了促使承租人谨慎地使用租赁资产,尽量减少出租人作为资产所有者应承担的风险和可能的损失,租赁协议有时要求与出租人无关的一方向出租人提供担保,保证在租赁结束时租赁资产的价值至少为某指定的金额。资产余值按有无担保可分为担保余值和未担保余值两部分。

5. 担保余值

担保余值是指与出租人无关的一方向出租人提供担保,保证在租赁结束时租赁资产的价值至少为某指定的金额。担保余值是租赁期满租赁资产剩余价值的最低保障。

担保余值既可能由承租人或与承租人有关的一方提供担保,也可能由有经济能力履行担保义务的独立第三方提供担保。

6. 未担保余值

未担保余值是指租赁资产余值中,出租人无法保证能够实现或仅由与出租人有关的一方予以担保的部分。未担保余值的金额为租赁资产余值中扣除承租人担保余值以后的资产余值。例如,某些租赁资产的资产余值为 20 万元,承租人担保余值为 15 万元,则未担保余值为 5 万元。很显然,对出租人而言,如果租赁资产余值包含未担保余值,则这部分余值的风险和报酬并没有转移,其风险应由出租人承担。因此,对出租人而言,未担保余值的现值应计入应收融资租赁款。

7. 初始直接费用

初始直接费用是指为达成租赁所发生的增量成本。增量成本是指若企业不取得该租赁,则不会发生的成本,如签订租赁合同后产生的佣金等与租赁项目直接相关的费用。

8. 租赁付款额

租赁付款额是指承租人向出租人支付的与在租赁期内使用租赁资产的权利相关的款项,包括:①固定付款额及实质固定付款额,存在租赁激励的,扣除租赁激励相关金额;②取决于指数或比率的可变租赁付款额,该款项在初始计量时根据租赁期开始日的指数或比率确定;③购买选择权的行权价格,前提是承租人合理确定将行使该选择权;④行使终止租赁选择权须支付的款项,前提是租赁期内反映出承租人将行使终止租赁选择权;⑤根据承租人提供的担保余值预计应支付的款项。

实质固定付款额是指在形式上可能包含变量但实质上无法避免的付款额。

9. 可变租赁付款额

可变租赁付款额是指承租人为取得在租赁期内使用租赁资产的权利,向出租人支付的因租赁期开始日后的事实或情况发生变化(而非时间推移)而变动的款项。

可变租赁付款额分为取决于指数或比率的可变租赁付款额与基于任何其他变量的其他可变租赁付款额两种。其中,取决于指数或比率的可变租赁付款额包括与消费者价格指数挂钩的款项、与基准利率挂钩的款项和为反映市场租金费率变化而变动的款项等,取决于指数或比率的可变租赁付款额构成租赁付款额,而基于任何其他变量(比如销售收入)的其他可变租赁付款额实际发生时计入当期损益或资产成本。

10. 租赁激励

租赁激励是指出租人为达成租赁向承租人提供的优惠,包括出租人向承租人支付的与租赁有关的款项、出租人为承租人偿付或承担的成本等。

11. 租赁收款额

租赁收款额是指出租人因让渡在租赁期内使用租赁资产的权利而应向承租人收取的款项,包括:①承租人须支付的固定付款额及实质固定付款额,存在租赁激励的,扣除租赁激励相关金额;②承租人支付的取决于指数或比率的可变租赁付款额,该款项在初始计量时根据租赁期开始日的指数或比率确定;③购买选择权的行权价格,前提是合理确定承租人将行使该选择权;④承租人行使终止租赁选择权须支付的款项,前提是租赁期内反映出承租人将行使终止租赁选择权;⑤由承租人、与承租人有关的一方以及有经济能力履行担保义务的独立第三方向出租人提供的担保余值。

12. 租赁内含利率

租赁内含利率是指使出租人的租赁收款额的现值与未担保余值的现值之和等于租赁资产公允价值与出租人的初始直接费用之和的利率。租赁内含利率既反映了出租人在融资租赁中获取的融资收益率,也反映了承租人在融资租赁中实际承担的融资费用率。

第二节　承租人的会计处理

一、租赁期开始日的会计处理

在租赁期开始日,承租人应当对租赁确认使用权资产和租赁负债。但是,对于短期租赁和低价值资产租赁,承租人可以选择不确认使用权资产和租赁负债。

(一)使用权资产

使用权资产是指承租人可在租赁期内使用租赁资产的权利。使用权资产应当按照成本进行初始计量,其成本包括:①租赁负债的初始计量金额;②在租赁期开始日或之前支付的租赁付款额,存在租赁激励的,扣除已享受的租赁激励相关金额;③承租人发生的初始直接费用;④承租人为拆卸及移除租赁资产、复原租赁资产所在场地或将租赁资产恢复至租赁条款约定状态预计将产生的成本。

(二)租赁负债

租赁负债应当按照租赁期开始日尚未支付的租赁付款额的现值进行计量。

在计算租赁付款额的现值时,承租人应当采用租赁内含利率作为折现率;无法确定租赁内含利率的,应当采用承租人增量借款利率作为折现率。

承租人增量借款利率是指承租人在类似经济环境下为获得与使用权资产价值接近的资产,在类似期间以类似抵押条件借入资金须采用的利率。

(三)会计分录

在租赁期开始日,承租人应当将租赁资产确认为"使用权资产",尚未支付的租赁付款额的现值确认为"租赁负债",此外,在租赁过程中发生的佣金等初始直接费用,租赁开始日或之前支付的租赁付款额,以及租赁资产的拆除、移除或复原成本,也应计入使用权资产的入账价值,其账务处理如下。

借:使用权资产

　　贷:租赁负债(租赁付款额的现值)

银行存款（初始直接费用+已支付的租赁付款额）

预计负债（预计拆除、移除或复原成本的现值）

【例5-12】2018年12月28日，甲公司与乙公司签订了一份租赁合同。合同主要条款如下。

（1）租赁标的物：冰箱生产线。

（2）租赁期开始日：租赁物运抵甲公司生产车间之日（即2019年1月1日）。

（3）租赁期：从租赁期开始日起算，36个月（即2019年1月1日至2021年12月31日）。

（4）租金支付方式：自租赁期开始日起每年末支付租金1 000 000元。

（5）该生产线在2019年1月1日的公允价值为2 600 000元。

（6）乙公司租赁内含利率为8%（年利率）。

（7）该生产线为全新设备，估计使用年限为5年。

（8）2019年和2020年，甲公司每年按该生产线所生产的产品——冰箱的年销售收入的1%向乙公司支付经营分享收入。

甲公司的相关资料如下。

（1）采用年限平均法计提固定资产折旧。

（2）2019年、2020年甲公司分别实现冰箱销售收入10 000 000元和15 000 000元。

（3）2021年12月31日，甲公司将该生产线退还乙公司。

（4）甲公司向促成租赁交易的中介支付佣金10 000元。

有关承租人（甲公司）的分析、计算及账务处理如下。

第一步，识别租赁合同。

甲公司有权在3年内使用冰箱生产线。已识别的资产为冰箱生产线，甲公司实质上有权获得3年内使用冰箱生产线而产生的全部经济利益。因此，此合同为租赁。

第二步，计算租赁付款额及其现值，确定租赁负债的入账价值。

本例中，甲公司租赁付款额为3 000 000元，将乙公司租赁内含利率8%作为租赁付款额的折现率，计算租赁付款额的现值。需要注意的是，基于销售收入的可变租赁付款额不构成租赁付款额，应于实际发生时计入当期损益。

租赁付款额=各期固定租金之和−租赁激励+取决于指数或比率的可变租赁付款额+购买选择权的行权价格/行使终止租赁选择权需支付的款项+承租人提供的担保余值预计应支付的款项=1 000 000×3+0=3 000 000（元）

计算现值的过程如下。

租赁付款额的现值=1 000 000×（P/A，8%，3）

查年金现值系数表得知：（P/A，8%，3）=2.577 1

租赁付款额的现值=1 000 000×2.577 1=2 577 100（元）

第三步，将初始直接费用计入资产价值。

承租人发生的初始直接费用10 000元，应当直接计入租入资产价值。

2019年1月1日，甲公司租入冰箱生产线的账务处理如下。

借：使用权资产　　2 587 100
　　贷：租赁负债　　2 577 100
　　　　银行存款　　10 000

二、租赁期间相关业务的会计处理

租赁期间的具体经济业务有支付租赁付款额及确认租赁利息费用、计提租赁资产的折旧、支付基于其他任何变量的可变租赁付款额等。

（一）租赁付款额的支付及其利息费用的确认

租赁期内，租赁付款额的支付将减少承租人的债务和出租人的债权。每期支付的租赁付款额包含归还的债务本金和利息，即租赁负债本金和租赁利息费用两部分。承租人应当采用实际利率法确认利息费用。在采用实际利率法的情况下，因租赁开始日租赁负债的折现率不同，计算租赁利息费用的实际利率也不同，实际利率的确定具体分为如下两种情况。

（1）采用租赁内含利率计算租赁付款额现值的，应当采用租赁内含利率作为租赁利息的实际利率。

（2）采用承租人增量借款利率计算租赁付款额现值的，应当采用承租人增量借款利率作为租赁利息的实际利率。

确定租赁付款额利息的账务处理如下。

借：财务费用/在建工程（租赁负债摊余成本 × 实际利率）
　　贷：租赁负债

支付租赁付款额的账务处理如下。

借：租赁负债
　　贷：银行存款（支付的租金等）

【例 5-13】沿用【例 5-12】。甲公司按实际利率法计算租赁利息费用的处理如下。

第一步，确定实际利率。

由于采用租赁内含利率计算租赁付款额现值，因此应当采用租赁内含利率作为租赁利息的实际利率，即 8%。

第二步，在租赁期内采用实际利率法计算利息费用（表 5-1）。

表 5-1　租赁利息费用计算表（实际利率法）　　单位：元

日期①	租赁付款额②	利息费用 ③=期初⑤ × 8%	应付本金的减少额 ④=②-③	应付本金余额 期末⑤=期初⑤-④
2019 年 1 月 1 日				2 577 100
2019 年 12 月 31 日	1 000 000	206 168	793 832	1 783 268
2020 年 12 月 31 日	1 000 000	142 661.44	857 338.56	925 929.44*
2021 年 12 月 31 日	1 000 000	74 070.56*	925 929.44*	0
合计	3 000 000	422 900	2 577 100	—

*作尾数调整：74 070.56=1 000 000−925 929.44
925 929.44=925 929.44−0

第三步，假设按年确认利息费用的账务处理如下。

2019 年 12 月 31 日，确认利息费用。

借：财务费用　206 168

　　贷：租赁负债　206 168

2019 年 12 月 31 日，支付租金 1 000 000 元的账务处理如下。

借：租赁负债　1 000 000

　　贷：银行存款　1 000 000

2020 年 12 月 31 日，确认利息费用、支付租金的账务处理如下。

借：财务费用　142 661.44

　　贷：租赁负债　142 661.44

借：租赁负债　1 000 000

　　贷：银行存款　1 000 000

2021 年 12 月 31 日，确认利息费用、支付租金的账务处理如下。

借：财务费用　74 070.56

　　贷：租赁负债　74 070.56

借：租赁负债　1 000 000

　　贷：银行存款　1 000 000

（二）租赁资产折旧的计提

承租人应对使用权资产的入账价值计提折旧。使用权资产计提折旧主要涉及两个问题：一是折旧政策；二是折旧期间。

（1）折旧政策。对于使用权资产，计提其折旧时，承租人应根据与使用权资产有关的经济利益的预期实现方式确定折旧方法。同自有应折旧资产一样，租赁资产的折旧方法一般有年限平均法、工作量法、双倍余额递减法、年数总和法等。通常，承租人按照年限平均法对使用权资产计提折旧，其他折旧方法更能反映使用权资产有关经济利益预期实现方式的，应当采用其他折旧方法。

（2）折旧期间。使用权资产的折旧期间应根据租赁协议的规定确定。承租人能够合理确定租赁期届满时取得租赁资产所有权的，应当在租赁资产剩余使用寿命内计提折旧。无法合理确定租赁期届满时能够取得租赁资产所有权的，应当在租赁期与租赁资产剩余使用寿命两者孰短的期间内计提折旧。

【例 5-14】沿用【例 5-12】。

第一步，租赁资产折旧的计算（表 5-2）。

根据合同规定，由于甲公司无法合理确定在租赁期届满时能够取得租赁资产的所有权，因此，应当在租赁期与租赁资产尚可使用年限两者中的较短的期间内计提折旧。本例中，租赁期为 3 年，短于租赁资产尚可使用年限 5 年，因此应按 3 年计提折旧。同时，根据《企业会计准则第 21 号——租赁》，承租人应自租赁期开始日对使用权资产计提折旧。使用权资产通常应自租赁期开始的当月计提折旧，当月计提确有困难的，可以自租赁期开始日的下月计提折旧，但应对同类使用权资产采用相同的折旧政策。计提的折旧，根据使用权资产的用途，计入相关资产的成本或者当期损益。本例中，假设甲公司从租赁期开始日的下月开始对使用权资产以年限平均法计提折旧,即应按 35 个月计提折旧,即 2019 年应按 11 个月计提折旧,2020 年、2021 年分别按 12 个月计提折旧。

表 5-2 租赁资产折旧计算表(年限平均法) 单位:元

日期	固定资产原价	当年折旧费	累计折旧
2019 年 1 月 1 日	2 587 100		
2019 年 12 月 31 日		813 088.58	813 088.58
2020 年 12 月 31 日		887 005.71	1 700 094.29
2021 年 12 月 31 日		887 005.71	2 587 100
合计	2 587 100	2 587 100	

月折旧额=折旧总额/折旧月数=(2 587 100−0)/(3×12−1)=73 917.14(元)

第二步,账务处理如下。

2019 年 2 月 28 日,计提本月折旧(租入资产是生产线,折旧费计入制造费用)。

借:制造费用——折旧费 73 917.14

　　贷:使用权资产累计折旧 73 917.14

以后,每个月的会计分录完全相同。

(三)使用权资产减值

在租赁期开始日后,承租人应当按照《企业会计准则第 8 号——资产减值》的规定,确定使用权资产是否发生了减值,并对已识别的减值损失进行会计处理。

使用权资产发生减值的,按应减记的金额,借记"资产减值损失"科目,贷记"使用权资产减值准备"科目。使用权资产减值准备一旦计提,不得转回。承租人应当按照扣除减值损失之后的使用权资产的账面价值,进行后续折旧。

(四)基于其他任何变量的可变租赁付款额的处理

根据可变租赁付款额的支付标准不同,可变租赁付款额分为取决于指数或比率的可变租赁付款额和基于任何其他变量的其他可变租赁付款额两种,两种可变租赁付款额的会计处理存在较大区别。其中,取决于指数或比率的可变租赁付款额在租赁期开始日计入租赁付款额,而基于任何其他变量的其他可变租赁付款额实际发生时计入当期损益或资产成本。支付或确认基于任何其他变量的其他可变租赁付款额的账务处理如下。

借:销售费用(基于销售收入的可变租赁付款额)

　　生产成本(基于产量的可变租赁付款额)

　　贷:银行存款或其他应付款

【例 5-15】沿用【例 5-12】。

2019 年 12 月 31 日,根据合同规定甲公司应向乙公司支付经营分享收入 100 000 元。

借:销售费用 100 000

　　贷:银行存款或其他应付款——乙公司 100 000

2020 年 12 月 31 日,根据合同规定甲公司应向乙公司支付经营分享收入 150 000 元。

借：销售费用　150 000
　　贷：银行存款或其他应付款——乙公司　150 000

三、租赁期届满时的会计处理

租赁期届满时，承租人对租赁资产的处理通常有三种情况：返还、优惠续租和留购。

（1）返还租赁资产。

租赁期届满，承租人向出租人返还租赁资产时，其会计处理如下。

借：使用权资产累计折旧
　　贷：使用权资产

（2）优惠续租租赁资产。

如果承租人行使优惠续租选择权，则应视同该项租赁一直存在，进而作出相应的账务处理。

如果租赁期届满时没有续租，根据租赁协议规定承租人须向出租人支付违约金时：

借：营业外支出
　　贷：银行存款等

（3）留购租赁资产。

在承租人享有优惠购买选择权的情况下，支付购买价款时：

借：租赁负债（购买价款）
　　贷：银行存款

同时：

借：固定资产
　　贷：使用权资产

【例 5-16】沿用【例 5-12】。2021 年 12 月 31 日，租赁期满，甲公司将租赁资产退回给乙公司。

2021 年 12 月 31 日，甲公司将该生产线退还乙公司的会计分录如下。

借：使用权资产累计折旧　2 587 100
　　贷：使用权资产　2 587 100

四、租赁付款额发生变化的处理

在租赁期开始日后，若发生下列四种情况之一，承租人应当按照变动后的租赁付款额的现值重新计量租赁负债，并调整相应使用权资产的账面价值。使用权资产的账面价值已调减至零，但租赁负债仍要进一步调减的，承租人应当将剩余金额计入当期损益。

（一）实质固定付款额发生变动

如果租赁付款额最初是可变的，但在租赁期开始日后的某一时点转为固定，那么在潜在可变性消除时，该付款额成为实质固定付款额，其应被纳入租赁负债的计量中。承租人应当按照变动后的租赁付款额的现值重新计量租赁负债。在该情形下，承租人应采用租赁期开始日确定的折现率。

（二）担保余值预计的应付金额发生变动

在租赁期开始日后，承租人对其在担保余值下预计支付的金额进行估计。该金额发生变动的，承租人应当按照变动后租赁付款额的现值重新计量租赁负债。在该情形下，承租人采用的折现率为租赁开始日确定的折现率。

（三）用于确定租赁付款额的指数或比率发生变动

在租赁期开始日后，因浮动利率变动导致未来租赁付款额发生变动的，承租人应当按照变动后的租赁付款额的现值重新计量租赁负债。在该情形下，承租人应采用反映利率变动的、修订后的折现率进行折现。

在租赁期开始日后，因用于确定租赁付款额的指数或比率（浮动利率除外）的变动导致未来租赁付款额发生变动的，承租人应当按照变动后的租赁付款额的现值重新计量租赁负债。在该情形下，承租人采用的折现率为租赁期开始日确定的折现率。

需要注意的是，仅当现金流量发生变动时，即租赁付款额的变动生效时，承租人才应重新计量租赁负债，以反映变动后的租赁付款额。承租人应基于变动后的租赁付款额，确定剩余租赁期内的租赁付款额。

（四）购买选择权、续租选择权或终止租赁选择权的评估结果或实际行使情况发生变化

租赁期开始日后，发生下列情形的，承租人应采用修订后的折现率对变动后的租赁付款额进行折现，以重新计量租赁负债。

（1）续租选择权或终止租赁选择权的评估结果发生变化，前述选择权的实际行使情况与原评估结果不一致等导致租赁期变化的，承租人应当根据新的评估结果重新确定租赁期和租赁付款额。

（2）购买选择权的评估结果发生变化的，承租人应根据新的评估结果重新确定租赁付款额。

上述两种情形下，承租人在计算变动后租赁付款额的现值时，应当以剩余租赁期间的租赁内含利率为折现率；无法确定剩余租赁期间的租赁内含利率的，应当以重估日的承租人增量借款利率为折现率。

五、租赁变更的处理

租赁变更，是指原合同条款之外的租赁范围、租赁对价、租赁期限的变更，包括增加或终止一项或多项租赁资产的使用权，延长或缩短合同规定的租赁期等。

租赁发生变更且同时符合下列条件的，承租人应当将该租赁变更作为一项单独租赁进行会计处理。

（1）该租赁变更通过增加一项或多项租赁资产的使用权而扩大了租赁范围或延长了租赁期限。

（2）增加的对价与租赁范围扩大部分或租赁期限延长部分的单独价格按该合同情况调整后的金额相当。

租赁变更未作为一项单独租赁进行会计处理的，在租赁变更生效日，承租人应当按照相关规定分摊变更后合同的对价，重新确定租赁期，并按照变更后租赁付款额和修订后的折现率计算的现值重新计量租赁负债。

在计算变更后租赁付款额的现值时，承租人应当采用剩余租赁期间的租赁内含利率作为修订后的折现率；无法确定剩余租赁期间的租赁内含利率的，应当采用租赁变更生效日的承租人增量借款利率作为修订后的折现率。租赁变更生效日，是指双方就租赁变更达成一致的日期。

租赁变更导致租赁范围缩小或租赁期缩短的，承租人应当调减使用权资产的账面价值，以反映租赁的部分终止或完全终止。部分终止或完全终止租赁的相关利得或损失计入当期损益。其他租赁变更导致租赁负债重新计量的，承租人应当相应调整使用权资产的账面价值。

六、短期租赁和低价值资产租赁的处理

（一）短期租赁

1. 短期租赁的含义

短期租赁，是指在租赁期开始日，租赁期不超过 12 个月的租赁。但是包含购买选择权的租赁不属于短期租赁。

2. 短期租赁的会计处理

对于短期租赁，承租人可以选择不确认使用权资产和租赁负债，其主要问题是处理好应支付的租赁付款额与计入当期费用的金额的关系。承租人在租赁期发生的租赁付款额应当在租赁期内的各个期间按直线法分摊并计入相关资产成本或当期损益；如果其他系统合理的方法能够更好地反映承租人的收益模式，承租人应当采用其他方法分摊租赁付款额。

某些情况下，出租人可能对租赁提供激励措施，如免租期、承担承租人的某些费用等。在出租人提供了免租期的激励措施的情况下，承担人应在整个租赁期内，而不是在租赁期扣除免租期后的期间内按直线法或其他合理的方法对租金总额进行分摊，免租期内应确认租金费用；在出租人承担了承租人的某些费用的情况下，承租人应将该费用从租金总额中扣除，并在整个租赁期内对租金余额进行分摊。按租金的支付方式（预付或者后付）可分别作出相应的会计处理。

（1）预付租金方式。

①预付租金时。

借：其他应付款（预付租金额）

　　贷：银行存款

②确认各期租金费用时。

借：制造费用/管理费用/研发支出等（应确认的租金费用）

　　贷：其他应付款（摊销的预付租金）

　　　　银行存款（实际支付的租金）

（2）后付租金方式。

①根据权责发生制确认各期应承担但尚未支付的租金费用时。

借：制造费用/管理费用/研发支出等（应付未付的租金）

　　贷：其他应付款

②实际支付租金时。

借：其他应付款（实际支付的租金）

　　贷：银行存款

此外，为了保证租赁资产的安全和有效使用，承租人应设置“租赁资产”备查簿作备查登记，以反映和监督租赁资产的使用、归还和结存情况。

【例 5-17】2019 年 1 月 1 日，甲公司向乙租赁公司租入一套全新办公设备，租赁期为 9 个月。设备价值为 200 000 元，预计使用年限为 6 年。租赁合同规定，租金总计 75 000 元，第一季度免租金，租金从第二季度末开始支付，第二季度末支付租金 30 000 元，第三季度末支付租金 45 000 元，租赁期届满后乙公司收回设备。（假定甲公司和乙公司均在季末确认租金费用和租金收入，并且不存在租金逾期支付的情况。）

分析：此项租赁的租赁期为 9 个月，该租赁行为属于短期租赁。甲公司为简化会计处理，于租赁开始日，选择不确认使用权资产和租赁负债，而采用直线法分摊确认各期的租金费用。此项租赁租金费用总额为 75 000（30 000+45 000）元，按直线法分摊，每季度应确认的租金费用为 25 000 元。

承租人（甲公司）的账务处理如下。

（1）2019 年 3 月 31 日，确认第一季度的租金费用。

借：管理费用　　25 000

　　贷：其他应付款　　25 000

（2）2019 年 6 月 30 日，确认第二季度的租金费用。

借：管理费用　　25 000

　　贷：其他应付款　　25 000

（3）支付 30 000 元租金。

借：其他应付款　　30 000

　　贷：银行存款　　30 000

（4）2019 年 9 月 30 日，确认第三季度的租金费用。

借：管理费用　　25 000

　　贷：其他应付款　　25 000

（5）支付 45 000 元租金。

借：其他应付款　　45 000

　　贷：银行存款　　45 000

需要注意的是，进行简化处理的短期租赁发生租赁变更或者因租赁变更之外的原因导致租赁期发生变化的，承租人应当将其视为一项新租赁进行会计处理。

（二）低价值资产租赁

1. 低价值资产租赁的含义

低价值资产租赁，是指单项租赁资产为全新资产时价值较低的租赁。承租人在判断一项租赁是否是低价值租赁时，应基于租赁资产全新状态下的价值进行评估，不应考虑资产已被使用的年限，比如普通办公家具。

低价值资产租赁的判定仅与资产的绝对价值有关，不受承租人规模、性质或其他情况影响，也不考虑该资产对承租人或相关租赁交易的重要性。低价值资产租赁还应当同时符合下列条件，才能选择简化会计处理方法：①承租人可从单独使用该资产或将其与易于获得的其他资源一起使用中获利；②该资产与合同中的其他资产不存在高度依赖或高度关联关系。

2. 低价值资产租赁的会计处理

承租人对低价值资产租赁采用简化会计处理方法时，其处理原则与短期租赁的简化处理方法一致，但是如果承租人已经或者预期将相关资产转为租赁，则不能按简化方法进行会计处理。

七、承租人租赁会计信息的列报和披露

承租人应当在资产负债表中单独列示使用权资产和租赁负债。其中，租赁负债通常分别在非流动负债和一年内到期的非流动负债（即资产负债表日后 12 个月内租赁负债预期减少的金额）项目列示。

在利润表中，承租人应当分别列示租赁负债的利息费用与使用权资产的折旧费用。租赁负债的利息费用在财务费用项目列示。

在现金流量表中，偿还租赁负债本金和利息所支付的现金应当计入筹资活动现金流出，支付的按简化处理的短期租赁付款额和低价值资产租赁付款额以及未纳入租赁负债计量的可变租赁付款额应当计入经营活动现金流出。

承租人应当在附注中披露与租赁有关的下列信息。

（1）各类使用权资产的期初余额、本期增加额、期末余额、累计折旧额和减值金额。

（2）租赁负债的利息费用。

（3）有关的简化处理方法。

（4）未纳入租赁负债计量的可变租赁付款额。

（5）转租使用权资产取得的收入。

（6）与租赁相关的总现金流出。

承租人应当根据理解财务报表的需要，披露有关租赁活动的其他定性和定量信息。此类信息包括如下内容。

（1）租赁活动的性质，如对租赁活动基本情况的描述。

（2）未纳入租赁负债计量的未来潜在现金流出。

（3）租赁导致的限制或承诺。

（4）售后租回交易。

（5）其他相关信息。

第三节　出租人的会计处理

出租人应当在租赁开始日将租赁分为融资租赁和经营租赁，分别进行相应的会计处理。

需要注意的是，在租赁开始日后，出租人无须对租赁的分类进行重新评估，除非发生租赁变更。租赁资产预计使用寿命、预计余值等会计估计变更或发生承租人违约等情况变化的，出租人不对租赁的分类进行重新评估。

一、出租人对经营租赁的会计处理

（一）租金收入的会计处理

与承租人将短期租赁与低价值资产租赁的租金总额在租赁期内（含免租期）确认为费用类似，经营租赁中，出租人应当将租金总额在租赁期内的各个期间按直线法确认为收入，如果其他方法更合理，也可以采用其他方法。同样，如果出租人提供了免租期或承担了承租人的某些费用，应当对租金总额扣除这部分的费用的余额在整个租赁期内（包括免租期）进行分摊。

与承租人的短期租赁与低价值资产租赁会计处理相类似，出租人也应按租金的收取方式（预收租金或后收租金）分别进行相应的会计处理。

出租人发生的与经营租赁有关的初始直接费用，应当予以资本化，在租赁期内按照与租金收入相同的方法确认，分期计入当期损益。

1. 预收租金方式

（1）预收租金时。

借：银行存款（实际预收的租金）

　　贷：预收账款/其他应收款

（2）确认各期租金收入时。

借：预收账款/其他应收款（摊销的预收租金）

　　银行存款（实际收到的租金）

　　贷：主营业务收入/其他业务收入（应确认的租金收入）

2. 后收租金方式

（1）根据权责发生制确认各期应享有但尚未收取的租金收入时。

借：长期应收款/应收账款/其他应收款（应确认的租金收入）

　　贷：主营业务收入/其他业务收入

（2）实际收到租金时。

借：银行存款（实际收到的租金）

　　贷：长期应收款/应收账款/其他应收款

【例 5-18】2019 年 1 月 1 日，甲公司向乙公司租入一套全新办公设备，租期为 3 年。设备价值为 200 000 元，预计使用年限为 10 年。租赁合同规定，租赁开始日（2019 年 1 月 1 日）甲公司向乙公司一次性预付租金 15 000 元，第一年末支付租金 15 000 元，第二年末支付租金 20 000 元，第三年末支付租金 25 000 元。租赁期届满后乙公司收回设备，3 年的租金总额为 75 000 元。（假定甲公司和乙公司均在年末确认租金费用和租金收入，并且不存在租金逾期支付的情况。）

分析：此项租赁没有满足融资租赁的任何一条标准，出租人应将其作为经营租赁处理。确认租金收入时，不能依据各期实际收到的租金的金额确定，而应采用直线法分配确认各期的租赁收入。此项租赁租金收入总额为 75 000（15 000+15 000+20 000+25 000）元，按直线法计算，每年应确认的租金收入为 25 000 元。

出租人（乙公司）的账务处理如下。

（1）2019 年 1 月 1 日。

借：银行存款　15 000

　　贷：预收账款　15 000

（2）2019 年 12 月 31 日。

借：银行存款　15 000

　　预收账款　10 000

　　贷：主营业务收入——租金收入　25 000

（3）2020 年 12 月 31 日。

借：银行存款　20 000

　　预收账款　5 000

　　贷：主营业务收入——租金收入　25 000

（4）2021 年 12 月 31 日。

借：银行存款　25 000

　　贷：主营业务收入——租金收入　25 000

【例 5-19】2019 年 1 月 1 日，甲公司向乙公司租入一套全新办公设备，租赁期为 5 年。设备价值为 200 000 元，预计使用年限为 12 年。租赁合同规定，租金总计 75 000 元，第一、二年免租金，租金从第三年末开始支付，第三年末支付租金 20 000 元，第四年末支付租金 25 000 元，第五年末支付租金 30 000 元。租赁期届满后乙公司收回设备。不考虑相关税费。（假定乙公司在年末确认租金收入，并且不存在租金逾期支付的情况。）

分析：此项租赁没有满足融资租赁的任何一条标准，出租人乙公司应将此项租赁作为经营租赁处理。对于出租人而言，不能按各期实际收到的租金金额来确认租金收入，而应采用直线法分摊确认各期的租金收入。此项租赁租金收入总额为 75 00（20 000+25 000+30 000）元，按直线法计算，每年应确认的租金收入为 15 000 元。

出租人（乙公司）的账务处理如下。

（1）2019 年 12 月 31 日。

借：长期应收款　15 000

　　贷：主营业务收入——租金收入　15 000

（2）2020 年 12 月 31 日。

借：长期应收款　15 000

　　贷：主营业务收入——租金收入　15 000

（3）2021 年 12 月 31 日。

借：银行存款　20 000

　　贷：主营业务收入——租金收入　15 000

　　　　长期应收款　5 000

（4）2022 年 12 月 31 日。

借：银行存款　25 000

　　贷：主营业务收入——租金收入　15 000

　　　　长期应收款　10 000

（5）2023年12月31日。

借：银行存款　　30 000

　　贷：主营业务收入——租金收入　　15 000

　　　　长期应收款　　15 000

（二）初始直接费用的会计处理

出租人在经营租赁中发生的初始直接费用应当资本化，在租赁期内按照与租金收入确认相同的基础进行分摊，分期计入当期损益。其账务处理如下。

1. 发生初始直接费用时

借：长期待摊费用

　　贷：银行存款

2. 按直线法或其他方法分摊时

借：主营业务成本（或其他业务成本）

　　贷：长期待摊费用

（三）可变租赁付款额的会计处理

在经营租赁下，出租人对基于任何其他变量的其他可变租赁付款额，在实际发生时计入当期损益。其账务处理如下。

借：银行存款

　　贷：主营业务收入/其他业务收入/租赁收入等

（四）租赁资产折旧与减值的处理

在经营租赁下，出租人应按自有固定资产的处理方法，将租赁资产反映在资产负债表中。如果经营租赁资产属于固定资产，应当采用出租人对类似自有固定资产通常所采用的折旧政策计提折旧；如果经营租赁资产属于无形资产等其他资产，应当采用合理的方法进行摊销。其账务处理如下。

借：主营业务成本/其他业务成本

　　贷：累计折旧/累计摊销等

如果租赁资产发生减值，应对已识别的减值损失进行会计处理。

需要注意的是，经营租赁发生变更的，出租人应当自变更生效日起将其作为一项新租赁进行会计处理，与变更前租赁有关的预收或应收租赁收款额应当视为新租赁的收款额。

（五）出租人经营租赁会计信息的列报和披露

出租人应当根据资产的性质，在资产负债表中列示经营租赁资产。

出租人应当在附注中披露与经营租赁有关的下列信息。

（1）租赁收入，并单独披露与未计入租赁收款额的可变租赁付款额相关的收入。

（2）将经营租赁固定资产与出租人持有自有的固定资产分开，并按经营租赁固定资产的类别提供《企业会计准则第4号——固定资产》要求披露的信息。

（3）资产负债表日后连续五个会计年度每年将收到的未折现租赁收款额，以及剩余年度将收到的未折现租赁收款额总额。不足五个会计年度的，披露资产负债表日后连续每年将收到的未折现租赁收款额。

出租人应当根据理解财务报表的需要，披露有关租赁活动的其他定性和定量信息。此类信息包括：

（1）租赁活动的性质，如对租赁活动基本情况的描述；

（2）对其在租赁资产中保留的权利进行风险管理的情况；

（3）其他相关信息。

二、出租人对融资租赁的会计处理

出租人对融资租赁的会计处理也涉及租赁期开始日（包括应收融资租赁款的确定、未担保余值的确定等）、租赁期间（主要包括租赁收款额的收取、确认租赁利息收入等）和租赁期满（收回或出售租赁资产）三大环节。

（一）租赁期开始日租赁债权的会计处理

由于在融资租赁下，出租人实质上已将与租赁资产所有权有关的风险和报酬转移给承租人，将租赁资产的使用权长期转让给了承租人，并以此获取租赁收款额。因此，出租人的租赁资产在租赁开始日实际上就变成了收取租赁收款额的债权。

在租赁期开始日，出租人应当对融资租赁确认应收融资租赁款，并终止确认融资租赁资产。

出租人对应收融资租赁款进行初始计量时，应当以租赁投资净额作为应收融资租赁款的入账价值。租赁投资净额为未担保余值和租赁期开始日尚未收到的租赁收款额按照租赁内含利率折现的现值之和。

其会计处理如下。

借：长期应收款——应收融资租赁款　（租赁收款额的现值）
　　贷：融资租赁资产　（租赁资产的账面价值）
　　　　资产处置损益　（差额）
　　　　银行存款　（初始直接费用）

需要注意的是，生产商或经销商作为出租人的融资租赁，在租赁期开始日，该出租人应当按照租赁资产公允价值与租赁收款额按市场利率折现的现值两者孰低确认收入，并按照租赁资产账面价值扣除未担保余值的现值后的余额结转销售成本。其会计处理如下。

借：长期应收款——应收融资租赁款
　　贷：主营业务收入　（现值或公允价值）
　　　　银行存款　（初始直接费用）
借：主营业务成本　（租赁资产的账面价值-未担保余值）
　　贷：融资租赁资产　（租赁资产的账面价值-未担保余值）

生产商或经销商出租人为取得融资租赁发生的成本，应当在租赁期开始日计入当期损益。生产商或经销商出租人为取得融资租赁而发生的成本不属于初始直接费用，不计入租赁投资净额。

【例 5-20】2019 年 12 月 1 日，甲公司与乙公司签订了一份租赁合同，从乙公司租入机床一台。租赁合同主要条款如下。

（1）租赁资产：全新机床。

（2）租赁期开始日：2020 年 1 月 1 日。

(3)租赁期:2020年1月1日至2025年12月31日,共72个月。

(4)自2020年1月1日起,每年末支付租金160 000元。如果甲公司能够在每年末的最后一天及时付款,则给予每年减少租金10 000元的奖励。

(5)租赁期限内,如遇中国人民银行贷款基准利率调整,出租人将对租赁利率作同方向、同幅度调整。基准利率调整日之前各期和调整日当期租赁利率不变,从基准利率调整日之后一期租金开始按调整后的租赁利率计算收取。

(6)该机床在2019年12月1日的公允价值为700 000元,账面价值为600 000元。

(7)签订租赁合同过程中,乙公司发生可归属于租赁项目的佣金10 000元。

(8)租赁期届满时,甲公司享有优惠购买该机床的选择权,购买价为20 000元,估计该日租赁资产的公允价值为80 000元。

(9)2021年和2022年,甲公司每年按该机床所生产产品的年销售收入的1%向乙公司支付额外租金。

(10)甲公司享有终止租赁选择权。在租赁期间,如果甲公司终止租赁,须支付的款项为剩余租赁期间的固定租金支付金额。

(11)假设担保余值和未担保余值均为0。

(12)全新机床的使用寿命为7年。

出租人乙公司在租赁开始日的会计处理如下。

第一步,判断租赁类型。

本例存在优惠购买选择权,优惠购买价20 000元远低于行使选择权日租赁资产的公允价值80 000元,因此在2019年12月31日就可合理确定甲公司将会行使这种选择权。另外,在本例中,租赁期为6年,占租赁开始日租赁资产使用寿命的86%(占租赁资产使用寿命75%以上)。同时,乙公司综合考虑其他各种情形和迹象,认为该租赁实质上转移了与该项机床所有权有关的几乎全部风险和报酬,因此将这项租赁认定为融资租赁。

第二步,计算租赁开始日的租赁收款额。

租赁收款额=承租人须支付的固定付款额及实质固定付款额-租赁激励金额+承租人支付的取决于指数或比率的可变租赁付款额+购买选择权的行权价格+承租人行使终止租赁选择权须支付的款项+由承租人、与承租人有关的一方以及有经济能力履行担保义务的独立第三方向出租人提供的担保余值

$=160\,000\times 6-10\,000\times 6+0+20\,000+0+0=920\,000$(元)

说明:

(1)取决于指数或比率的可变租赁付款额在初始计量时根据租赁期开始日的指数或比率确定,因此本例题在租赁期开始日不考虑。

(2)租赁期届满时,甲公司享有优惠购买该机床的选择权,购买价格为20 000元,估计该日租赁资产的公允价值为80 000元。优惠价20 000元远低于行使选择权日租赁资产的公允价值,因此在2019年12月1日就可合理确定甲公司将会行使选择权,则租赁付款额中应包括承租人购买选择权的行权价格20 000元。

(3)虽然甲公司享有终止租赁选择权,但若终止租赁,甲公司须支付的款项为剩余租赁

期间的固定租金支付金额。因此，可以合理确定甲公司不会行使终止选择权。

第三步，确认租赁投资净额和未实现融资收益。

租赁投资净额=租赁期开始日租赁资产公允价值+出租人发生的租赁初始直接费用
=700 000+10 000=710 000（元）

未实现融资收益=租赁收款额+未担保余值-租赁投资净额
=920 000+0-710 000=210 000（元）

第四步，计算租赁内含利率。

租赁内含利率是使租赁投资总额的现值（即租赁投资净额）等于租赁资产在租赁开始日的公允价值与出租人的初始直接费用之和的利率。可列出如下公式。

1 500 000×（$P/A,R,6$）+20 000×（$P/F,R,6$）=710 000

计算得到租赁内含利率为7.82%。

第五步，账务处理。

2020年1月1日，乙公司应作如下会计处理。

借：应收融资租赁款——租赁收款额	920 000	
贷：银行存款		10 000
融资租赁资产		600 000
资产处置损益		100 000
应收融资租赁款——未实现融资收益		210 000

（二）租赁期间相关业务的会计处理

租赁期间，出租人的具体经济业务包括收取租赁收款额（如租金）、确认融资利息收益、收取基于任何其他变量的其他可变租赁付款额等。

1. 租赁收款额（如租金）的收取

租赁期内租赁收款额（如租金）的逐期收取相当于租赁债权的分期收回，它将减少出租人的租赁债权和承租人的债务。由于融资租赁具有融资的性质，因此每期收取的租金包含收回债权本金和利息两部分，即资产价值和融资收益两部分。根据租赁准则的规定，出租人应当采用实际利率法确认融资利息收入。在采用实际利率法的情况下，出租人应当采用租赁内含利率作为融资租赁利息收入的实际利率。

确认租赁收益的账务处理如下。

借：应收融资租赁款——未实现融资收益

　贷：租赁收入　　（期初摊余成本×租赁内含利率）

收取租赁收款额（如租金）的账务处理如下。

借：银行存款　　（收到的租金）

　贷：应收融资租赁款——租赁收款额

【例5-21】沿用【例5-20】。乙公司每年末按实际利率法计算融资租赁利息收入的处理如下。

第一步，确定实际利率。

乙公司应当采用租赁内含利率作为租赁利息收入的实际利率，即7.82%。

未实现融资收益的实质是出租人应从承租人处收取的利息总额，出租人应将未实现的融资费用按一定的方法确认为每期的利息收入。根据规定,出租人应当采用实际利率法计算分配当期应确认的租赁收入。在采用实际利率法的情况下,按租赁投资净额(即租赁资产公允价值与初始直接费用之和)作为初始摊余成本,按租赁内含利率计算分摊各期的利息收入。各期的融资收益等于期初的租赁投资净额余额与租赁内含利率之积,用公式表示为:

应确认的融资收益=期初的租赁投资净额余额 × 租赁内含利率

第二步,在租赁期内采用实际利率法计算利息收入(表 5-3)。

表 5-3 融资租赁利息收入计算表(实际利率法) 单位:元

日期	租 金	确认的利息收入	租赁投资净额的减少	租赁投资净额余额
①	②	③ =期初⑤ × 7.82%	④ = ② - ③	期末⑤ =期初⑤ - ④
2020 年 1 月 1 日				710 000
2020 年 12 月 31 日	150 000	55 522	94 478	615 522
2021 年 12 月 31 日	150 000	48 134	101 866	513 656
2022 年 12 月 31 日	150 000	40 168	109 832	403 824
2023 年 12 月 31 日	150 000	31 579	118 421	285 403
2024 年 12 月 31 日	150 000	22 319	127 681	157 722
2025 年 12 月 31 日	150 000	12 278*	137 722	20 000
2025 年 12 月 31 日	20 000		20 000	0
合计	920 000	210 000	710 000	

注:*作尾数调整 12 278=150 000+20 000−157 722

第三步,假设按年确认利息收入,账务处理如下。

(1)2020 年 12 月 31 日收到第一期租金时。

借:银行存款 150 000

　　贷:应收融资租赁款——租赁收款额 150 000

借:应收融资租赁款——未实现融资收益 55 522

　　贷:租赁收入 55 522

(2)2021 年 12 月 31 日收到第二期租金时。

借:银行存款 150 000

　　贷:应收融资租赁款——租赁收款额 150 000

借:应收融资租赁款——未实现融资收益 48 134

　　贷:租赁收入 48 134

2022—2025 年的会计处理与此类似。

2. 应收融资租赁款坏账准备的计提

为了更加真实、客观地反映出租人在融资租赁中的债权,出租人应当定期根据承租人的财务及经营管理情况,以及租金的逾期期限等因素,分析应收融资租赁款收回的风险程度和可能性,对应收融资租赁款合理计提坏账准备。计提坏账准备的方法由出租人根据有关规定自行确定。坏账准备的计提方法一经确定,不得随意变更。其会计处理如下。

(1)根据有关规定合理计提坏账准备时。

借:信用减值损失

　　贷:坏账准备

(2)对于确实无法收回的应收融资租赁款,经批准作为坏账损失,冲销计提的坏账准备。

借:坏账准备

　　贷:应收融资租赁款

(3)已确认并转销的坏账损失,如果以后又收回,按实际收回金额处理。

借:应收融资租赁款

　　贷:坏账准备

借:银行存款

　　贷:应收融资租赁款

3. 可变租赁收款额的处理

跟承租人的处理类似,根据可变租赁收款额的收取标准不同,可变租赁收款额分为取决于指数或比率的可变租赁收款额和基于任何其他变量的其他可变租赁收款额两种,两种可变租赁收款额的会计处理存在较大区别。其中,取决于指数或比率的可变租赁收款额在租赁期开始日计入租赁收款额,而基于任何其他变量的取决可变租赁收款额实际发生时计入当期损益。

出租人在融资租赁下收到的基于任何其他变量的取决可变租赁收款额,应在实际发生时确认为当期收入。其会计处理如下。

借:银行存款/应收账款

　　贷:租赁收入

【例 5-22】沿用【例 5-20】。以下说明乙公司对基于任何其他变量的其他可变租赁收款额的处理。假设 2021 年和 2022 年,甲公司利用租赁机床生产产品分别实现年销售收入 1 000 000 元和 1 500 000 元。根据租赁合同,乙公司 2021 年和 2022 年应向甲公司收取的与销售收入挂钩的租金分别为 10 000 元和 15 000 元。

2021 年 12 月 31 日,根据合同规定乙公司应向甲公司收取经营分享收入 10 000 元。

借:银行存款/应收账款	10 000	
贷:租赁收入		10 000

2022 年 12 月 31 日,根据合同规定乙公司应向甲公司收取经营分享收入 15 000 元。

借:银行存款/应收账款	15 000	
贷:租赁收入		15 000

(三)租赁期届满时的会计处理

租赁期届满时,出租人应区别以下情况进行会计处理。

1. 收回租赁资产的会计处理

借:融资租赁资产

　　贷:应收融资租赁款——租赁收款额　　(应收融资租赁款的摊余成本)

2. 优惠续租租赁资产

(1)如果承租人行使优惠续租选择权,则出租人应视同该项租赁一直存在而作出相应的会计处理。比如,可能继续按照实际利率确认融资收益等。

(2)如果租赁期届满时承租人没有续租,承租人向出租人返还租赁资产时,其会计处理同上述收回租赁资产的会计处理。

3. 留购租赁资产

租赁期届满时,如果承租人行使了购买选择权,出租人应依据收到的承租人支付的购买资产的价款,进行相应会计处理。

借:银行存款

　　贷:应收融资租赁款——租赁收款额　　(应收融资租赁款的摊余成本)

【例 5-23】沿用【例 5-20】。以下说明租赁期届满,承租人行使购买选择权的情况下,乙公司的会计处理。

借:银行存款　　20 000

　　贷:应收融资租赁款——租赁收款额　　20 000

(四)出租人融资租赁会计信息的列报和披露

出租人应当在附注中披露与融资租赁有关的下列信息。

(1)销售损益、租赁投资净额的融资收益以及与未纳入租赁投资净额的可变租赁付款额相关的收入。

(2)资产负债表日后连续五个会计年度每年将收到的未折现租赁收款额,以及剩余年度将收到的未折现租赁收款额总额;不足五个会计年度的,披露资产负债表日后连续每年将收到的未折现租赁收款额。

(3)未折现租赁收款额与租赁投资净额的调节表。

第四节　售后租回交易的会计处理

一、售后租回交易的含义

售后租回交易是一种特殊形式的租赁业务,是指销售方(即承租人)将一项自制或外购的资产出售后,又将该项资产从购买方(即出租人)处租回的交易,人们习惯上称之为"回租"。从交易的效果来看,通过售后租回交易,资产的原所有者(即承租人)在保留对资产的占有权、使用权和控制权的前提下,将固定资本转化为货币资本,在出售时可取得全部价款的现金,而租金则是分期支付的,从而增强了资金的流动性,提高了资金的使用效率,同时也解决了企业流动资金不足的难题。从购买方(出租人)来看,购买方通过"先买后租"的方式,实际上从事了一项风险较小、回报比较稳定的投资活动。

从交易形式上来看,售后租回交易包含了两项经济活动——销售和租赁,交易的双方也由此具有了双重身份,即销售方同时也是承租人,购买方同时也是出租人。售后租回交易的双方均应按照售后租回交易的规定进行会计处理,即企业应当按照规定,评估确认售后租回交易中资产转让是否属于销售,并分别进行会计处理。

二、售后租回交易的会计处理

（一）基本原则

我国《企业会计准则第 21 号——租赁》规定，承租人和出租人应当按照《企业会计准则第 14 号——收入》的规定，评估确定售后租回交易中的资产转让是否属于销售。售后租回交易中的资产转让属于销售的，承租人应当按原资产账面价值中与租回获得的使用权有关的部分，计量售后租回所形成的使用权资产，并仅就转让至出租人的权利确认相关利得或损失；出租人应当根据其他适用的企业会计准则对资产购买进行会计处理，并根据《企业会计准则第 21 号——租赁》对资产出租进行会计处理。

如果售后租回交易中的资产转让不属于销售，则统一作为融资安排，承租人应当继续确认被转让资产，同时确认一项与转让收入等额的金融负债；而出租人不确认被转让资产，但应当确认一项与转让收入等额的金融资产，按照金融工具确认和计量准则对该金融资产进行会计处理。

（二）满足销售标准的售后租回的会计处理

在满足收入确认标准的情况下，须确认交易产生的销售利得或损失。但需要注意的是，销售利得或损失的确认，仅限于在租赁结束时，转移给购买方（出租人）部分对应的销售利得或损失。此外，还须比较销售价格与标的资产的公允价值，考虑当销售价格与标的资产公允价值相背离时对销售收入与销售利得分摊的影响。具体而言分三种情形。

（1）当销售价格等于资产公允价值时，按照我国租赁准则的规定，承租人应以租赁付款额现值确认租赁负债，以租赁付款额现值除以资产公允价值为分配比例，以资产账面价值为基数，确认租赁资产（使用权资产）金额，销售利得或损失为销售价格加上使用权资产减去租赁付款额现值与资产账面价值的差额。

【例 5-24】沿用【例 5-12】。假定 2019 年 1 月 1 日，甲公司将一条冰箱生产线按公允价值 2 600 000 元的价格销售给乙公司。该生产线 2019 年 1 月 1 日的账面价值为 3 000 000 元，已提累计折旧 700 000 元，设备未计提减值准备。同时甲公司又与乙公司签订了一份租赁合同，将该生产线租回，该合同主要条款与【例 5-12】的合同条款内容相同，假定不考虑相关税费。

销售方（即承租人甲公司）的会计处理如下。

第一步，识别合同是否为租赁。

根据【例 5-12】可知，该项合同为租赁。租赁期开始日按《企业会计准则第 21 号——租赁》的规定进行会计处理。

第二步，计算租赁付款额的现值。

根据【例 5-12】可知，租赁付款额的现值为 2 577 100 元。

3 年租赁期的年度租赁款租金 1 000 000 元（年金）按照 8%的折现率得到现值为 2 577 100 元，这一现值可以代表归属于甲公司的销售价格（公允价值）部分。相应，归属于乙公司的销售价格（公允价值）部分为 22 900（2 600 000−2 577 100）元。在此基础上可以将账面金额与销售利得在甲公司与乙公司间进行分配。其中归属于甲公司的销售对价与账面金额部分，从本质上讲是由甲公司保留而未转移出去的资产价值部分，因此甲公司不能确认归属于自身的销售利得，而只能确认归属于乙公司的销售利得。

第三步，计算使用权资产的入账价值。

使用权资产的入账价值=租赁资产账面价值 ×（租赁付款额现值/租赁资产公允价值）

=2 300 000 ×（2 577 100/2 600 000）=2 279 742（元）

第四步，计算资产销售利得（或损失）。

销售利得（或损失）=总销售利得（或损失）×（1−使用权资产入账价值/租赁资产账面价值）

=300 000 ×（1−2 279 742/2 300 000）=2 642（元）

具体分配表如表 5-4 所示。

表 5-4 售后租回公允价值分配表（按照公允价值销售） 单位：元

分摊	总额	归属于甲公司	属于乙公司
公允价值（销售对价）分摊	2 600 000	2 577 100	22 900
账面价值（依公允价值分摊）	2 300 000	2 279 742	20 258
销售利得或损失（依公允价值分摊）	300 000	297 358	2 642

根据上述分摊金额，甲公司应作如下会计分录。

借：银行存款 2 600 000

累计折旧 700 000

使用权资产 2 279 742

贷：固定资产 3 000 000

租赁负债 2 577 100

资产处置损益 2 642

（2）当销售价格大于资产公允价值时，则应当将销售价格超出资产公允价值的部分作为购买方（出租人）向销售方（承租人）提供的额外融资款，调整租赁款现值。在将账面金额分摊给销售方（承租人）确认的使用权资产时，应当按照调整后的租赁款现值进行分摊，即应该以公允价值为基础计量销售收益与租赁收款额。

【例 5-25】沿用【例 5-12】。假定 2019 年 1 月 1 日，甲公司将一条冰箱生产线按 2 800 000 元的价格销售给乙公司。该生产线 2019 年 1 月 1 日的账面原值为 3 000 000 元，已提累计折旧 700 000 元，设备未计提减值准备。同时，甲公司与乙公司又签订了一份租赁合同将该生产线租回，该合同主要条款与【例 5-12】的合同条款内容相同，假定不考虑相关税费，冰箱生产线公允价值为 2 600 000 元。

销售方（即承租人甲公司）的会计处理如下。

第一步，识别合同是否为租赁。

根据【例 5-12】，可知该项合同为租赁。租赁期开始日按《企业会计准则第 21 号——租赁》的规定进行会计处理。

第二步，计算租赁付款额的现值。

根据【例 5-12】可知，租赁付款额的现值为 2 577 100 元。

3 年租赁期的年度租赁款租金 1 000 000 元（年金）按照 8%的折现率得到现值为 2 577 100 元，销售价格超出公允价值的 200 000 元可被认定为乙公司给予甲公司额外的融资额度，甲公司实际支付的租赁款（即归属于甲公司的公允价值）为 2 377 100（2 577 100−200 000）元，相应归属于乙公司的销售价格（公允价值）部分为 222 900（2 600 000−2 377 100）元。在此基础上可以将账面金额与销售利得在甲公司与乙公司间进行分配。其中归属于甲公司的销售对价与账面金额部分，从本质上讲是由甲公司保留而未转移出去的资产价值部分，因此甲公司不能确认归属于自身的销售利得，而只能确认归属于乙公司的销售利得。

第三步，计算使用权资产的入账价值。

使用权资产的入账价值=租赁资产账面价值 ×[（租赁付款额现值−售价超过公允价值的金额）/租赁资产公允价值]
=2 300 000×[（2 577 100−200 000）/2 600 000]
=2 102 819（元）

第四步，计算资产销售利得（或损失）。

销售利得（或损失）=总销售利得（或损失）×（1−使用权资产入账价值/租赁资产账面价值）
=300 000×（1−2 102 819/2 300 000）=25 719（元）

具体分配表如表 5-5 所示。

表 5-5　售后租回公允价值分配表（按照公允价值销售）——例 5-25　单位：元

项目	总额	归属于甲公司	归属于乙公司
公允价值（销售对价）分摊	2 600 000	2 377 100	222 900
账面价值（依公允价值分摊）	2 300 000	2 102 819	197 181
销售利得或损失（依公允价值分摊）	300 000	274 281	25 719

根据上述分摊金额，甲公司可作如下会计分录。

①与额外融资相关的分录。

借：银行存款　200 000
　　贷：长期应付款　200 000

②与租赁相关的会计分录。

借：银行存款　2 600 000
　　累计折旧　700 000
　　使用权资产　2 102 819
　　贷：固定资产　3 000 000
　　　　租赁负债　2 377 100
　　　　资产处置损益　25 719

（3）当销售价格低于资产公允价值时，则应当将销售价格低于资产公允价值的部分作为销售方（承租人）预付的租赁款，调整租赁款现值。在将账面金额分摊给销售方（承租人）确认的使用权资产时，应当按照调整后的租赁款现值进行分摊。

【例 5-26】沿用【例 5-12】。假定 2019 年 1 月 1 日，甲公司将一条冰箱生产线按 2 580 000 元的价格销售给乙公司。该生产线 2019 年 1 月 1 日的账面原值为 3 000 000 元，已提累计折旧 700 000 元，设备未计提减值准备。同时，甲公司与乙公司又签订了一份租赁合同将该生产线租回，该合同主要条款与【例 5-12】的合同条款内容相同，假定不考虑相关税费，冰箱生产线公允价值为 2 600 000 元。

销售方（即承租人甲公司）的会计处理如下。

第一步，识别合同是否为租赁。

根据【例 5-12】可知，该项合同为租赁。租赁期开始日按《企业会计准则第 21 号——租赁》的规定进行会计处理。

第二步，计算租赁付款额的现值。

根据【例 5-12】可知，租赁付款额的现值为 2 577 100 元。

3 年租赁期的年度租赁款租金 1 000 000 元（年金）按照 8%的折现率得到现值为 2 577 100 元，这一现值可以代表归属于甲公司的公允价值部分。销售价格低于公允价值的 20 000 元可被认定为甲公司提前向乙公司支付了租赁款，因此甲公司的租赁款共计 2 597 100（2 577 100+20 000）元，而归属于乙公司的公允价值则为 2 900（2 600 000−2 597 100）元。

在此基础上可以将账面金额与销售利得在甲公司与乙公司间进行分配。其中归属于甲公司的销售对价与账面金额部分，从本质上讲是由甲公司保留而未转移出去的资产价值部分，因此甲公司不能确认归属于自身的销售利得，而只能确认归属于乙公司的销售利得。

第三步，计算使用权资产的入账价值。

使用权资产的入账价值=租赁资产账面价值 ×[（租赁付款额现值+售价低于公允价值的金额）/租赁资产公允价值]

=2 300 000 ×[（2 577 100+20 000）/2 600 000]

=2 297 435（元）

第四步，计算资产销售利得（或损失）。

销售利得（或损失）=总销售利得（或损失）×（1−使用权资产入账价值/租赁资产账面价值）

=300 000 ×（1−2 297 435/2 300 000）=335（元）

具体分配表如表 5-6 所示。

表 5-6 售后回租公允价值分配表（按照公允价值销售）——例 5-26 单位：元

项目	总额	归属于甲公司	归属于乙公司
公允价值（销售对价）分摊	2 600 000	2 597 100	2900
账面价值（依公允价值分摊）	2 300 000	2 297 435	2565
销售利得或损失（依公允价值分摊）	300 000	299 665	335

根据上述分摊金额，甲公司可编制如下会计分录。

借：银行存款	2 580 000	
累计折旧	700 000	
使用权资产	2 297 435	
贷：固定资产		3 000 000
租赁负债		2 577 100
资产处置损益		335

本章小结

租赁是指在一定期间内，出租人将资产的使用权让与承租人以获取对价的合同。

租赁的识别须从两个方面进行考虑：①租赁合同内是否存在一项已识别资产；②客户是否控制已识别资产使用权。

承租人采用单一计量模式，对所有租赁确认使用权资产和租赁负债，应用短期租赁和低价值资产租赁简化处理的除外。其中使用权资产是指承租人可在租赁期内使用租赁资产的权利，租赁负债是承租人在租入资产确认使用权资产的同时确认的。

按照与租赁资产所有权有关的风险和报酬是否转移，租赁可划分为融资租赁和经营租赁两类。融资租赁是指实质上转移了与租赁资产所有权有关的全部风险和报酬的租赁。经营租赁是指除融资租赁以外的其他租赁，是承租人因未来经营活动中的短期性、临时性及季节性需要而向出租人租用某种资产的行为。

特殊租赁业务包括转租赁、生产商或经销商出租人的融资租赁以及售后租回交易。售后租回交易是指承租人将资产出售后，又将该项资产从购买者处租回的交易，也称回租租赁。

思考题

1. 简述租赁的含义与特征。
2. 如何认定一项租赁属于融资租赁？
3. 租赁开始日、租赁期、租赁期开始日之间的关系怎样？明确这些概念有何意义？
4. 租赁付款额和租赁收款额的含义分别是什么？
5. 承租人对租赁的会计处理的过程及要点是什么？
6. 出租人以融资租赁方式租出资产的会计处理的过程及要点是什么？
7. 售后租回交易的会计处理的要点是什么？

案例分析

【案例描述】

长江公司于 2019 年 12 月 1 日与乙公司签订了一份合同，租入设备，设备于 2019 年 12 月 31 日达到可使用状态并投入使用，合同主要条款和其他有关条件如下。

（1）租赁标的物：A 生产设备。

（2）租赁期开始日：2019 年 12 月 31 日。

（3）租赁期：2019 年 12 月 31 日至 2023 年 12 月 31 日。

（4）租金支付：2020 年至 2023 年每年末支付租金 800 万元。

（5）A 生产设备在 2019 年 12 月 31 日的公允价值为 3 100 万元，已使用 3 年，预计还可使用 5 年。

（6）租赁合同规定的年利率为 6%。

（7）租赁期届满时，长江公司享有优惠购买该设备的选择权，购买价款为 100 万元，估计该日租赁资产的公允价值为 800 万元。租赁期届满时，长江公司预计将购买该资产。

（8）长江公司在租赁谈判和签订租赁合同过程中产生的可归属于租赁项目的佣金为 7 100 元。

其他资料：长江公司对该设备采用年限平均法计提折旧，预计设备寿命期满后净残值为 0。

已知：乙公司租赁内含利率为 6%，期数为 4 期的普通年金现值系数为 3.465 1；利率为 6%，期数为 4 期的复利现值系数为 0.792 1。

要求：

（1）判断合同是否为租赁，并说明理由；

（2）计算租赁付款额及其现值；

（3）计算使用权资产的入账价值；

（4）编制长江公司在租赁期开始日的有关会计分录；

（5）编制长江公司 2020 年与该项租赁业务相关的会计分录。

（答案中的金额的单位用万元表示，计算结果保留两位小数）

【案例解析】

（1）本合同属于租赁。理由：A 生产设备是已识别资产，长江公司有权在租赁期内主导 A 生产设备的使用。

（2）计算租赁付款额及其现值。

租赁付款额=800×4+100=3 300（万元）

租赁付款额的现值=800×3.465 1+100×0.792 1=2 851.29（万元）

（3）使用权资产的入账价值=2 851.29+0.71=2 852（万元）

（4）租赁期开始日的会计处理如下。

借：使用权资产 2 852

　贷：租赁负债 2 851.29

　　银行存款 0.71

（5）① 2020 年 12 月 31 日，支付租金 800 万元，并按实际利率法确认租金包含的利息费用。

确认租赁利息费用。

租赁利息费用=2 851.29×6%=171.08（万元）

借：财务费用 171.08

　贷：租赁负债 171.08

支付租金。

借：租赁负债　　800

　　贷：银行存款　　800

② 2020 年 12 月 31 日计提折旧。

2020 年度 A 生产设备应计提的折旧的金额=2 852/5=570.4（万元）

借：制造费用——折旧费　　570.4

　　贷：使用权资产累计折旧　　570.4

自测题

一、单项选择题

1. 在租赁业务中，出租人让渡的是资产的(　　)。

A. 所有权　　B. 占有权　　C. 使用权　　D. 控制权

2. 关于租赁，下列说法中正确的是(　　)。

A. 融资租赁是指实质上转移了与租赁资产所有权有关的全部风险和报酬的租赁，其所有权最终一定转移

B. 在租赁期届满时，租赁资产的所有权未转移给承租人的租赁一定不是融资租赁

C. 租赁资产性质特殊，如果不作较大改造，只有承租人才能使用的租赁属于融资租赁

D. 在租赁期届满时，租赁资产的所有权未转移给承租人的租赁一定是经营租赁

3.2022 年 1 月 1 日，甲公司将一台机器设备按公允价值 800 万元的价格销售给乙公司，该机器设备的账面原价为 1 000 万元，已提折旧 400 万元。同时，甲公司与乙公司又签订了一份租赁协议将机器设备租回，租赁期为 3 年，每年末支付租金 200 万元，出租人的租赁内含利率为 5%，(*P*/*A*, 5%, 3)为 2.723 2。2022 年 1 月 1 日，甲公司应确认的资产处置收益的余额为(　　)。

A.200 万元　　B.0 万元　　C.63.84 万元　　D.136.16 万元

4. 确定使用权资产入账价值时不应考虑的因素是(　　)。

A. 租赁开始日租赁资产公允价值

B. 租赁付款额现值

C. 承租人为达成租赁所发生的增量成本，如签订租赁合同后发生的佣金等与租赁项目直接相关的费用

D. 租赁资产担保余值

5. 出租人确认融资租赁租金利息收入时，应采用的方法是(　　)。

A. 直线法　　B. 实际利率法　　C. 年数总和法　　D. 双倍余额递减法

6. 甲公司租入一台设备，租期 5 年，租赁期开始日为 2022 年 1 月 1 日，租赁付款额的现值为 660 万元，租赁开始日租赁资产公允价值为 680 万元。甲公司安装设备过程中支付安装费 22 万元，设备于 2022 年 6 月 20 日安装完成达到预定可使用状态并交付使用。不考虑其他因素，该设备的入账价值为(　　)。

A.660 万元　　B.680 万元　　C.682 万元　　D.702 万元

7. 下列关于可变租赁付款额的说法中正确的是(　　)。

A. 可变租赁付款额是合同约定支付的固定金额的租金

B. 可变租赁付款额的金额不固定,其金额的确定与时间长短有关

C. 可变租赁付款额,是指承租人为取得在租赁期内使用租赁资产的权利,向出租人支付的因租赁期开始日后的事实或情况发生变化(而非时间推移)而变动的款项

D. 承租人应将预计支付的可变租赁付款额确认为预计负债

8. 甲公司与乙资产租赁公司签订了一项租赁合同,租入 A 设备。合同约定:租赁期为 5 年,甲公司每年末向乙公司支付租金 140 万元,甲公司担保的 A 设备的资产余值为 70 万元,甲公司根据相关资料估计很可能发生担保支出 5 万元,同时,乙资产租赁公司又与丙财务担保公司签订合同,丙公司对 A 设备担保的资产余值为 60 万元。则甲公司应支付的租赁付款额为(　　)。

A.700 万元　　B.770 万元　　C.705 万元　　D.765 万元

9. 乙资产租赁公司将 A 设备出租给甲公司。合同约定:租赁期为 5 年,甲公司每年末向乙公司支付租金 140 万元,甲公司担保的 A 设备的资产余值为 70 万元,甲公司根据相关资料估计很可能发生担保支出 5 万元,同时,乙资产租赁公司又与丙财务担保公司签订合同,丙公司对 A 设备担保的资产余值为 60 万元。则乙公司应收取的租赁收款额为(　　)。

A.770 万元　　B.775 万元　　C.830 万元　　D.835 万元

10. 甲公司于 2022 年 1 月 1 日采用经营租赁方式将一台设备出租给盛得公司,租赁期为 6 年。该设备价值为 500 万元,预计使用年限为 12 年。租赁合同规定:第 1 年免租金,第 2 年至第 6 年的租金分别为 54 万元、38 万元、46 万元、42 万元、48 万元;第 2 年至第 6 年的租金于每年初支付。则 2022 年甲公司应就此项租赁确认的租金收入为(　　)。

A.0 万元　　B.38 万元　　C.54 万元　　D.46 万元

11. 以增量同期银行贷款利率作为折现率将租赁付款额折现的,确认租赁利息费用时应采用的分摊率是(　　)。

A. 合同利率　　B. 租赁内含利率

C. 增量同期银行贷款利率　　D. 增量同期银行存款率

12. 甲公司将一台公允价值为 1 900 万元的机器设备出租给乙公司。双方签订合同,乙公司租赁该设备 48 个月,每 6 个月于月末支付租金 300 万元,租赁开始日估计资产余值为 400 万元,乙公司担保的资产余值为 250 万元,另外担保公司担保的资产余值为 150 万元,乙公司根据相关资料预计不发生担保责任支出。租赁内含利率为 7%。乙公司该设备的入账价值是(　　)。(已知(P/A,7%,8)=5.971 3,(P/F,7%,8)=0.582 0)

A.1 900 万元　　B.1 936.9 万元　　C.1 791.39 万元　　D.2 650 万元

13. 下列不应计提折旧的固定资产是(　　)。

A. 经营租出的固定资产　　B. 短期租赁的固定资产

C. 租赁的固定资产　　D. 季节性停用的固定资产

14. 甲公司租入一台设备,该设备尚可使用年限为 10 年,租赁期为 8 年,其中,第 1 年和第 2 年为免租期。租赁合同约定,甲公司在租赁期届满时可以以 5 万元的价格优惠购买该设备,该设备在租赁期届满时的公允价值为 60 万元。则甲公司租入设备应计提折旧的期限

为(　　)。

A.10 年　B.8 年　C.2 年　D.6 年

15. 承租人为达成租赁所发生的增量成本,如签订租赁合同发生的佣金等与租赁项目直接相关的费用,应当计入(　　)。

A. 制造费用　B. 财务费用　C. 管理费用　D. 使用权资产成本

16. 甲公司租入一台设备,租赁期开始日为 2022 年 1 月 1 日,租赁付款额的现值为 660 万元,租赁开始日租赁资产公允价值为 720 万元。甲公司安装设备过程中支付安装费 30 万元,该设备于 2022 年 7 月 20 日安装完成达到预定可使用状态并交付使用。甲公司租入该项设备提供的担保余值为 30 万元,未担保余值为 20 万元,租赁期为 6 年,设备尚可使用年限为 8 年。甲公司对租入的设备采用年限平均法计提折旧。不考虑其他因素,该设备在 2022 年应计提的折旧额为(　　)。

A.62.5 万元　B.65 万元　C.55 万元　D.57.5 万元

17. 下列有关应收融资租赁款减值准备计提的会计处理的说法中不正确的是(　　)。

A. 出租人应当对应收融资租赁款全额计提减值准备

B. 应收融资租赁款减值准备的计提方法一经确定,不得变更

C. 注销确实无法收回的应收融资租赁款时应借记"应收融资租赁款减值准备"科目,贷记"应收融资租赁款"科目

D. 已注销的应收融资租赁款,如果以后又收回,应先恢复"应收融资租赁款"和"应收融资租赁款减值准备"的金额,同时借记"银行存款",贷记"应收融资租赁款"

18. 甲公司于 2022 年 1 月 1 日向乙公司租入一台设备,租赁期为 6 个月。该设备价值为 500 万元,预计使用年限为 5 年。租赁合同规定:第 1 个月免租金,第 2 个月至第 6 个月的租金分别为 54 万元、38 万元、46 万元、42 万元、48 万元;第 2 个月至第 6 个月的租金于每年初支付。则 2022 年甲公司应就此项租赁确认的费用为(　　)。

A.0 万元　B.38 万元　C.54 万元　D.46 万元

19. 甲公司于 2022 年 1 月 1 日采用经营租赁方式将一台设备出租给盛得公司,租赁期为 6 年。该设备价值为 500 万元,预计使用年限为 12 年。租赁合同规定:第 1 年免租金,第 2 年至第 6 年的租金分别为 54 万元、38 万元、46 万元、42 万元、48 万元;第 2 年至第 6 年的租金于每年初支付。甲公司在经营中发生的初始直接费用为 24 万元。假设不考虑相关税费的情况下,2022 年甲公司因此项租赁业务影响利润总额的金额为(　　)。

A.0 万元　B.38 万元　C.34 万元　D.-24 万元

20. 短期租赁的租赁期一般不超过(　　)。

A.4 个月　B.6 个月　C.9 个月　D.12 个月

二、多项选择题

1. 下列关于担保余值的表述中,说法正确的有(　　)。

A. 就出租人而言,是指就承租人而言的担保余值加上财务上有能力履行担保义务的独立第三方担保的资产余值

B. 就承租人而言,是指由承租人或与其有关的一方担保的资产余值

C. 就承租人而言，是指就出租人而言的担保余值加上独立于承租人和出租人、但在财务上有能力履行担保义务的第三方担保的资产余值

D. 就出租人而言，是指由出租人或与其有关的一方担保的资产余值

E. 在租赁开始日估计的租赁期届满时租赁资产的公允价值

2. 下列各项中，应构成出租人租赁收款额的有(　　)。

A. 承租人须支付的固定付款额及实质固定付款额

B. 取决于指数或比率的可变租赁付款额

C. 购买选择权的行权价格，前提是合理确定承租人将行使该选择权

D. 独立于承租人和出租人的第三方对出租人担保的资产余值

E. 未担保余值

3. 下列租赁业务中，属于经营租赁的有(　　)。

A. 某项租赁设备的使用寿命为 10 年，已经使用了 3 年，从第 4 年开始出租，租赁期为 7 年

B. 某项租赁设备的使用寿命为 10 年，已经使用了 3 年，从第 4 年开始出租，租赁期为 3 年

C. 某项租赁设备的使用寿命为 10 年，已经使用了 8 年，从第 9 年开始出租，租赁期为 2 年

D.A 公司与 B 公司签订租赁合同，租入某项设备，合同约定租赁期届满时资产的所有权归承租人所有

E.C 公司与 D 公司签订租赁合同，租入某项设备，合同约定租赁期届满时承租人有权以 1 000 元的价格购买该租赁资产，在签订租赁合同时预计租赁期届满时租赁资产的公允价值为 50 000 元

4. 下列有关承租人对短期租赁的会计处理中正确的有(　　)。

A. 发生的租金应当在租赁期内的各个期间按直线法确认为费用，如果其他方法更合理的，也可以采用其他方法

B. 发生的初始直接费用，应当直接计入当期损益

C. 对于预计可能发生的基于利率之外的其他变量的可变付款额应确认为预计负债

D. 对于基于利率之外的其他变量的可变租赁付款额应在实际发生时直接计入当期损益

E. 承租人应设置“租赁资产”备查簿对租入资产作备查登记

5. 下列各项中，可能影响承租人使用权资产入账价值的有(　　)。

A. 租赁内含利率

B. 各期应固定支付的租金

C. 发生的初始直接费用

D. 基于利率之外的其他变量的可变租赁付款额

E. 租赁开始日租赁资产的公允价值

6. 下列有关短期租赁的会计处理中，正确的有(　　)。

A. 承租人发生的履约成本通常应计入当期损益

B. 基于利率之外的其他变量的可变租赁收款额应在实际发生时，计入当期损益

C. 出租人提供了免租期的激励措施的，免租期内应确认租金费用及相应的负债

D. 出租人提供了免租期的激励措施的，免租期内不需确认租金费用及相应的负债

E. 出租人承担了承租人的某些费用，承租人应将租金费用总额扣除该部分费用后的余额在租赁期内进行分摊

7. 下列固定资产应计提折旧的有（　　）。

A. 经营租出的固定资产

B. 融资租出的固定资产

C. 租入租期为 3 个月的固定资产

D. 租赁的固定资产

E. 不需用的固定资产

8. 以下属于融资租赁确认的具体标准有（　　）。

A. 在租赁期届满时，租赁资产的所有权转移给承租人

B. 承租人有购买租赁资产的选择权，所订立的购价预计远低于行使选择权时租赁资产的公允价值

C. 租赁期占租赁资产尚可使用年限的大部分（≥75%）

D. 租赁开始日租赁收款额的现值几乎相当于租赁开始日租赁资产公允价值（≥90%）

E. 租赁资产性质特殊，如果不作较大修改，只有承租人才能使用

9. 关于租赁内含利率，下列说法中不正确的有（　　）。

A. 租赁内含利率，是指在租赁开始日，使租赁收款额的现值与未担保余值的现值之和等于租赁资产公允价值与出租人的初始直接费用之和的折现率

B. 租赁内含利率，是指在租赁开始日，使租赁付款额的现值与未担保余值的现值之和等于租赁资产公允价值与出租人的初始直接费用之和的折现率

C. 租赁内含利率，是指在租赁开始日，使租赁收款额的现值与未担保余值的现值之和等于租赁资产原账面价值的折现率

D. 租赁内含利率，是指在租赁开始日，使租赁收款额的现值与未担保余值的现值之和等于租赁资产原账面价值与出租人的初始直接费用之和的折现率

E. 租赁内含利率，是指在租赁开始日，使租赁收款额的现值与未担保余值之和等于租赁资产原账面价值与出租人的初始直接费用之和的折现率

10. 下列租赁业务中，属于融资租赁的有（　　）。

A. 如果资产不作较大修整，只有承租人才能使用

B. 承租人有购买资产的选择权，所订立的购价为 1 万元，行使选择权时租赁资产的公允价值为 45 万元

C. 租赁期为 8 年，租赁资产已使用 2 年，尚可使用 10 年

D. 租赁期为 4 年，在开始此次租赁前已使用 17 年，该资产全新时可使用年限为 20 年

E. 租赁开始日租赁收款额的现值为 960 万元，租赁开始日租赁资产公允价值为 1 000 万元

三、判断题

1. 企业对融资租出的固定资产也采用合适的折旧政策计提折旧。 （ ）

2. 如果能够合理确定租赁期届满时承租人将会取得该租赁资产的所有权，则以租赁资产使用寿命作为折旧期间。 （ ）

3. 售后租回满足收入准则时，租赁资产售价与账面价值之间的差额应全部确认为当期收益。 （ ）

4. 在出租人提供了免租期的激励措施的情况下，承租人应该将租金总额在租赁期扣除免租期后的期间进行分摊。 （ ）

5. 对于短期租赁和低价值资产租赁，承租人可以不确认使用权资产。 （ ）

6. 出租人在短期租赁和非短期租赁活动中产生的初始直接费用，都在其实际发生时计入当期损益。 （ ）

7. 租赁付款额一定等于租赁收款额。 （ ）

8. 承租人需要对所有租赁资产计提折旧。 （ ）

9. 判断一项租赁是否属于融资租赁的标准之一是租赁期占租赁资产使用寿命的 75% 以上（含 75%）。这里租赁资产使用寿命是指资产的全部可使用寿命。 （ ）

10. 承租人支付的租金既包括租金负债的本金，也包括因租赁而承担的利息费用。 （ ）

四、计算及账务处理题

1.2019 年 12 月 1 日，甲公司与乙租赁公司签订意向合同，从乙公司取得一台不需要安装的全新生产设备，设备公允价值为 700 万元，预计经济寿命为 5 年，租赁合同约定：租赁期为 3 年，第 1 年至第 2 年租金分别为 300 万元、400 万元，最后一年免租金；租金于租赁期开始日后每年末支付；租赁期满后，甲公司仅须支付 20 万元即可取得该生产设备的所有权，租赁期满时，该生产设备的余值估计为 100 万元，甲公司 5 年期增量银行贷款利率为 6%。

2019 年 12 月 15 日，生产设备运抵甲公司并交付使用。甲公司租入的设备按直线法计提折旧，不考虑增值税等相关税费。

复利现值系数如下。

期数	1	2	3
$(P/F,6\%,n)$	0.943 4	0.890 0	0.839 62

要求：根据上述资料，编制甲公司租赁业务相关的会计分录（答案中的金额的单位以元表示）。

2. 2019 年 1 月 1 日，乙租赁公司向甲公司经营租赁租出全新办公用房一套，租期 6 年，办公用房价值 4 000 万元。租赁合同规定：总租金 300 万元，租赁开始日甲公司向乙公司一次性预付租金 200 万元，以后第 1 至 5 年每年末支付租金 10 万元，第 6 年末再支付租金 50 万元；租赁期满后乙租赁公司收回办公用房使用权。乙公司租赁在年末确认租金收入，各次租金按期收到。

要求：编制乙租赁公司（出租人）预收租金、各年末收到租金并确认租金收入的会计分录（假设不考虑租出资产的折旧问题，不考虑相关税费）。

3. 2019 年 1 月 1 日，A 公司将甲生产设备按 1 200 万元的价格销售给 B 租赁公司。该设备 2019 年 1 月 1 日的账面原值为 950 万元，已计提折旧 50 万元。A 公司同时与 B 公司又签订了一份租赁合同，将该设备租回，每年末支付租金 250 万元，租赁期为 5 年，B 租赁公司的租赁内含利率为 6%，(P/A ，6%，5)=4.212 36。假设：

（1）甲设备的公允价值为 1 200 万元；

（2）甲设备的公允价值为 1 000 万元；

（3）甲设备的公允价值为 1 300 万元。

要求：分别就上述三种情况编制承租人 A 公司租赁期开始日的会计分录。

五、案例分析题

资料：甲公司从乙公司租赁一台推土机、一辆卡车和一台长臂挖掘机用于采矿业务，租赁期为 4 年。乙公司同意在整个租赁期内维护各项设备。合同固定对价为 3 000 000 元，按年分期支付，每年支付 750 000 元。合同对价包含了各项设备的维护费用。市场上有多家供应方提供类似推土机和卡车的维护服务。假设其他供应方的支付条款与乙公司签订的合同的条款相似，甲公司能够确定推土机和卡车维护服务的可观察单独价格分别为 160 000 元和 80 000 元。长臂挖掘机是高度专业化机械，其他供应方不出租类似挖掘机或为其提供维护服务。乙公司对从本公司购买相似长臂挖掘机的客户提供 4 年的维护服务，可观察对价为固定金额 280 000 元，分 4 年支付。甲公司观察到乙公司在市场上单独出租租赁期为 4 年的推土机、卡车和长壁挖掘机的价格分别为 900 000 元、580 000 元和 1 200 000 元。

要求：

（1）分析此合同是否是租赁；

（2）分析甲公司如何进行会计处理。

第六章　股份支付

学习目标与要求

通过对本章的学习，了解并掌握：

1. 股份支付的含义、特征以及股份支付的分类和行权条件；
2. 权益工具公允价值的确定；
3. 权益结算股份支付的确认、计量及会计处理；
4. 现金结算股份支付的确认、计量及会计处理；
5. 股份支付信息披露的要求。

第一节　股份支付概述

一、股份支付的含义及特征

（一）股份支付的含义

股份支付，是“以股份为基础的支付”的简称，是指企业为获取职工或其他方提供的服务而授予其权益工具或者承担以权益工具为基础确定的负债的交易。其中，权益工具是指股票以及股票性质的证券，包括企业本身、企业的母公司或同集团其他会计主体的权益工具。对企业而言，职工或其他方为企业提供了服务，企业应当支付相应的代价，这个代价就是以股份为基础来支付或者计算应支付的金额。对企业职工或其他方而言，股份期权是企业和职工或其他方之间的一种合同，职工或其他方按照合同在未来某个确定的时间以某一确定的价格购买公司股票或者获得企业以股份为基础支付的报酬。

（二）股份支付的特征

根据股份支付的定义，股份支付具有以下三个重要特征。

1. 股份支付是企业与职工或其他方之间发生的交易

以股份为基础的支付可能发生在企业与股东之间、合并交易中的合并方与被合并方之间或者企业与职工或向企业提供服务的其他方之间，只有发生在企业与职工或向企业提供服务的其他方之间的交易，才可能符合股份支付的定义。

2. 股份支付是以获取职工或其他方服务为目的的交易

企业在股份支付交易中意在获取职工或其他方提供的服务（费用）或取得这些服务的权利（资产）。企业获取这些服务或权利的目的是保证其正常生产经营，而不是转手获利等。

3. 股份支付交易的对价或其定价与企业自身权益工具未来的价值密切相关

股份支付交易和企业与职工间其他类型交易的最大不同是交易对价或其定价与企业自

身权益工具未来的价值密切相关。在股份支付交易中，企业要么向职工支付其自身权益工具，要么向职工支付一笔现金，而其金额取决于结算时企业自身权益工具的公允价值。可以说，对价的特殊性是股份支付的显著特征。

二、股份支付的环节

股份支付交易一般涉及的时间较长。典型的股份支付通常涉及四个主要环节：授予、可行权、行权和出售。四个环节如图 6-1 所示。

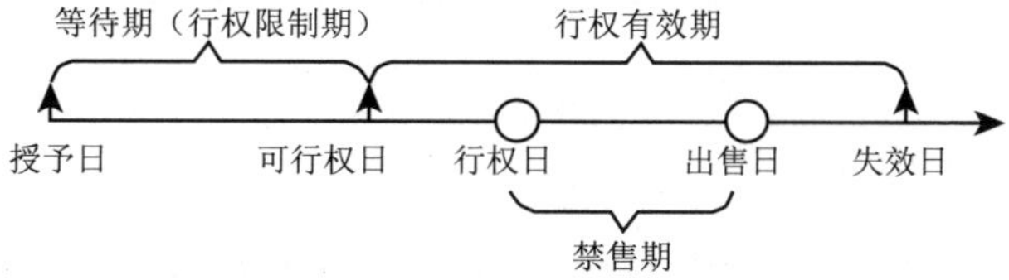

图 6-1　典型的股份支付交易涉及环节示意

从图 6-1 可以看出，股份支付交易比较重要的几个时点为授予日、可行权日、行权日以及出售日。其中，授予环节主要发生在授予日，授予日到可行权日属于等待可行权环节，一般股份支付均存在等待期，以满足行权条件，除非可以立即行权；可行权日到行权日为行权环节，在这一时期均可行权；行权日和出售日之间的为禁售期，即股票期权行权后一般需要等待一段时间才能出售行权的股票。股票期权行权具有有效期，行权有效期的最后一天即为失效日。下面分别解释授予日、可行权日、行权日以及出售日的含义。

（一）授予日

授予日是指股份支付协议获得批准的日期。其中，“获得批准”是指企业与职工或其他方就股份的协议条款和条件已达成一致，该协议已获得股东大会或类似机构的批准。这里的“达成一致”是指双方在对该计划或协议内容充分形成一致理解的基础上，均接受其条款和条件。如果按照相关法规的规定，在提交股东大会或类似机构之前存在必要程序或要求，则应履行该程序或满足该要求。

（二）可行权日

可行权日是指可行权条件得到满足、职工或其他方具有从企业取得权益工具或现金的权利的日期。有的股份支付协议是一次性可行权，有的则是分批可行权。只有已经可行权的股票期权，才是职工真正拥有的“财产”，才能去择机行权。从授予日至可行权日的时段，是可行权条件得到满足的期间，因此称为“等待期”，又称“行权限制期”。

（三）行权日

行权日是指职工和其他方行使权利、获取现金或权益工具的日期。如持有股票期权的职工行使了以特定价格购买一定数量本公司股票的权利，该日期即为行权日。行权是按期权的约定价格实际购买股票，一般是在可行权日之后至期权到期日之前的可选择时段内行权。

（四）出售日

出售日是指股票的持有人将行使期权所取得的期权股票出售的日期。按照我国法规规定，用于期权激励的股份支付协议，应在行权日与出售日之间设立禁售期，其中国有控股上市公司的禁售期不得低于两年。

【例 6-1】长江公司股东大会于 2016 年 7 月 1 日批准了一项股票期权激励计划。该股票期权激励计划的授予对象为该公司的 80 位中高级管理人员，期限为 3 年，至 2019 年 6 月 30 日终止。该计划规定，如果这些中高级管理人员在其后 2 年中在公司中任职服务，即可行使权利。假设这些中高级管理人员均在 2018 年 9 月 1 日行权。

在该股票期权激励计划中，2016 年 7 月 1 日就是授予日，2018 年 7 月 1 日是可行权日，2018 年 9 月 1 日是行权日。2018 年 7 月 1 日至 2019 年 6 月 30 日为行权有效期，2019 年 7 月 1 日为失效日。

三、股份支付的主要类型

按照股份支付的方式和工具类型，股份支付主要分为两大类：以权益结算的股份支付和以现金结算的股份支付。

（一）以权益结算的股份支付

以权益结算的股份支付，是指企业为获取服务而以股份或其他权益工具为对价进行结算的交易。

以权益结算的股份支付最常用的工具有两类：限制性股票和股票期权。

限制性股票是指职工或其他方按照股份支付协议规定的条款和条件，从企业获得的一定数量的本企业股票。企业授予职工一定数量的股票，但在一个确定的等待期内或在满足特定业绩指标之前，职工出售股票要受到持续服务期限条款或业绩条件的限制。由于限制性股票已经赋予了激励对象股票，因此激励对象随后要做的是努力改善公司经营状况，以期到期能够达到解锁条件，若达不到解锁条件，激励对象则损失了资金的机会成本。在实务中，企业可以通过定向增发等方式使职工获得限制性股票。

股票期权是指企业授予职工或其他方在未来一定期限内以预先确定的价格和条件购买本企业一定数量股票的权利。股票期权实质上是一种向激励对象定向发行的认购权证。如在业绩满足行权条件后，职工便可以以事先确定的价格购买股票。当达到条件后，根据股票价格，职工既可以选择购买股票，也可以选择放弃购买。目前，多数上市公司的股权激励方案采用的是股票期权方式。

（二）以现金结算的股份支付

以现金结算的股份支付，是指企业为获取服务而承担的以股份或其他权益工具为基础计算的交付现金或其他资产的义务的交易。例如，某公司规定服务满 3 年的管理人员可以获得 100 份现金股票增值权，即根据股价的增长幅度可以行权获得现金。这种行为就是以现金结算的股份支付。

以现金结算的股份支付最常用的工具有两类：模拟股票和现金股票增值权。

模拟股票和现金股票增值权，是用现金支付模拟的股权激励机制，即与股票挂钩，但用现金支付。除不需实际授予股票和持有股票之外，模拟股票的运作原理与限制性股票是一样的。除不需实际行权和持有股票之外，现金股票增值权的运作原理与股票期权是一样的，都是一种增值权形式的与股票价值挂钩的薪酬工具。

现金股票增值权（Stock Appreciation Rights，SARs）是指期权的持有方在期权的有效期内选择行权，按照行权价格与授予价格之差收取现金的股权激励方案。股票增值权是公司授予激励对象的一种权利，享有股票增值权的激励对象不实际拥有股票，也不拥有股东表决权、配股权、分红权。股票增值权不能转让和用于担保、偿还债务等。

对现金股票增值权而言，每一份股票增值权均与一股股票挂钩。每一份股票增值权的收益=股票市价-授予价格。如果公司股价上升，激励对象可通过行权获得相应数量的股价增值收益。

四、股份支付的行权条件

股份支付中通常涉及可行权条件。可行权条件是指能够确定企业得到职工或其他方提供的服务，且该服务使职工或其他方具有获取股份支付协议规定的权益工具或现金等权利的条件；反之，则称为非可行权条件。可行权条件包括服务期条件和业绩条件，在满足这些条件之前，职工或其他方无法获取股份。

（一）服务期条件

服务期条件是指职工须完成规定的服务期间的服务才能行权的条件。例如，股份支付协议规定，职工从 2019 年 1 月 1 日开始，连续在本企业工作满 5 年，即可享受一定数量的股票期权。很显然，企业在服务期内享受了职工提供的服务，因此应将该服务计入相关的成本或费用。

（二）业绩条件

业绩条件是指企业达到特定业绩目标的条件，具体包括市场条件和非市场条件。

市场条件是指行权价格、可行权条件以及行权可能性与权益工具的市场价格相关的业绩条件，如股份支付协议中关于股价上升至何种水平职工可相应取得多少股份的规定。

非市场条件是指除市场条件之外的其他业绩条件，如股份支付协议中关于达到最低盈利目标或销售目标才可行权的规定。

对于可行权条件为业绩条件的股份支付，企业在确定权益工具在授予日的公允价值时，应考虑市场条件的影响，而不考虑非市场条件的影响。市场条件是否得到满足，不影响企业对预计可行权情况的估计。但非市场条件是否得到满足影响企业对预计可行权条件的估计。只要职工满足了其他所有非市场条件，企业就应当确认已取得的服务。股份支付存在非可行权条件的，只要职工或其他方满足了所有可行权条件中的非市场条件（如服务期等），企业应当确认与服务相对应的成本费用。职工或其他方能够选择满足非可行权条件但在等待期内未满足的，企业应将其作为授予权益工具的取消进行处理。

【例 6-2】2019 年 1 月，为奖励并激励高管，甲上市公司与其管理层成员签署股份支付协议，规定如果管理层成员在其后 3 年中都在公司中任职，并且公司股价每年均提高 10%以上，管理层成员即可以低于市价的价格购买一定数量的本公司股票。

同时，作为协议的补充，公司把全体管理层成员的年薪提高了 60 000 元，但公司将这部分年薪按月存入公司专门建立的内部基金，3 年后，管理层成员可用属于其个人的部分抵减未来行权时支付的购买股票的款项。如果管理层成员决定退出这项基金，可随时全额提取。

在授予日，甲公司估计 3 年内管理层成员离职的比例为每年 10%；第二年末，甲公司调整其估计离职率为6%；到第三年末，公司实际离职率为8%。

在第一年中，公司股价提高了11%，第二年提高了12%，第三年提高了5%。公司在第一年末、第二年末均预计下年能实现当年股价增长10%以上的目标。

在上例中，如果不同时满足服务3年和公司股价年增长10%以上的要求，管理层成员就无权行使其股票期权，因此两者都属于可行权条件。其中，服务满3年是一项服务期条件，10%的股价增长要求是一项业绩条件。虽然公司要求管理层成员将部分薪金存入同一账户保管，但不影响其行权，因此统一账户条款不是可行权条件。

最后，92%的管理层成员满足了市场条件之外的全部可行权条件。尽管股价年增长10%以上的市场条件未得到满足，甲公司在第3年的年末也应确认取得的管理层提供的服务，并确认相应的费用。

（三）可行权条件的修改

通常情况下，股份支付协议生效后，不应对其条款和条件随意修改。但在某些特殊情况下，可能需要修改授予权益工具的股份支付协议中的条款和条件。例如，股票除权、除息或者其他原因需要调整行权价格或股票期权数量。此外，为取得更佳的激励效果，有关法规也允许企业依据股份支付协议的规定，调整行权价格或股票期权数量，但应当由董事会作出决议并经股东大会审议批准，或者由股东大会授权董事会决定。《上市公司股权激励管理办法》对此作出了严格的限定，要求上市公司董事会应当按照股权激励计划规定的原则、方式和程序进行调整。

在会计核算上，无论有关已授予的权益工具的条款和条件如何修改，甚至取消权益工具的授予或结算该权益工具，企业都应至少确认按照所授予的权益工具在授予日的公允价值来计量获取的相应服务，除非因不能满足权益工具的可行权条件（除市场条件外）而无法行权。

1. 条款和条件的有利修改

企业应当分别按以下情况，确认导致股份支付公允价值总额升高以及其他对职工有利的修改的影响。

（1）如果修改增加了所授予的权益工具的公允价值，企业应按照权益工具公允价值的增加相应地确认取得服务的增加。权益工具公允价值的增加，是指修改前后的权益工具在修改日的公允价值之间的差额。

（2）如果修改增加了所授予的权益工具的数量，企业应将增加的权益工具的公允价值相应地确认为取得服务的增加。

（3）如果企业按照有利于职工的方式修改可行权条件，如缩短等待期、变更或取消业绩条件（非市场条件），企业在处理可行权条件时，应当考虑修改后的可行权条件。

2. 条款和条件的不利修改

如果企业以减少股份支付公允价值总额的方式或其他不利于职工的方式修改条款和条件，企业仍应继续对取得的服务进行会计处理，如同该变更从未发生，除非企业取消了部分或全部已授予的权益工具。具体包括如下几种情况。

（1）如果修改减少了授予的权益工具的公允价值，企业应当继续以权益工具在授予日的公允价值为基础，确认取得服务的金额，而不应考虑权益工具公允价值的减少。

（2）如果修改减少了授予的权益工具的数量，企业应当将减少部分作为已授予的权益工具的取消来进行处理。

（3）如果企业以不利于职工的方式修改了可行权条件，如延长等待期、增加或变更业绩条件（非市场条件），企业在处理可行权条件时，不应考虑修改后的可行权条件。

3. 取消或结算

如果企业在等待期内取消了所授予的权益工具或结算了所授予的权益工具（因未满足可行权条件而被取消的除外），企业应当进行如下处理。

（1）将取消或结算作为加速可行权处理，立即确认原本应在剩余等待期内确认的金额。

（2）在取消或结算时支付给职工的所有款项均应作为权益的回购处理，回购支付的金额高于该权益工具在回购日公允价值的部分，计入当期费用。

（3）如果向职工授予新的权益工具，并在新权益工具授予日认定所授予的新权益工具是用于替代被取消的权益工具的，企业应以与处理原权益工具条款和条件修改相同的方式，对所授予的替代权益工具进行处理。权益工具公允价值的增加，是指在替代权益工具的授予日，替代权益工具公允价值与被取消的权益工具净公允价值之间的差额。被取消的权益工具的净公允价值，是指其在被取消前立即计量的公允价值减去因取消原权益工具而作为权益回购支付给职工的款项。如果企业未将新授予的权益工具认定为替代权益工具，则应将其作为一项新授予的股份支付进行处理。

企业如果回购其职工已可行权的权益工具，应当借记所有者权益，回购支付的金额高于该权益工具在回购日公允价值的部分，计入当期费用。

五、权益工具公允价值的确定

（一）股份

授予职工的股份的公允价值应按企业股份的市场价格计量，同时企业考虑授予股份所依据的条款和条件（不包括市场条件之外的可行权条件）进行调整。如果企业股份未公开交易，则应按估计的市场价格计量，并考虑授予股份所依据的条款和条件进行调整。

有些授予条款和条件规定职工无权在等待期内取得股份的，则在估计所授予股份的公允价值时就应予以考虑。有些授予条款和条件规定股份的转让在可行权日后受到限制，则在估计所授予股份的公允价值时，也应考虑此因素，但不应超出熟悉情况并自愿的市场参与者愿意为该股份支付的价格受到可行权限制的影响程度。在估计所授予股份在授予日的公允价值时，不应考虑在等待期内转让的限制和其他限制，因为这些限制是可行权条件中的非市场条件规定的。

（二）股票期权

授予职工的股票期权通常受到一些不同于交易期权的条款和条件的限制，因而在许多情况下难以获得其市场价格。如果不存在条款和条件相似的交易期权，所授予的期权的公允价值就应通过期权定价模型估计。

在选择适用的期权定价模型时，企业应考虑熟悉情况和自愿的市场参与者将会考虑的因素。对于一些企业来说，这将限制“布莱克-斯科尔斯-默顿”期权定价公式的适用性。因为该公式未考虑在期权到期日之前行权的可能性，故无法充分反映预计提前行权对授予职工的期权在授予日公允价值的影响。此外,该公式也未考虑在期权期限内企业股价预计波动率和其他输入变量发生变动的可能性。

期限相对较短的期权以及那些在授予日后很短时间内就行权的期权,一般不考虑上面的限制因素。在此类情况下,采用“布莱克-斯科尔斯-默顿”公式可以得出与采用其他期权定价模型基本相同的公允价值结果。所有适用于估计授予职工期权的定价模型至少应考虑以下因素:①期权的行权价格;②期权期限;③基础股份的现行价格;④股价的预计波动率;⑤股份的预计股利;⑥期权期限内的无风险利率。

此外,企业选择的期限定价模型还应考虑熟悉情况和自愿的市场参与者在确定期权价格时会考虑的其他因素,但不包括那些在确定期权公允价值时不考虑的可行权条件和再授予特征因素。确定授予职工的股票期权的公允价值,还需要考虑提前行权的可能性。有时,期权不能自由转让或因为职工必须在终止劳动合同关系前行使所有可行权期权,在这种情况下企业必须考虑预计提前行权的影响。

企业在估计授予的期权(或其他权益工具)的公允价值时,不应考虑熟悉情况和自愿的市场参与者在确定股票期权(或其他权益工具)价格时不会考虑的其他因素。例如,对于授予职工的股票期权,那些仅从单个职工的角度影响期权价值的因素,并不影响熟悉情况和自愿的市场参与者确定期权的价格。

第二节　以权益结算的股份支付

一、以权益结算的股份支付的确认和计量原则

以权益结算的股份支付,是指企业为获取服务而以股份或其他权益工具为对价进行结算的交易。

(一)换取职工服务的以权益结算的股份支付

对于换取职工服务的股份支付,企业应当以股份支付所授予的权益工具的公允价值计量。企业应在等待期内的每个资产负债表日,以对可行权权益工具数量的最佳估计为基础,按照权益工具在授予日的公允价值,将当期取得的服务计入相关资产成本或当期费用,同时计入资本公积中的其他资本公积。在这种情况下,企业根据授予日的权益工具的公允价值和估计未来可能行权的权益工具的最佳数量来确定计入当期费用或者资产成本的金额,同时由于这部分还未行权,没有导致企业股份的增加,因此先计入所有者权益中的“资本公积——其他资本公积”项目。

对于授予后立即可行权的换取职工服务的以权益结算的股份支付(如授予限制性股票的股份支付),应在授予日按照权益工具的公允价值,将取得的服务计入相关资产成本或当期费用,同时计入资本公积中的股本溢价。

(二)换取其他方服务的以权益结算的股份支付

换取其他方服务,是指企业以自身换取职工以外其他有关方面为企业提供的服务。对于换取其他方服务的股份支付,企业应当以股份支付所换取的服务的公允价值计量。企业根据其他方提供的服务在取得日的公允价值,将取得的其他方服务计入相关资产成本或

费用。

如果其他方服务的公允价值不能可靠计量，但权益工具的公允价值能够可靠计量，应当按照权益工具在服务取得日的公允价值计量。企业根据权益工具在服务取得日的公允价值，将取得的其他方服务计入相关资产成本或费用。

比较上述两种情况可以发现，换取职工服务的以权益结算的股份支付，是以授予日估计将来所支付的股份的公允价值来确定计入费用或资产成本的金额；而换取其他方服务的以权益结算的股份支付一般是以取得服务的公允价值来确定计入费用或资产成本的金额。

在极少数情况下，授予权益工具的公允价值无法可靠计量。在这种情况下，企业应当在获取对方提供的服务的时点、后续的每个报告日以及结算日，以内在价值计量该权益工具，内在价值变动计入当期损益。同时，企业应当以最终可行权或实际行权的权益工具数量为基础，确认取得服务的金额。内在价值是指交易对方有权认购或取得的股份的公允价值与其按照股份支付协议应当支付的价格的差额。企业对上述内在价值计量的已授予权益工具进行结算，应当遵循以下要求。

（1）结算发生在等待期内的，企业应当将结算作为加速可行权处理，即立即确认本应于剩余等待期内确认的服务金额。

（2）结算时支付的款项应当作为回购该权益工具处理，即减少所有者权益。结算支付的款项高于该权益工具在回购日内在价值的部分，计入当期损益。

二、以权益结算的股份支付的会计处理

股份支付的会计处理必须以完整、有效的股份支付协议为基础。

（一）授予日

除了立即可行权的股份支付外，无论是以权益结算的股份支付还是以现金结算的股份支付，企业在授予日均不作会计处理。

（二）等待期内的每个资产负债表日

企业应当在等待期内的每个资产负债表日，将取得的职工或其他方提供的服务计入成本费用，同时确认所有者权益（计入资本公积——其他资本公积）。对于附有市场条件的股份支付，只要职工满足了其他所有非市场条件，企业就应当确认已取得的服务。

在等待期内，业绩条件为非市场条件的，如果后续信息表明须要调整对可行权情况的估计的，应对前期估计进行修改。

在等待期内每个资产负债表日，企业计入成本费用和资本公积（资本公积——其他资本公积）的金额，应当按照授予日权益工具的公允价值计量，即使权益工具的公允价值发生变动，也不确认其后续公允价值变动。

在等待期内的每个资产负债表日，企业应当根据最新取得的可行权职工人数变动等后续信息作出最佳估计，修正预计可行权的权益工具数量。

在资产负债表日，企业应根据授予日权益工具的公允价值和预计可行权的权益工具数量，计算截至当期累计应确认的成本费用金额，再减去前期累计已确认金额，作为当期应确认的成本费用金额。其用公式表示如下。

计入当期的费用（成本）=授予日权益工具的公允价值 × 预计可行权的权益工具

数量-前期累计已确认的费用(成本)金额

在资产负债表日,企业的会计处理如下。

借:管理费用/生产成本等 (金额根据上述公式计算确定)

贷:资本公积——其他资本公积

(三)可行权日

在可行权日,有权参加行权的职工人数可以最终确定,因此可行权权益工具的数量无须重新估计。也就是说,在可行权日预计可行权权益工具的数量应当与实际可行权权益工具的数量一致。其会计处理与等待期内的资产负债表日的会计处理相同。

(四)可行权日之后

对于以权益结算的股份支付,在可行权日之后不再对已确认的成本费用和所有者权益总额进行调整。

(五)行权日

企业在行权日应根据行权情况,确认股本和股本溢价,同时结转等待期内确认的资本公积(其他资本公积)。其会计处理如下。

借:银行存款 (职工行权支付的款项)

资本公积——其他资本公积 (等待期内确认的资本公积)

贷:股本 (按面值计算的股份金额)

资本公积——股本溢价 (差额)

(六)回购股份进行职工期权激励

企业以回购股份形式奖励本企业职工的,属于以权益结算的股份支付,应当进行以下处理。

1. 回购股份

企业回购股份时,应当将回购股份的全部支出作为库存股处理,同时进行备查登记。其会计分录如下。

借:库存股

贷:银行存款

2. 确认成本费用

按照股份支付准则对职工以权益结算的股份支付的规定,企业应当在等待期内每个资产负债表日按照权益工具在授予日的公允价值,将取得的职工服务计入成本费用,同时增加资本公积(资本公积——其他资本公积)。其会计处理如下。

借:管理费用

生产成本等

贷:资本公积——其他资本公积

3. 职工行权

企业应于职工行权购买本企业股份收到价款时,转销交付职工的库存股成本和等待期内资本公积(资本公积——其他资本公积)累计金额,同时按照其差额调整资本公积(资本公积——股本溢价)。其会计处理如下。

借:银行存款

资本公积——其他资本公积
贷：库存股
资本公积——股本溢价

【例 6-3】甲公司为上市公司。2020 年 1 月 1 日，公司向其 100 名管理人员每人授予 1 000 股股票期权，这些管理人员从 2020 年 1 月 1 日起在该公司连续服务 3 年，服务期满后可以每股 5 元的价格购买 1 000 股甲公司股票（股票面值为 1 元）。甲公司估计该期权在授予日的公允价值为 15 元。

第一年有 10 名管理人员离开甲公司，甲公司估计 3 年中离开的管理人员的比例将达到 20%；第二年又有 5 名管理人员离开甲公司，甲公司将估计的管理人员离开比例修正为 15%；第三年又有 3 名管理人员离开。

根据题意，费用和资本公积计算过程如表 6-1 所示。

表 6-1　费用和资本公积计算过程——例题 6-3　单位：元

年份	计算	当期费用	累计费用
2020 年	100 × 1 000 ×（1-20%）× 15 × 1/3	400 000	400 000
2021 年	100 × 1 000 ×（1-15%）× 15 × 2/3-400 000	450 000	850 000
2022 年	82 × 1 000 × 15-850 000	380 000	1 230 000

具体账务处理如下。

（1）2020 年 1 月 1 日，授予日不作处理。

（2）2020 年 12 月 31 日。

借：管理费用　400 000
　贷：资本公积——其他资本公积　400 000

（3）2021 年 12 月 31 日。

借：管理费用　450 000
　贷：资本公积——其他资本公积　450 000

（4）2022 年 12 月 31 日。

借：管理费用　380 000
　贷：资本公积——其他资本公积　380 000

（5）假设全部 82 名管理人员都在 2023 年 12 月 31 日行权。

借：银行存款　410 000
　资本公积——其他资本公积　1 230 000
　贷：股本　82 000
　　资本公积——股本溢价　1 558 000

很显然，管理人员行权的条件是甲公司的股票市价高于股份期权的行权价格（即 5 元/股），否则他会放弃行权。对于管理人员来说，行权后，他只需将行权取得股票在二级市场出售后即可获得股票期权收益，这也是公司给予管理人员的奖励。假设行权时甲公司的股票价格为 20 元/股，则每位行权的管理人员可以实现 15 000((20−5)×1 000)元的收益。

【例 6-4】2020 年 1 月 1 日，甲公司向其 100 名管理人员每人授予 1 000 份股票期权，其可行权条件为：2020 年末，公司当年净利润增长率达到 20%；2021 年末，公司 2020—2021 年两年净利润平均增长率达到 15%；2022 年末，公司 2020—2022 年三年净利润平均增长率达到 10%。每份期权在 2020 年 1 月 1 日的公允价值为 18 元。

2020 年 12 月 31 日，公司净利润增长率为 16%，同时有 10 名管理人员离开，公司预计 2021 年净利润将以同样速度增长，即 2020—2021 年两年净利润平均增长率能够达到 16%，因此预计 2021 年 12 月 31 日可行权。另外，预计第二年将有 5 名管理人员离开公司。

2021 年 12 月 31 日，公司净利润仅增长了 12%，但公司预计 2020—2022 年三年净利润平均增长率可达到 12%，因此预计 2022 年 12 月 31 日将可行权。另外，实际有 5 名管理人员离开，预计第三年将有 5 名管理人员离开公司。

2022 年 12 月 31 日，公司净利润增长了 11%，三年平均增长率为 13%，满足了可行权条件（即三年净利润平均增长率达到 10%）。当年有 3 名管理人员离开。

按照股份支付准则，本例中的可行权条件是一项非市场业绩条件。

2020 年末，虽然没能实现净利润增长 20%的要求，但公司预计下年将以同样的速度增长。因此，能实现两年平均增长 15%的要求。所以公司将其预计等待期调整为 2 年。由于有 10 名管理人员离开，公司同时调整了期满（2 年）后预计可行权的人数为 85（100−10−5）人。

2021 年末，虽然两年实现 15%增长的目标再次落空，但公司仍然估计能够在第三年取得较理想的业绩，从而实现 3 年净利润平均增长 10%的目标。所以公司将其预计等待期调整为 3 年。由于 2021 年有 5 名管理人员离开，与预计相符，因此公司相应调整了 2022 年离开的人数为 5 人，期满（3 年）后预计可行权的人数为 80（100−10−5−5）人。

2021 年末，目标实现，实际离开人数为 3 人。公司根据实际情况确定累计费用，并据此确认第三年费用和调整。

费用和资本公积计算过程如表 6-2 所示。

表 6-2 费用和资本公积计算过程——例 6-4

单位：元

年份	计算	当期费用	累计费用
2020 年	(100−10−5)×1 000×18×1/2	765 000	765 000
2021 年	(100−10−5−5)×1 000×18×2/3−765 000	195 000	960 000
2022 年	(100−10−5−3)×1 000×18−960 000	516 000	1 476 000

账务处理可参考【例 6-3】，此处略。

第三节　以现金结算的股份支付

一、以现金结算的股份支付的确认和计量原则

在实际行权或者结算之前，以现金结算的股份支付实质上是企业欠职工的一项负债。企业应当在等待期内的每个资产负债表日，以对可行权情况的最佳估计为基础，按照企业承担负债的公允价值，将当期取得的服务计入相关资产成本或当期费用，同时计入负债，并在结算前的每个资产负债表日和结算日对负债的公允价值重新计算，将其变动计入损益。

对于授予后立即可行权的以现金结算的股份支付，企业应当在授予日按照企业承担负债的公允价值计入相关资产成本或费用，同时计入负债，并在结算前的每个资产负债表日和结算日对负债的公允价值重新计量，将其变动计入损益。

二、以现金结算的股份支付的会计处理

以现金结算的股份支付的会计处理也必须以完整、有效的股份支付协议为基础。

（一）授予日

除了立即可行权的股份支付外，企业在授予日均不作会计处理。

（二）等待期内的每个资产负债表日

企业应当在等待期内的每个资产负债表日，将取得的职工或其他方提供的服务计入成本费用，同时确认负债（应付职工薪酬）。以现金结算的股份支付在未结算前确认为负债，这相当于应付职工薪酬。这是以现金结算的股份支付与以权益结算的股份支付的不同之处。其会计处理如下。

借：管理费用

　　生产成本等

　　贷：应付职工薪酬——股份支付

需要注意的是，对于以现金结算的股份支付，企业应当按照每个资产负债表日权益工具的公允价值重新计量，确定成本费用和应付职工薪酬。

（三）可行权日之后

对于以现金结算的股份支付，企业在可行权日之后不再确认成本费用。但是，由于确定负债的权益工具的公允价值发生变动所引起的负债（应付职工薪酬）公允价值的变动应当加以确认，计入当期损益（公允价值变动损益）。其会计处理如下。

借：公允价值变动损益

　　贷：应付职工薪酬——股份支付

在行权日，企业应根据行权情况，进行如下会计处理。

借：应付职工薪酬——股份支付

　　贷：银行存款

【例 6-5】2015 年初，甲公司为其 100 名中层以上职员每人授予 1 000 份现金股票增值权，这些职员从 2015 年 1 月 1 日起在该公司连续服务 3 年，即可按照当时股价的增长幅度

获得现金,该增值权应在 2019 年 12 月 31 日之前行使。甲公司估计,该增值权在负债结算之前的每一资产负债表日以及结算日的公允价值和可行权后的每份增值权现金支出额如表 6-3 所示。

表 6-3　相关资料　　单位:元/股

年份	公允价值	支付现金
2015 年	20	—
2016 年	21	—
2017 年	23	22
2018 年	25	24
2019 年	—	28

2015 年有 10 名职员离开甲公司,甲公司估计 3 年中还将有 15 名职员离开;2016 年又有 5 名职员离开公司,公司估计还将有 5 名职员离开;2017 年又有 10 名职员离开。2017 年年末,有 40 人行使股票增值权取得了现金。2018 年末,有 20 人行使了股票增值权。2019 年末,剩余 15 人也行使了股票增值权。

上述股份支付的费用和负债的计算过程如表 6-4 所示。

表 6-4　费用和负债计算过程　　单位:元

年份	负债计算①	支付现金计算②	负债③	支付现金④	当期费用⑤
2015	(100−25)×1 000×20×1/3		500 000		500 000
2016	(100−20)×1 000×21×2/3		1 120 000		620 000
2017	(100−25−40)×1 000×23	40×1 000×22	805 000	880 000	565 000
2018	(100−25−40−20)×1 000×25	20×1 000×24	375 000	480 000	50 000
2019	0	15×1 000×28	0	420 000	45 000
总额				1 780 000	1 780 000

注:①计算得③,②计算得④;当期③ −前期③ +当期④ =当期⑤。

具体账务处理如下。

(1)2015 年 12 月 31 日。

借:管理费用　　500 000

　　贷:应付职工薪酬——股份支付　　500 000

(2)2016 年 12 月 31 日。

借:管理费用　　620 000

　　贷:应付职工薪酬——股份支付　　620 000

(3)2017 年 12 月 31 日。

借:管理费用　　565 000

贷：应付职工薪酬——股份支付		565 000
借：应付职工薪酬——股份支付	880 000	
贷：银行存款		880 000

（4）2018 年 12 月 31 日。

借：公允价值变动损益	50 000	
贷：应付职工薪酬——股份支付		50 000
借：应付职工薪酬——股份支付	480 000	
贷：银行存款		480 000

（5）2019 年 12 月 31 日。

借：公允价值变动损益	45 000	
贷：应付职工薪酬——股份支付		45 000
借：应付职工薪酬——股份支付	420 000	
贷：银行存款		420 000

第四节　股份支付的信息披露

与股份支付相关的信息披露包括表内披露和报表附注中的披露。

一、表内披露

股份支付中在资产负债表日确认的资产成本应在资产负债表中列示，费用则应在利润表中列示。以权益结算的股份支付确认的资本公积在资产负债表中的所有者权益列示，以现金结算的股份支付确认的应付职工薪酬在资产负债表中的流动负债列示。

二、报表附注中的披露

根据《企业会计准则第 11 号——股份支付》的规定，企业应当在报表附注中披露两方面的信息：一是与股份支付有关的信息，二是股份支付交易对当期财务状况和经营成果的影响。

（一）与股份支付有关的信息

企业应当在附注中披露与股份支付有关的下列信息。

（1）当期授予、行权和失效的各项权益工具总额。

（2）期末发行在外的股份期权或其他权益工具行权价格的范围和合同剩余期限。

（3）当期行权的股份期权或其他权益工具以其行权日价格计算的加权平均价格。

（4）权益工具公允价值的确定方法。

此外，企业对性质相似的股份支付的信息可以合并披露。

（二）股份支付交易对当期财务状况和经营成果的影响

企业应当在附注中披露股份支付交易对当期财务状况和经营成果的影响，至少应包括下列信息。

（1）当期因以权益结算的股份支付而确认的费用总额。

（2）当期因以现金结算的股份支付而确认的费用总额。

（3）当期以股份支付换取的职工服务总额及其他方服务总额。

本章小结

本章主要介绍了股份支付的定义、主要类型、特征、确认计量原则、权益工具公允价值的确定和相关的会计处理等。本章的学习重点是掌握两种不同结算方式的股份支付确认与计量的基本原则及其会计处理，掌握两者的异同点。通过对本章的学习，了解股份支付的含义与特征，了解可行权条件的种类、处理原则及其变更，理解股份支付的环节与时点，同时注意在“一次授权、分期行权”的情形下，权益工具的确认和计量原则，区分限制性股票在上市公司实务中的处理方式以及处理原则，区分以权益结算的股份支付与以现金结算的股份支付这两种不同形式的股份支付，并掌握这两种股份支付的确认与计量原则及其会计处理方法。同时，熟悉会计准则对股份支付的披露要求，注重对股份支付相关特殊问题处理原则的理解。

思考题

1. 股份支付有哪些主要环节？
2. 什么是以权益结算的股份支付和以现金结算的股份支付？
3. 什么是可行权条件？可行权条件有哪些？
4. 以权益结算的股份支付和以现金结算的股份支付在会计处理上有何区别？

案例分析

【案例描述】

甲上市公司是一家高科技公司。2020 年 1 月，为了激励高管，甲上市公司准备在每年年度财务报告公布后，根据年度业绩考核结果对管理人员实施奖励。当考核合格时，公司将年度净利润的 0.5%作为对公司高层管理人员的激励基金，基金只能用于为激励对象购买甲上市公司的流通股票并作相应冻结。

公司与其管理层成员签署股份支付协议，规定如果管理层成员在其后 3 年中都在公司任职服务，并且公司股价每年提高 10%以上，管理层成员即可以低于市价的价格购买一定数量的本公司股票。同时作为协议的补充，公司把全体管理层成员的年薪提高了 60 000 元，但这部分年薪将存入公司专门建立的内部基金。3 年后，管理层成员可用属于其个人的部分抵减未来行权时须支付的购买股票款项。如果管理层成员决定退出这项基金，可随时全部提取。

甲公司以期权定价模型估计授予的此项期权在授予日公允价值为 3 000 000 元，在授予日，甲公司估计 3 年内管理层成员离职的比例为 15%；在第二年末，甲公司调整其估计离职率为 10%；到第三年末，实际离职率为 8%。

第一年，公司股价提高了 12%，第二年提高了 11%，第三年提高了 5%。公司在第一年末、第二年末均预计下年能实现当年股价增长 10%以上的目标。

要求：根据上述资料，回答下列问题。

（1）该股权激励属于何种方式？

（2）查找相关资料，说明这种激励方式可能存在的优缺点。

（3）此案例中涉及哪些条款和条件？计算甲公司每年应该确认的成本费用，并指出甲公司应如何处理。

【案例解析】

（1）该股权激励属于股票期权激励方式。在达到一定的条件之后，管理层成员即可以低于市价的价格购买一定数量的本公司股票，因此属于股票期权激励方式。

（2）股票期权激励方式的优点。

①将经营者的报酬与公司的长期利益“捆绑”在一起，经营者要行权，就必须使股价达到行权价格以上，为此经营者需要努力经营，选择有利于企业长期发展的战略。

②获授者的风险较小，如果在约定的行权日公司股票价格下跌，期权所有人可以放弃行权，而不是遭受损失。

③以企业的股票升值收益作为激励成本，有利于减少企业现金压力。

④激励收入既包括行权价差收入，又包括股票增值收入，激励力度较大。

股票期权激励方式的缺点。

①股票市场的价格波动和不确定性，可能导致公司股票的真实价值与股票价格的不一致，并加大了股票期权持有人的持有风险。

②股票期权的收益来自行权日市场上的股票价格高于行权价格，因而会使经营者产生片面追求股价提升的短期行为。

（3）如果不同时满足服务3年和公司股价年增长10%以上的要求，管理层成员就无权行使其股票期权，因此二者都属于可行权条件。其中，服务满3年是一项服务期条件，10%的股价增长要求是一项市场业绩条件。虽然公司要求管理层成员将部分薪金存入统一账户保管，但不影响其可行权，因此统一账户条款不是可行权条件。

按照股份支付准则的规定，第一年末确认的服务费用为：

$$3\ 000\ 000 \times 1/3 \times 85\% = 850\ 000\text{（元）}$$

第二年末应确认的费用为：

$$3\ 000\ 000 \times 2/3 \times 90\% - 850\ 000 = 950\ 000\text{（元）}$$

第三年末应确认的费用为：

$$3\ 000\ 000 \times 92\% - 1\ 800\ 000 = 960\ 000\text{（元）}$$

最后，92%的管理层成员满足了市场条件之外的全部可行权条件。尽管股价每年增长10%以上的市场条件未得到满足，但甲公司在3年的年末均确认了收到管理层提供的服务，故应相应确认各年的费用。

自测题

一、单项选择题

1. 下列关于以权益结算的股份支付的说法中，不正确的是（　　）。

A. 以权益结算的股份支付换取职工提供服务的，应当以授予职工权益工具的公允价值计量

B. 授予后立即可行权的换取职工服务的以权益结算的股份支付，应当在授予日按照权益工具的公允价值计入相关资本成本或费用

C. 在资产负债表日，后续信息表明可行权权益工具的数量与以前估计不同的，应当进行调整，并在可行权日调整至实际可行权的权益工具数量

D. 授予后立即可行权的换取职工服务的以权益结算的股份支付，应当在授予日按照权益工具的账面价值计入相关资本成本或费用

2. 下列关于企业以现金结算的股份支付的会计处理中，不正确的是（　　）。

A. 初始确认时确认所有者权益

B. 初始确认时以企业所承担负债的公允价值计量

C. 等待期内按照所确认负债的金额计入成本或费用

D. 可行权日后相关负债的公允价值变动计入公允价值变动损益

3.2016 年 1 月 1 日，甲公司向 50 名高管人员每人授予 2 万份股票期权，这些人员从被授予股票期权之日起连续服务满 2 年，即可按每股 6 元的价格购买甲公司 2 万股普通股股票（每股面值 1 元）。该期权在授予日的公允价值为每份 12 元。2017 年 10 月 20 日，甲公司从二级市场以每股 15 元的价格回购本公司普通股股票 100 万股，拟用于高管人员股权激励。在等待期内，甲公司没有高管人员离职。2017 年 12 月 31 日，高管人员全部行权，当日普通股市场价格为每股 16 元。2017 年 12 月 31 日，甲公司因高管人员行权应确认的股本溢价为（　　）万元。

A.200　　B.300　　C.500　　D.1 700

4. 下列有关股份支付协议的特征的描述中，不正确的是（　　）。

A. 股份支付是企业与职工或其他方之间发生的交易

B. 股份支付是以获取职工或其他方服务为目的的交易

C. 股份支付交易的对价形式是企业自身发行的权益工具

D. 股份支付交易的对价或其定价与企业自身权益工具的价值密切相关

5. 股份支付协议中关于股价至少上升至何种水平时职工可相应取得多少股份的规定属于（　　）。

A. 服务期条件　　B. 市场业绩条件　　C. 非可行权条件　　D. 非市场业绩条件

6. 按照我国法规规定，用于股权激励的股份支付协议，应在行权日与出售日之间设立禁售期，其中国有控股上市公司的禁售期不得低于（　　）年。

A.1　　B.2　　C.3　　D.4

7. 股份支付授予日是指（　　）。

A. 股份支付协议获得批准的日期

B. 可行权条件得到满足的日期

C. 可行权条件得到满足，职工和其他方具有从企业取得权益工具或现金的权利的日期

D. 职工和其他方行使权利、获取现金或权益工具的日期

8. 股份支付行权日是指(　　)。

A. 可行权条件得到满足的日期

B. 股份支付协议获得批准的日期

C. 职工和其他方行使权利、获取现金或权益工具的日期

D. 可行权条件得到满足，职工和其他方具有从企业取得权益工具或现金的权利的日期

9. 无论已授予的权益工具的条款如何变更，企业确认服务的金额不应(　　)权益工具在授予日的公允价值。

A. 高于　　B. 低于　　C. 等于　　D. 不一定

10. 根据《企业会计准则第 11 号——股份支付》的规定，下列有关等待期的表述中，不正确的是(　　)。

A. 等待期是指可行权条件得到满足的期间

B. 对于可行权条件为规定服务期间的股份支付，等待期为授予日至可行权日的期间

C. 对于可行权条件为规定服务期间的股份支付，等待期为授予日至行权日的期间

D. 对于可行权条件为规定业绩的股份支付，应当在授予日根据最可能的业绩结果预计等待期的长度

11. 星海公司为上市公司，2020 年 1 月 1 日，公司向其 200 名管理人员每人授予 200 股股票期权，这些职员自 2020 年 1 月 1 日起在该公司连续服务 3 年，即可以每股 12 元购买该公司 200 股股票，从而获益，公司估计此期权在授予日的公允价值为 15 元/股。第一年有 40 名职工离开企业，预计离职总人数会达到 30%，则 2020 年末企业应当按照取得的服务贷记“资本公积——其他资本公积”账户(　　)元。

A.112 000　　B.140 000　　C.120 000　　D.89 600

12. 续上题，2021 年又有 20 名职工离开公司，公司估计职工总离职人数会达到 40%，则 2021 年末企业应当按照取得的服务贷记“资本公积——其他资本公积”账户(　　)元。

A.100 000　　B.52 000　　C.84 000　　D.140 000

13. 续上题，2022 年又有 30 名职工离开公司，则 2022 年末企业应当按照取得的服务贷记“资本公积——其他资本公积”账户(　　)元。

A.72 000　　B.80 000　　C.63 000　　D.90 000

14. 甲上市公司 2019 年 7 月 1 日向其 100 名高级管理人员每人授予 100 份认购权证，该认购权证将于 2022 年末期满时行权，行权时高级管理人员将以 5 元/股购入该公司股票，该公司股票在授予日的公允价值为 7 元/股，2019 年和 2020 年 12 月 31 日该股票公允价值均为 8 元/股，2021 年 12 月 31 日公允价值为 9 元/股，2022 年 12 月 31 日该股票公允价值为 10 元/股，股票面值 1 元，假设预计有 20%的高级管理人员离职，甲公司因该项股份支付计入 2019 年管理费用的金额为(　　)元。

A.16 000　　B.5 000　　C.6 500　　D.8 000

15. 2017 年 1 月 1 日,甲公司向其 50 名高级管理人员每人授予 500 份股票增值权,行权日为 2020 年 12 月 31 日,行权时行权人可根据股价的增长幅度获得现金,该增值权应在 2022 年 12 月 31 日之前行使完毕。甲公司授予日股票市价 6 元/股,截至 2018 年累计确认负债 120 000 元,在 2019 年有 5 人离职,预计 2020 年没有离职人员, 2019 年末股票市价为 12 元/股,该项股份支付对 2019 年当期管理费用的影响金额和 2019 年末负债的累计金额分别是(　　)元。

A.75 000,202 500　B.82 500,202 500　C.750 000,125 000　D.22 050,225 000

二、多项选择题

1. 关于股份支付的计量,下列说法中正确的有(　　)。

A. 以现金结算的股份支付,应按资产负债表日权益工具的公允价值重新计量

B. 以现金结算的股份支付,应按授予日权益工具的公允价值计量,不确认其后续公允价值变动

C. 以权益结算的股份支付,应按授予日权益工具的公允价值计量,不确认其后续公允价值变动

D. 以权益结算的股份支付,应按资产负债表日权益工具的公允价值重新计量

2. 股份支付的可行权条件中有关市场条件的下列各项表述中,正确的有(　　)。

A. 市场条件是与业绩条件有关的

B. 市场条件是与业绩条件和服务期条件有关的

C. 市场条件是否得到满足,会影响企业对预计可行权情况的估计

D. 市场条件是否得到满足,不会影响企业对预计可行权情况的估计

3. 以现金结算的股份支付最常用的工具包括(　　)。

A. 现金股票增值权　B. 限制性股票　C. 股票期权　D. 模拟股票

4. 接受服务企业自行结算的、以权益结算的股份支付的会计确认中,经常使用的会计账户不包括(　　)。

A. 资本公积　B. 生产成本　C. 长期股权投资　D. 应付职工薪酬

5. 股份支付的会计计量中,可能需要采用的计量基础有(　　)。

A. 相关负债的公允价值　B. 相关服务的公允价值

C. 相关权益工具的公允价值　D. 相关权益工具的内在价值

6. 可行权条件中的业绩条件包括市场条件和非市场条件,以下各项中属于非市场条件的有(　　)。

A. 最低股价增长率　B. 股东最低报酬率

C. 销售指标的实现情况　D. 在公司服务满一定期限

7. 关于以权益结算的股份支付的计量,下列说法中正确的有(　　)。

A. 应按授予日权益工具的公允价值计量,不确认其后续公允价值变动

B. 对于换取职工服务的股份支付,企业应当按在等待期内的每个资产负债表日的公允价值计量

C. 对于授予后立即可行权的换取职工服务的股份支付,应在授予日按照权益工具的公

允价值计量

D. 对于换取职工服务的股份支付，企业应当按照权益工具在授予日的公允价值，将当期取得的服务计入相关资产成本或当期费用，同时计入资本公积中的其他资本公积

8. 关于以现金结算的股份支付，下列说法中不正确的有(　　)。

A. 是指企业为获取服务交付现金的交易

B. 是企业为获取服务而承担交付现金或其他资产义务的交易

C. 是指企业为获取服务而承担的以股份或其他权益工具为基础计算确定的交付现金的交易，不包括其他资产交易

D. 是指企业为获取服务而承担的以股份或其他权益工具为基础计算确定的交付现金或其他资产义务的交易

9. 企业以回购股份形式奖励本企业职工的，属于以权益结算的股份支付，下述会计处理中正确的有(　　)。

A. 企业回购股份时，应当按照回购股份的全部支出冲减股本

B. 企业回购股份时，应当将回购股份的全部支出作为库存股处理，计入“库存股”账户，同时进行备查登记

C. 对于换取职工服务的以权益结算的股份支付，企业应当在等待期内每个资产负债表日按照权益工具在授予日的公允价值，将取得的职工服务计入成本费用，同时增加资本公积(资本公积——其他资本公积)

D. 企业应按职工行权购买本企业股份时收到的价款，借记“银行存款”等账户，同时转销等待期内资本公积(资本公积——其他资本公积)中的累计金额，借记“资本公积——其他资本公积”账户，按回购的库存股成本，贷记“库存股”账户，按照上述借贷方差额，贷记“资本公积——其他资本公积”账户

10. 下列有关股份支付业务在等待期内每个资产负债表日的会计处理的说法中，正确的有(　　)。

A. 企业应当在等待期内的每个资产负债表日，将取得的职工或其他方提供的服务计入成本费用，同时确认所有者权益或负债。对于附有市场条件的股份支付，只要职工满足了其他所有非市场条件，企业就应当确认已取得的服务

B. 在等待期内，业绩条件为非市场条件的，如果后续信息表明须调整对可行权情况的估计的，只须对本期估计进行修改即可

C. 在等待期内的每个资产负债表日，企业应将取得的职工提供的服务计入成本费用，计入成本费用的金额应当按照权益工具的公允价值计量

D. 对于以权益结算的涉及职工的股份支付，应当按照授予日权益工具的公允价值计入成本费用和资本公积(资本公积——其他资本公积)，不确认其后续的公允价值变动

三、判断题

1. 对以权益结算的股份支付和以现金结算的股份支付，无论是否立即可行权，在授予日均不需要进行会计处理。(　　)

2. 公司回购股份形成库存股用于职工股权激励的，在职工行权购买本公司的股份时，所

收款项和等待期内根据职工提供服务所确认的相关资本公积的累计金额之和，与交付给职工库存股成本的差额，应计入营业外收支。（　）

3. 作为股份支付的权益工具，是指接受服务企业自身的权益工具。（　）

4. 股份支付的可行权条件包括服务期条件、业绩条件、市场条件以及非市场条件等四类。（　）

5. 企业回购股份用于附服务年限条件的以权益结算的股份支付时，对于回购的股份应按面值计入“库存股”账户。（　）

6. 以现金结算的股份支付本质为应付职工薪酬。（　）

7. 对以现金结算的股份支付，企业在可行权日之后不再确认成本或费用，但是由于赖以计算的负债的权益工具公允价值发生变动引起的负债（应付职工薪酬）公允价值的变动应进行确认，计入当期损益，即公允价值变动损益。（　）

8. 业绩条件是指企业达到特定业绩目标职工才可行权的条件，具体包括市场条件和非市场条件。（　）

9. 当期行权的股份期权或其他权益工具以其行权日价格计算加权平均价格。（　）

10. 对于授予职工的股票期权，企业应当根据用于股份支付的期权条款和条件，采用期权定价模型估计其公允价值。（　）

四、计算及账务处理题

1.D 公司 2017 年初，授予一名高管 10 000 份股票期权。该股份支付协议规定：该高管未来 3 年须为本公司服务，而且如果第 3 年末公司的股价没有从第 1 年初的 50 元/股上升至 65 元/股，则该期权不能行权；如果第 3 年末的股价超过 65 元/股，则该股票期权能够在未来 7 年中即第 10 年末前的任何时点行权。D 公司采用二项式期权定价模型，考虑了第 3 年末公司股价超过 65 元/股的可能和不超过 65 元/股的可能，估计该股票期权的公允价值为每股 24 元。

要求：根据上述资料，请分析，假定第 3 年该高管离开公司和假定第 3 年末股价没有达到 65 元/股这两种情况下 D 公司应如何进行会计处理。

2. A 公司为一家上市公司。2019 年 1 月 1 日，公司向其 150 名管理人员每人授予 200 份股票期权，这些职员从 2019 年 1 月 1 日起在该公司连续服务 3 年，即可以 10 元/股购买 200 股 A 公司股票，从而获益。公司估计该期权在授予日的公允价值为 18 元/股。

第 1 年有 15 名职员离开 A 公司，公司预计 3 年中离开的职员的比例将达到 20%；第 2 年又有 20 名职员离开公司，公司将估计的职员离开比例修正为 30%；第 3 年又有 10 名职员离开。假设全部 105 名职员都在 2021 年 12 月 31 日行权，A 公司股份面值为 1 元。

要求：根据材料完成如下会计处理。

（1）计算 2019—2021 年每年计入当期费用的金额及累计费用金额，并将结果填入下表。

费用计算表

单位:元

年份	计算过程	当期费用	累计费用
2019 年			
2020 年			
2021 年			

（2）编制 2019—2022 年与股份支付有关的会计分录。

3.2018 年 1 月 1 日，甲公司向其 100 名中层以上职员每人授予 300 份现金股票增值权，并规定这些职员从 2018 年 1 月 1 日起在该公司连续服务满 3 年，即可按照当时股价的增长幅度获得现金，该增值权应在 2022 年 12 月 31 日之前行使。甲公司估计，该增值权在负债结算之前的每一个资产负债表日的公允价值和可行权后的每份增值权现金支出额如下表所示。

公允价值和现金支出表

单位:元/股

年份	公允价值	支付现金
2018 年	10	—
2019 年	15	—
2020 年	18	16
2021 年	20	18
2022 年	—	21

2018 年有 20 名管理人员离开甲公司，甲公司估计 3 年内还将有 10 名管理人员离开；2019 年有 8 名管理人员离开甲公司，甲公司估计还将有 6 名管理人员离开；2020 年有 2 名管理人员离开甲公司，假定有 20 人行使股票增值权取得了现金；2021 年有 30 人行使股票增值权取得了现金；2022 年有 20 人行使股票增值权取得了现金。

要求：根据所给材料，计算 2018—2022 年每年应确认的负债和费用并编制相关会计分录。

第七章　会计调整

学习目标与要求

通过对本章的学习，了解并掌握：

1. 会计政策变更的含义及会计处理方法；
2. 会计估计变更的含义及会计处理方法；
3. 差错更正的含义及会计处理；
4. 调整事项的会计处理；
5. 非调整事项的会计处理。

第一节　会计政策及其变更

一、会计政策概述

(一)会计政策的定义

会计政策是指企业在会计确认、计量和报告中所采用的原则、基础和会计处理方法。企业采用的会计计量基础也属于会计政策。

原则，是指按照企业会计准则制定的、企业会计要素确认过程中所采用的具体会计原则，例如《企业会计准则第 7 号——非货币性资产交换》《企业会计准则第 12 号——债务重组》《企业会计准则第 21 号——租赁》等。

基础，是指为了将会计原则应用于交易或者事项而采用的基础，主要是计量基础(即计量属性)，包括历史成本、重置成本、可变现净值、现值和公允价值等。

会计处理方法，是指企业在会计核算中按照法律、行政法规或者国家统一的会计制度等规定采用或者选择的、适合本企业的具体会计处理方法。

企业应当采用相同的会计政策对相同或者相似的交易或事项进行处理，另有规定的除外。对于企业会计实务中某项交易或事项的会计处理，具体会计准则或应用指南未作规范的，企业应当根据《企业会计准则——基本准则》规定的原则、基础和会计处理方法进行处理；待作出具体规定时，从其规定。

(二)会计政策的特点

(1)会计政策的选择性。

(2)会计政策的强制性。

(3)会计政策的层次性。会计政策包括会计原则、计量基础和会计处理方法三个层次。

（三）会计政策的判断

（1）在资产方面属于资产要素的会计政策有：

①存货的取得、发出和期末计价的处理方法；

②长期股权投资的取得及后续计量中的成本法或权益法；

③投资性房地产的确认及其后续计量模式；

④固定资产、无形资产的确认条件及其减值政策；

⑤金融资产的分类；

⑥非货币性资产交换商业实质的判断。

（2）在负债方面属于负债要素的会计政策有：

①借款费用资本化的条件；

②债务重组的确认和计量；

③预计负债的确认和计量；

④应付职工薪酬和股份支付的确认和计量；

⑤金融负债的分类等。

（3）在所有者权益方面属于所有者权益要素的会计政策有：

①权益工具的确认和计量；

②混合金融工具的分拆。

（4）在收入方面属于收入要素的会计政策有：

①商品销售收入和劳务收入的确认条件；

②建造合同、租赁合同、保险合同、贷款合同等合同收入的确认与计量方法。

（5）在费用方面属于费用要素的会计政策有：

①商品销售成本及劳务成本的结转；

②期间费用的划分。

（6）除会计要素相关会计政策外，财务报表列报方面所涉及的编制现金流量表的直接法和间接法、合并财务报表合并范围的判断、分部报告中报告分部的确定，也属于会计政策。

二、会计政策变更

会计政策变更，是指企业对相同的交易或事项由原来采用的会计政策改用另一会计政策的行为。

企业采用的会计政策，在每一会计期间和前后各期应当保持一致，不得随意变更。会计政策变更并不意味着以前期间的会计政策是错误的，而是由于情况发生了变化，或者掌握了新的信息，积累了更多的经验，变更会计政策能够更好地反映企业的财务状况、经营成果和现金流量。如果以前期间会计政策的运用是错误的，则属于差错，应按前期差错更正的规定进行处理。

满足下列条件之一的，企业可以变更会计政策。

（1）法律、行政法规或者国家统一的会计制度等要求变更。

（2）会计政策变更能够提供更可靠、更相关的会计信息。

以下各项不属于会计政策变更。

（1）本期发生的交易或者事项与以前相比具有本质差别而采用新的会计政策。

（2）对初次发生的或不重要的交易或者事项采用新的会计政策。

A公司2022年初成立，第一次签订一项建造合同，为另一企业建造厂房，预计建造期2年（即A公司初次发生该类交易），A公司对该项建造合同采用新收入准则确认收入。由于A公司初次发生该项交易，采用履约进度确认该项交易的收入。

以上所述不属于会计政策变更，属于对初次发生的交易或者事项采用新的会计政策。

三、会计政策变更与会计估计变更的划分

（1）以会计确认是否发生变更作为判断基础。

一般地，对会计确认的指定或选择属于会计政策，其相应的变更属于会计政策变更。

（2）以计量基础是否发生变更作为判断基础。

一般地，对计量基础的指定或选择属于会计政策，其相应的变更属于会计政策变更。

（3）以列报项目是否发生变更作为判断基础。

一般地，对列报项目的指定或选择属于会计政策，其相应的变更属于会计政策变更。

（4）根据会计确认、计量基础和列报项目所选择的，为取得与资产负债表项目有关的金额或数值（如预计使用寿命、净残值等）所采用的处理方法不属于会计政策，而属于会计估计，其相应的变更属于会计估计变更。

四、会计政策变更的会计处理

发生会计政策变更时，有两种会计处理方法，即追溯调整法和未来适用法。

（一）追溯调整法

追溯调整法，是指对某项交易或事项变更会计政策，视同该项交易或事项初次发生时即采用变更后的会计政策，并以此对财务报表相关项目进行调整的方法。

追溯调整法通常由以下步骤构成。

第一步，计算会计政策变更的累积影响数。

第二步，编制相关项目的调整分录。

【提示】会计政策变更涉及损益调整的事项通过“利润分配——未分配利润”科目核算，本期发现前期重要差错和资产负债表日后调整事项涉及损益调整的事项通过“以前年度损益调整”科目核算。

第三步，调整列报前期最早期初财务报表相关项目及其金额。

第四步，附注说明。

其中，会计政策变更累积影响数，是指按照变更后的会计政策对以前各期追溯计算的列报前期最早期初留存收益应有金额与现有金额之间的差额。

累积影响数通常可以通过以下各步计算获得。

第一步，根据新会计政策重新计算受影响的前期交易或事项。

第二步，计算两种会计政策下的差异。

第三步，计算差异的所得税影响金额。

应说明的是，一般来说，会计政策变更的追溯调整不会影响以前年度应交所得税的变

动，也就是说不会涉及应交所得税的调整；但追溯调整时如果涉及暂时性差异，则应考虑递延所得税的调整，这种情况应考虑前期所得税费用的调整。

第四步，确定前期中每一期的税后差异。

第五步，计算会计政策变更的累积影响数。

需要注意的是，对以前年度损益进行追溯调整或追溯重述的，应当重新计算各列报期间的每股收益。

【例 7-1】甲公司 2020 年、2021 年分别以 4 500 000 元和 1 100 000 元的价格从股票市场购入 A、B 两只以交易为目的的股票（假设不考虑购入股票发生的交易费用），市价一直高于购入成本。公司采用成本与市价孰低法对购入股票进行计量。公司从 2022 年起对其以交易为目的购入的股票由按成本与市价孰低计量改为按公允价值计量，公司保存的会计资料比较齐全，可以通过会计资料追溯计算。假设所得税税率为 25%，公司按净利润的 10%提取法定盈余公积，按净利润的 5%提取任意盈余公积。公司发行普通股 4 500 万股，未发行任何稀释性潜在普通股。两种方法计量的交易性金融资产账面价值如表 7-1 所示。

表 7-1 两种方法计量的交易性金融资产账面价值 单位：元

股票	成本与市价孰低	2020 年末公允价值	2021 年末公允价值
A 股票	4 500 000	5 100 000	5 100 000
B 股票	1 100 000	—	1 300 000

根据上述资料，甲公司的会计处理如下。

（1）计算改变交易性金融资产计量方法后的累积影响数，如表 7-2 所示。

表 7-2 改变交易性金融资产计量方法后的累积影响数 单位：元

时间	公允价值	成本与市价孰低	税前差异	所得税影响	税后差异
2020 年末	5 100 000	4 500 000	600 000	150 000	450 000
2021 年末	1 300 000	1 100 000	200 000	50 000	150 000
合 计	6 400 000	5 600 000	800 000	200 000	600 000

甲公司 2021 年 12 月 31 日的比较财务报表列报前期最早期初为 2021 年 1 月 1 日。

甲公司在 2020 年末按公允价值计量的账面价值为 5 100 000 元，按成本与市价孰低计量的账面价值为 4 500 000 元，两者的所得税影响合计为 150 000 元，两者税后差异的净影响额为 450 000 元，即该公司 2021 年期初由按成本与市价孰低计量改为按公允价值计量的累积影响数。

甲公司在 2021 年末按公允价值计量的账面价值为 6 400 000 元，按成本与市价孰低计量的账面价值为 5 600 000 元，两者的所得税影响合计为 200 000 元，两者税后差异的净影响额为 600 000 元，其中，450 000 元是调整 2021 年累积影响数，150 000 元是调整 2021 年当期金额。

甲公司按照公允价值重新计量2021年末B股票账面价值，其结果为公允价值变动收益少计了200 000元，所得税费用少计了50 000元，净利润少计了150 000元。

（2）编制有关项目的调整分录。

① 2020年有关事项的调整分录。

a. 调整会计政策变更累积影响数。

借：交易性金融资产——公允价值变动　　600 000

　　贷：利润分配——未分配利润　　450 000

　　　　递延所得税负债　　150 000

b. 调整利润分配。

按照净利润的10%提取法定盈余公积，按照净利润的5%提取任意盈余公积，共计提取盈余公积450 000×15%=67 500（元）。

借：利润分配——未分配利润　　67 500

　　贷：盈余公积　　67 500

② 2021年有关事项的调整分录。

a. 调整交易性金融资产。

借：交易性金融资产——公允价值变动　　200 000

　　贷：利润分配——未分配利润　　150 000

　　　　递延所得税负债　　50 000

b. 调整利润分配。

按照净利润的10%提取法定盈余公积，按照净利润的5%提取任意盈余公积，共计提取盈余公积150 000×15%=22 500（元）。

借：利润分配——未分配利润　　22 500

　　贷：盈余公积　　22 500

（3）财务报表调整和重述。

甲公司在列报2022年财务报表时，应调整2022年资产负债表有关项目的年初余额、利润表有关项目的上年金额及所有者权益变动表有关项目的上年金额和本年金额。

①资产负债表项目的调整如下。

调增交易性金融资产年初余额800 000元。

调增递延所得税负债年初余额200 000元。

调增盈余公积年初余额90 000元。

调增未分配利润年初余额510 000元。

②利润表项目的调整如下。

调增公允价值变动收益上年金额200 000元。

调增所得税费用上年金额50 000元。

调增净利润上年金额150 000元。

调增基本每股收益上年金额0.003 3元。

③所有者权益变动表项目的调整如下。

调增会计政策变更项目中盈余公积上年金额67 500元，未分配利润上年金额382 500

元，所有者权益合计上年金额 450 000 元。

调增会计政策变更项目中盈余公积本年金额 22 500 元，未分配利润本年金额 127 500 元，所有者权益合计本年金额 150 000 元。

【例 7-2】A 公司系上市公司，从 2020 年 1 月 1 日首次执行企业会计准则，该公司于 2016 年 12 月 31 日购买了一台能源设备投入生产车间使用，原价为 3 000 万元，无残值，预计使用寿命为 30 年，采用年限平均法计提折旧。在首次执行日，企业估计在未来 27 年的年末该设备的废弃处置费用为 400 万元，假定该负债调整风险后的折现率为 5%，且自 2017 年 1 月 1 日起没有发生变化。A 公司按净利润的 10%提取法定盈余公积，不考虑所得税费用的调整。假定至 2019 年 12 月 31 日，用上述设备生产的产品已全部对外出售。

已知：(P/F，5%，30)=0.231 4，(P/F，5%，27)=0.267 8。

要求：

(1)编制 A 公司 2020 年 1 月 1 日首次执行企业会计准则的会计分录；

(2)将 2020 年 1 月 1 日资产负债表部分项目的调整数填入表 7-3。

表 7-3　2020 年 1 月 1 日资产负债表部分项目的调整数　　单位：万元

项目	金额(万元)调增(+)调减(-)
固定资产	
预计负债	
盈余公积	
未分配利润	

(3)编制 2020 年度固定资产计提折旧和确认财务费用的会计分录。

分析如下。

(1)2020 年 1 月 1 日。

①追溯调整固定资产的入账价值。

2016 年 12 月 31 日应确认的预计负债=400 × 0.231 4=92.56(万元)

借：固定资产　　92.56

　　贷：预计负债　　92.56

②追溯调整 2016 年 12 月 31 日至 2020 年 1 月 1 日应补提的累计折旧。

应补提的累计折旧=92.56 ÷ 30 × 3=9.26(万元)

借：利润分配——未分配利润　　9.26

　　贷：累计折旧　　9.26

③追溯调整 2016 年 12 月 31 日至 2020 年 1 月 1 日应确认的财务费用。

应确认的财务费用=400 × 0.267 8−92.56= 14.56(万元)

借：利润分配——未分配利润　　14.56

　　贷：预计负债　　14.56

④调整利润分配和盈余公积。

盈余公积=（9.26+14.56）× 10%=2.38（万元）

借：盈余公积　　2.38

　　贷：利润分配——未分配利润　　2.38

（2）2020 年 1 月 1 日资产负债表部分项目的调整数如表 7-4 所示。

表 7-4　2020 年 1 月 1 日资产负债表部分项目的调整数结果　　单位：万元

项目	金额（万元）调增（+）调减（-）
固定资产	92.56-9.26=83.3
预计负债	92.56+14.56=107.12
盈余公积	-2.38
未分配利润	-9.26-14.56+2.38=-21.44

（3）2020 年固定资产计提折旧和应确认财务费用的会计分录如下。

2020 年固定资产计提折旧=（3 000+92.56）÷ 30=103.09（万元）

借：制造费用　　103.09

　　贷：累计折旧　　103.09

2020 年应确认的财务费用=107.12 × 5%=5.36（万元）

借：财务费用　　5.36

　　贷：预计负债　　5.36

【例 7-3】A 公司为上市公司，该公司按净利润的 10%计提法定盈余公积。所得税税率为 25%。其与投资性房地产有关的资料如下。

2022 年 1 月 1 日，A 公司董事会决定将投资性房地产的后续计量模式从成本模式转换为公允价值模式。该房地产为 2018 年 12 月外购的一栋写字楼，支付价款 50 000 万元，预计使用年限为 50 年，净残值为零，采用直线法计提折旧。同日，A 公司将该写字楼租赁给 B 公司使用。2022 年以前，A 公司对投资性房地产一直采用成本模式进行后续计量，未计提减值准备。2021 年末该写字楼的公允价值为 60 500 万元。（2022 年 1 月 1 日写字楼的公允价值同 2021 年末。）税法规定该投资性房地产作为固定资产处理，折旧年限为 50 年，净残值为零，采用直线法计提折旧。公允价值变动损益不得计入应纳税所得额。

要求：根据上述资料，编制 A 公司的会计分录（要求列示明细科目）。

公允价值变动=60 500-50 000=10 500（万元）

累计折旧=50 000 ÷ 50 × 3=3 000（万元）

递延所得税负债=（60 500-50 000+3 000）× 25%=3 375（万元）

盈余公积=10 125 × 10%=1 012.5（万元）

未分配利润=10 125 × 90%=9 112.5（万元）

借：投资性房地产——成本　　50 000

　　　　　　　　——公允价值变动　　10 500

　　投资性房地产累计折旧　　3 000

贷：投资性房地产　50 000
　　递延所得税负债　3 375
　　盈余公积　1 012.5
　　利润分配——未分配利润　9 112.5

（二）未来适用法

未来适用法，是指将变更后的会计政策应用于变更日及以后发生的交易或者事项，或者在会计估计变更当期和未来期间确认会计估计变更影响数的方法。

在未来适用法下，不需要计算会计政策变更产生的累积影响数，也无须重编以前年度的财务报表。企业会计账簿记录及财务报表上反映的金额，变更之日仍保留原有的金额，不因会计政策变更而改变以前年度的既定结果，并在现有金额的基础上再按新的会计政策进行核算。

【例 7-4】乙公司原对发出存货采用后进先出法，由于采用新准则，按其规定，公司从 2022 年 1 月 1 日起改用先进先出法。2020 年 1 月 1 日存货的价值为 2 500 000 元，公司当年购入存货的实际成本为 18 000 000 元，2022 年 12 月 31 日按先进先出法计算确定的存货价值为 4 500 000 元，当年销售额为 25 000 000 元，假设该年度其他费用为 1 200 000 元，所得税税率为 25%。2022 年 12 月 31 日按后进先出法计算的存货价值为 2 200 000 元。

乙公司由于法律环境变化而改变会计政策，假定对其采用未来适用法进行处理，即对存货采用先进先出法从 2022 年及以后才适用，不需要计算 2022 年 1 月 1 日以前按先进先出法计算存货应有的余额以及对留存收益的影响金额。

计算确定会计政策变更对当期净利润的影响数如表 7-5 所示。

表 7-5　当期净利润的影响数计算表　　单位：元

项目	先进先出法	后进先出法
营业收入	25 000 000	25 000 000
减：营业成本	16 000 000	18 300 000
减：其他费用	1 200 000	1 200 000
利润总额	7 800 000	5 500 000
减：所得税	1 950 000	1 375 000
净利润	5 850 000	4 125 000
差额	1 725 000	

公司由于会计政策变更使当期净利润增加了 1 725 000 元。其中，采用先进先出法的销售成本为：期初存货+购入存货实际成本−期末存货=2 500 000+18 000 000−4 500 000= 16 000 000（元）；采用后进先出法的销售成本为：期初存货+购入存货实际成本−期末存货=2 500 000+18 000 000−2 200 000=18 300 000（元）。

【例 7-5】甲公司发出存货按先进先出法计价，期末存货按成本与可变现净值孰低法计价。2020 年 1 月 1 日将发出存货由按先进先出法计价改为按加权平均法计价。2020 年初存货账面余额等于账面价值 40 000 元，50 千克，2020 年 1 月、2 月分别购入材料 600 千克、350 千克，单价分别为 850 元、900 元，3 月 5 日领用 400 千克，用未来适用法处理该项会计政策的变更，则 2020 年一季度末该存货的账面余额为多少元。

单位成本=（40 000+600×850+350×900）÷（50+600+350）=865（元）

2020 年一季度末该存货的账面余额=（50+600+350−400）×865=519 000（元）

（三）会计政策变更会计处理方法的选择

（1）企业依据法律、行政法规或者国家统一的会计制度等要求变更会计政策的情况：

①国家发布相关会计处理办法的，按照国家发布的相关规定执行；

②国家没有发布相关会计处理办法的，应当采用追溯调整法处理。

（2）会计政策变更能够提供更可靠、更相关的会计信息的，应当采用追溯调整法处理，将会计政策变更累积影响数调整列报前期最早期初留存收益，其他相关项目的期初余额和列报前期披露的其他比较数据也应当一并调整，但确定该项会计政策变更累积影响数不切实可行的除外。

比如列报期是 2021 年，列报前期是 2020 年，则列报前期最早期初指的是 2020 年初。

（3）确定会计政策变更对列报前期影响数不切实可行的，应当从可追溯调整的最早期间期初开始应用变更后的会计政策。在当期期初确定会计政策变更对以前各期累积影响数不切实可行的，应当采用未来适用法处理。

五、会计政策变更的披露

企业应当在附注中披露与会计政策变更有关的下列信息：

（1）会计政策变更的性质、内容和原因；

（2）当期和各个列报前期财务报表中受影响的项目名称和调整金额；

（3）无法进行追溯调整的，说明该事实和原因以及开始应用变更后的会计政策的时点、具体应用情况。

第二节　会计估计及其变更

一、会计估计概述

（一）会计估计的定义

会计估计是企业对结果不确定的交易或事项以最近可利用的信息为基础所作的判断。

（二）企业应当披露的重要会计估计

（1）存货可变现净值的确定。

（2）采用公允价值模式的投资性房地产公允价值的确定。

（3）固定资产的预计使用寿命与净残值；固定资产的折旧方法。

（4）生物资产的预计使用寿命与净残值；各类生产性生物资产的折旧方法。

（5）使用寿命有限的无形资产的预计使用寿命与净残值。

（6）可收回金额按照资产组的公允价值减去处置费用后的净额确定的，确定公允价值减去处置费用后的净额的方法。

可收回金额按照资产组的预计未来现金流量的现值确定的，预计未来现金流量的确定。

(7)合同完工进度的确定。

(8)权益工具公允价值的确定。

(9)债务人债务重组中转让的非现金资产的公允价值、由债务转成的股份的公允价值和修改其他债务条件后债务的公允价值的确定。

债权人债务重组中受让的非现金资产的公允价值、由权债转成的股份的公允价值和修改其他债务条件后债权的公允价值的确定。

(10)预计负债初始计量的最佳估计数的确定。

(11)金融资产公允价值的确定。

(12)承租人对未确认融资费用的分摊；出租人对未实现融资收益的分配。

(13)探明矿区权益、井及相关设施的折耗方法；与油气开采活动相关的辅助设备及设施的折旧方法。

(14)非同一控制下企业合并成本的公允价值的确定。

(15)其他重要会计估计。

二、会计估计变更

会计估计变更，是指由于资产和负债的当前状况及预期经济利益和义务发生了变化，从而对资产或负债的账面价值或者资产的定期消耗金额进行调整。例如，固定资产折旧方法由年限平均法改为年数总和法。如果以前期间的会计估计是错误的，则属于差错，按前期差错更正的规定进行会计处理。

通常情况下，企业可能由于以下原因而发生会计估计变更。

(1)赖以进行估计的基础发生了变化。企业进行会计估计，总是依赖于一定的基础，如果其所依赖的基础发生了变化，则会计估计也应相应作出改变。例如，企业某项无形资产的摊销年限原定为10年，以后发生的情况表明，该资产的受益年限已不足10年，则应相应调减摊销年限。

(2)获得了新的信息，积累了更多的经验。企业进行会计估计是就现有资料对未来所作的判断，随着时间的推移，企业有可能取得新的信息、积累更多的经验，在这种情况下，也需要对会计估计进行修订。例如，企业对应收账款计提坏账准备的比例为10%，后来根据新得到的信息，交易对方财务状况恶化，发生坏账的可能性为80%，则企业需要补提70%的坏账准备。

在会计估计变更当期及以后期间，采用新的会计估计，不改变以前期间的会计估计，也不调整以前期间的报告结果。

(1)如果会计估计的变更仅影响变更当期，有关估计变更的影响应于当期确认。比如计提坏账准备。

(2)如果会计估计的变更既影响变更当期又影响未来期间，有关估计变更的影响在当期及以后各期确认。例如，应计提折旧的固定资产，其有效使用年限或预计净残值的估计发生的变更，常常影响变更当期及资产以后使用年限内各个期间的折旧费用。因此，这类会计估计的变更,应于变更当期及以后各期确认。

【例 7-6】A 公司适用的所得税税率为 25%。2021 年 3 月 31 日,A 公司董事会决定将其固定资产的折旧年限由 10 年调整为 6 年,该项变更自 2021 年 1 月 1 日起执行。相关管理用固定资产系 2018 年 12 月购入,成本为 1 000 万元,采用年限平均法计提折旧,预计净残值为零。税法规定该固定资产的计税年限为 10 年,折旧方法和预计净残值与会计处理相同。

相关计算如下。

(1)至 2021 年 3 月 31 日的累计折旧额=1 000/10×2+1 000/10×3/12=225(万元)

(2)至 2021 年 3 月 31 日的账面价值=1 000-225=775(万元)

(3)从 2021 年 4 月 1 日至年末计提的折旧额=775/(6×12-2×12-3)×9=155(万元)

(4)2021 年计提的折旧额=1 000/10×3/12+155=180(万元)

(5)2021 年按照税法规定计算折旧额=1 000/10=100(万元)

(6)确认递延所得税资产=(180-100)×25%=20(万元)

(7)计算会计估计变更影响的 2021 年净利润=-[(180-100)-20]=-60(万元)

第三节 前期差错及其更正

一、前期差错概述

前期差错,是指由于没有运用或错误运用下列两种信息,而对前期财务报表造成的省略或错报:

(1)编报前期财务报表时预期能够取得并加以考虑的可靠信息;

(2)前期财务报告批准报出时能够取得的可靠信息。

前期差错通常包括计算错误、应用会计政策错误、疏忽或曲解事实、舞弊产生的影响以及存货、固定资产盘盈等。

二、前期差错更正的会计处理

企业应当采用追溯重述法更正重要的前期差错,但确定前期差错累积影响数不切实可行的除外。对于不重要的前期差错,可以采用未来适用法更正。前期差错的重要程度,应根据差错的性质和金额具体加以判断。

追溯重述法,是指在发现前期差错时,视同该项前期差错从未发生过,从而对财务报表相关项目进行更正的方法。追溯重述法的会计处理与追溯调整法相同。

企业应当在重要的前期差错发现当期的财务报表中,调整前期比较数据。

确定前期差错影响数不切实可行的,可以从可追溯重述的最早期间开始调整留存收益的期初余额,财务报表其他相关项目的期初余额也应当一并调整,也可以采用未来适用法。

需要注意的是,为了保证经营活动的正常进行,企业应当建立健全内部稽核制度,保证会计资料的真实完整。对于年度资产负债表日至财务报告批准报出日之间发现的报告年度的会计差错及报告年度前不重要的前期差错,应按照《企业会计准则第 29 号——资产负债日后事项》的规定进行处理。

【例 7-7】A 公司在 2016 年 12 月 31 日发现，一台价值 9 600 元、应计入固定资产并于 2015 年 2 月 1 日开始计提折旧的管理用设备，在 2015 年计入当期费用。该公司固定资产折旧采用直线法，该资产估计使用年限为 4 年，假设不考虑净残值因素，则 2016 年 12 月 31 日更正此差错的会计分录如下。

借：固定资产	9 600	
贷：管理费用		5 000
累计折旧		4 600

假设该项差错直到 2019 年 2 月后才发现，则不需要作任何分录，因为该项差错已经抵销了。

B 公司在 2016 年发现，2015 年公司漏记一项固定资产的折旧费用 150 000 元，所得税申报表中未扣除该项费用。假设 2015 年适用所得税税率为 25%，无其他纳税调整事项。该公司按净利润的 10%、5%提取法定盈余公积和任意盈余公积。公司发行股票份额为 1 800 000 股。假定税法允许调整应交所得税。

（1）分析前期差错的影响数。

2015 年少计折旧费用 150 000 元；多计所得税费用 37 500（150 000 × 25%）元；多计净利润 112 500 元；多计应交税费 37 500（150 000 × 25%）元；多提法定盈余公积和任意盈余公积 11 250（112 500 × 10%）元和 5 625（112 500 × 5%）元。

（2）编制有关项目的调整分录。

①补提折旧。

借：以前年度损益调整	150 000	
贷：累计折旧		150 000

②调整应交所得税。

借：应交税费——应交所得税	37 500	
贷：以前年度损益调整		37 500

③将“以前年度损益调整”科目余额转入利润分配。

借：利润分配——未分配利润	112 500	
贷：以前年度损益调整		112 500

④调整利润分配有关数字。

借：盈余公积	16 875	
贷：利润分配——未分配利润		16 875

（3）进行财务报表调整和重述（财务报表略）。

B 公司在列报 2016 年财务报表时，应调整 2016 年资产负债表有关项目的年初余额，利润表有关项目及所有者权益变动表的上年金额也应进行调整。

①资产负债表项目的调整：

调减固定资产 150 000 元；调减应交税费 37 500 元；调减盈余公积 16 875 元；调减未分配利润 95 625 元。

②利润表项目的调整：

调增营业成本上年金额 150 000 元;调减所得税费用上年金额 37 500 元;调减净利润上年金额 112 500 元;调减基本每股收益上年金额 0.062 5 元。

③所有者权益变动表项目的调整:

调减前期差错更正项目中盈余公积上年金额 16 875 元,未分配利润上年金额 95 625 元,所有者权益合计上年金额 112 500 元。

【例 7-8】甲股份有限公司(以下简称甲公司)2020 年更换年审会计师事务所,新任注册会计师在对其 2020 年度财务报表进行审计时,对以下事项的会计处理存在质疑。

(1)自 2019 年开始,甲公司每年末均按照职工工资总额的 10%计提相应资金计入应付职工薪酬,计提该资金的目的在于解决后续拟实施员工持股计划的资金来源问题,但有关计提金额并不对应于每一位在职员工。甲公司计划于 2023 年实施员工持股计划,以 2019 年至 2022 年 4 年间计提的资金在二级市场购买本公司股票,授予员工持股计划范围内的管理人员,员工持股计划范围内的员工与原计提时在职员工的范围很可能不同。如员工持股计划未能实施,员工无权取得该部分计入职工薪酬的提取金额。该计划下,甲公司 2019 年计提了 3 000 万元。2020 年末,甲公司就当年度应予计提的金额进行了以下会计处理。

借:管理费用 3 600

贷:应付职工薪酬 3 600

(2)为调整产品结构,去除冗余产能, 2020 年甲公司推出一项鼓励员工提前离职的计划。该计划涉及的员工共有 1 000 人,平均距离退休年龄还有 5 年。甲公司董事会于 当年 10 月 20 日通过决议,该计划范围内的员工如果申请提前离职,甲公司将向这些员工每人一次性地支付补偿款 30 万元。根据计划公布后与员工达成的协议,其中的 800 人会申请离职。截至 2020 年 12 月 31 日,该计划仍在进行当中。甲公司进行了以下会计处理。

借:长期待摊费用 24 000

贷:预计负债 24 000

借:营业外支出 4 800

贷:长期待摊费用 4 800

(3)2020 年甲公司销售快速增长,对当年度业绩起到了决定性作用。根据甲公司当年制定并开始实施的利润分享计划,销售部门员工可以分享当年度净利润的 3%作为奖励。2021 年 2 月 10 日,根据确定的 2020 年年度利润,董事会按照利润分享计划,决议发放给销售部门员工奖励 620 万元。甲公司于当日进行了以下会计处理。

借:利润分配——未分配利润 620

贷:应付职工薪酬 620

其他有关资料:甲公司按照净利润的 10%提取法定盈余公积,不计提任意盈余公积。不考虑所得税等相关税费因素的影响;甲公司 2020 年年度报告于 2021 年 3 月 20 日对外报出。

要求:判断甲公司对事项(1)至事项(3)的会计处理是否正确并说明理由;对于不正确的会计处理,编制更正的会计分录(无须通过“以前年度损益调整”科目,不考虑当期盈余公积的计提)。

事项(1):甲公司该项会计处理不正确。理由:该部分金额不是针对特定员工需要对象化支付的费用,即不是当期为了获取员工服务而实际发生的费用,不能予以计提。涉及员工持股计划拟授予员工的股份,应当根据其授予条件等分析是获取的哪些期间的职工服务,并将与股份支付相关的费用计入相应期间。

更正分录如下。

借：应付职工薪酬　6 600
　　贷：盈余公积　300
　　　　利润分配——未分配利润　2 700
　　　　管理费用　3 600

事项(2):甲公司该项交易的会计处理不正确。理由:该项计划原则上应属于会计准则规定的辞退福利,有关一次性支付的辞退补偿金额应于计划确定时作为应付职工薪酬,相关估计应支付的金额全部计入当期损益,而不能在不同年度间分期摊销。

更正分录如下。

借：管理费用　24 000
　　贷：营业外支出　4 800
　　　　长期待摊费用　19 200
借：预计负债　24 000
　　贷：应付职工薪酬——辞退福利　24 000

事项(3):甲公司该项会计处理不正确。理由:利润分享计划下员工应分享的部分应作为职工薪酬并计入有关成本费用,因涉及的是销售部门,甲公司应将其计入2020年销售费用。

借：销售费用　620
　　贷：利润分配——未分配利润　620

三、前期差错更正的披露

企业应当在附注中披露与前期差错更正有关的下列信息:

(1)前期差错的性质。

(2)各个列报前期财务报表中受影响的项目名称和更正金额。

(3)无法进行追溯重述的,说明该事实和原因以及对前期差错开始进行更正的时点、具体更正情况。

在以后期间的财务报表中,不需要重复披露在以前期间的附注中已披露的会计政策变更和前期差错更正的信息。

四、前期差错更正中所得税的会计处理

(一)应交所得税的调整

按税法规定执行。

(二)递延所得税资产和递延所得税负债的调整

若调整事项涉及暂时性差异,则应调整递延所得税资产或递延所得税负债。

应注意的是,在应试时,若题目已经明确假定了会计调整业务是否调整所得税,虽然有

时假定的条件和税法的规定不一致,但是也必须按题目要求去做。若题目未作任何假定,则按上述原则进行会计处理。

【例 7-9】甲公司的财务经理在复核 2022 年度财务报表时,对以下交易或事项会计处理的正确性难以作出判断。

(1)为降低交易性金融资产市场价格波动对公司利润的影响,2022 年 1 月 1 日,甲公司将所持有的乙公司股票从交易性金融资产重分类为可供出售金融资产,并将其作为会计政策变更采用追溯调整法进行会计处理。2022 年 1 月 1 日,甲公司所持有的乙公司股票共计 300 万股,其中 200 万股系 2021 年 1 月 5 日以每股 12 元的价格购入的,支付价款 2 400 万元,另支付相关交易费用 8 万元;100 万股系 2021 年 10 月 18 日以每股 11 元的价格购入的,支付价款 1 100 万元,另支付相关交易费用 4 万元。2021 年 12 月 31 日,乙公司股票的市场价格为每股 10.5 元。甲公司估计该股票价格为暂时性下跌。

2022 年 12 月 31 日,甲公司对持有的乙公司股票按照年末公允价值进行了后续计量,并将其公允价值变动计入了所有者权益。2022 年 12 月 31 日,乙公司股票的市场价格为每股 10 元。

(2)为降低投资性房地产公允价值变动对公司利润的影响,从 2022 年 1 月 1 日起,甲公司将出租厂房的后续计量由公允价值模式变更为成本模式,并将其作为会计政策变更采用追溯调整法进行会计处理。甲公司拥有的投资性房地产系一栋专门用于出租的厂房,于 2019 年 12 月 31 日建造完成达到预定可使用状态并用于出租,成本为 8 500 万元。

2022 年度,甲公司对出租厂房按照成本模式计提了折旧,并将其计入当期损益。在投资性房地产后续计量采用成本模式的情况下,甲公司对出租厂房采用年限平均法计提折旧,出租厂房自达到预定可使用状态的次月起计提折旧,预计使用 25 年,预计净残值为零。在投资性房地产后续计量采用公允价值模式的情况下,甲公司出租厂房各年末的公允价值如下:2019 年 12 月 31 日为 8 500 万元;2020 年 12 月 31 日为 8 000 万元;2021 年 12 月 31 日为 7 300 万元;2022 年 12 月 31 日为 6 500 万元。

(3)2022 年 1 月 1 日,甲公司按面值购入丙公司发行的分期付息、到期还本债券 35 万张,支付价款 3 500 万元。该债券每张面值 100 元,期限为 3 年,票面年利率为 6%,利息于每年末支付。甲公司将购入的丙公司债券分类为持有至到期投资,2022 年 12 月 31 日,甲公司将所持有的丙公司债券的 50%予以出售,并将剩余债券重分类为可供出售金融资产,重分类日剩余债券的公允价值为 1 850 万元。除丙公司债券投资外,甲公司未持有其他公司的债券。

甲公司按照净利润的 10%计提法定盈余公积。

本题不考虑所得税及其他因素。

要求:完成如下会计处理。

(1)根据资料(1),判断甲公司 2022 年 1 月 1 日将持有的乙公司股票重分类并进行追溯调整的会计处理是否正确,同时说明判断依据;如果甲公司的会计处理不正确,编制更正的会计分录。

(2)根据资料(2),判断甲公司 2022 年 1 月 1 日起变更投资性房地产的后续计量模式并进行追溯调整的会计处理是否正确,同时说明判断依据;如果甲公司的会计处理不正确,编制更正的会计分录。

（3）根据资料（3），判断甲公司 2022 年 12 月 31 日将剩余的丙公司债券分类为可供出售金融资产的会计处理是否正确，并说明判断依据；如果甲公司的会计处理不正确，编制更正的会计分录；如果甲公司的会计处理正确，编制重分类日的会计分录。

相关判断、说明及会计分录如下。

（1）甲公司将持有的乙公司股票进行重分类并进行追溯调整的会计处理是不正确的。

理由：交易性金融资产不能重分类为其他金融资产。

更正的分录如下。

借：交易性金融资产——成本　3 500（2 400+1 100）
　　可供出售金融资产——公允价值变动　362（3 512−300 × 10.5）
　　以前年度损益调整　362
　　贷：可供出售金融资产——成本　3 512（2 400+1 100+8+4）
　　　　交易性金融资产——公允价值变动　350（3 500−300 × 10.5）
　　　　资本公积——其他资本公积　362

借：盈余公积　36.2
　　利润分配——未分配利润　325.8
　　贷：以前年度损益调整　362

借：可供出售金融资产——公允价值变动　150
　　贷：资本公积——其他资本公积　150

借：公允价值变动损益　150
　　贷：交易性金融资产——公允价值变动　150

（2）甲公司变更投资性房地产的后续计量模式并进行追溯调整的会计处理是不正确的。

理由：投资性房地产后续计量是不可以从公允价值模式变更为成本模式的。

借：投资性房地产——成本　8 500
　　投资性房地产累计折旧（摊销）　680（8 500 ÷ 25 × 2）
　　盈余公积　52
　　利润分配——未分配利润　468
　　贷：投资性房地产　8 500
　　　　投资性房地产——公允价值变动　1 200（8 500−7 300）

借：投资性房地产累计折旧（摊销）　340
　　贷：其他业务成本　340

借：公允价值变动损益　800（7 300−6 500）
　　贷：投资性房地产——公允价值变动　800

（3）甲公司将剩余丙公司债券重分类为可供出售金融资产的会计处理是正确的。

理由：甲公司因持有至到期投资部分的金额较大，且不属于企业会计准则中所允许的例外情况，使该投资的剩余部分不在适合划分为持有至到期投资的，应当将该投资的剩余部分重分类为可供出售金融资产，并以公允价值进行后续计量。

会计处理如下。

借：可供出售金融资产 1 850

　　贷：持有至到期投资——成本 1 750

　　　　资本公积——其他资本公积 100

【例 7-10】甲公司为境内上市公司，2021 年度，甲公司经注册会计师审计前的净利润为 35 000 万元，其 2021 年度财务报表于 2022 年 4 月 25 日经董事会批准对外报出。

注册会计师在对甲公司 2021 年度财务报表进行审计时，对下列有关交易或事项的会计处理提出质疑。

（1）2021 年 1 月 1 日，甲公司以 1 000 万元购买了乙公司资产支持计划项目发行的收益凭证。

根据合同约定，该收益凭证期限为 3 年，预计年收益率为 6%。当年收益于下年 1 月底前支付；收益凭证到期时按照资产支持计划所涉及资产的实际现金流量情况支付全部或部分本金；发行方不保证偿还全部本金和支付按照预计收益率计算的收益。甲公司计划持有该收益凭证至到期。该收益凭证于 2021 年 12 月 31 日的公允价值为 980 万元。2021 年，甲公司的会计处理如下。

借：债权投资 1 000

　　贷：银行存款 1 000

借：应收利息 60

　　贷：投资收益 60

（2）甲公司自 2021 年 1 月 1 日起将一块尚可使用 40 年的出租土地使用权转为自用并计划在该土地上建造厂房。转换日，该土地使用权的公允价值为 2 000 万元，账面价值为 1 800 万元。截至 2021 年 12 月 31 日，甲公司为建造厂房实际发生除土地使用权以外的支出 1 800 万元，均以银行存款支付。该土地使用权于 2011 年 1 月 1 日取得，成本为 950 万元，可使用 50 年，取得后即出租给其他单位。甲公司对该出租土地使用权采用公允价值模式进行后续计量。2021 年，甲公司的会计处理如下。

借：在建工程 3 800

　　贷：投资性房地产——成本 950

　　　　　　　　　　——公允价值变动 850

　　　　银行存款 1 800

　　　　公允价值变动损益 200

（3）2021 年 10 月 8 日，经甲公司董事会批准，将以成本模式进行后续计量的出租房产的预计使用年限由 50 年变更为 60 年，并从 2021 年 1 月 1 日开始按新的预计使用年限计提折旧。该出租房产的原价为 50 000 万元，甲公司对该出租房产采用年限平均法计提折旧，预计净残值为零，截至 2020 年 12 月 31 日已计提 10 年折旧。2021 年，甲公司的会计处理如下。

借：其他业务成本 800

　　贷：投资性房地产累计折旧 800

其他有关资料：

第一，假定注册会计师对质疑事项提出的调整建议得到甲公司接受；

第二，本题不考虑所得税等相关税费以及其他因素。

要求：针对注册会计师质疑的交易或事项，分别判断甲公司的会计处理是否正确，并说明理由；对不正确的会计处理，编制更正的会计分录（无须通过"以前年度损益调整"或"利润分配——未分配利润"科目，直接使用相关会计科目，也无须编制提取盈余公积、结转利润分配的会计分录）。

事项（1）：甲公司的会计处理不正确。理由：虽然甲公司计划将该债券持有至到期，但是该项债券投资到期时的回收金额不固定，根据金融资产业务模式和现金流特征，应将该项债券投资作为交易性金融资产核算；此外预计的利息收益需待实际确定时才能进行确认。

更正的会计处理如下。

借：交易性金融资产　1 000

　贷：债权投资　1 000

借：公允价值变动损益　20（1 000−980）

　贷：交易性金融资产　20

借：投资收益　60

　贷：应收利息　60

事项（2）：甲公司的会计处理不正确。理由：甲公司将采用公允价值模式后续计量的投资性房地产转换为自用土地使用权（作为无形资产核算），该项无形资产是以转换日的公允价值计量的，投资性房地产以转换日的账面价值计量，账面价值与公允价值的差额计入当期损益；在以后期间为建造固定资产发生的支出应该计入在建工程核算。土地使用权在2021年在建期间的摊销额为50（2 000÷40）万元。

更正的会计处理如下。

借：无形资产　2 000（公允价值）

　贷：在建工程　1 950（倒挤）

　　累计摊销　50（2 000÷40）

事项（3）：甲公司的会计处理不正确。理由：甲公司2021年10月8日发生会计估计变更，应采用未来适用法，因此该项资产在2021年1月至9月应计提的折旧金额=50 000÷50×9÷12=750（万元），2021年10月至12月应计提的折旧金额=（50 000−50 000÷50×10−750）÷（60×12−10×12−9）×3=199.24（万元），所以该项资产在2021年应计提的折旧的总额为949.24（750+199.24）万元。

更正的会计处理如下。

借：其他业务成本　149.24（949.24−800）

　贷：投资性房地产累计折旧　149.24

第四节　资产负债表日后事项

一、资产负债表日后事项的定义

资产负债表日后事项，是指资产负债表日至财务报告批准报出日之间发生的有利或不利事项。它包括资产负债表日后调整事项和资产负债表日后非调整事项。

资产负债表日包括会计年度末和会计中期（中期是指短于一个完整的会计年度的报告期间）期末。年度资产负债表日，是指每年的12月31日；中期资产负债表日，是指各会计中期期末，例如，提供半年度财务报告时，资产负债表日是该年度的6月30日。这里的财务报告是指对外提供的财务报告，不包括为企业内部管理部门提供的内部报表。

财务报告批准报出日，是指董事会或类似机构批准财务报告报出的日期。

二、资产负债表日后事项涵盖的期间

资产负债表日后事项所涵盖的期间是自资产负债表日次日起至财务报告批准报出日止的一段时间。

三、资产负债表日后事项的内容

资产负债表日后事项包括资产负债表日后调整事项和资产负债表日后非调整事项。

（一）调整事项

资产负债表日后调整事项，是指对资产负债表日已经存在的情况提供了新的或进一步证据的事项。

以下是资产负债表日后调整事项。

（1）资产负债表日后诉讼案件结案，法院判决证实了企业在资产负债表日已经存在现时义务，需要调整原先确认的与该诉讼案件相关的预计负债，或确认一项新负债。

（2）资产负债表日后取得确凿证据，表明某项资产在资产负债表日发生了减值或者需要调整该项资产原先确认的减值金额。

（3）资产负债表日后进一步确定了资产负债表日前购入资产的成本或售出资产的收入。

（4）资产负债表日后发现了财务报表舞弊或差错。

（二）非调整事项

资产负债表日后非调整事项，是指表明资产负债表日后发生的情况的事项。非调整事项的发生不影响资产负债表日企业的财务报表数字，只说明资产负债表日后发生了某些情况。对于财务报告使用者来说，非调整事项说明的情况有的重要，有的不重要；其中重要的非调整事项虽然与资产负债表日的财务报表数字无关，但可能影响资产负债表日以后的财务状况和经营成果，故会计准则要求适当披露。

以下是资产负债表日后非调整事项。

（1）资产负债表日后发生重大诉讼、仲裁、承诺。

（2）资产负债表日后资产价格、税收政策、外汇汇率发生重大变化。

（3）资产负债表日后因自然灾害导致资产发生重大损失。

（4）资产负债表日后发行股票和债券以及其他巨额举债。

（5）资产负债表日后资本公积转增资本。

（6）资产负债表日后发生巨额亏损。

（7）资产负债表日后发生企业合并或处置子公司。

（三）调整事项与非调整事项的区别

对于资产负债表日后事项，若在资产负债表日或之前已经存在，则其属于调整事项；反之，则其属于非调整事项。

四、资产负债表日后调整事项的会计处理

（一）资产负债表日后调整事项的处理原则

资产负债表日后发生的调整事项，应当如同资产负债表所属期间发生的事项一样，作出相关账务处理，并对资产负债表日已经编制的财务报表进行调整。这里的财务报表包括资产负债表、利润表及所有者权益变动表等，但不包括现金流量表正表。

由于资产负债表日后事项发生在次年，报告年度的有关账目已经结转，特别是损益类科目在结账后已无余额。因此，资产负债表日后发生的调整事项，应当分别对以下情况进行处理。

（1）涉及损益的事项，通过“以前年度损益调整”科目核算，调整完成后，应将“以前年度损益调整”科目的贷方或借方余额，转入“利润分配——未分配利润”科目。

（2）涉及利润分配调整的事项，直接在“利润分配——未分配利润”科目核算。

（3）不涉及损益以及利润分配的事项，调整相关科目。

（4）通过上述账务处理后，还应同时调整财务报表相关项目的数字，包括：

①资产负债表日编制的财务报表相关项目的期末或本年发生数；

②当期编制的财务报表相关项目的期初数或上年数；

③经过上述调整后，如果涉及报表附注内容的，还应当调整报表附注相关项目的数字。

（二）资产负债表日后调整事项的具体会计处理方法

为简化处理，如无特殊说明，本章所有的例子均假定如下条件：财务报告批准报出日是次年3月31日，所得税税率为25%，按净利润的10%提取法定盈余公积，提取法定盈余公积后不再作其他分配；调整事项按税法规定均可调整应交纳的所得税；涉及递延所得税资产的，均假定未来期间很可能取得用来抵扣暂时性差异的应纳税所得额；不考虑报表附注中有关现金流量表项目的数字。

1. 资产负债表日后诉讼案件结案，法院判决证实了企业在资产负债表日已经存在现时义务，需要调整原先确认的与该诉讼案件相关的预计负债，或确认一项新负债

【例7-11】甲公司与乙公司签订了一项销售合同，合同中明确甲公司应在2021年8月销售给乙公司一批物资。由于甲公司未能按照合同发货，致使乙公司发生重大经济损失。2021年12月，乙公司将甲公司告上法庭，要求甲公司赔偿450万元。2021年12月31日法院尚未判决，甲公司按或有事项准则对该诉讼事项确认预计负债300万元。2022年2月10

日，经法院判决甲公司应赔偿乙公司 400 万元。甲、乙双方均服从判决。判决当日，甲公司向乙公司支付赔偿款 400 万元。甲、乙两公司 2021 年所得税汇算清缴均在 2022 年 3 月 20 日完成（假定该项预计负债产生的损失不允许在预计时税前抵扣，只有在损失实际发生时，才允许税前抵扣）。

本例中，2022 年 2 月 10 日的判决证实了甲、乙两公司在资产负债表日（即 2021 年 12 月 31 日）分别存在现时赔偿义务和获赔权利，因此两公司都应将“法院判决”这一事项作为调整事项进行处理。甲公司和乙公司 2021 年所得税汇算清缴均在 2022 年 3 月 20 日完成，因此，应根据法院判决结果调整报告年度应纳税所得额和应纳所得税税额。

（1）甲公司的账务处理如下。

① 2022 年 2 月 10 日，记录支付的赔款，并调整递延所得税资产。

借：以前年度损益调整　1 000 000

　　贷：其他应付款　1 000 000

借：应交税费——应交所得税　250 000

　　贷：以前年度损益调整　250 000

借：应交税费——应交所得税　750 000

　　贷：以前年度损益调整　750 000

借：以前年度损益调整　750 000

　　贷：递延所得税资产　750 000

借：预计负债　3 000 000

　　贷：其他应付款　3 000 000

借：其他应付款　4 000 000

　　贷：银行存款　4 000 000

注：2021 年末因确认预计负债 300 万元时已确认相应的递延所得税资产，资产负债表日后事项发生后递延所得税资产不复存在，故应冲销相应记录。

②将“以前年度损益调整”科目余额转入未分配利润。

借：利润分配——未分配利润　750 000

　　贷：以前年度损益调整　750 000

③因净利润变动，调整盈余公积。

借：盈余公积　75 000

　　贷：利润分配——未分配利润　75 000

④调整报告年度财务报表相关项目的数字（财务报表略）。

a. 资产负债表项目的调整：调减递延所得税资产 75 万元；调增其他应付款 400 万元，调减应交税费 100 万元，调减预计负债 300 万元；调减盈余公积 7.5 万元，调减未分配利润 67.5 万元。

b. 利润表项目的调整：调增营业外支出 100 万元，调减所得税费用 25 万元，调减净利润 75 万元。

c. 所有者权益变动表项目的调整：调减净利润 75 万元，提取盈余公积项目中盈余公积一栏调减 7.5 万元，未分配利润一栏调减 67.5 万元。

(2)乙公司的账务处理如下。

① 2022 年 2 月 10 日,记录收到的赔款,并调整应交所得税。

借:其他应收款 4 000 000

  贷:以前年度损益调整 4 000 000

借:以前年度损益调整 1 000 000

  贷:应交税费——应交所得税 1 000 000

借:银行存款 4 000 000

  贷:其他应收款 4 000 000

②将"以前年度损益调整"科目余额转入未分配利润。

借:以前年度损益调整 3 000 000

  贷:利润分配——未分配利润 3 000 000

③因净利润增加,补提盈余公积。

借:利润分配——未分配利润 300 000

  贷:盈余公积 300 000

④调整报告年度财务报表相关项目的数字(财务报表略):

a. 资产负债表项目的年末数调整:调增其他应收款 400 万元,调增应交税费 100 万元,调增盈余公积 30 万元,调增未分配利润 270 万元。

b. 利润表项目的调整:调增营业外收入 400 万元,调增所得税费用 100 万元,调增净利润 300 万元。

c. 所有者权益变动表项目的调整:调增净利润 300 万元,提取盈余公积项目中盈余公积一栏调增 30 万元,未分配利润一栏调减 30 万元。

【例 7-12】A 公司 2020 年 10 月份与乙公司签订了一项供销合同,由于 A 公司未按合同发货,致使乙公司发生重大经济损失。被乙公司提起诉讼,至 2020 年 12 月 31 日法院尚未判决。A 公司 2020 年 12 月 31 日在资产负债表中的"预计负债"项目反映了 1 000 万元的赔偿款。2021 年 3 月 5 日经法院判决,A 公司须偿付乙公司经济损失 1 200 万元。A 公司不再上诉,并假定赔偿款已经支付。A 公司 2020 年度财务报告批准报出日为 2021 年 4 月 28 日,报告年度资产负债表中有关项目调整后的正确财务处理如下。

借:预计负债 10 000 000

  营业外支出 2 000 000

  贷:其他应付款 12 000 000

2. 资产负债表日后取得确凿证据,表明某项资产在资产负债表日发生了减值或者需要调整该项资产原先确认的减值金额

【例 7-13】甲公司 2021 年 5 月销售给乙公司一批产品,货款为 100 万元(含增值税)。乙公司于 6 月收到所购物资并验收入库。按合同规定,乙公司应于收到所购物资后两个月内付款。由于乙公司财务状况不佳,到 2021 年 12 月 31 日仍未付款。甲公司于 12 月 31 日编制 2021 年财务报表时,已为该项应收账款提取坏账准备 5 万元。12 月 31 日资产负债表上"应收账款"项目的金额为 200 万元,其中 95 万元为该项应收账款。甲公司于 2022 年 1 月 30 日(所得税汇算清缴前)收到法院通知,乙公司已宣告破产清算,无力偿还所欠部分货

款。甲公司预计可收回应收账款的60%。

本例中，根据资产负债表日后事项的判断原则，甲公司在收到法院通知后，首先可判断该事项属于资产负债表日后调整事项。甲公司原对应收乙公司账款提取了5万元的坏账准备，按照新的证据应提取的坏账准备为40（100×40%）万元，差额35万元，应当调整2021年度财务报表相关项目的数字。甲公司的账务处理如下。

（1）补提坏账准备。

应补提的坏账准备=1 000 000×40%-50 000=350 000（元）

借：以前年度损益调整	350 000	
贷：坏账准备		350 000

（2）调整递延所得税资产。

借：递延所得税资产	87 500	
贷：以前年度损益调整		87 500

（3）将"以前年度损益调整"科目的余额转入利润分配。

借：利润分配——未分配利润	262 500	
贷：以前年度损益调整		262 500

（4）调整利润分配有关数字。

借：盈余公积	26 250	
贷：利润分配——未分配利润		26 250

（5）调整报告年度财务报表相关项目的数字（财务报表略）。

①资产负债表项目的调整：调减应收账款年末数350 000元，调增递延所得税资产87 500元，调减盈余公积26 250元，调减未分配利润236 250元。

②利润表项目的调整：调增资产减值损失350 000元，调减所得税费用87 500元，调减净利润262 500元。

③所有者权益变动表项目的调整：调减净利润262 500元，提取盈余公积项目中盈余公积一栏调减26 250元，未分配利润一栏调增26 250元。

3. 资产负债表日后进一步确定了资产负债表日前购入资产的成本或售出资产的收入

【例7-14】甲公司2021年11月8日销售一批商品给乙公司，取得收入120万元（不含税，增值税税率为17%）。甲公司发出商品后，按照正常情况已确认收入，并结转成本100万元。2021年12月31日，该笔货款尚未收到，甲公司未对应收账款计提坏账准备。2022年1月12日，由于产品质量问题，本批货物被退回。甲公司于2022年2月28日完成2021年所得税汇算清缴。

本例中，销售退回发生在资产负债表日后事项涵盖期间内，属于资产负债表日后调整事项。由于销售退回发生在甲公司报告年度所得税汇算清缴之前，因此在所得税汇算清缴时，应扣除该部分销售退回所实现的应纳税所得额。

（1）甲公司的账务处理如下。

① 2022年1月12日，调整销售收入。

借：以前年度损益调整	1 200 000	
应交税费——应交增值税（销项税额）	204 000	

贷：应收账款　1 404 000

②调整销售成本。

借：库存商品　1 000 000

贷：以前年度损益调整　1 000 000

③调整应缴纳的所得税。

借：应交税费——应交所得税　50 000

贷：以前年度损益调整　50 000

④将“以前年度损益调整”科目的余额转入利润分配。

借：利润分配——未分配利润　150 000

贷：以前年度损益调整　150 000

⑤调整盈余公积。

借：盈余公积　15 000

贷：利润分配——未分配利润　15 000

⑥调整相关财务报表(略)。

(2)假定销售退回的时间改为 2022 年 3 月 10 日,甲公司的账务处理如下。

① 2022 年 3 月 10 日,调整销售收入。

借：以前年度损益调整　1 200 000

应交税费——应交增值税(销项税额)　204 000

贷：应收账款　1 404 000

②调整销售成本。

借：库存商品　1 000 000

贷：以前年度损益调整　1 000 000

③调整所得税费用。

借：递延所得税资产　50 000

贷：以前年度损益调整　50 000

④将“以前年度损益调整”科目的余额转入利润分配。

借：利润分配——未分配利润　150 000

贷：以前年度损益调整　150 000

⑤调整盈余公积。

借：盈余公积　15 000

贷：利润分配——未分配利润　15 000

⑥调整相关财务报表(略)。

4. 资产负债表日后发现了财务报表舞弊或差错

【例 7-15】甲公司系上市公司,属于增值税一般纳税人,适用的增值税税率为 17%,适用的所得税税率为 25%,所得税采用资产负债表债务法核算。不考虑除增值税、所得税以外的其他相关税费。甲公司按当年实现净利润的 10%提取法定盈余公积。

甲公司 2020 年度所得税汇算清缴于 2021 年 4 月 30 日完成,在此之前发生的 2020 年度纳税调整事项,均可进行纳税调整。甲公司的应交所得税和递延所得税已经计算完成。

甲公司2020年度财务报告于2021年3月31日经董事会批准对外报出。

2021年1月1日至3月31日，甲公司发生如下交易或事项。

（1）1月14日，甲公司收到乙公司退回的2020年10月4日从其处购入的一批商品，以及税务机关开具的进货退出证明单。当日，甲公司向乙公司开具红字增值税专用发票。该批商品的销售价格（不含增值税）为200万元，增值税税额为34万元，销售成本为180万元。假定甲公司销售该批商品时，销售价格是公允的，也符合收入确认条件。至2021年1月14日，该批商品的应收账款尚未收回。甲公司对该项应收账款计提了8万元的坏账准备，假定企业计提的坏账准备不得计入应纳税所得额。

（2）2月20日，甲公司办公楼因电线短路引发火灾，造成办公楼严重损坏，直接经济损失达300万元。

（3）2月26日，甲公司获知丙公司被法院依法宣告破产，预计应收丙公司账款100万元（含增值税）收回的可能性极小，应按全额计提坏账准备。甲公司在2020年12月31日已被告知丙公司资金周转困难无法按期偿还债务，因而按应收丙公司账款余额的60%计提了坏账准备。

（4）3月5日，甲公司发现2020年度漏记某项生产设备折旧费用100万元，金额较大。至2020年12月31日，该生产设备生产的已完工产品全部对外销售。

（5）3月15日，甲公司决定以2 000万元收购丁上市公司股权。该项股权收购完成后，甲公司将拥有丁上市公司有表决权股份的10%。

（6）3月28日，甲公司董事会提议的利润分配方案为：提取法定盈余公积500万元，分配现金股利100万元。甲公司根据董事会提议的利润分配方案，将提取的法定盈余公积作为盈余公积，将拟分配的现金股利作为应付股利，并进行账务处理，同时调整2020年12月31日资产负债表相关项目。

要求：根据材料回答下列问题。

（1）指出甲公司发生的上述（1）、（2）、（3）、（4）、（5）、（6）事项哪些属于调整事项。

（2）针对甲公司的调整事项，编制有关调整会计分录（合并编制将“以前年度损益调整”转入利润分配及提取盈余公积的会计分录，“应交税费”科目要求写出明细科目及专栏名称，“利润分配”科目要求写出明细科目，答案中的金额的单位用万元表示）。

（3）填列甲公司2020年12月31日资产负债表相关项目调整表（表7-6）中各项目的调整金额（调增数以“+”表示，调减数以“-”表示）。

表7-6　甲公司2020年12月31日资产负债表相关项目调整表

资产负债表项目	调整金额/万元
应收账款	
存货	
固定资产	
递延所得税资产	
应交税费	

续表

资产负债表项目	调整金额/万元
应付股利	
盈余公积	
未分配利润	

（1）调整事项有:（1）、（3）、（4）、（6）。

（2）各调整事项会计分录如下。

①事项（1）。

借：以前年度损益调整 200
　　应交税费——应交增值税（销项税额） 34
　　贷：应收账款 234

借：库存商品 180
　　贷：以前年度损益调整 180

借：坏账准备 8
　　贷：以前年度损益调整 8

借：应交税费——应交所得税 5
　　贷：以前年度损益调整 5

借：以前年度损益调整 2
　　贷：递延所得税资产 2

②事项（3）。

借：以前年度损益调整 40
　　贷：坏账准备 40

借：递延所得税资产 10
　　贷：以前年度损益调整 10

③事项（4）。

借：以前年度损益调整 100
　　贷：累计折旧 100

借：应交税费——应交所得税 25
　　贷：以前年度损益调整 25

④事项（6）。

借：应付股利 100
　　贷：利润分配——未分配利润 100

⑤将“以前年度损益调整”转入利润分配及提取盈余公积。

结转前“以前年度损益调整”科目借方余额=（200−180−8−5+2）+（40−10）+（100−25）
=114（万元）

借：利润分配——未分配利润 114
　　贷：以前年度损益调整 114

借：盈余公积　　11.4

　　贷：利润分配——未分配利润　　11.4

（3）甲公司2020年12月31日资产负债表相关项目调整表中各项目的调整金额如表7-7所示。

表7-7　调整结果

资产负债表项目	调整金额/万元
应收账款	−266（−234+8−40）
存货	+180
固定资产	−100
递延所得税资产	+8（−2+10）
应交税费	−64（−34−5−25）
应付股利	−100
盈余公积	−11.4
未分配利润	−2.6（−114+11.4+100）

五、资产负债表日后非调整事项的会计处理

（一）资产负债表日后非调整事项的处理原则

资产负债表日后发生的非调整事项，是表明资产负债表日后发生的情况的事项，与资产负债表日存在状况无关，不应当调整资产负债表日的财务报表。但有的非调整事项对财务报告使用者具有重大影响，如不加以说明，将不利于财务报告使用者作出正确估计和决策，因此，资产负债表日后事项准则要求在附注中披露“重要的资产负债表日后非调整事项的性质、内容，及其对财务状况和经营成果的影响”。

（二）资产负债表日后非调整事项的具体会计处理办法

资产负债表日后发生的非调整事项，应当在报表附注中披露每项重要的资产负债表日后非调整事项的性质、内容，及其对财务状况和经营成果的影响。无法作出估计的，应当说明原因。

资产负债表日后，企业利润分配方案中拟分配的以及经审议批准宣告发放的股利或利润，不确认为资产负债表日负债，但应当在附注中单独披露。

本章小结

会计政策变更是法律、行政法规或者政府会计准则制度等要求的变更。会计政策变更能够提供有关政府会计主体财务状况、运行情况等的更可靠、更相关的会计信息。

追溯调整法，是指对某项交易或者事项变更会计政策，视同该项交易或者事项初次发生时即采用变更后的会计政策，并以此对财务报表相关项目进行调整的方法。采用追溯调整

法时,会计主体应当将会计政策变更的累积影响调整最早前期有关净资产项目的期初余额,其他相关项目的期初数也应一并调整;涉及收入、费用等项目的,应当将会计政策变更的影响调整受影响期间的各个相关项目。

会计主体据以进行估计的基础发生了变化,或者由于取得了新信息、积累了更多经验以及后来的发展变化,可能需要对会计估计进行修订。会计估计变更应以掌握的新情况、新进展等真实、可靠的信息为依据。会计主体应当对会计估计变更采用未来适用法处理,不需要追溯计算前期产生的影响或者累积影响,但应当对变更当期和未来期间发生的交易或者事项采用新的会计估计进行处理。

重大会计差错,是指会计主体发现的使本期编制的报表不再具有可靠性的会计差错,一般是指性质比较严重或者金额比较大的差错。若某差错会影响报表使用者对政府会计主体过去、现在或者未来的情况作出评价或者预测,则认为该差错性质比较严重,如未遵循政府会计准则制度、财务舞弊等原因产生的差错。通常情况下,导致差错的交易或者事项对报表某一具体项目的影响或者累积影响金额占该类交易或者事项对报表同一项目的影响金额的10%及以上,则认为该差错涉及的金额比较大。

资产负债表日以后获得新的或者进一步的证据,有助于对资产负债表日存在状况的有关金额作出重新估计的,应当作为资产负债表日后调整事项,据此对资产负债表日的报表进行调整。相关事项包括已证实资产发生了减损、已确定获得或者支付的赔偿、财务舞弊或者差错等。

资产负债表日以后发生的调整事项,应当如同资产负债表所属期间发生的事项一样进行会计处理,对资产负债表日已编制的报表相关项目的期末数或者本期数作相应的调整,并对当期编制的报表相关项目的期初数或者上期数进行调整。

资产负债表日以后发生的非调整事项,须在财务报表附注中予以披露,如自然灾害导致的资产损失、外汇汇率发生重大变化等。

思考题

1. 什么是会计政策及会计政策变更?
2. 什么是会计估计及会计估计变更?
3. 会计差错的更正方法有哪些?
4. 什么是资产负债表日后调整事项和非调整事项?
5. 什么是追溯调整法?

案例分析 1

【案例描述】

甲公司 2019 年 12 月 31 日以 100 万元购入 A 写字楼用于出租,且采用成本模式计量。公司从 2022 年 1 月 1 日起将计量模式由成本模式改为公允价值模式,该资产已累计计提折旧 32 万元(每年计提 16 万元折旧),未计提减值准备,且计税基础与账面价值相同。公司适用的所得税税率为 25%,公司按净利润的 15%提取法定盈余公积。办公楼 2020 年、2021 年末公允价值分别为 98 万元、94 万元。

要求：

(1)计算累积影响数；

(2)编制相关会计分录；

(3)财务报表调整和重述。

【案例解析】

第一步，计算会计政策变更累计影响数，如表 7-8 所示。

表 7-8 会计政策变更累计影响数 单位：万元

成本模式	变更前				变更日公允价值	税前差异	递延所得税影响	期初留存收益
	原值	2020 年末	2021 年末	价值				
	100	16	16	68				
公允价值模式	100	98	94		94	26	26×25%=6.5	26-6.5=19.5

第二步，编制有关项目的调整分录（以元为单位）。

(1)调整投资性房地产。

借：投资性房地产——成本 1 000 000

　　投资性房地产累计折旧 320 000

　　贷：投资性房地产 1 000 000

　　　　投资性房地产——公允价值变动 60 000

　　　　利润分配——未分配利润 260 000

(2)确认所得税影响。

借：利润分配——未分配利润 65 000

　　贷：递延所得税负债 65 000

(3)提取盈余公积。

借：利润分配——未分配利润 29 250

　　贷：盈余公积 29 250

第三步，财务报表调整和重述。

(1)资产负债表项目的调整如表 7-9 所示。

表 7-9 资产负债表项目调整 单位：万元

资产负债表 2022 年报表项目					
资产	期末余额	上年末余额	负债和所有者权益	期末余额	上年末余额
投资性房地产		+26	递延所得税负债		+6.5
			盈余公积		+2.925
			未分配利润		+16.575

(2)利润表项目的调整如表 7-10 所示。

表 7-10　利润表项目调整

单位:万元

2022 年报表项目	本期金额	上期金额	上期以前期间
其他业务成本		-16	-16
公允价值变动收益		-4	-2
所得税费用		+3	+3.5
净利润		+9	10.5

【提示】利润表中没有“上期以前期间”数据的列报,此处列示仅起到辅助理解的作用。

(3)所有者权益变动表项目调整如表 7-11 所示。

表 7-11　所有者权益变动表项目调整

单位:万元

2022 年报表项目	本年金额		上年金额	
	盈余公积	未分配利润	盈余公积	未分配利润
上年末余额				
会计政策变更	1.35	7.65	1.575	8.925
本年初余额				

案例分析 2

【案例描述】

甲公司与乙公司签订了一项供销合同,合同中明确甲公司在 2019 年 11 月供给乙公司一批物资。由于甲公司未能按照合同发货致使乙公司发生重大损失。乙公司通过法律程序要求甲公司赔偿经济损失 55 000 万元。该诉讼案件在 2019 年 12 月 31 日尚未判决,甲公司登记了 40 000 万元的预计负债,并将该项赔偿款反映在 2019 年 12 月 31 日的财务报表中,乙公司未登记应收赔偿款。2020 年 2 月 7 日,经法院一审判决,甲公司需要赔付乙公司经济损失 50 000 万元,甲公司不再上诉,并于 2020 年 2 月 12 日以银行存款支付了赔偿款。根据税法的相关规定,假定在所得税汇算清缴之前,对于上述事项可以申请在纳税年度的税前确认,且假设甲公司在 2020 年 2 月 7 日前尚未进行年终纳税申报。

要求:作出甲、乙公司的会计处理。

【案例解析】

(1)甲公司的会计处理如下(以万元为单位)。

①记录应支付的赔偿款(付款略)。

借:以前年度损益调整——营业外支出　　10 000
　　预计负债　　40 000
　　贷:其他应付款　　50 000

②调整应交税费、结转原预计负债产生的递延所得税。

借:应交税费——应交所得税　　12 500
　　贷:以前年度损益调整——所得税费用　　12 500

借：以前年度损益调整——所得税费用 10 000
　　贷：递延所得税资产 10 000

③将“以前年度损益调整”科目的余额转入利润分配。

借：利润分配——未分配利润 75 00
　　贷：以前年度损益调整 7 500

④调整盈余公积(15%)。

借：盈余公积 1 125
　　贷：利润分配——未分配利润 1 125

(2)乙公司的会计处理如下(以万元为单位)。

①记录已收到的赔偿款(收款略)。

借：其他应收款 50 000
　　贷：以前年度损益调整——营业外收入 50 000

②调整应交所得税。

借：以前年度损益调整——所得税费用 12 500
　　贷：应交税费——应交所得税 12 500

③将“以前年度损益调整”科目的余额转入利润分配。

借：以前年度损益调整 37 500
　　贷：利润分配——未分配利润 37 500

④调整盈余公积(15%)

借：利润分配——未分配利润 5 625
　　贷：盈余公积 5 625

自测题

一、单项选择题

1. 下列项目中,不属于会计政策变更的是(　　)。

A. 分期付款购买资产由按应付价款总额计价改为按应付价款总额现值计价

B. 对子公司的投资由以权益法核算改为以成本法核算

C. 将借款费用资本化改为费用化

D. 将无形资产使用寿命不确定改为使用寿命确定

2. 甲公司原为执行小企业会计制度的公司,因企业规模扩大和企业组织形式的变更,经董事会批准于 2020 年 1 月 1 日首次执行企业会计准则,对有关会计政策和会计估计作如下变更:对子公司股权投资的后续计量由权益法改为成本法。甲公司对子公司的股权投资 2020 年初账面余额为 4 500 万元,其中,投资成本为 4 000 万元,损益调整为 500 万元,未发生减值。变更日该投资的计税基础为其成本 4 000 万元,假定甲公司计划长期持有对子公司的股权投资。甲公司采用资产负债表债务法核算所得税,适用的所得税税率为 25%,甲公司按净利润的 10%计提盈余公积,预计在未来期间不会发生变化。甲公司因该事项确认的利润分配金额为(　　)万元。

A.50　　B.450　　C.37.5　　D.375

3. 甲公司 2020 年 1 月 1 日对某栋以经营租赁方式租出的办公楼的后续计量由成本模式改为公允价值模式。该办公楼 2020 年初账面价值为 6 800 万元，已计提折旧 2 000 万元，未发生减值，变更日的公允价值为 8 800 万元。该办公楼在变更日的计税基础与其原账面价值相同。甲公司采用资产负债表债务法核算所得税，适用的所得税税率为 25%，预计在未来期间不会发生变化。甲公司按净利润的 10%提取盈余公积，不考虑其他因素。下列关于甲公司的处理错误的是(　　)。

A. 确认投资性房地产——成本 8 800 万元

B. 确认盈余公积 150 万元

C. 确认利润分配——未分配利润 1 800 万元

D. 确认递延所得税负债 500 万元

4.2014 年 12 月 31 日，长江公司将一栋办公楼对外出租，并采用成本模式进行后续计量，当日该办公楼账面价值为 10 000 万元，预计使用年限为 20 年，预计净残值为 0，采用年限平均法计提折旧。2018 年 1 月 1 日，长江公司持有的投资性房地产满足采用公允价值模式进行后续计量的条件，甲公司决定采用公允价值模式对该办公楼进行后续计量。当日，该办公楼公允价值为 13 000 万元；2018 年 12 月 31 日，该投资性房地产的公允价值上升为 15 500 万元。假定不考虑所得税等其他因素，则 2018 年长江公司该项投资性房地产影响所有者权益的金额为(　　)万元。

A.2 750　　B.10 000　　C.2 500　　D.7 000

5. 下列关于会计政策变更累积影响数的说法中，正确的是(　　)。

A. 是指按照变更后的会计政策对以前各期追溯计算的列报前期最早期初留存收益应有金额与现有金额之间的差额

B. 是指按照变更后的会计政策对上期追溯计算的列报前期最早期初留存收益应有金额与现有金额之间的差额

C. 是指按照变更后的会计估计对以前各期追溯计算的列报前期最早期初留存收益应有金额与现有金额之间的差额

D. 是指按照变更后的会计政策对以前各期追溯计算的列报前期最早期初盈余公积应有金额与现有金额之间的差额

6. 甲公司 2017 年 12 月 20 日购入一台管理用设备，入账价值为 104 万元，原估计使用年限为 10 年，预计净残值为 4 万元，按年限平均法计提折旧。由于该设备所含经济利益预期消耗方式的改变和技术因素的影响，甲公司于 2020 年 1 月 1 日将设备的折旧方法改为双倍余额递减法，将设备的折旧年限由原来的 10 年改为 8 年，预计净残值不变。甲公司所得税采用资产负债表债务法核算，适用的所得税税率为 25%。则该估计变更对甲公司 2017 年净利润的影响金额为(　　)万元。

A.0　　B.−7.5　　C.−13.5　　D.−23.5

7. 新华公司一台从 2015 年 1 月 1 日开始计提折旧的设备，其原值为 6 000 万元，预计使用年限为 10 年，预计净残值为 300 万元，采用双倍余额递减法计提折旧。从 2017 年起，该公司将该固定资产的折旧方法改为年限平均法，设备的预计使用年限由 10 年改为 8 年，设备的预计净残值由300万元改为240万元。该设备2017年的折旧额为(　　)万元。

A.600　　B.640　　C.768　　D.450

8. 下列各项不属于会计差错的是(　　)。

A. 企业在期末少计提折旧100万元

B. 企业能够合理估计退货可能性且确认与退货相关负债的,但在发出商品时未确认销售收入

C. 企业内部研发形成的"三新"无形资产账面价值与计税基础不同,产生可抵扣暂时性差异,期末未确认递延所得税资产

D. 企业期末存货采用成本与可收回金额孰低计量

9. 甲公司2018年3月在上年度财务报告批准报出后,发现2016年10月购入的专利权摊销金额错误。该专利权2016年应摊销的金额为240万元, 2017年应摊销的金额为960万元。2016年和2017年实际摊销金额均为960万元。甲公司对此重大会计差错采用追溯重述法进行会计处理,适用的所得税税率为25%,按净利润的10%提取盈余公积。甲公司2018年初未分配利润应调增的金额是(　　)万元。

A.486　　B.540　　C.648　　D.720

10. 甲公司2018年12月发现2017年6月完工并投入使用的某工程项目未转入固定资产核算,该工程账面价值1 600万元(假定该工程达到预定可使用状态后未发生其他支出),预计使用年限8年,采用年限平均法计提折旧,预计净残值为0。甲公司采用资产负债表债务法核算所得税,适用的所得税税率为25%,按净利润的10%计提盈余公积。更正该项前期重大差错使甲公司2018年资产负债表期末资产总额(　　)。

A. 增加1 600万元　　B. 增加1 300万元　　C. 减少300万元　　D. 减少1 600万元

11. 甲公司适用的所得税税率为25%,按照净利润的10%提取盈余公积。甲公司从2018年3月1日开始自行研究开发一项新产品专利技术,在研究开发过程中发生材料费1 400万元、人工工资500万元,以及用银行存款支付的其他费用100万元,总计2 000万元。2018年10月15日,该专利技术已经达到预定用途,甲公司将发生的2 000万元研发支出全部费用化,计入当期管理费用。经查,上述研发支出中,符合资本化条件的支出为1 200万元,假定形成无形资产的专利技术采用直线法按10年摊销,无残值。假定甲公司2018年将全部研发支出的150%计入应纳税所得额;此项涉及损益的事项均可调整应交所得税。下列关于更正该项差错的表述中,正确的是(　　)。

A. 应调整资产负债表"无形资产"项目1 200万元

B. 应调整资产负债表"应交所得税"项目438.75万元

C. 应确认递延所得税资产146.25万元

D. 差错更正以后2018年12月31日无形资产计税基础为1 170万元

二、多项选择题

1. 甲公司2017年12月20日购入一台管理用设备,原值为1 000万元,预计使用寿命为10年,预计净残值为40万元,按双倍余额递减法计提折旧。假定税法有关该项固定资产折旧的规定与会计处理的上述规定一致。由于固定资产所含经济利益预期消耗方式的改变

和技术因素的影响，其已不能继续按原定的折旧方法、折旧年限计提折旧。甲公司于2020年1月1日将设备的折旧方法改为年限平均法，将设备的折旧年限由原来的10年改为8年，预计净残值仍为40万元。甲公司适用的所得税税率为25%。不考虑其他因素，下列有关甲公司上述会计估计变更的会计处理中，表述正确的有（　　）。

A. 该管理用设备2020年应计提的折旧额为100万元

B. 该项会计估计变更影响2020年资产负债表“应交税费”项目的金额为7万元

C. 因该项会计估计变更2020年应确认递延所得税资产7万元

D. 该项会计估计变更影响2020年利润表“净利润”项目的金额为21万元

2. 甲公司2020年发生的下列交易或事项应采用未来适用法进行会计处理的有（　　）。

A.2020年末发现以前年度的不重要会计差错并予以更正

B. 从2020年1月1日起，无形资产的摊销方法由直线法变更为产量法

C. 从2020年1月1日起，投资性房地产公允价值计量中使用的估计技术由市场法变更为收益法

D. 从2020年1月1日起，将存货的成本核算方法由现行的实际成本法变更为标准成本法进行日常核算

3. 关于会计政策变更的追溯调整法和未来适用法，下列表述中正确的有（　　）。

A. 追溯调整法，是指对某项交易或事项变更会计政策，视同该项交易或事项初次发生时即采用变更后的会计政策，并以此对财务报表相关项目进行调整的方法

B. 未来适用法，是指将变更后的会计政策应用于变更日及以后发生的交易或者事项，或者在会计估计变更当期和未来期间确认会计估计变更影响数的方法

C. 未来适用法一定不会影响变更当期期初的留存收益

D. 追溯调整法，应对前期已对外报出的财务报表进行调整

4. 下列有关会计政策、会计估计及其变更和前期差错的表述中正确的有（　　）。

A. 会计政策包括企业采用的会计计量基础

B. 企业对应交税金的估计与税务机关的批复不一致，应作为会计差错更正处理

C. 前期差错包括应用会计政策错误、疏忽或曲解事实以及舞弊产生的影响

D. 如果以前期间的会计估计是错误的，则属于前期差错，按前期差错更正的规定进行会计处理

5. 下列属于会计估计变更的有（　　）。

A. 应收账款计提坏账比例由5%调整到10%

B. 固定资产的预计净残值由20万元调整到40万元

C. 以公允价值计量且其变动计入当期损益的金融资产期末的公允价值由100万元调整到200万元

D. 投资性房地产由公允价值模式转换为成本模式进行处理

6. 甲公司有一项使用寿命不确定的无形资产，该无形资产的成本为2 000万元，至2021年末，该无形资产已使用2年，可收回金额为1 600万元。2022年初该无形资产的使用寿命得以确定，尚可使用寿命为8年，预计净残值为0，采用直线法进行摊销。假定不考虑所得

税等相关因素的影响，下列说法正确的有（　　）。

A. 甲公司 2021 年该无形资产摊销金额为 200 万元

B. 甲公司 2021 年该无形资产计提减值准备 400 万元

C. 甲公司 2022 年该无形资产摊销金额为 200 万元

D. 该会计估计变更对甲公司 2022 年的利润总额的影响为-200 万元

7. 下列对会计差错进行报表调整的说法，正确的有（　　）。

A. 本期发现的差错，与以前期间相关的非重大会计差错，只需调整发现当期与前期相同的相关项目

B. 企业发现属于当期的会计差错，应当调整当期相关项目

C. 本期发生的，属于非日后期间的前期重要差错，应当调整发现当期的期初留存收益和财务报表其他相关项目的期初数

D. 本期发现的，属于非日后期间的以前年度非重要会计差错，不调整财务报表相关项目的期初数，应当调整发现当期与前期相关的项目

8. 关于前期差错，下列说法正确的有（　　）。

A. 前期差错的金额越大，其重要性水平越高

B. 对于前期差错，无论金额是否重大，均应采用追溯重述法进行处理

C. 如果前期差错影响财务报表使用者根据财务报表作出的经济决策，那么该前期差错就是重要的

D. 对于不重要的前期差错，企业不需调整财务报表相关项目的期初数，应调整发现当期与前期相同的相关项目

9. 甲公司 2020 年 1 月 1 日发现，2019 年 12 月 31 日应付丙公司账款余额为 100 万元，因甲公司发生财务困难，双方进行债务重组，丙公司同意豁免甲公司债务 50 万元，剩余债务延期一年，但附有一条件，若甲公司在未来一年获利，则甲公司须另付丙公司 25 万元。估计甲公司在未来一年很可能获利。甲公司确认营业外收入 50 万元，冲减应付账款的账面价值 100 万元，确认应付账款的公允价值 50 万元，假定不考虑所得税的影响，下列关于甲公司的差错更正调整说法正确的有（　　）。

A. 调整增加 2020 年资产负债表期初预计负债 25 万元

B. 调整减少 2020 年利润表当年的营业外收入 25 万元

C. 调整减少 2020 年利润表上年的营业外收入 25 万元

D. 调整减少 2020 年资产负债表年初盈余公积 2.5 万元

10. 甲公司对所得税采用资产负债表债务法核算，适用的所得税税率为 25%，按净利润的 10%提取盈余公积。2021 年 5 月 20 日，甲公司发现在 2020 年 12 月 31 日计算 A 库存产品的可变现净值时发生差错，该库存产品的成本为 1 000 万元，预计可变现净值应为 700 万元。2020 年 12 月 31 日，甲公司误将 A 库存产品的可变现净值预计为 900 万元。则甲公司进行该差错更正的下列处理中，正确的有（　　）。

A. 确认递延所得税资产 50 万元　　B. 确认应交所得税 50 万元

C. 确认盈余公积-15 万元　　D. 确认未分配利润-180 万元

11. 下列各项中，应采用未来适用法进行会计处理的有（　　）。

A. 会计估计变更

B. 滥用会计政策变更

C. 本期发现的以前年度重大会计差错

D. 无法合理确定累积影响数的会计政策变更

12. 甲公司自行建造的办公楼已于2021年6月30日达到预定可使用状态并投入使用。甲公司未按规定在6月30日办理竣工决算及结转固定资产手续。2021年9月30日，该“在建工程”科目的账面余额为2 000万元。2021年12月31日该“在建工程”科目账面余额为2 040万元，其中包括建造该办公楼相关的专门借款在2021年10月至12月期间发生的利息40万元。该办公楼竣工决算的建造成本为2 000万元。甲公司预计该办公楼使用年限为20年，预计净残值为零，采用年限平均法计提折旧。至2022年1月1日，甲公司尚未办理结转固定资产手续。假定税法计提折旧的方法、折旧年限和预计净残值与会计制度一致。甲公司适用的所得税税率为25%，按净利润的10%计提盈余公积。甲公司的处理正确的有(　　)。

A. 固定资产项目调增1 950万元　　B. 在建工程项目调减2 040万元

C. 应交税费项目调减22.5万元　　D. 利润分配项目调减60.75万元

13. 企业发生会计估计变更时，应在财务报表附注中披露的内容有(　　)。

A. 会计估计变更的内容

B. 会计估计变更的原因

C. 会计估计变更对当期和未来期间的影响数

D. 会计估计变更的影响数不能确定的，披露这一事实和原因

三、计算分析题

1. 甲公司经董事会和股东大会批准，于2020年1月1日开始对有关会计政策和会计估计作如下变更(甲公司按净利润的10%计提法定盈余公积，不提取任意盈余公积)。

(1)对子公司投资的后续计量由权益法改为成本法。对子公司的投资2020年初账面余额为6 500万元。其中，成本为4 000万元，损益调整为2 500万元，未发生减值。变更日该投资的计税基础为其成本4 000万元。

(2)管理用无形资产的摊销方法由直线法改为产量法。甲公司生产用无形资产2020年初账面价值为5 000万元，原每年摊销500万元(与税法规定相同)，累计摊销额为1 000万元，未发生减值；按产量法摊销，每年摊销600万元。变更日该无形资产的计税基础与其账面价值相同。

(3)应收账款坏账准备的计提按照应收账款账面余额的5%改为应收账款账面余额的3%。甲公司应收账款2020年初余额为1 000万元，年末余额为2 200万元。2020年坏账准备转销15万元。

(4)应付债券实际利息费用的确认由以直线法摊销(与税法规定相同)改为以实际利率法摊销。直线法摊销是指利息调整部分在持有年限内平均分摊计入财务费用。甲公司应付债券2020年初余额为1 109万元，其中面值为1 250万元，利息调整借方余额为141万元。该债券是甲公司于2016年1月1日发行的5年期债券，收到银行存款1 000万元，面值总

额为 1 250 万元，票面利率为 4.72%，按年支付利息（即每年支付 59 万元），本金最后一次支付，实际年利率为 10%。

甲公司所得税核算采用资产负债表债务法。甲公司适用的所得税税率为 25%，预计在未来期间不会发生变化。

要求：

（1）根据给定的资料，不考虑其他因素，判断哪些事项属于会计政策变更，标明序号并编制其追溯调整的会计分录。

（2）根据给定的资料，不考虑其他因素，判断哪些事项属于会计估计变更，标明序号，计算会计估计变更对 2020 年度净利润的影响额，并编制会计分录。

2. 甲公司 2017 年 12 月 20 日购入一台管理用设备，初始入账价值为 100 万元，原估计使用年限为 10 年，预计净残值为 4 万元，按双倍余额递减法计提折旧。由于固定资产所含经济利益预期实现方式的改变和技术因素的影响，该项固定资产已不能继续按原定的折旧方法、折旧年限计提折旧。甲公司于 2020 年 1 月 1 日将设备的折旧方法改为年限平均法，将设备的折旧年限由原来的 10 年改为 8 年，预计净残值仍为 4 万元。甲公司适用的所得税税率为 25%。

要求：根据材料回答下列问题。

（1）计算上述设备 2018 年和 2019 年计提的折旧额。

（2）计算上述设备 2020 年计提的折旧额。

（3）计算上述会计估计变更对 2020 年净利润的影响。

第八章　企业合并

学习目标与要求

通过对本章的学习，了解并掌握：

1. 企业合并的含义和分类；
2. 同一控制下企业合并的会计处理；
3. 非同一控制下企业合并的会计处理；
4. 购买子公司少数股权的会计处理；
5. 企业合并抵销分录的编制技巧。

第一节　企业合并概述

一、企业合并的界定

企业合并是指两个或两个以上的企业合成一个新企业，其特点是伴有产权关系的转移。通过合并，合并前的多家企业的财产变成一家企业的财产，多个法人变成一个法人。企业合并是资本集中的基本形式，进而成为市场集中的基本形式。

从会计角度来看，交易是否构成企业合并，是否能够按照企业合并准则进行会计处理，应从以下两个方面分析。

（1）被购买方是否构成业务。

企业合并本质上是一种购买行为，但其不同于单项资产的购买，而是有内在联系的、为了某一既定的生产经营目的存在的多项资产的组合或是多项资产、负债构成的净资产的购买。企业合并的结果通常是一个企业取得了对一个或多个业务的控制权。即，要形成会计意义上的“企业合并”的前提是被购买的资产或资产、负债组合要形成“业务”。如果一个企业取得了对另一个或多个企业的控制权，而被购买方（或被合并方）并不构成业务，则该交易或事项不形成企业合并，应按照长期股权投资准则进行会计处理。

①业务是指企业内部某些生产经营活动或资产、负债的组合，该组合具有投入、加工处理过程和产出能力，能够独立计算成本费用或所产生的收入。

②对于构成企业合并的交易与不构成企业合并的资产或资产、负债组合的购买，其会计处理存在实质上的差异。

a. 企业取得了不形成业务的一组资产或资产、负债的组合时，应识别并确认所取得的单独可辨认资产（包括无形资产）及承担的负债，并对购买成本基于购买日所取得各项可辨认资产、负债的相对公允价值，在各单独可辨认资产和负债间进行分配，不按照企业合并准则进行处理。分配的结果是取得的有关资产、负债的初始入账价值有可能不同于购买时点的公允价值,资产或资产、负债打包购买中多付或少付的部分均需要分解到取得的资产、负债项目中,从而不会产生商誉或购买利得。

b. 当被购买资产构成业务,需要作为企业合并处理时,购买日(合并日)的确定,合并中取得资产、负债的计量,合并差额的处理等均要按照企业合并准则的有关规定进行处理。如在构成非同一控制下企业合并的情况下,合并中自被购买方取得的各项可辨认资产、负债应当按照其在购买日的公允价值计量,合并成本与取得的可辨认净资产公允价值份额的差额应当确认为单独的一项资产——商誉,或是在企业成本小于合并中取得可辨认净资产公允价值份额的情况下(廉价购买),将该差额确认计入当期损益。

③交易费用在购买资产交易中通常作为转让对价的一部分,并根据适用的准则资本化为所购买的资产成本的一部分;而在企业合并中,交易费用应被费用化。

④企业会计准则禁止对在以下交易所记录的资产和负债初始确认时产生的暂时性差异确认递延所得税:非业务合并,且既不影响会计利润也不影响应纳税所得额或可抵扣亏损。相应地,资产购买中因账面价值与税务基础不同形成的暂时性差异不应确认递延所得税资产或负债;而业务合并中购买的资产和承担的债务因账面价值与税务基础不同形成的暂时性差异应确认递延所得税影响。

(2)交易发生前后是否涉及对标的业务控制权的转移。

从企业合并的定义看,是否形成企业合并,除要看取得的资产或资产、负债组合是否构成业务之外,还要看有关交易事项发生前后,是否引起报告主体的变化。报告主体的变化产生于控制权的变化。

在交易事项发生以后,投资方与被投资方形成母子公司关系,则涉及控制权的转移,该交易或事项发生以后,子公司要纳入母公司合并财务报表的范围中,从合并财务报告角度形成报告主体的变化;交易事项发生以后,一方能够控制另一方的全部净资产,被合并的企业在合并后失去其法人资格,也涉及控制权及报告主体的变化,形成企业合并。

假定在企业合并前A、B两个企业为各自独立的法律主体,且均构成业务,企业合并准则中所界定的企业合并,包括但不限于以下情形。

①企业A通过增发自身的普通股自企业B原股东处取得企业B的全部股权,该交易事项发生后,企业B仍持续经营。

②企业A支付对价取得企业B的全部净资产,该交易事项发生后,撤销企业B的法人资格。

企业A以自身持有的资产作为出资投入企业B,取得对企业B的控制权,该交易事项发生后,企业B仍维特其独立法人资格继续经营。

二、企业合并的分类

1. 根据合并前企业的市场关系

(1)水平合并(也称横向合并,Horizontal Integration)。合并企业的双方或多方原来属于同一个行业,生产同类产品。

(2)垂直合并(也称纵向合并,Vertical Integration)。合并企业的双方或多方之间有原料生产、供应和加工及销售的关系,分处于生产和流通过程的不同阶段。垂直合并是大企业全面控制原料、生产、销售的各个环节,建立垂直结合控制体系的基本手段。

(3)混合合并(Conglomeration)。同时发生水平合并和垂直合并,或者合并双方或多方是属于没有关联关系产业的企业。后一种合并,常常发生在某个行业的企业试图进入利润率较高的另一个行业时,常与企业的多角化战略相联系。

2. 根据法律形式

(1)吸收合并(也称兼并，Merger)。吸收合并是指两家或两家以上的企业合并成一家企业,其中一家企业将另一家企业或多家企业吸收进自己的企业,并以自己的名义继续经营,而被吸收的企业在合并后丧失法人地位,解散消失。

(2)创立合并(Consolidation)。《中华人民共和国公司法》称其为新设合并。创立合并是指几家企业协议合并组成一家新的企业。

(3)控股合并(Acquisition of Majority Interest,简称 Acquisition)。控股合并指一家企业购进或取得了另一家企业有投票表决权的股份或出资证明书,且已达到控制后者经营和财务方针的持股比例的企业合并形式。

3. 根据合并的动机

(1)善意合并(也称友好合并,Friendly Merger)。善意合并是指被合并公司同意合并公司提出的合并条件并承诺给予协助,故双方高层通过协商来决定合并的具体安排,如合并方式(以现金、股票、债券或其混合等)、合并价位、人事安排、资产处置等。由于合并当事双方均有合并意图,而且对彼此之间情况较为熟悉,故此类合并成功率较高。这种形式的合并是以协议为基础的,故又称“协议合并”。

(2)恶意合并(也称敌意合并或强迫接管合并，Hostile Merger)。恶意合并是指合并企业在被合并企业管理层对其合并意图尚不知晓或持反对态度的情况下,对被合并企业强行进行合并的行为。

4. 根据合并的支付方式

(1)现金合并。现金合并是指由合并公司支付现金,以换取被合并公司的所有权 。现金合并方式可表现为用现金购买资产(Cash-for-Assets)及用现金购买股票(Cash-for-Stock)

(2)股票合并。股票合并是指合并公司采取增加发行本公司的股票达到合并目的的合并形式。其可表现为用股票换取资产(Stock -for-Assets)及用股票换取股票(Stock -for-Stock)

三、企业合并类型的划分

企业合并分为同一控制下的企业合并和非同一控制下的企业合并。

(一)同一控制下的企业合并

1. 同一控制下的企业合并的概念

同一控制下的企业合并是指参与合并的企业在合并前后均受同一方或相同的多方最终控制(该控制并非暂时性的)的合并交易。同一控制下的企业合并的定义包含两个核心要素:一是合并方与被合并方在合并前后受同一方或相同的多方最终控制;二是该最终控制并非暂时性的(通常指 1 年以上)。

2. 同一控制下的企业合并的特点

(1)能够对参与合并各方在合并前后均实施最终控制的一方通常指企业集团的母公司。同一控制下的企业合并一般发生于企业集团内部,从本质上看是集团内部企业之间的资产或权益的转移,不涉及自集团外购入子公司或是向集团外其他企业出售子公司的情况。

(2)能够对参与合并的企业在合并前后均实施最终控制的相同多方,是指根据合同或协议的约定,拥有最终决定参与合并企业的财务和经营政策,并从中获取利益的投资者群体。

(3)参与合并各方在合并前后较长时间内为最终控制方所控制。具体是指在企业合并之前,参与合并各方在最终控制方的控制下的时间一般在 1 年以上(含 1 年),企业合并后所形成的报告主体在最终控制方的控制下的时间也应达到 1 年以上(含 1 年)。

(4)同受国家控制的企业之间发生的合并,不应仅仅因为参与合并各方在合并前后均受国家控制而将其作为同一控制下的企业合并。

甲公司为上市公司,乙公司为甲公司的控股股东(6 年前成为甲公司的控股股东并一直保持控制权)。2021 年 7 月,甲公司临时股东大会审议通过了甲公司重大资产重组方案。重大资产重组方案为:甲公司向乙公司发行 80 000 万股普通股股份,购买乙公司持有的丙公司 100%的股权(丙公司为乙公司 5 年前设立的全资子公司)。乙公司承诺在重组完成后 1 年内不出售其持有的甲公司股份。甲公司原股本为 30 000 万股。

要求:判断甲公司购买丙公司 100%股权的企业合并属于哪一类型,说明理由。

属于同一控制下的企业合并。理由:甲公司和目标公司丙公司在合并前后都受乙公司控制。甲公司受乙公司控制的时间为 6 年,丙公司受乙公司控制的时间为 5 年,说明合并方与被合并方在合并日之前同受乙公司控制超过 5 年的时间。乙公司承诺在重组完成后 1 年内不出售其持有的甲公司股份,说明了甲公司在合并日之后仍然受乙公司控制。因此,满足同一控制下企业合并的定义,应该作为同一控制下的企业合并进行会计处理。

(二)非同一控制下的企业合并

非同一控制下的企业合并是指参与合并各方在合并前后不受同一方或相同的多方最终控制的合并交易,即同一控制下的企业合并的情况以外其他的企业合并。

甲公司为某省国资委控制的国有企业, 2022 年 10 月,因该省国资系统出于整合同类业务的需要,由甲公司通过定向发行其普通股给乙公司部分股东的方式, 取得对乙公司控制权。该项交易前,乙公司的股权由该省国资委下属丙投资公司持有并控制。双方签订的协议约定:

(1)以 2022 年 9 月 30 日为评估基准日,以独立的评估机构评估确定的乙公司全部股权的公允价值 4.02 亿元为基础确定甲公司应支付的对价;

(2)甲公司普通股作价 5 元/股,该项交易中甲公司向丙投资公司发行 3 700 万股本公司普通股,取得乙公司 46 %的股权;

(3)甲公司在本次交易中向丙投资公司定向发行 3 700 万股后,即有权调整和更换乙公司董事会成员,该事项不受本次交易中股东名册变更及乙公司有关工商注册变更的影响。

2022 年 12 月 10 日,甲公司向丙投资公司定向发行了 3 700 万股并于当日对乙公司董事会进行改选。

要求:判断甲公司对乙公司的合并属于哪一类型,说明理由。

属于非同一控制下的企业合并。理由:购买方甲公司与被购买方乙公司在合并前为独立的市场主体,其特殊性在于甲公司在合并前直接被当地国资委控制,乙公司是当地国资委通过下属投资公司间接控制的。判断本项交易的合并类型的关键在于找到是否存在于合并交易发生前后对参与合并各方均能够实施控制的一个最终控制方,本题中,即当地国资委。虽然该项交易是国资委出于整合同类业务的需要,安排甲公司、乙公司的原控股股东丙投资公司进行的,但交易中作价是完全按照市场价格确定的,同时企业合并准则中明确,同受国家控制的两个企业进行合并,不能仅因为参与合并的企业为国有企业即将合并交易作为同一控制下的企业合并。该项合并应当作为非同一控制下的企业合并处理。

第二节　同一控制下的企业合并的会计处理

一、同一控制下的企业合并的会计处理原则

对于同一控制下的企业合并,可将其看作两个或多个参与合并企业权益的重新整合,原因在于从最终控制方的角度来看,该类企业合并一定程度上并不会造成企业集团整体的经济利益流入和流出,最终控制方在合并前后实际控制的经济资源并没有发生变化。有关交易事项不能作为出售或购买来处理。合并方在企业合并中取得的资产和负债,应当按照合并日在被合并方的账面价值计量。合并方取得的净资产账面价值与支付的合并对价账面价值(或发行股份面值总额)的差额,应当调整资本公积(资本溢价或股本溢价);资本公积(资本溢价或股本溢价)不足冲减的,调整留存收益。

对于同一控制下的企业合并,在合并中不涉及自少数股东手中购买股权的情况下,合并方应遵循以下原则进行相应的处理。

(1)合并方在合并中确认取得的被合并方的资产和负债仅限于被合并方账面上原已确认的资产和负债,合并中不产生新的资产和负债。同一控制下的企业合并,从最终控制方的角度来看,其在企业合并发生前后能够控制的净资产价值量并没有发生变化,因此,即便在合并过程中,取得的净资产入账价值与支付的合并对价账面价值之间存在差额,同一控制下的企业合并中一般也不产生新的商誉因素,即不确认新的资产,但被合并方在企业合并前账面上原已确认的商誉应作为合并中取得的资产确认。

(2)合并方在合并中取得的被合并方的各项资产和负债应维持其在被合并方的原账面价值不变。被合并方在企业合并前采用的会计政策与合并方不一致的,应基于重要性原则,首先统一会计政策,即合并方应当按照本企业会计政策对被合并方资产和负债的账面价值进行调整,并以调整后的账面价值作为有关资产和负债的入账价值。进行上述调整的一个基本原因是将该项合并中涉及的合并方及被合并方作为一个整体对待,对于一个完整的会计主体,其对相关交易和事项应当采用相对统一的会计政策,在此基础上反映其财务状况和经营成果。

(3)合并方在合并中取得的净资产的入账价值相对于为进行企业合并支付的对价账面价值的差额,不作为资产的处置损益,不影响企业合并当期的利润表,有关差额应调整所有

者权益相关项目。同一控制下的企业合并,本质上不作为购买,而作为两个或多个会计主体权益的整合。合并方在企业合并中取得的价值量相对于所放弃价值量存在差额的,应当调整所有者权益。在根据合并差额调整合并方的所有者权益时,应首先调整资本公积(资本溢价或股本溢价),资本公积(资本溢价或股本溢价)的余额不足冲减的,应冲减留存收益。

(4)对于同一控制下的控股合并,应视同合并后形成的报告主体自最终控制方开始实施控制时一直是一体化存续下来的,体现在其合并财务报表上,即由合并后形成的母子公司构成的报告主体,无论是其资产规模还是其经营成果都应持续计算。编制合并财务报表时,无论该项合并发生在报告期的哪一时点,合并利润表、合并现金流量表均反映的是由母公司构成的报告主体自合并当期期初至合并日实现的损益及现金流量情况,相对应地,合并资产负债表的留存收益项目,应当反映母公司如果一直作为一个整体运行至合并日应实现的盈余公积和未分配利润的情况。对于同一控制下的控股合并,在合并当期编制合并财务报表时,应当对合并资产负债表的期初数进行调整,同时应当对比较报表的相关项目进行调整,视同合并后的报告主体在以前期间一直存在。

二、同一控制下的控股合并的会计处理

在同一控制下的控股合并中,合并方在合并日涉及两个方面的问题:一是对于因该项企业合并形成的对被合并方的长期股权投资的确认和计量;二是合并财务报表的编制。

1. 长期股权投资的确认和计量

对于同一控制下的企业合并形成的长期股权投资,合并方应以合并日应享有被合并方账面所有者权益的份额作为形成长期股权投资的初始投资成本。

2. 合并日合并财务报表的编制

同一控制下的企业合并形成母子公司关系的,合并方一般应在合并日编制合并财务报表,反映于合并日形成的报告主体的财务状况视同该主体一直存在产生的经营成果等。考虑有关因素的影响,编制合并日的合并财务报表存在困难的,下列有关原则同样适用于合并当期期末合并财务报表的编制。

编制合并日的合并财务报表时,一般涉及合并资产负债表、合并利润表及合并现金流量表。

(1)合并资产负债表。被合并方的有关资产、负债应以其账面价值(合并方与被合并方采用的会计政策不同的,指按照合并方的会计政策,对被合并方有关资产、负债进行调整后的账面价值)并入合并财务报表。合并方与被合并方在合并日及以前期间发生的交易,应作为内部交易,按照第七章介绍的原则进行抵销。

在合并资产负债表中,对于被合并方在企业合并前实现的留存收益(盈余公积和未分配利润之和)中归属于合并方的部分,应按以下规定,自合并方的资本公积转入留存收益。

第一,确认企业合并形成的长期股权投资后,合并方账面资本公积(资本溢价或股本溢价)贷方余额大于被合并方在合并前实现的留存收益中归属于合并方的部分,在合并资产负债表中,应将被合并方在合并前实现的留存收益中归属于合并方的部分,自"资本公积"科目转入"盈余公积"和"未分配利润"科目。在合并工作底稿中,借记"资本公积"科目,贷记"盈余公积"和"未分配利润"科目。

第二,确认企业合并形成的长期股权投资后,合并方账面资本公积(资本溢价或股本溢价)贷方余额小于被合并方在合并前实现的留存收益中归属于合并方的部分,在合并资产负债表中,应以合并方资本公积(资本溢价或股本溢价)的贷方余额为限,将被合并方在企业合并前实现的留存收益中归属于合并方的部分,自"资本公积"科目转入"盈余公积"和"未分配利润"科目。在合并工作底稿中,借记"资本公积"科目,贷记"盈余公积"和"未分配利润"科目。

因合并方的资本公积(资本溢价或股本溢价)余额不足,被合并方在合并前实现的留存收益中归属于合并方的部分在合并资产负债表中未予以全额恢复的,合并方应当在会计报表附注中对这一情况进行说明,包括被合并方在合并前实现的留存收益金额、归属于本企业的金额及因资本公积余额不足在合并资产负债表中未转入留存收益的金额等。

(2)合并利润表。在合并方编制的合并日合并利润表中,应包含合并方及被合并方自合并当期期初至合并日实现的净利润。例如,同一控制下的企业合并发生于2022年3月31日,合并方当日编制的合并利润表中,应包括合并方及被合并方自2022年1月1日至2022年3月31日实现的净利润。双方在当期发生的交易,应当按照合并财务报表的有关原则进行抵销。

(3)合并现金流量表。在合并方编制的合并日合并现金流量表中,应包含合并方及被合并方自合并当期期初至合并日产生的现金流量。涉及的双方当期发生的内部交易产生的现金流量,应按照合并财务报表准则规定的有关原则进行抵销。

此外,还涉及比较报表的编制。同一控制下的企业合并,在编制合并当期期末的比较报表时,应视同参与合并各方在最终控制方开始实施控制时即以目前的状态存在。提供比较报表时,应对前期比较报表进行调整。因企业合并实际发生在当期,以前期间合并方账面上并不存在对被合并方的长期股权投资,在编制比较报表时,应将被合并方的有关资产、负债并入,并且把因合并而增加的净资产在比较报表中调整所有者权益项下的资本公积(资本溢价或股本溢价)。

合并报表的主体是母公司和子公司组成的企业集团,该集团的所有者是母公司投资者,因此,在合并日,应抵销母公司长期股权投资与子公司所有者权益。抵销分录如下。

借:股本(或实收资本)
　　资本公积
　　盈余公积
　　未分配利润
　　贷:长期股权投资
　　　　少数股东权益

同一控制下的企业合并的基本处理原则是视同合并后形成的报告主体在合并日及以前期间一直存在,在编制合并日合并报表时,应将母公司长期股权投资和子公司所有者权益抵销,但子公司原由企业集团其他企业控制时的留存收益在合并财务报表中是存在的,所以对于被合并方在企业合并前实现的留存收益(盈余公积和未分配利润之和)中归属于合并方的部分,在合并工作底稿中,应编制下列会计分录。

借:资本公积(以资本溢价或股本溢价的贷方余额为限)

贷：盈余公积

未分配利润

【例 8-1】A、B 公司分别为 P 公司控制下的两家子公司。A 公司于 2022 年 3 月 10 日自母公司 P 处取得 B 公司 100%的股权，合并后 B 公司仍维持其独立法人资格继续经营。为进行该项企业合并，A 公司发行了 1 500 万股本公司普通股（每股面值 1 元）作为对价。假定 A、B 公司采用的会计政策相同。合并日，A 公司及 B 公司的所有者权益构成如表 8-1 所示。

表 8-1 A、B 公司所有者权益构成表

单位：万元

A 公司		B 公司	
项目	金额	项目	金额
股本	9 000	股本	1 500
资本公积	2 500	资本公积	500
盈余公积	2 000	盈余公积	1 000
未分配利润	5 000	未分配利润	2 000
合计	18 500	合计	5 000

A 公司在合并日应进行的账务处理如下。

借：长期股权投资 50 000 000

　贷：股本 15 000 000

　　资本公积 35 000 000

合并日抵销分录如下。

借：股本 15 000 000

　资本公积 5 000 000

　盈余公积 10 000 000

　未分配利润 20 000 000

　贷：长期股权投资 50 000 000

进行上述处理后，A 公司在合并日编制合并资产负债表时，对于企业合并前 B 公司实现的留存收益中归属于合并方的部分（3 000 万元）应自资本公积（资本溢价或股本溢价）转入留存收益。本例中 A 公司在确认对 B 公司的长期股权投资以后，其资本公积的账面余额为 6 000（2 500 +3 500）万元，假定其中资本溢价或股本溢价的金额为 4 500 万元。在合并工作底稿中，应编制以下调整分录。

借：资本公积 30 000 000

　贷：盈余公积 10 000 000

　　未分配利润 20 000 000

三、同一控制下的吸收合并的会计处理

在同一控制下的吸收合并中，合并方主要涉及合并日取得被合并方资产、负债入账价值

的确定，以及合并中取得有关净资产的入账价值与支付的合并对价账面价值之间差额的处理。

（1）合并方对同一控制下的吸收合并中取得的资产和负债应当按照相关资产、负债在被合并方的原账面价值入账。

值得注意的是，合并方与被合并方在企业合并前采用的会计政策不同的，首先应基于重要性原则，统一被合并方的会计政策，即应当按照合并方的会计政策对被合并方的有关资产、负债的账面价值进行调整，以调整后的账面价值确认。

（2）合并方在确认了合并中取得的被合并方的资产和负债后，以发行权益性证券方式进行的该类合并所确认的净资产入账价值与发行股份面值总额的差额，应计入资本公积（资本溢价或股本溢价），资本公积（资本溢价或股本溢价）余额不足冲减的，相应冲减盈余公积和未分配利润；以支付现金、非现金资产方式进行的该类合并所确认的净资产入账价值与支付的现金、非现金资产账面价值的差额，相应调整资本公积（资本溢价或股本溢价），资本公积（资本溢价或股本溢价）余额不足冲减的，应冲减盈余公积和未分配利润。

（3）合并当期期末比较报表的提供因被合并方在合并后失去法人资格，其所有的资产、负债均并入合并方的账簿和报表进行核算，合并方在合并当期期末编制的是其个别财务报表。对于同一控制下的吸收合并，在编制比较报表时，无须对以前期间已经编制的比较报表进行调整。

借：资产（被合并方账面价值）
　　资本公积（资本溢价或股本溢价）（不足冲减部分冲减盈余公积和未分配利润）
　　贷：负债（被合并方账面价值）
　　　　资产（合并方非现金资产账面价值）
　　　　银行存款
　　　　股本
　　　　资本公积（资本溢价或股本溢价）

【例 8-2】2022 年 6 月 30 日，P 公司向 S 公司的股东定向增发 1 000 万股普通股（每股面值为 1 元，每股市价为 10.85 元），对 S 公司进行吸收合并，并于当日取得 S 公司净资产。当日，P 公司与 S 公司的资产、负债情况如表 8-2 所示。

表 8-2　P 公司、S 公司资产负债表（简表）　　单位：万元

项目	P 公司		S 公司	
	账面价值		账面价值	公允价值
资产：				
货币资金	4 312.50		450	450
存货	6 200		255	450
应收账款	3 000		2 000	2 000
长期股权投资	5 000		2 150	3 800
固定资产：				

续表

项目	P公司		S公司	
	账面价值		账面价值	公允价值
固定资产原价	10 000		4 000	5 500
减：累计折旧	3 000		1 000	0
固定资产净值	7 000		3 000	
无形资产	4 500		500	1 500
商誉	0		0	0
资产总计	30 012.50		8 355	13 700
负债和所有者权益：				
短期借款	2 500		2 250	2 250
应付账款	3 750		300	300
其他负债	375		300	300
负债合计	6 625		2 850	2 850
实收资本（股本）	7 500		2 500	
资本公积	5 000		1 500	
盈余公积	5 000		500	
未分配利润	5 887.50		1 005	
所有者权益合计	23 387.50		5 505	10 850
负债和所有者权益总计	30 012.50		8 355	

本例中假定P公司和S公司为同一集团内两家全资子公司，合并前其共同的母公司为A公司。该项合并中参与合并的企业在合并前及合并后均为A公司最终控制，为同一控制下的企业合并。自6月30日开始，P公司能够对S公司净资产实施控制，该日即为合并日。因合并后S公司失去其法人资格，P公司应确认合并中取得的S公司的各项资产和负债，假定P公司与S公司在合并前采用的会计政策相同。P公司对该项合并应进行的会计处理如下。

借：货币资金 4 500 000

　　库存商品（存货） 2 550 000

　　应收账款 20 000 000

　　长期股权投资 21 500 000

　　固定资产 30 000 000

　　无形资产 5 000 000

　　贷：短期借款 22 500 000

　　　　应付账款 3 000 000

　　　　其他应付款（其他负债） 3 000 000

　　　　股本 10 000 000

资本公积　　45 050 000

四、合并方为进行企业合并发生的有关费用的处理

合并方为进行企业合并发生的有关费用，是指合并方为进行企业合并发生的各项直接相关费用，如为进行企业合并支付的审计费用、资产评估费用以及有关的法律咨询费用等增量费用。对于企业专设的购并部门发生的日常管理费用，如果该部门的设置并不是与某项企业合并直接相关，其只是企业的一个常设部门，其设置目的是寻找相关的并购机会等，那么维持该部门日常运转的有关费用不属于与企业合并直接相关的费用，应当于发生时予以费用化，计入当期损益。

同一控制下的企业合并进行过程中发生的各项直接相关费用，应于发生时予以费用化，计入当期损益，借记“管理费用”等科目，贷记“银行存款”等科目。但以下两种情况除外。

（1）以发行债券方式进行企业合并的，与发行债券相关的佣金、手续费等应按照金融工具确认和计量的原则进行核算。该部分费用虽然与筹集用于企业合并的对价直接相关，但其核算应遵照金融工具确认和计量准则的原则，将有关的费用计入负债的初始计量金额中。

（2）发行权益性证券作为合并对价的，与所发行权益性证券相关的佣金、手续费等应按照金融工具列报的原则来处理。即与发行权益性证券相关的费用不管是否与企业合并直接相关，均应自所发行权益性证券的发行收入中扣减，在权益性工具发行有溢价的情况下，自溢价收入中扣除，在权益性证券发行无溢价或溢价金额不足以扣减的情况下，应当冲减盈余公积和未分配利润。

【例 8-3】A 公司于 2022 年 1 月 1 日按面值发行 5 000 万元的债券取得 B 公司 60%的股份，2022 年 1 月 1 日 B 公司所有者权益的账面价值为 10 000 万元，A 公司另支付手续费 15 万元。A 公司和 B 公司为同一集团内的两家子公司。

要求：编制 A 公司的会计分录。

A 公司会计处理如下。

借：长期股权投资——B 公司　　60 000 000
　　贷：应付债券——面值　　50 000 000
　　　　资本公积　　10 000 000
借：应付债券——利息调整　　150 000
　　贷：银行存款　　150 000

【例 8-4】2022 年 3 月 31 日，A 公司通过增发 6 000 万股本公司普通股（每股面值 1 元）取得 B 公司 60%的股权，按照增发前后的平均股价计算，该 6 000 万股股份的公允价值为 13 000 万元。为增发该部分股份，A 公司向证券承销机构等支付了 400 万元的佣金和手续费。假定 A 公司取得该部分股权后能够对 B 公司的生产经营决策实施控制。2022 年 3 月 31 日，B 公司所有者权益的账面价值为 20 000 万元。A 公司和 B 公司为同一集团内的两家公司。

要求：编制 A 公司的会计分录。

本例中 A 公司应当以 B 公司所有者权益账面价值的份额作为取得长期股权投资的成本。

借：长期股权投资 120 000 000

　　贷：股本 60 000 000

　　　　资本公积——股本溢价 60 000 000

发行权益性证券过程中支付的佣金和手续费，应冲减权益性证券的溢价发行收入。

借：资本公积——股本溢价 4 000 000

　　贷：银行存款 4 000 000

第三节　非同一控制下的企业合并的处理

一、非同一控制下的企业合并的处理原则

非同一控制下的企业合并的处理遵循的基本原则是购买法。购买法是指把购买企业获取被并企业净资产的行为视为资产交易行为，即将企业合并视为购买企业以一定的价款购进被并企业的机器设备、存货等资产项目，同时承担该企业的相应负债的行为，从而按合并时的公允价值计量被并企业的净资产，将投资成本（购买价格）超过净资产公允价值的差额确认为商誉的会计方法。

（一）确定购买方

非同一控制下的企业合并，在购买日取得对其他参与合并企业控制权的一方为购买方，参与合并的其他企业为被购买方。

（二）确定购买日

购买日，是指购买方实际取得对被购买方控制权的日期。

（三）确定企业合并成本

企业合并成本包括购买方为进行企业合并支付的现金或非现金资产、发行的债券或承担的其他债务、发行的权益性证券等在购买日的公允价值。

某些情况下，企业合并合同或协议中会规定视未来或有事项的发生，购买方通过发行额外证券、支付额外现金或其他资产等方式追加合并对价，或者要求返还之前已经支付的对价。购买方应当将合并协议约定的或有对价作为企业合并转移对价的一部分，按照其在购买日的公允价值计入企业合并成本。根据《企业会计准则第 22 号——金融工具确认和计量》《企业会计准则第 37 号——金融工具列报》以及其他相关准则的规定，或有对价符合金融负债或权益工具定义的，购买方应当将拟支付的或有对价确认为一项负债或权益；符合资产定义并满足资产确认条件的，购买方应当将符合合并协议约定条件的、对已支付的合并对价中可收回部分的权利确认为一项资产。

非同一控制下的企业合并中发生的与企业合并直接相关的费用，包括为进行合并而发生的会计审计费用、法律服务费用、咨询费用等，与同一控制下的企业合并进行过程中发生的有关费用处理原则一致，这里所称合并中发生的各项直接相关费用，不包括与为进行企业合并发行的权益性证券或发行的债券相关的手续费、佣金则等，该部分费用应比照本章关于同一控制下的企业合并中类似费用的原则处理，即应抵减权益性证券的溢价发行收入或是计入所发行债券的初始确认金额。

通过多次交换交易，分步取得股权最终形成企业合并的，在购买方的个别财务报表中，应当以购买日之前所持被购买方的股权投资的账面价值与购买日新增的投资成本之和，作为该项投资的初始投资成本；在合并财务报表中，以购买日之前所持有被购买方股权于购买日的公允价值与购买日支付对价之和作为合并成本。

（四）企业合并成本在取得的可辨认资产和负债之间的分配

（1）合并中取得的被购买方除无形资产以外的其他各项资产（不仅限于被购买方原已确认的资产），其所带来的经济利益很可能流入企业且公允价值能够可靠计量的，应当单独予以确认并按照公允价值计量。

（2）合并中取得的无形资产，其公允价值能够可靠计量的，应当单独确认为无形资产并按照公允价值计量。

（3）企业合并中产生或有负债的确认。对于购买方在企业合并时可能需要代被购买方承担的或有负债，在购买日，可能相关的或有事项导致经济利益流出企业的可能性还比较小，但其公允价值能够合理确定的情况下，即需要作为合并中取得的负债确认。

（4）对于被购买方在企业合并之前已经确认的商誉和递延所得税项目，购买方在对企业合并成本进行分配、确认合并中取得可辨认资产和负债时不应予以考虑。在按照规定确定了合并中应予确认的各项可辨认资产、负债的公允价值后，其计税基础与账面价值不同形成暂时性差异的，应当按照《企业会计准则第 18 号——所得税》的规定确认相应的递延所得税资产或递延所得税负债。

（五）企业合并成本与合并中取得的被购买方可辨认净资产公允价值份额差额的处理

（1）企业合并成本大于合并中取得的被购买方可辨认净资产公允价值份额的差额应确认为商誉。由于企业合并方式不同，在控股合并情况下，该差额是指合并财务报表中应列示的商誉；在吸收合并情况下，该差额是购买方在其账簿及个别账务报表中应确认的商誉。

商誉在确认之后，持有期间不要求摊销，企业应当按照《企业会计准则第 8 号——资产减值》的规定对其价值进行减值测试，对于可收回金额低于账面价值的部分，应计提减值准备。

（2）企业合并成本小于合并中取得的被购买可辨认净资产公允价值份额的差额，应计入合并当期损益。

（六）企业合并成本或有关可辨认资产、负债公允价值暂时确定的情况

在购买日或企业合并发生当期的期末，因合并中取得的各项可辨认资产、负债及或有负债的公允价值或企业合并成本只能暂时确定的，购买方应当以所确定的暂时价值为基础对企业合并进行确认和计量。

购买日后 12 个月内对原确认的暂时价值进行调整的，视同在购买日进行的确认和计量。

（七）购买日合并财务报表的编制

企业合并形成母子公司关系的，母公司应当编制购买日的合并资产负债表，企业合并取得的被购买方各项可辨认资产、负债应当以公允价值计量。母公司的合并成本与取得的子公司可辨认净资产公允价值份额的借方差额，在合并资产负债表中确认为商誉；贷方差额应计入合并利润表中作为合并当期损益。因购买日不需要编制合并利润表，该差额体现在合并资产负债表上，应调整合并资产负债表盈余公积和未分配利润。

1. 非同一控制下的控股合并

1）长期股权投资的初始投资成本确定

非同一控制下的控股合并的长期股权投资，就是去投资购买其他企业的股权，然后形成控股合并。非同一控制下的控股合并的长期股权投资的初始投资成本就是企业合并成本，就是购买方付出的资产、承担的负债、发行的权益性证券等的公允价值。

2）购买日合并财务报表的编制

对于非同一控制下的控股合并，母公司在购买日编制合并资产负债表时，对于被购买方可辨认资产、负债应当按照合并中确定的公允价值列示，企业合并成本大于合并中取得的被购买方可辨认净资产公允价值份额的差额，确认为合并资产负债表中的商誉。企业合并成本小于合并中取得的被购买方可辨认净资产公允价值份额的差额，在购买日合并资产负债表中调整盈余公积和未分配利润。

非同一控制下的企业合并形成母子公司关系的，母公司应自购买日起设置备查簿，登记其在购买日取得的被购买方可辨认资产、负债的公允价值，为以后期间编制合并财务报表提供基础资料。

借：股本
　　资本公积
　　盈余公积
　　未分配利润
　　商誉（借方差额）
　　贷：长期股权投资
　　　　少数股东权益
　　　　盈余公积和未分配利润（贷方差额）

2022 年 6 月 30 日，P 公司发行 1 000 万股普通股（每股面值 1 元，市场价格为 8.75 元/股），取得了 S 公司 70%的股权。P 公司与 S 公司资产负债表同表 8-2。编制购买方于购买日的合并资产负债表。

（1）确认长期股权投资。

借：长期股权投资	87 500 000	
贷：股本		10 000 000
资本公积——股本溢价		77 500 000

（2）计算确定商誉。

假定 S 公司除已确认资产外，不存在其他需要确认的资产及负债，则 P 公司首先计算合并中应确认的合并商誉。

合并商誉=企业合并成本－合并中取得被购买方可辨认净资产公允价值份额
　　　　=8 750－10 850 × 70%=1 155（万元）

（3）编制调整和抵销分录。

借：存货	1 950 000	
长期股权投资	16 500 000	

固定资产　25 000 000
无形资产　10 000 000
贷：资本公积　53 450 000
借：实收资本　25 000 000
资本公积　68 450 000
盈余公积　5 000 000
未分配利润　10 050 000
商誉　11 550 000
贷：长期股权投资　87 500 000
少数股东权益　32 550 000

（4）编制合并资产负债表（表 8-3）。

表 8-3　P 公司、S 公司资产负债表（简表）

2022 年 6 月 30 日　　单位：万元

项目	P 公司	S 公司	抵销分录		合并金额
			借方	贷方	
资产：					
货币资金	4 312.50	450			4 762.50
存货	6 200	255	195		6 650
应收账款	3 000	2 000			5 000
长期股权投资	13 750	2 150	1 650	8 750	8 800
固定资产：					0
固定资产原价	10 000	4 000	2 500		16 500
减：累计折旧	3 000	1 000			4 000
无形资产	4 500	500	1 000		6 000
商誉	0	0	1 155		1 155
资产总计	38 762.50	8 355			44 867.50
负债和所有者权益：					0
短期借款	2 500	2 250			4 750
应付账款	3 750	300			4 050
其他负债	375	300			675
负债合计	6 625	2 850			9 475
实收资本（股本）	8 500	2 500	2 500		8 500
资本公积	12 750	1 500	6 845	5 345	12 750
盈余公积	5 000	500	500		5 000
未分配利润	5 887.50	1 005	1 005		5 887.50
少数股东权益				3 255	3 255

续表

项目	P公司	S公司	抵销分录		合并金额
			借方	贷方	
所有者权益合计	32 137.50	5 505			35 392.50
负债和所有者权益总计	38 762.50	8 355			44 867.50

2. 非同一控制下的吸收合并

对于非同一控制下的吸收合并，合并方在合并日应将取得的各项可辨认资产、负债的公允价值确认为入账价值。合并方将合并对价的资产、发生或承担的负债以及发行的权益性证券的公允价值确认为合并成本。

合并方为进行企业合并发生的各项直接相关费用也计入企业合并成本。将合并对价的非货币性资产购买日公允价值与账面价值的差额计入当期损益；合并成本大于可辨认净资产公允价值的差额确认为商誉，合并成本小于可辨认净资产公允价值的差额作为合并当期损益（营业外收入）。

二、通过多次交易分步实现的企业合并

如果企业合并不是通过一次交换交易实现的，而是通过多次交换交易分步实现的，则企业在每一单项交易发生时，应确认对被投资单位的投资。投资企业在持有被投资单位的部分股权后，通过增加持股比例等达到对被投资单位形成控制的，购买方应当对个别财务报表和合并财务报表分别进行处理。

（一）个别财务报表

在个别财务报表中，购买方应当以购买日之前所持被购买方的股权投资的账面价值与购买日新增投资成本之和，作为该项投资的初始投资成本；购买日之前持有的被购买方的股权涉及其他综合收益的，应当在处置该项投资时将与其相关的其他综合收益转入当期投资收益。并按以下原则进行会计处理。

（1）购买方于购买日之前持有的被购买方的股权投资，保持其账面价值不变，其中，购买日前持有的股权投资作为长期股权投资并采用成本法核算的，为成本法核算下至购买日应有的账面价值；购买日前持有的股权投资作为长期股权投资并采用权益法核算的，为权益法核算下至购买日应有的账面价值；购买日前持有的股权投资作为金融资产并按公允价值计量的，为至购买日的账面价值。

（2）追加的投资，按照购买日支付对价的公允价值计量，并确认长期股权投资。购买方应当将购买日之前所持被购买方的股权投资的账面价值与购买日新增投资成本之和，作为该项投资的初始投资成本。

（3）购买方对于购买日之前持有的被购买方的股权投资涉及其他综合收益的，例如，购买方原持有的股权投资按照权益法核算时，被购买方持有的可供出售金融资产公允价值变动确认的其他综合收益（计入资本公积——其他资本公积），购买方按持股比例计算应享有的份额并确认为其他综合收益（计入资本公积——其他资本公积）的部分，不予处理。待购

买方出售被购买方股权时，再按出售股权相对应的其他综合收益部分转入出售当期损益。

（4）通过多次交易实现非同一控制下的吸收合并的，按照与非同一控制下的吸收合并相同的原则进行会计处理。

（二）合并财务报表

在合并财务报表中，购买方对于购买日之前持有的被购买方的股权，应当按照该股权在购买日的公允价值进行重新计量，并按以下原则处理。

（1）购买方对于购买日之前持有的被购买方的股权，按照该股权在购买日的公允价值进行重新计量，公允价值与账面价值的差额计入当期投资收益。

（2）购买日之前持有的被购买方的股权于购买日的公允价值，与购买日新购入股权所支付对价的公允价值之和，为合并财务报表中的合并成本。

（3）在按上述方法计算的合并成本的基础上，比较购买日被购买方可辨认净资产公允价值的份额，确定购买日应予确认的商誉，或者应计入发生当期损益的金额。

（4）购买方对于购买日之前持有的被购买方的股权涉及其他综合收益的，与其相关的其他综合收益应当转为购买日所属当期投资收益。

【例 8-5】2021 年 1 月 1 日，A 公司以 5 000 万元取得 B 公司 10%的股份，投资时 B 公司净资产的公允价值为 45 000 万元。假定该项投资不存在活跃市场，公允价值无法可靠计量。因未以任何方式参与 B 公司的经营决策，A 公司对持有的该项投资采用成本法核算。2022 年 1 月 1 日，A 公司另支付 30 000 万元取得 B 公司 50%的股份，能够对 B 公司实施控制。购买日 B 公司可辨认净资产公允价值为 55 000 万元，A 公司之前取得的 10%的股权于购买日的公允价值为 5 500 万元。B 公司自 2021 年 1 月 1 日 A 公司取得其 10%股份后至 2022 年 1 月 1 日 A 公司进一步购买其股份前实现的留存收益为 1 500 万元，未进行利润分配。

1.A 公司在个别财务报表中的处理

2021 年 1 月 1 日，A 公司取得对 B 公司的长期股权投资的成本为 5 000 万元。2022 年 1 月 1 日，A 公司进一步取得 B 公司 50%的股权时，支付价款 30 000 万元。该项长期股权投资于购买日的账面价值为 35 000 万元。A 公司于购买日的账务处理如下。

借：长期股权投资　　300 000 000

　　贷：银行存款　　300 000 000

2.A 公司在合并财务报表中的处理

（1）计算合并成本。

合并成本=5 500+30 000=35 500（万元）

（2）计算应计入损益的金额。

应计入损益的金额=5 500−5 000=500（万元）

借：长期股权投资　　5 000 000

　　贷：投资收益　　5 000 000

（3）计算商誉。

在合并财务报表中应体现的商誉=35 500−55 000 × 60%=2 500（万元）

在合并工作底稿上应作的抵销分录如下。

借：B公司所有者权益　　550 000 000
　　商誉　　25 000 000
　　贷：长期股权投资　　355 000 000
　　　　少数股东权益　　220 000 000

【例 8-6】长江公司于 2020 年 1 月 1 日以货币资金 3 100 万元取得了大海公司 30%的所有者权益，对大海公司能够施加重大影响，大海公司在该日的可辨认净资产的公允价值是 11 000 万元。假设不考虑所得税的影响。长江公司和大海公司均按净利润的 10%提取法定盈余公积。大海公司在 2020 年 1 月 1 日和 2021 年 1 月 1 日的资产负债表各项目的账面价值和公允价值资料如表 8-4 所示。

表 8-4　大海公司资产负债表各项目的账面价值和公允价值　　单位：万元

项目	2020 年 1 月 1 日		2021 年 1 月 1 日	
	账面价值	公允价值	账面价值	公允价值
货币资金和应收款项	2 000	2 000	2 600	2 600
存货	3 000	3 000	3 200	3 200
固定资产	6 000	6 200	6 400	6 700
长期股权投资	2 000	2 000	1 500	1 500
应付账款	1 200	1 200	1 400	1 400
短期借款	1 000	1 000	300	300
股本	5 000	5 000	5 000	
资本公积	2 000	2 200	2 200	
盈余公积	380	380	480	
未分配利润	3 420	3 420	4 320	
所有者权益合计	10 800	11 000	12 000	12 300

2020 年 1 月 1 日，大海公司除一项固定资产的公允价值与其账面价值不同外，其他资产和负债的公允价值与账面价值相等。该固定资产的公允价值为 300 万元，账面价值为 100 万元，按 10 年、采用年限平均法计提折旧，无残值。

大海公司于 2020 年度实现净利润 1 000 万元，没有支付股利，因可供出售金融资产公允价值变动增加资本公积 200 万元。

2021 年 1 月 1 日，长江公司以货币资金 5 220 万元进一步取得大海公司 40%的所有者权益，因此取得了控制权。大海公司在该日的可辨认净资产的公允价值是 12 300 万元。

2021 年 1 月 1 日，大海公司除一项固定资产的公允价值与其账面价值不同外，其他资产和负债的公允价值与账面价值相等。该固定资产的公允价值为 390 万元，账面价值为 90 万元，按 9 年、采用年限平均法计提折旧，无残值。

假定原取得的 30%股权在 2021 年 1 月 1 日的公允价值为 3 915 万元。

长江公司和大海公司属于非同一控制下的公司。

假定不考虑所得税和内部交易的影响。

要求:根据材料进行如下会计处理。

(1)编制 2020 年 1 月 1 日至 2021 年 1 月 1 日长江公司对大海公司长期股权投资的会计分录。

(2)计算 2021 年 1 月 1 日长江公司对大海公司追加投资后长期股权投资的账面价值。

(3)计算长江公司对大海公司投资形成的商誉的价值。

(4)在购买日合并财务报表工作底稿中编制对大海公司个别财务报表进行调整的会计分录。

(5)在购买日合并财务报表工作底稿中编制调整长期股权投资的会计分录。

(6)在合并财务报表工作底稿中编制购买日与投资有关的抵销分录。

分析如下。

(1)2020 年 1 月 1 日至 2021 年 1 月 1 日长江公司对大海公司股权投资的会计分录如下。

① 2020 年 1 月 1 日。

借：长期股权投资——成本	31 000 000	
贷：银行存款		31 000 000
借：长期股权投资——成本	2 000 000	
贷：营业外收入		2 000 000

② 2020 年 12 月 31 日

借：长期股权投资——损益调整	2 940 000	
贷：投资收益		2 940 000
借：长期股权投资——其他权益变动	600 000	
贷：资本公积——其他资本公积		600 000

③ 2021 年 1 月 1 日

借：长期股权投资	52 200 000	
贷：银行存款		52 200 000

(2)长期股权投资账面价值=3 100+200+294+60+5 220=8 874(万元)。

(3)长江公司对大海公司投资形成的商誉=(3 915+5 220)−70%×12 300= 525(万元)。

(4)在购买日合并财务报表工作底稿中对大海公司个别财务报表进行调整的会计分录如下。

借：固定资产	3 000 000	
贷：资本公积		3 000 000

(5)将原持股比例为 30%的长期股权投资的账面价值调整到购买日公允价值。

调整金额=3915−(3100+200+294+60)=261(万元)

借：长期股权投资	2 610 000	
贷：投资收益		2 610 000

将原持股比例为 30%的长期股权投资按权益法核算形成的资本公积转入投资收益。

借：资本公积——其他资本公积	600 000	

贷：投资收益 600 000

（6）在购买日合并财务报表工作底稿中与投资有关的抵销分录如下。

借：股本	50 000 000	
资本公积	25 000 000	
盈余公积	4 800 000	
未分配利润	43 200 000	
商誉	5 250 000	
贷：长期股权投资		91 350 000
少数股东权益		36 900 000

三、反向购买的处理

（一）反向购买基本原则

非同一控制下的企业合并，以发行权益性证券交换股权的方式进行的，通常发行权益性证券的一方为购买方。但某些企业合并中，发行权益性证券的一方因其生产经营决策在合并后被参与合并的另一方控制的，发行权益性证券的一方虽然为法律上的母公司，但其为会计上的被购买方，该类企业合并通常称为“反向购买”。例如，A公司为一家规模较小的上市公司，B公司为一家规模较大的贸易公司。B公司拟通过收购A公司的方式达到上市目的，但该交易是通过A公司向B公司原股东发行普通股用以交换B公司原股东持有的对B公司的股权的方式实现的。该项交易后，B公司原控股股东持有A公司50%以上股权，A公司持有B公司50%以上股权，A公司为法律上的母公司、B公司为法律上的子公司，但从会计角度，A公司为被购买方，B公司为购买方。

典型反向购买如图8-1所示。

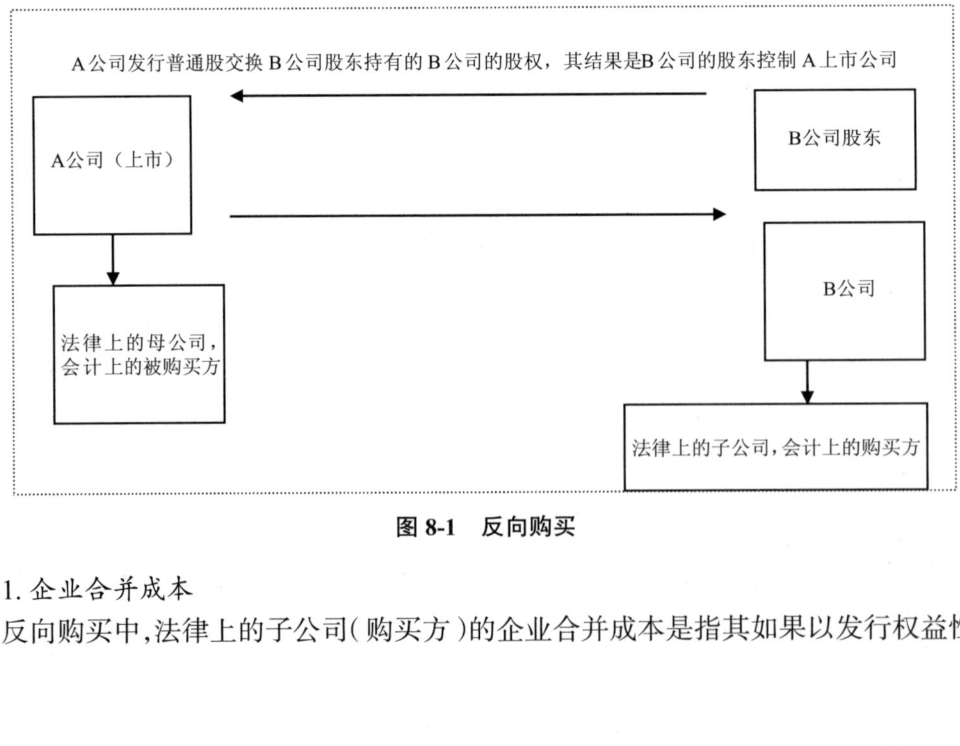

图8-1 反向购买

1. 企业合并成本

反向购买中，法律上的子公司（购买方）的企业合并成本是指其如果以发行权益性证券的方式为获取在合并后报告主体的股权比例，应向法律上的母公司（被购买方）的股东发行的权益性证券数量与其公允价值计算的结果。购买方的权益性证券在购买日存在公开报价的，通常应以公开报价作为其公允价值；购买方的权益性证券在购买日不存在可靠公开报价的，应参照购买方的公允价值和被购买方的公允价值二者之中有更为明显证据支持的作为基础，确定购买方假定应发行权益性证券的公允价值。

2. 合并财务报表的编制

反向购买主要表现在购买日合并财务报表的操作中，其总的原则是应体现"反向"，比如，反向购买的合并财务报表以子公司（购买方）为主体，保留子公司的股东权益各项目，抵销母公司（被购买方）的股东权益各项目。

反向购买后，法律上的母公司应当遵从以下原则编制合并财务报表。

（1）合并财务报表中，法律上的子公司的资产、负债应以其在合并前的账面价值进行确认和计量。

（2）合并财务报表中的留存收益和其他权益性余额应当反映的是法律上的子公司在合并前的留存收益和其他权益性余额。

（3）合并财务报表中的权益性工具的金额应当反映法律上的子公司合并前发行在外的股份面值以及假定在确定该项企业合并成本过程中新发行的权益性工具的金额。但是在合并财务报表中的权益结构应当反映法律上的母公司的权益结构，即法律上的母公司发行在外权益性证券的数量及种类。

（4）法律上的母公司的有关可辨认资产、负债在并入合并财务报表时，应以其在购买日确定的公允价值进行合并，企业合并成本大于合并中取得的法律上的母公司（被购买方）的可辨认净资产公允价值的份额体现为商誉，小于合并中取得的法律上的母公司（被购买方）的可辨认净资产公允价值的份额确认为合并当期损益。

（5）合并财务报表的比较信息应当是法律上的子公司的比较信息（即法律上的子公司的前期合并财务报表）。

（6）法律上的子公司的有关股东在合并过程中未将其持有的股份转换为对法律上的母公司的股份的，该部分股东享有的权益份额在合并财务报表中应作为少数股东权益列示。因法律上的子公司的部分股东未将其持有的股份转换为法律上的母公司的股权，其享有的权益份额仍仅限于对法律上的子公司的部分，该部分少数股东权益反映的是少数股东按持股比例计算享有的法律上的子公司的合并前净资产账面价值的份额。另外，对于法律上的母公司的所有股东，虽然该项合并中其被认定为被购买方，但其享有合并形成报告主体的净资产及损益，其相益份额不应作为少数股东权益列示。

上述反向购买的会计处理原则仅适用于合并财务报表的编制。法律上的母公司在该项合并中形成的对法律上的子公司的长期股权投资成本的确定，应当遵从《企业会计准则第 2 号——长期股权投资》的相关规定。

假定 A 上市公司于 2022 年 3 月 31 日通过定向增发本企业普通股对 B 公司进行合并，B 公司原股东能够对 A 上市公司实施控制。合并财务报表中合并金额的计算如表 8-5 所示。

表 8-5 合并金额的计算

项目	合并金额
流动资产	A 上市公司公允价值+B 公司账面价值
非流动资产	A 上市公司公允价值（不含反向购买时产生的长期股权投资）+B 公司账面价值
商誉	合并成本-A 上市公司可辨认净资产公允价值（如为负数应反映在留存收益中）
资产总额	合计
流动负债	A 上市公司公允价值+B 公司账面价值
非流动负债	A 上市公司公允价值+B 公司账面价值
负债总额	合计
股本（A 上市公司股票股数）	B 公司合并前发行在外的股份面值 ×A 上市公司对 B 公司的持股比例+假定在确定该项企业合并成本过程中新发行的权益性工具的面值
资本公积	差额
盈余公积	B 公司合并前盈余公积 ×A 上市公司对 B 公司的持股比例
未分配利润	B 公司合并前未分配利润 ×A 上市公司对 B 公司的持股比例
少数股东权益	少数股东按持股比例计算享有 B 公司合并前净资产账面价值的份额
所有者权益总额	资产总额-负债总额

3. 每股收益的计算

发生反向购买当期，用于计算每股收益的发行在外普通股加权平均数的普通股数量的确定如下：

（1）自当期期初至购买日，发行在外的普通股数量应假定为在该项合并中法律上的母公司向法律上的子公司股东发行的普通股数量；

（2）自购买日至期末发行在外的普通股数量为法律上的母公司实际发行在外的普通股股数量。

反向购买后对外提供比较合并财务报表的，其比较前期合并财务报表中的基本每股收益，应以法律上的子公司的每一比较报表期间归属于普通股股东的净损益除以在反向购买中法律上的母公司向法律上的子公司股东发行的普通股股数计算确定。

上述假定法律上的子公司发行的普通股股数在比较期间内和自反向购买发生期间的期初至购买日之间内未发生变化。如果法律上的子公司发行的普通股股数在此期间发生了变动，计算每股收益时应适当考虑其影响进行调整。

【例 8-7】A 上市公司（以下简称 A 公司）于 2021 年 9 月 30 日通过定向增发本企业普通股对 B 企业进行合并，取得 B 企业 100%股权。假定不考虑所得税影响。A 公司及 B 企业在进行合并前简化资产负债表如表 8-6 所示。

表 8-6 A 公司及 B 企业合并前资产负债表 单位：万元

项目	A 公司	B 企业
资产：		
流动资产	3 000	4 500

续表

项目	A 公司	B 企业
非流动资产	21 000	60 000
资产总额	24 000	64 500
负债：		
流动负债	1 200	1 500
非流动负债	300	3 000
负债总额	1 500	4 500
所有者权益：		
股本	1 500	900
资本公积		
盈余公积	6 000	17 100
未分配利润	15 000	42 000
所有者权益总额	22 500	60 000

其他资料如下。

（1）2021 年 9 月 30 日，A 公司通过定向增发本企业普通股，以 2 股换 1 股的比例自 B 企业原股东处取得了 B 企业全部股权。A 公司共发行了 1 800 万股普通股以取得 B 企业全部 900 万股普通股。

（2）A 公司每股普通股在 2021 年 9 月 30 日的公允价值为 20 元，B 企业每股普通股当日的公允价值为 40 元。A 公司、B 企业每股普通股的面值为 1 元。

（3）2021 年 9 月 30 日，A 公司除非流动资产公允价值较账面价值高 4 500 万元以外，其他资产、负债项目的公允价值与其账面价值相同。

（4）假定 A 公司与 B 企业在合并前不存在任何关联方关系。

对于该项企业合并，虽然在合并中发行权益性证券的一方为 A 公司，但因其生产经营决策的控制权在合并后由 B 企业原股东控制，B 企业应为购买方，A 公司为被购买方。

要求：

（1）确定该项合并中 B 企业的合并成本；

（2）企业合并成本在可辨认资产、负债的分配；

（3）确定每股收益。

（1）A 公司在该项合并中向 B 企业原股东增发了 1 800 万股普通股，合并后 B 企业原股东持有 A 公司的股权比例为 54.55%（1 800/3 300），如果假定 B 企业发行本企业普通股在合并后主体享有同样的股权比例，则 B 企业应当发行的普通股股数为 750（900 ÷ 54.55%－900）万股，其公允价值为 30 000 万元，企业合并成本为 30 000 万元。

（2）企业合并成本在日辨认资产、负债的分配如下。

企业合并成本　30 000

A 公司可辨认资产、负债：

流动资产	3 000
非流动资产	25 500
流动负债	1 200
非流动负债	300
商誉	3 000

A 公司 2021 年 9 月 30 日合并资产负债表如表 8-7 所示。

表 8-7 A 公司 2021 年 9 月 30 日合并资产负债表 单位：万元

项目	金额
资产：	
流动资产	7 500
非流动资产	85 500
商誉	3 000
资产总额	96 000
负债：	
流动负债	2 700
非流动负债	3 300
负债总额	6 000
所有者权益：	
股本（3 300 万股普通股）	1 650
资本公积	29 250
盈余公积	17 100
未分配利润	42 000
所有者权益总额	90 000

（3）本例中假定 B 企业 2020 年实现合并净利润 1 800 万元，2021 年 A 公司与 B 企业形成的主体实现合并净利润为 3 450 万元，自 2020 年 1 月 1 日至 2021 年 9 月 30 日，B 企业发行在外的普通股股数未发生变化。

A 公司 2021 年基本每股收益=3 450/（1 800 × 9 ÷ 12+3 300 × 3 ÷ 12）=1.59（元）

提供比较报表的情况下，比较报表中的每股收益应进行调整。

A 公司 2020 年的基本每股收益=1 800/1 800=1（元）

此外，上例中，B 企业的全部股东中假定只有其中的 90%以原持有的对 B 企业的股权换取了 A 公司增发的普通股。A 公司应发行的普通股股数为 1 620（900 × 90% × 2）万股。企业合并后，B 企业的股东拥有合并后报告主体的股权比例为 51.92%（1 620/3 120）。通过假定 B 企业向 A 公司发行本企业普通股在合并后主体享有同样的股权比例，在计算 B 企业须发行的普通股数量时，不考虑少数股权的因素，故 B 企业应当发行的普通股股数为 750（900 × 90% ÷ 51.92%−900 × 90%）万股，B 企业在该项合并中的企业合并成本为 30 000

((1560-810)×40)万元，B 企业未参与股权交换的股东拥有 B 企业的股份为 10%，享有 B 企业合并前净资产的份额为 6 000 万元，在合并财务报表中应作为少数股东权益列示。

(二)非上市公司购买上市公司股权实现间接上市的会计处理

非上市公司以持有的对子公司的投资等资产为对价取得上市公司的控制权，构成反向购买的，上市公司编制合并财务报表时应当按以下情况分别处理。

(1)交易发生时，上市公司未持有任何资产负债或仅持有现金、交易性金融资产等不构成业务的资产或负债，上市公司在编制合并财务报表时，购买企业应按照权益性交易原则进行处理，不得确认商誉或确认计入当期损益。

(2)交易发生时，上市公司保留的资产、负债构成业务的，对于形成非同一控制下的企业合并的，企业合并成本与取得的上市公司可辨认净资产公允价值份额的差额应当确认为商誉或计入当期损益。

业务是指企业内部某些生产经营活动或资产、负债的组合，该组合具有投入、加工处理过程和产出能力，能够独立计算成本费用或所产生的收入等，目的在于为投资提供股利、降低成本或带来其他经济利益，某项资产或资产负债组合是否构成业务，应当结合企业实际情况进行判断。

非上市公司取得上市公司的控制权，构成反向购买的，上市公司在其个别财务报表中应按照相应的原则确认取得资产的入账价值。上市公司的前期比较个别财务报表应当为其自身个别财务报表。

【例 8-8】甲集团、乙集团、A 公司和 B 企业有关资料如下。

(1)某上市公司 A 公司从事机械制造业务，甲集团持有 A 公司 40%股权，乙集团持有房地产公司 B 企业 90%股权，甲集团将持有的 A 公司 40%股权，按 3 000 万元的价格转让给乙集团，甲、乙集团之间无关联关系。

(2)A 公司将除货币资金 200 万元、持有的 1 000 万元上市公司 S 公司股权以外的所有资产和负债出售给甲集团。出售净资产按资产评估值作价 14 800 万元。

(3)A 公司向乙集团发行股份，购买乙集团所拥有的 B 企业 90%股权。发行股份总额为 5 000 万股，每股面值 1 元，发行价格为 8 元/股。购买资产按资产评估值作价 40 000 万元。

交易完成后，A 公司主营业务由机械制造业务变更为房地产业务。A 公司发行股份后总股本为 15 000 万股，乙集团持有 A 公司股份为 9 000 万股，占本次发行后公司总股本的 60%，成为 A 公司的控股股东。

(4)B 企业合并日和 A 公司资产处置后简要资产负债表如表 8-8 所示。

表 8-8　B 企业合并日和 A 公司资产处置后简要资产负债表　　单位：万元

项目	B 企业	A 公司		合并数据
		资产处置后	向乙集团发行股份后	
流动资产	43 000	15 000		
可供出售金融资产		1 000		

续表

项目	B 企业	A 公司		合并数据
		资产处置后	向乙集团发行股份后	
长期股权投资				
其他非流动资产	50 000			
资产合计	93 000	16 000		
负债总额	43 000	—		
股本	6 000	10 000		
资本公积	5 000	500		
盈余公积	6 400	3 500		
未分配利润	32 600	2 000		
股东权益总额	50 000	16 000		
负债及股东权益合计	93 000	16 000		

（5）假定不考虑相关税费及利润分配因素。

要求：根据材料回答下列问题。

（1）判断上述重组是否反向购买，并说明理由。

（2）判断 A 公司重组后的资产是否构成业务，并说明理由。

（3）编制 A 公司向乙集团发行股份的会计分录。

（4）计算合并日合并财务报表中股本的数量及金额。

（5）填列合并日简要资产负债表中 A 公司向乙集团发行股份后的数据及合并数据。

分析如下。

（1）属于反向购买。

理由：上述重组合并完成后，乙集团控股 A 公司，控制其生产经营决策。

（2）不构成业务。

理由：业务是指企业内部某些生产经营活动或资产负债的组合，该组合具有投入、加工处理过程和产出能力，能够独立计算成本费用或所产生的收入。A 公司出售资产后，仅剩下现金、可供出售金融资产，A 公司保留的资产不构成业务。

（3）A 公司向乙集团发行股份的会计分录如下。

借：长期股权投资　　40 000

　　贷：股本　　5 000

　　　　资本公积——股本溢价　　35 000

（4）合并数量反映母公司（A 公司）发行在外普通股数量，即 15 000 万股；合并后 B 企业原股东（乙集团）持有 A 公司的股权比例为 60%（9 000/15 000），如果假定 B 企业发行本企业普通股在合并后主体享有同样的股权比例，则 B 企业应当发行的普通股股数为 3 600（6 000 × 90%/60%−6 000 × 90%）万股，股本金额=6 000 × 90%+3 600=9 000（万元）。

（5）填列结果如表 8-9 所示。

表 8-9　填列结果

单位：万元

项目	B 企业	A 公司		合并数据
		资产处置后	向乙集团发行股份后	
流动资产	43 000	15 000	15 000	58 000
可供出售金融资产		1 000	1 000	1 000
长期股权投资			40 000	
其他非流动资产	50 000			50 000
资产合计	93 000	16 000	56 000	109 000
负债总额	43 000	—	—	43 000
股本	6 000	10 000	15 000	9 000
资本公积	5 000	500	35 500	16 900
盈余公积	6 400	3 500	3500	6 400 × 90% =5 760
未分配利润	32 600	2 000	2 000	32 600 × 90% =29 340
少数股东权益				50 000 × 10% =5 000
股东权益总额	50 000	16 000	56 000	66 000
负债及股东权益合计	93 000	16 000	56 000	109 000

四、购买子公司少数股权的处理

企业在取得对子公司的控制权形成企业合并后，自子公司的少数股东处购买少数股东全部或部分权益的，实质上是股东之间的权益性交易，应当分别对母公司个别财务报表以及合并财务报表进行处理：

（1）母公司个别财务报表中，母公司自子公司少数股东处新取得的长期股权投资，按长期股权投资准则规定确定其入账价值；

（2）在合并财务报表中，子公司的资产、负债应以购买日（或合并日）开始持续计算的金额反映。

股权交易日，母公司新取得的长期股权投资与按照新增持股比例计算应享有子公司自购买日（或合并日）开始持续计算的可辨认净资产份额之间的差额，应当调整合并财务报表中的资本公积（资本溢价或股本溢价），资本公积（资本溢价或股本溢价）的余额不足冲减的，调整留存收益。

按此处理，新增持股比例部分在合并财务报表中不确认商誉。

【例 8-9】A 公司于 2021 年 12 月 29 日以 20 000 万元取得 B 公司 70%的股权，能够对 B 公司实施控制，形成非同一控制下的企业合并。2022 年 12 月 25 日，A 公司又出资 7 500 万元自 B 公司的其他股东处取得 B 公司 20%的股权。本例中 A 公司与 B 公司的少数股东在相关交易发生前不存在任何关联方关系。

（1）2021 年 12 月 29 日，A 公司在取得 B 公司 70%的股权时，B 公司可辨认净资产公允价值总额为 25 000 万元。

(2)2022 年 12 月 25 日，B 公司有关资产、负债的账面价值、自购买日开始持续计算的金额(对母公司的价值)如表 8-10 所示。

表 8-10 B 公司有关资产、负债的账面价值、自购买日开始持续计算的金额(对母公司的价值) 单位:万元

项目	B 公司有关资产、负债的账面价值	B 公司有关资产、负债自购买日开始持续计算的金额(对母公司的价值)
存货	1 250	1 250
应收款项	6 250	6 250
固定资产	10 000	11 500
无形资产	2 000	3 000
其他资产	5 500	8 000
应付款项	1 500	1 500
其他负债	1 000	1 000
净资产	22 500	27 500

要求及分析如下。

(1)确定 A 公司对 B 公司长期股权投资的成本。

2021 年 12 月 29 日为该非同一控制下的企业合并的购买日，A 公司对 B 公司长期股权投资的成本为 20 000 万元。

2022 年 12 月 25 日，A 公司在进一步取得 B 公司 20%的少数股权时，支付价款 7 500 万元。

该项长期股权投资在 2022 年 12 月 25 日的账面余额为 27 500 万元。

(2)编制合并财务报表时的处理。

①商誉的计算。

A 公司取得对 B 公司 70%股权时产生的商誉=20 000−25 000 × 70%=2 500(万元)

在合并财务报表中应体现的商誉总额为 2 500 万元。

②所有者权益的调整。

合并财务报表中，B 公司的有关资产、负债应以其对母公司 A 公司的价值进行合并，即与新取得的 20%股权相对应的被投资单位可辨认资产、负债的金额=27 500 × 20%=5 500(万元)。

因购买少数股权新增加的长期股权投资成本 7 500 万元与按照新取得的股权比例(20%)计算确定应享有子公司自购买日开始持续计算的可辨认净资产份额 5 500 万元之间的差额为 2 000 万元，在合并资产负债表中调整所有者权益相关项目，首先调整资本公积(资本溢价或股本溢价)，在资本公积(资本溢价或股本溢价)的金额不足冲减的情况下，调整留存收益(盈余公积和未分配利润)。

五、不丧失控制权情况下处置部分对子公司的投资的处理

企业对子公司投资后，如将持有的子公司部分股权出售，但出售后仍保留对被投资单位

控制权，被投资单位仍为其子公司的情况下，出售股权的交易应当区别母公司个别财务报表和合并财务报表分别处理。

（1）从母公司个别财务报表角度，出售股权的交易应作为对长期股权投资的处置，确认有关处置的损益。即出售股权取得的价款或对价的公允价值与所处置投资账面价值的差额，应作为投资收益或是投资损失计入处置投资当期母公司的个别利润表。

（2）从合并财务报表的角度，因出售部分股权后，母公司仍能够对被投资单位实施控制，被投资单位应当纳入母公司合并财务报表中。合并财务报表中，处置长期股权投资取得的价款（或对价的公允价值）与处置长期股权投资相对应享有子公司净资产的差额应当计入资本公积（资本溢价或股本溢价），资本公积（资本溢价或股本溢价）的余额不足冲减的，应当调整留存收益。

按国际财务报告准则规定，母公司在子公司中所有者权益的变动，如不能导致其控制权的丧失，则应当按照权益交易进行会计处理（即与所有者以其所有者身份进行的交易）。这意味着这些变动的利得或损失均不能计入损益。在企业合并中，获取控制权是一项重要的经济事项，该事项导致了对企业合并中取得的所有资产（包括商誉）及承担的负债的初始确认，其后发生的与所有者间的交易不应当影响这些资产和负债的计量。

按此规定，个别财务报表中确认的投资收益在合并财务报表中是不存在的，在合并财务报表中应将其分解为三个部分，转入资本公积、调整合并财务报表所有者权益和商誉。

【例 8-10】甲公司 2019 年 7 月 1 日取得乙公司 80%的股份，取得时支付款项 340 万元，购买日乙公司可辨认净资产公允价值为 320 万元。2021 年 1 月 1 日，甲公司将持有的乙公司股份的 1/4 对外出售，售价为 100 万元，出售日乙公司按购买日公允价值持续计算的可辨认净资产价值为 360 万元，出售部分投资后，甲公司仍能够对乙公司实施控制。

对出售部分投资，甲公司个别财务报表和合并财务报表的会计处理如图 8-2 所示。

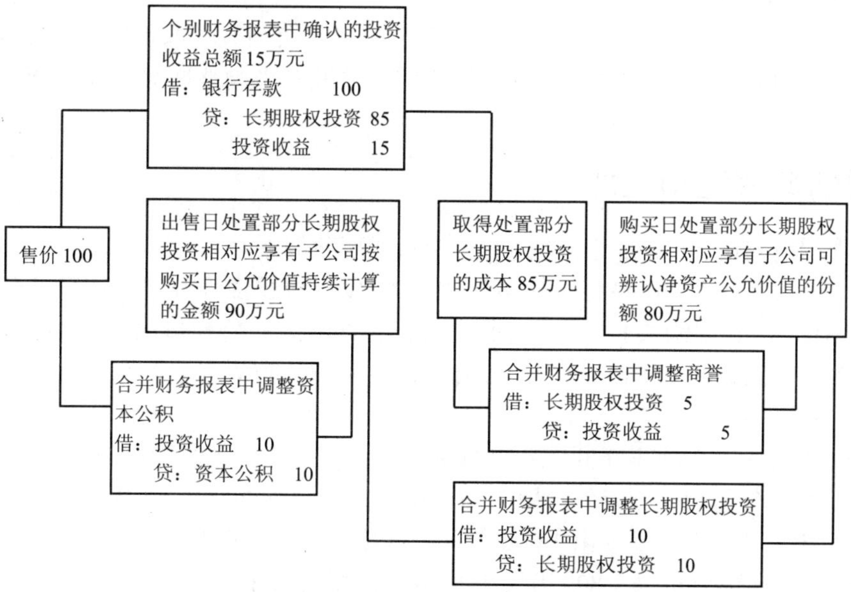

图 8-2　甲公司个别财务报表和合并财务报表的会计处理（单位：万元）

图 8-2 中，个别财务报表中确认投资收益总额=售价-取得时成本=100-85=15（万元）。合并财务报表中不确认投资收益，将个别财务报表中确认的投资收益冲销，①确认资本公积减少 10 万元；②若编制合并财务报表时由成本法调整为权益法，则调减投资收益 10 万元，调减长期股权投资 10 万元；③恢复商誉（反映在长期股权投资中），增加 5 万元。

注意：

（1）合并财务报表中不确认投资收益；

（2）合并财务报表中的商誉不因持股比例改变而改变；

（3）合并财务报表中确认资本公积的金额为售价与出售日处置部分长期股权投资相对应享有子公司按购买日公允价值持续计算的金额的差额。

【例 8-11】甲公司于 2021 年 2 月 20 日取得乙公司 80%的股权，成本为 8 600 万元，购买日乙公司可辨认净资产公允价值总额为 9 800 万元。假定该项合并为非同一控制下的企业合并，且按照税法规定该项合并为应税合并。2022 年 1 月 2 日，甲公司将其持有的对乙公司长期股权投资中的 25%对外出售，取得价款 2 600 万元。出售投资当日，乙公司自甲公司取得其 80%股权之日持续计算的应当纳入甲公司合并财务报表的可辨认净资产总额为 12 000 万元。该项交易后，甲公司仍能够控制乙公司的财务和生产经营决策。

本例中甲公司出售部分持有的乙公司股权后，因仍能够对乙公司实施控制，故该交易属于不丧失控制权情况下处置部分对子公司的投资的交易，甲公司应当分别对个别财务报表和合并财务报表进行处理。

（1）甲公司个别财务报表。

借：银行存款	26 000 000	
贷：长期股权投资		21 500 000
投资收益		4 500 000

（2）甲公司合并财务报表。

出售股权交易日，在甲公司合并财务报表中，出售乙公司股权取得的价款 2 600 万元与所处置股权相对应乙公司净资产 2 400 万元之间的差额应当调整增加合并资产负债表中的资本公积。

六、被购买方的会计处理

【例 8-12】甲公司 2022 年度发生的有关交易或事项如下。

（1）1 月 1 日，与乙公司签订股权转让协议，以发行权益性证券方式取得乙公司持有的丙公司的 80%的股权。购买日，甲公司所发行权益性证券的公允价值为 12 000 万元，丙公司可辨认净资产账面价值为 13 000 万元，公允价值为 16 000 万元。购买日前，甲公司、乙公司不存在关联方关系。

购买日，丙公司有一项正在开发并符合资本化条件的生产工艺专有技术，已资本化金额为 560 万元，公允价值为 650 万元。甲公司取得丙公司 80%的股权后，丙公司继续开发该项目，购买日至年末共发生开发支出 1 000 万元。该项目年末仍在开发中。

（2）2 月 5 日，甲公司以 1 800 万元的价格从产权交易中心竞价获得一项专利权，另支付相关税费 90 万元。为推广由该专利权生产的产品，甲公司发生宣传广告费用 25 万元、展览费 15 万元。该专利权预计使用 5 年,预计净残值为零,采用直线法摊销。

(3)7 月 1 日,甲公司与丁公司签订合同,自丁公司购买管理系统软件,合同价款为 5 000 万元,款项分 5 次支付,其中合同签订之日支付购买价款的 20%,其余款项分 4 次自次年起每年 7 月 1 日支付 1 000 万元。管理系统软件购买价款的现值为 4 546 万元,折现率为 5%。该软件预计使用 5 年,预计净残值为零,采用直线法摊销。

要求:根据上述资料,不考虑其他因素,回答下列第(1)题至第(4)题。

(1)下列各项关于甲公司对取得丙公司股权的会计处理的表述中,正确的是(　　)。

A. 取得丙公司股权作为同一控制下的企业合并处理

B. 对丙公司长期股权投资的初始投资成本按 12 000 万元计量

C. 在购买日合并财务报表中合并取得的无形资产按 560 万元计量

D. 合并成本大于购买日丙公司可辨认净资产账面价值份额的差额确认为商誉

分析:选项 A,甲公司和乙公司不具有关联方关系,所以属于非同一控制下的企业合并;选项 B,非同一控制下的企业合并,应该按照合并成本作为长期股权投资的初始投资成本;选项 C,因开发未结束,已资本化的金额应在“开发支出”项目反映,不确认无形资产;选项 D,合并成本大于购买日丙公司可辨认净资产公允价值份额的差额确认为商誉。

(2)甲公司竞价取得专利权的入账价值是(　　)万元。

A.1 800　　B.1 890　　C.1 915　　D.1 930

分析:无形资产(专利权)入账价值=1 800+90=1 890(万元)。外购的无形资产,其成本包括购买价款、相关税费以及直接归属于使该项资产达到预定用途所发生的其他支出。下列各项不包括在无形资产的初始成本中:①为引入新产品进行宣传发生的广告费、管理费用及其他间接费用;②无形资产已经达到预定用途以后发生的费用。

(3)下列各项关于甲公司对管理系统软件的会计处理的表述中,正确的是(　　)。

A. 每年实际支付的管理系统软件价款计入当期损益

B. 管理系统软件自 8 月 1 日起在 5 年内平均摊销计入损益

C. 管理系统软件确认为无形资产并按 5 000 万元进行初始计量

D. 管理系统软件合同价款与购买价款现值之间的差额在付款期限内分摊计入损益

分析:管理系统软件应该按照购买价款的现值 4 546 万元作为入账价值,故选项 A、C 错误,选项 D 正确;无形资产当月增加,当月开始摊销,故自 7 月 1 日开始摊销,故选项 B 错误。

(4)下列各项关于甲公司于 2022 年 12 月 31 日资产、负债账面价值的表述中,正确的是(　　)。

A. 长期应付款为 4 000 万元

B. 无形资产(专利权)为 1 543.5 万元

C. 无形资产(管理系统软件)为 4 500 万元

D. 长期股权投资(对丙公司的投资)为 12 800 万元

分析:长期应付款的账面余额为 4 000 万元,账面价值应扣除未确认融资费用的金额,故选项 A 错误;无形资产(专利权)账面价值=1 890−1 890/5 × 11/12=1 543.5(万元),故选项 B 正确;无形资产(管理系统软件)账面价值=4 546−4 546/5 × 6/12=4 091.4(万元),故选项 C

错误;长期股权投资(对丙公司的投资)账面价值为初始投资成本 12 000 万元。

七、相关例题

【例 8-13】甲公司和乙公司 2021 年度和 2022 年度发生的有关交易或事项如下。

(1)2021 年 5 月 20 日,乙公司的客户(丙公司)因产品质量问题向法院提起诉讼,请求法院裁定乙公司赔偿损失 120 万元,截至 2021 年 6 月 30 日,法院尚未对上述案件作出判决,在向法院了解情况并向法院顾问咨询后,乙公司判断该产品质量诉讼案件发生赔偿损失的可能性小于 50%。

2021 年 12 月 31 日,乙公司对丙公司产品质量诉讼案件进行了评估,认定该诉讼案状况与 2021 年 6 月 30 日相同。

2022 年 6 月 5 日,法院对丙公司产品质量诉讼案件作出判决,驳回丙公司的诉讼请求。

(2)因丁公司无法支付甲公司货款 3 500 万元,甲公司 2021 年 6 月 8 日与丁公司达成债务重组协议。协议约定,双方同意丁公司以其持有的乙公司的 60%股权按照公允价值作价 3 300 万元,用以抵偿其欠付甲公司货款 3 500 万元。甲公司对上述应收账款已计提坏账准备 1 300 万元。

2021 年 6 月 20 日,上述债务重组协议经甲公司、丁公司董事会和乙公司股东会批准。2021 年 6 月 30 日,乙公司的股东变更登记手续办理完成。同日,乙公司的董事会进行了改选,改选后董事会由 7 名董事组成,其中甲公司委派 5 名董事。乙公司章程规定,其财务和经营决策须经董事会 1/2 以上成员通过才能实施。

2021 年 6 月 30 日,乙公司可辨认净资产的账面价值为 4 500 万元,除表 8-11 中的项目外,其他可辨认资产、负债的公允价值与其账面价值相同。

表 8-11 乙公司部分项目账面价值与公允价值 单位:万元

项目	账面价值	公允价值
固定资产	1 000	1 500
或有负债	—	20

上述固定资产的成本为 3 000 万元,原预计使用 30 年,截至 2021 年 6 月 30 日已使用 20 年,预计尚可使用 10 年。乙公司对上述固定资产采用年限平均法计提折旧,预计净残值为零。上述或有负债为乙公司因丙公司产品质量诉讼案件而形成的。

(3)2021 年 12 月 31 日,甲公司对乙公司的商誉进行减值测试。在进行商誉的减值测试时,甲公司将乙公司的所有资产认定为一个资产组,而且判断该资产组的所有可辨认资产不存在减值迹象。甲公司估计乙公司资产组的可收回金额为 5 375 万元。

(4)2022 年 6 月 28 日,甲公司与戊公司签订股权置换合同,合同约定:甲公司以其持有的乙公司的 60%股权与戊公司所持有的辛公司的 30%股权进行置换;甲公司所持有的乙公司的 60%股权的公允价值为 4 000 万元,戊公司所持有的辛公司的 30%股权的公允价值为 2 800 万元,戊公司另支付补价 1 200 万元。2022 年 6 月 30 日,乙公司、辛公司的股东变更登记手续办理完成，同时甲公司收到了戊公司支付的补价 1 200 万元。

（5）其他资料如下。

①甲公司与丁公司、戊公司不存在任何关联方关系。甲公司在债务重组取得乙公司 60%股权前，未持有乙公司股权。乙公司未持有任何公司的股权。

②乙公司 2021 年 7 月 1 日至 12 月 31 日期间实现净利润 200 万元。2022 年 1 月 1 日至 6 月 30 日期间实现净利润 260 万元。除实现的净利润外，乙公司未发生其他影响所有者权益变动的事项。

③本题不考虑税费及其他影响事项。

要求：根据上述材料，回答下列问题。

（1）针对丙公司产品质量诉讼案件，判断乙公司在其 2021 年 12 月 31 日资产负债表中是否应当确认预计负债，并说明判断依据。

（2）判断甲公司通过债务重组取得乙公司 60%股权的交易是否应当确认债务重组损失，并说明判断依据。

（3）确定甲公司通过债务重组合并乙公司的购买日，并说明确定依据。

（4）计算甲公司通过债务重组取得乙公司股权时应当确认的商誉。

（5）判断甲公司 2021 年 12 月 31 日是否应当对乙公司的商誉计提减值准备，并说明判断依据（需要计算的，列出计算过程）。

（6）判断甲公司与戊公司进行的股权置换交易是否构成非货币性资产交换，并说明判断依据。

（7）计算甲公司因股权置换交易而应分别在其个别财务报表和合并财务报表中确认的损益。

【答案】

（1）针对丙公司产品质量诉讼案件，乙公司在其 2021 年 12 月 31 日资产负债表中不应当确认预计负债。

判断依据：乙公司判断发生赔偿损失的可能性小于 50%，诉讼案件不太可能导致经济利益流出企业，故不符合预计负债确认条件。

（2）甲公司不应该确认债务重组损失。

判断依据：甲公司取得的股权的公允价值为 3 300 万元，大于应收账款的账面价值 2 200（3 500−1 300）万元。甲公司取得股权的公允价值和应收账款账面价值之间的差额，应该冲减资产减值损失。

（3）甲公司通过债务重组合并乙公司的购买日为 2021 年 6 月 30 日。

判断依据：上述债务重组协议经甲公司、丁公司董事会和乙公司股东会批准，2021 年 6 月 30 日，乙公司的股东变更登记手续办理完成，且甲公司向丁公司收取应收账款的权利终止，表明丁公司已经支付全部购买价款，同日，乙公司的董事会进行了改选，甲公司能够控制乙公司财务和经营决策。

（4）乙公司可辨认净资产公允价值=4 500+（1 500−1 000−20）=4 980（万元）。

甲公司实际付出的成本为 3 300 万元，按照持股比例计算得到的享有份额=4 980×60%=2 988（万元）。应该确认的商誉金额=3 300−2 988=312（万元）。

（5）甲公司2021年12月31日应当对乙公司的商誉计提减值准备。

判断依据如下。

乙公司可辨认净资产按照购买日的公允价值持续计算的账面价值=4 980+200–（1 500–1 000）/10×6/12=5 155（万元）。

包括完全商誉的乙公司可辨认资产的账面价值=5 155+312/60%=5 675（万元）。

由于可收回金额5 375万元小于5 675万元，所以商誉发生了减值，因减值损失总额为300万元，而完全商誉金额=312÷60%=520（万元），所以减值损失均应冲减商誉。

甲公司应确认的商誉减值的金额=300×60%=180（万元）。

（6）甲公司与戊公司进行的股权置换交易不构成非货币性资产交换。

判断依据：甲公司收取的货币性资产占换出资产公允价值的比例=1 200/4 000=30%，该比例超过了25%。

（7）甲公司在个别财务报表上确认的股权置换损益=4 000–3 300=700（万元）。

甲公司因股权置换交易而应在其合并财务报表中确认的损益=4 000–（5 155+260–25+20）×60%–（312–180）=622（万元）。

【例8-14】为扩大市场份额，经股东大会批准，甲公司2021年和2022年实施了并购和其他有关交易。

（1）并购前，甲公司与相关公司之间的关系如下。

① A公司直接持有B公司30%的股权，同时受托行使其他股东所持有B公司18%股权的表决权。B公司董事会由11名董事组成，其中A公司派出6名。

B公司章程规定，其财务和经营决策经董事会三分之二以上成员通过即可实施。

② B公司持有C公司60%股权，持有D公司100%股权。

③ A公司和D公司分别持有甲公司30%股权和29%股权。甲公司董事会由9人组成，其中A公司派出3人，D公司派出2人。甲公司章程规定，其财务和经营决策经董事会半数以上成员通过即可实施。

（2）与并购交易相关的资料如下。

① 2021年5月20日，甲公司与B公司签订股权转让合同。合同约定：甲公司向B公司购买其持有的C公司的60%股权；以C公司2021年5月31日经评估确认的净资产值为基础确定股权转让价格；甲公司以定向增发一定数量的本公司普通股和一宗土地使用权作为对价支付给B公司；定向增发的普通股数量以甲公司2021年5月31日前20天普通股的平均市场价格为基础计算。上述股权转让合同于2021年6月15日分别经甲公司和B公司、C公司股东大会批准。

2021年5月31日，C公司可辨认净资产经评估确认的公允价值为11 800万元。按照股权转让合同的约定，甲公司除向B公司提供一宗土地使用权外，将向B公司定向增发800万股本公司普通股作为购买C公司股权的对价。

2021年7月1日，甲公司向B公司定向增发本公司800万股普通股，当日甲公司股票的市场价格为每股5.2元。土地使用权人变更手续和C公司工商变更登记手续亦于2021年7月1日办理完成，当日作为对价的土地使用权成本为2 000万元，累计摊销600万元，未计提减值准备，公允价值为3 760万元；C公司可辨认净资产的账面价值为8 000万元，公允价值为 12 000 万元。C 公司可辨认净资产公允价值与账面价值的差额系由以下两项资产所致：一栋办公用房，成本为 9 000 万元，已计提折旧 3 000 万元，公允价值为 8 000 万元；一项管理用软件，成本为 3 000 万元，累计摊销 1 500 万元，公允价值为 3 500 万元。上述办公用房于 2016 年 6 月 30 日取得，预计使用 15 年，预计净残值为零，采用年限平均法计提折旧；上述管理用软件于 2016 年 7 月 1 日取得，预计使用 10 年，预计净残值为零，采用直线法摊销。

2021 年 7 月 1 日，甲公司对 C 公司董事会进行改组，改组后的 C 公司董事会由 11 名成员组成，其中甲公司派出 7 名。C 公司章程规定，其财务和经营决策经董事会半数以上成员通过即可实施。

② 2022 年 6 月 30 日，甲公司以 3 600 万元现金购买 C 公司的 20%股权。当日，C 公司可辨认净资产公允价值为 14 000 万元。C 公司工商变更登记手续于当日办理完成。

③自甲公司取得 C 公司 60%股权起至 2021 年 12 月 31 日期间，C 公司利润表中实现净利润 1 300 万元；除实现的净损益外，C 公司未发生其他所有者权益项目的变动。

2022 年 1 月 1 日至 6 月 30 日期间，C 公司利润表中实现净利润 1 000 万元；除实现的净损益外，C 公司未发生其他所有者权益项目的变动。

自甲公司取得 C 公司 60%股权后，C 公司未分配现金股利。

④ 2022 年 6 月 30 日，甲公司个别资产负债表中股东权益项目构成为：股本 8 000 万元，资本公积 12 000 万元，盈余公积 3 000 万元，未分配利润 5 200 万元。

本题中各公司按年度净利润的 10%提取法定盈余公积，不提取任意盈余公积。本题中 C 公司没有子公司，不考虑税费及其他因素影响。

要求：根据上述资料，回答下列问题。

（1）判断甲公司取得 C 公司 60%股权的交易的企业合并类型，并说明理由。如该企业合并为同一控制下的企业合并，计算取得 C 公司 60%股权时应当调整资本公积的金额；如为非同一控制下的企业合并，计算取得 C 公司 60%股权时形成商誉或计入当期损益的金额。

（2）计算甲公司取得 C 公司 60%股权的成本，并编制相关会计分录。

（3）判断甲公司购买 C 公司 20%股权时是否形成企业合并，并说明理由；计算甲公司取得 C 公司 20%股权的成本，并编制相关会计分录。

（4）以甲公司取得 C 公司 60%股权时确定的 C 公司资产、负债价值为基础，计算 C 公司自甲公司取得其 60%股权时起至 2021 年 12 月 31 日期间的净利润。

（5）以甲公司取得 C 公司 60%股权时确定的 C 公司资产、负债价值为基础，计算 C 公司 2022 年 1 月 1 日至 2022 年 6 月 30 日期间的净利润。

（6）计算甲公司 2022 年 6 月 30 日合并资产负债表中的资本公积、盈余公积和未分配利润项目的金额。

【答案】

（1）属于非同一控制下的企业合并。

理由：A 公司在 B 公司的董事人数未超过 2/3，合并前甲公司和 C 公司不受同一集团管理当局控制。合并时形成的商誉=（800 × 5.2+3 760）−12 000 × 60%=720（万元）。

（2）甲公司取得C公司60%股权的成本=800×5.2+3 760=7 920（万元）。

会计分录如下（单位：万元）。

借：长期股权投资　7 920

　　累计摊销　600

　　贷：股本　800

　　　　资本公积——股本溢价　3 360

　　　　无形资产　2 000

　　　　营业外收入　2 360

（3）不形成企业合并。理由：购买子公司少数股权，控制权和报告主体没有发生变化。

甲公司取得C公司20%股权的成本为3 600万元。

会计分录如下（单位：万元）。

借：长期股权投资　3 600

　　贷：银行存款　3 600

（4）净利润=1 300−[8 000−（9 000−3 000）]÷（15−5）÷2−[3 500−（3 000−1 500）]÷（10−5）÷2=1 000（万元）。

（5）净利润=1 000−[8 000−（9 000−3 000）]÷（15−5）÷2−[3 500−（3 000−1 500）]÷（10−5）÷2=700（万元）。

（6）C公司按购买日公允价值持续计算的2022年6月30日的所有者权益=12 000+1 000+700=13 700（万元）。

合并财务报表中因购买子公司少数股权调减的资本公积=3 600−13 700×20%=860（万元）。

资本公积=12 000−860=11 140（万元），盈余公积3 000万元，未分配利润=5 200+（1 000+700）×60%=6 220（万元）。

本章小结

企业合并亦称“公司合并”，指两个或者两个以上的企业通过订立合并协议，依照有关法律法规的规定，将资产合为一体，组成一个新企业的行为过程。企业合并的结果是，新企业的资产等于各个合并企业的资产总和。

同一控制下的企业合并下，参与合并的企业在合并前后均受同一方或相同的多方最终控制且该控制并非暂时性的。按照合并日取得被合并方所有者权益账面价值的份额作为初始投资成本。合并方取得的净资产账面价值与支付的合并对价账面价值（或发行股份面值总额）的差额，应当调整资本公积（资本溢价或股本溢价）；资本公积（资本溢价或股本溢价）不足冲减的，调整留存收益。合并方为进行企业合并发生的各项直接相关费用，包括为进行企业合并而支付的审计费用、评估费用、法律服务费等，应当于发生时计入当期损益。

非同一控制下的企业合并下，参与合并的企业在合并前后不受同一方或相同的多方最终控制。企业合并成本包括购买方为进行企业合并支付的现金或非现金资产、发行债券或承担的其他债务、发行的权益性证券等在购买日的公允价值。

思考题

1. 同一控制下和非同一控制下的企业合并的处理原则是什么？

2. 什么是控股合并？

3. 什么是吸收合并？

4. 多次交易分步实现的企业合并的会计处理原则是什么？

5. 反向购买的处理原则是什么？

6. 购买子公司少数股权和不丧失控制情况下处置部分子公司的投资的处理思路是什么？

案例分析

【案例描述】

A 上市公司（以下简称 A 公司）于 2022 年 3 月 31 日通过定向增发本公司普通股对 B 公司进行合并，取得 B 公司 80%的股权。假定不考虑所得税影响，该项业务的有关资料如下。

（1）2022 年 3 月 31 日，A 公司通过定向增发本公司普通股，以 2 股换 1 股的比例自 B 公司原股东 C 公司处取得了 B 公司的股权。B 公司的全部股东中假定只有其中的 80%以原持有的对 B 公司的股权换取了 A 公司增发的普通股。A 公司共发行了 2 000（1 250 × 80% × 2）万股普通股。

（2）A 公司普通股在 2022 年 3 月 31 日的公允价值为每股 28.75 元，B 公司普通股当日的公允价值为每股 40 元。A 公司、B 公司每股普通股的面值均为 1 元。

（3）2022 年 3 月 31 日，除 A 公司固定资产的公允价值总额较账面价值总额高 1 000 万元、B 公司无形资产的公允价值总额较账面价值总额高 6 000 万元以外，A、B 公司其他资产、负债项目的公允价值与其账面价值相同。

（4）假定 A 公司与 B 公司在合并前不存在任何关联方关系。

（5）A 公司及 B 公司在合并前简化资产负债表如表 8-12 所示。

要求：根据上述材料，回答下列问题。

（1）编制 A 公司购买日的会计分录，并计算合并后 A 公司个别财务报表中股东权益各项目的金额。

（2）判断该项企业合并是否属于反向购买，并说明理由；如果属于，计算 B 公司的合并成本以及合并商誉；如果不属于，计算 A 公司的合并成本以及合并商誉。（计算发行的股票数量时保留整数）

（3）计算 A 公司 2022 年 3 月 31 日合并资产负债表各项目的合并金额。

表 8-12 A 公司、B 公司合并前简化资产负债表 单位:万元

项目	A 公司		B 公司	
	账面价值	公允价值	账面价值	公允价值
其他权益工具投资	6 000	6 000	2 250	2 250
固定资产	4 000	5 000	18 000	18 000
无形资产	13 000	13 000	20 000	26 000
资产总额	23 000	24 000	40 250	46 250
应付账款	500	500	500	500
长期借款	1 000	1 000	9 500	9 500
负债总额	1 500	1 500	10 000	10 000
股本	1 500		1 250	
资本公积	1 000		9 000	
盈余公积	4 000		0	
未分配利润	15 000		20 000	
所有者权益合计	21 500	22 500	30 250	36 250

【案例解析】

(1)A 公司在购买日的会计分录如下。

借:长期股权投资 (2 000 × 28.75)57 500

贷:股本 2 000

资本公积——股本溢价 55 500

合并后 A 公司的股东权益为:股本=1 500+2 000=3 500(万元);资本公积=1 000+55 500=56 500(万元);盈余公积=4 000(万元);未分配利润=15 000(万元)。

(2)首先,该项企业合并属于反向购买:

理由:A 公司在该项企业合并中向 B 公司原股东 C 公司增发了 2 000 万股普通股,合并后 B 公司原股东 C 公司持有 A 公司的股权比例为 57.14%(2 000/(1 500+2 000)× 100%),对于该项企业合并,虽然在合并中发行权益性证券的一方为 A 公司,但因其生产经营决策的控制权在合并后由 B 公司原股东 C 公司所拥有,B 公司应为购买方(法律上的子公司),A 公司为被购买方(法律上的母公司),所以该项企业合并属于反向购买。

其次,假定 B 公司发行本公司普通股对 A 公司进行企业合并,在合并后主体享有同样的股权比例,在计算 B 公司发行的普通股数量时,不考虑少数股权的因素,B 公司应当发行的普通股股数为 750(1 250 × 80%/57.14%-1 250 × 80%;或 A 公司的原股数 1500/A 公司的换股比例 2)万股。

B 公司的合并成本=750 × 40=30 000(万元)。

B 公司未参与股权交换的股东拥有 B 公司的股份为 20%,享有 B 公司合并前净资产的份额=30 250 × 20%=6 050(万元),在合并财务报表中应作为少数股东权益列示。合并商誉=30 000-22 500=7 500(万元)。

(3)A 公司 2022 年 3 月 31 日合并资产负债表各项目的合并金额如表 8-13 所示。

表 8-13 A 公司 2022 年 3 月 31 日合并资产负债表 单位:万元

项目	A 公司	B 公司	合并金额
其他权益工具投资	6 000	2 250	6 000+2 250=8 250
长期股权投资	57 500		57 500+0-57 500=0
固定资产	4 000	18 000	(4 000+1 000)+18 000=23 000
无形资产	13 000	20 000	13 000+20 000=33 000
商誉			7 500
资产总额	80 500	40 250	71 750
应付账款	500	500	500+500=1 000
长期借款	1 000	9 500	1 000+9 500=10 500
负债总额	1 500	10 000	11 500
股本	1 500+2000=3500	1 250	1 250 × 80%+750=1 750
资本公积	1 000+55 500=56 500	9 000	9 000 × 80%+(30 000-750)=36 450
盈余公积	4000		0
未分配利润	15 000	20 000	20 000 × 80%=16 000
少数股东权益	0	0	30 250 × 20%=6 050
所有者权益合计	79 000	30 250	60 250

自测题

一、单项选择题

1. 下列各项中,不属于企业合并准则中所界定的企业合并的是(　　)。

A.A 公司通过发行债券自 B 公司原股东处取得 B 公司的全部股权,交易事项发生后 B 公司仍维持其独立法人资格持续经营

B.A 公司以其资产作为出资投入 B 公司,取得对 B 公司的控制权,交易事项发生后 B 公司仍维持其独立法人资格继续经营

C.A 公司支付对价取得 B 公司全部净资产,交易事项发生后 B 公司失去法人资格

D.A 公司购买 B 公司 40%的股权,对 B 公司的生产经营决策产生重大影响

2.2017 年 12 月 31 日, A 公司董事会作出决议,准备购买甲公司股份; 2018 年 1 月 1 日, A 公司取得甲公司 20%的股份,能够对甲公司施加重大影响; 2019 年 7 月 1 日, A 公司又取得甲公司 35%的股份,从而能够对甲公司实施控制; 2020 年 1 月 1 日,A 公司又取得甲公司 5%的股份,持股比例达到 60%。A 公司和甲公司在交易发生前无关联方关系,根据上述 A 公司对甲公司所进行的股权交易资料判断购买日为(　　)。

A.2017 年 12 月 31 日　　B.2018 年 1 月 1 日

C.2019 年 7 月 1 日　　D.2020 年 1 月 1 日

3.2020 年 1 月 1 日,甲公司以其一台生产用设备作为对价从乙公司的原股东处取得乙

公司 70%的股权，能够控制乙公司的生产经营决策。当日，乙公司可辨认净资产的账面价值为 7 600 万元，公允价值为 8 300 万元；甲公司作为对价的生产设备原价为 5 150 万元，已累计提取折旧 800 万元，未计提减值准备，当日的公允价值为 5 200 万元，增值税税额为 884 万元。甲公司为进行该项企业合并另支付资产评估费、审计费等 50 万元。相关资产所有权转移手续和股权过户手续于 2020 年 1 月 1 日办理完毕。甲公司和乙公司在此之前不存在任何关联方关系。假定，该项交易前甲公司和乙公司采用的会计政策相同，不考虑所得税影响。2020 年 1 月 1 日，甲公司合并资产负债表中应确认的商誉金额为(　　)万元。

A.274　　B.391　　C.490　　D.764

4. 甲公司为上市公司，于 2021 年 9 月 30 日通过定向增发本公司普通股对乙企业进行合并，以 2 股换 1 股的比例自乙企业股东处取得了乙企业全部股权(非同一控制下的企业合并)。合并前甲公司流通股 1 200 万股，2021 年 9 月 30 日甲公司普通股的公允价值为 15 元/股，可辨认净资产账面价值 15 000 万元，公允价值为 17 000 万元；合并前乙企业可辨认净资产账面价值 30 000 万元，其中股本 1 600 万元，每股面值 1 元，留存收益 28 400 万元。以下合并财务报表中有关项目不正确的是(　　)。

A. 合并日股本为 2 200 万元　　B. 合并日留存收益为 28 400 万元

C. 合并日资本公积为 17 400 万元　　D. 合并日商誉为 3 000 万元

5.2021 年 1 月 1 日，M 公司通过向 N 公司股东定向增发 1 500 万股普通股(每股面值为 1 元，市价为 4 元)，取得 N 公司 70%的股权，并控制 N 公司，另以银行存款支付财务顾问费 100 万元。双方约定，如果 N 公司未来 3 年平均净利润增长率超过 10%，M 公司需要另外向 N 公司原股东支付 80 万元的合并对价；当日，M 公司预计 N 公司未来 3 年平均净利润增长率很可能达到 12%。该项交易前，M 公司与 N 公司及其控股股东不存在关联方关系。不考虑其他因素，M 公司该项企业合并的合并成本为(　　)万元。

A.6 000　　B.6 180　　C.6 240　　D.6 080

6. 甲公司和乙公司为同一集团下的两个子公司。2020 年 4 月 1 日，甲公司以一项无形资产为对价取得乙公司 70%的股权，另为企业合并支付了审计咨询等费用 20 万元。甲公司该项无形资产原值 600 万元，预计使用年限 10 年，至购买股权当日已经使用了 4 年，无预计净残值，采用直线法计提摊销，当日该无形资产的公允价值为 500 万元；另约定若乙公司 2020 年度盈利超过 1 000 万元，则甲公司须另向乙公司原股东支付 50 万元。同日，乙公司所有者权益账面价值总额为 600 万元，公允价值为 750 万元，甲公司预计乙公司 2020 年度盈利很可能达到 1 200 万元，假定甲公司和乙公司采用的会计政策及会计期间均相同，则甲公司取得该项长期股权投资时应确认的资本公积为(　　)万元。

A.30　　B.10　　C.25　　D.20

7. 下列关于企业合并的表述中，符合企业会计准则规定的是(　　)。

A. 企业合并是将两个或两个以上单独的企业合并形成一个企业的交易

B. 购买子公司的少数股权属于企业合并

C. 仅同受国家控制的企业之间发生的合并，因参与合并各方在合并前后均受国家控制而应作为同一控制下的企业合并

D. 如果一个企业取得另一个企业的控制权，当被购买方不构成业务时，该交易不形成

企业合并

8. 下列关于同一控制下的企业合并的会计处理方法中不正确的是(　　)。

A. 合并方在合并中确认取得的被合并方的资产、负债仅限于被合并方账面上原已确认的资产和负债

B. 合并方对同一控制下的吸收合并中取得的资产、负债应当按照相关资产、负债在被合并方的原账面价值入账

C. 以支付现金、转让非现金资产方式进行的合并,所确认的净资产入账价值与支付的现金、非现金资产账面价值的差额直接计入当期损益

D. 对于同一控制下的控股合并,应视同合并后形成的报告主体自最终控制方开始实施控制时一直是一体化存续下来的

9. 企业合并过程中发生的各项直接相关费用,一般应计入(　　)

A. 合并成本　　B. 管理费用　　C. 财务费用　　D. 资本公积

10. 非同一控制下以某固定资产进行的控股合并,购买日该固定资产的公允价值与账面价值的差额计入(　　)

A. 营业外收支　　B. 投资收益　　C. 商誉　　D. 资本公积

二、多项选择题

1. 下列关于非同一控制下的企业合并的会计处理的表述中,正确的有(　　)。

A. 购买日为实际取得被购买方控制权的日期

B. 合并成本大于合并取得的可辨认净资产公允价值份额的差额应作为合并商誉在合并资产负债表中列示

C. 为取得股权投资支付的相关直接费用应计入合并成本

D. 为取得股权投资支付的相关直接费用应计入当期损益

2. 在法律上的子公司发行的普通股股数在比较期间内和自反向购买发生期间的期初至购买日之间未发生变化的情况下,下列关于每股收益分母的计算中错误的有(　　)。

A. 发生反向购买当期,用于计算每股收益的发行在外普通股加权平均数应区分自当期期初至购买日和自购买日至期末发行在外的普通股数量考虑

B. 发生反向购买当期,用于计算每股收益的发行在外普通股加权平均数为法律上的母公司实际发行在外的普通股数量

C. 发生反向购买当期,用于计算每股收益的发行在外普通股加权平均数为法律上的母公司向法律上的子公司股东发行的普通股数量

D. 比较合并财务报表的基本每股收益,应以在反向购买中法律上的子公司向法律上的母公司股东发行的普通股股数计算确定

3. 非上市公司购买上市公司股权实现间接上市的,交易发生时,上市公司未持有任何资产、负债或仅持有现金、交易性金融资产等不构成业务的资产或负债的,上市公司在编制合并财务报表时,下列会计处理正确的有(　　)。

A. 购买企业应按照权益性交易的原则进行处理

B. 企业合并成本与取得的上市公司可辨认净资产公允价值份额的差额不得确认商誉

C. 企业合并成本与取得的上市公司可辨认净资产公允价值份额的差额不得确认当期损益

D. 企业合并成本与取得的上市公司可辨认净资产公允价值份额的差额应当确认为商誉或是计入当期损益

4. 下列关于反向购买情况下合并财务报表金额填列的表述中,正确的有(　　)。

A. 非流动资产金额=被购买方非流动资产公允价值(含长期股权投资)+购买方非流动资产账面价值

B. 股本数量反映被购买方股票数量

C. 流动负债=被购买方流动负债公允价值+购买方流动负债账面价值

D. 股本金额=购买方合并前发行在外的股份面值 × 被购买方持有购买方股份的比例+假定购买方在确定该项企业合并过程中新发行的权益工具的面值

5. 下列关于同一控制下的企业合并的说法中,正确的有(　　)。

A. 合并日编制合并财务报表,应当将被合并方在企业合并前实现的留存收益中归属于合并方的部分予以恢复

B. 在企业合并之前(即合并日之前),参与合并各方在最终控制方的控制下的时间一般在 1 年以上(含 1 年),企业合并后所形成的报告主体在最终控制方的控制下的时间也应达到 1 年以上(含 1 年)

C. 同受国家控制的企业之间发生的合并,也属于同一控制下的企业合并

D. 合并方在合并中确认取得的被合并方的资产、负债仅限于被合并方账面上原已确认的资产和负债,合并中不产生新的资产和负债

6. 企业发生的下列相关费用的会计处理中,说法不正确的有(　　)。

A. 同一控制下的企业合并,为进行企业合并支付的审计费用、资产评估费用以及有关的法律咨询费用等直接费用,应于发生时直接计入当期损益

B. 同一控制下的企业合并,为进行企业合并支付的审计费用、资产评估费用以及有关的法律咨询费用等直接费用,应计入企业的合并成本

C. 以发行债券方式进行的企业合并,与发行债券相关的佣金、手续费等,应作为企业合并相关直接费用计入当期损益

D. 以发行权益性证券作为合并对价的,与所发行权益性证券相关的佣金、手续费等,应计入当期投资收益

7. 下列关于同一控制下合并利润表的编制的表述正确的有(　　)。

A. 被合并方在合并前实现的净利润应在合并利润表中单独列示

B. 合并利润表应包含合并方及被合并方自合并当期期初至合并日实现的净利润

C. 合并方和被合并方在合并当期所发生的内部交易,应当按照合并财务报表的有关原则进行抵销

D. 合并利润表应包含合并方及被合并方自合并日至资产负债表日实现的净利润

8. 下列关于非同一控制下企业合并成本在取得的可辨认资产和负债之间的分配的说法中,正确的有(　　)。

A. 取得的无形资产在其公允价值能够可靠计量的情况下应单独予以确认

B. 对于购买方在企业合并时可能需要代购买方承担的或有负债,在其公允价值能够可靠计量的情况下,应作为合并中取得的负债单独确认

C. 对于被购买方在企业合并前已经确认的商誉和递延所得税项目,不应予以考虑

D. 企业合并中对于或有负债的确认条件,与企业在正常经营过程中因或有事项需要确认负债的条件相同

9. 下列有关企业合并的相关表述中,正确的有(　　)。

A. 企业合并分为同一控制下的企业合并和非同一控制下的企业合并

B. 是否形成企业合并,与是否构成业务无关

C. 企业合并中报告主体的变化取决于控制权的变化

D. 企业合并根据合并方式划分,包括控股合并、吸收合并和新设合并

三、综合题

1. 甲公司、乙公司 2021 年度有关交易或事项如下。

(1)2020 年 10 月,甲公司与乙公司控股股东丙公司签订协议,协议约定:甲公司向乙公司控股股东丙公司定向增发本公司普通股股票 1 400 万股,以取得丙公司持有的乙公司的 70%股权。甲公司定向发行的股票按规定确定为每股 13 元,双方确定的评估基准日为 2020 年 9 月 30 日。

(2)甲公司该并购事项于 2020 年 12 月 10 日经监管部门批准,作为对价定向发行的股票于 2020 年 12 月 31 日发行,当日收盘价为每股 15 元,实现对乙公司财务和经营决策的控制,交易后丙公司拥有甲公司发行在外普通股的 5%。甲公司为定向增发普通股股票,支付券商佣金及手续费 300 万元;为核实乙公司资产价值,支付资产评估费 20 万元;相关款项已通过银行支付。

(3)当日,乙公司净资产账面价值为 24 000 万元,其中:股本 6 000 万元、资本公积 5 000 万元、盈余公积 1 500 万元、未分配利润 11 500 万元。乙公司可辨认净资产的公允价值为 27 000 万元(不含递延所得税因素)。乙公司可辨认净资产账面价值与公允价值的差额系由以下两项资产所致:①一批库存商品,成本为 8 000 万元,未计提存货跌价准备,公允价值为 8 600 万元;②一栋办公楼,成本为 20 000 万元,累计折旧 6 000 万元,未计提减值准备,公允价值为 16 400 万元。上述库存商品于 2021 年 12 月 31 日前全部实现对外销售;上述办公楼预计自 2016 年 1 月 1 日起剩余使用年限为 10 年,预计净残值为零,采用年限平均法计提折旧。上述资产均未计提减值,其计税基础与按历史成本计算确定的账面价值相同。

甲公司和乙、丙公司在此项交易前不存在关联方关系。有关资产在该项交易后预计使用年限、预计净残值、折旧和摊销方法保持不变。

(4)2021 年 1 月 1 日,甲公司又支付 5 亿元自乙公司其他股东处进一步购入乙公司 30%的股权。乙公司个别财务报表显示,其 2021 年度实现净利润为 3 500 万元。

(5)2022 年 10 月,甲公司与其另一子公司(丁公司)协商,将持有的全部乙公司股权转让给丁公司。以乙公司 2022 年 10 月 31 日评估值 36 000 万元为基础,丁公司向甲公司定向发行本公司普通股 1 300 万股(每股面值 1 元),按规定确定为每股 20 元。有关股份于 2022 年 12 月 31 日发行,丁公司于当日开始主导乙公司生产经营决策。当日,丁公司每股

股票收盘价为21元,乙公司可辨认净资产公允价值为36 200万元。

乙公司个别财务报表显示,其2022年度实现净利润为4 000万元。

(6)其他有关资料如下。

①本题中各公司适用的所得税税率均为25%,除所得税外,不考虑其他因素。

②乙公司没有子公司和其他被投资单位,在甲公司取得其控制权后未进行利润分配,除实现的净利润外,无其他影响所有者权益变动的事项。

③甲公司取得乙公司控制权后,每年末对商誉进行的减值测试表明商誉未发生减值。

④甲公司与乙公司均以公历年度作为会计年度,采用相同的会计政策。

要求:根据上述资料,回答下列问题。

(1)根据资料(1)、(2)和(3),确定甲公司合并乙公司的企业合并类型,并说明理由;确定该项企业合并的合并日或购买日,计算确定其合并成本,并编制甲公司个别财务报表中购买日或合并日的相关会计分录。

(2)根据资料(1)、(2)和(3),计算合并中取得可辨认净资产公允价值及合并中应予确认的商誉或计入当期损益的金额,并编制合并工作底稿中合并日或购买日调整分录及母公司长期股权投资与子公司所有者权益抵销的会计分录。

(3)根据资料(4)和(5),确定丁公司合并乙公司的企业合并类型,并说明理由;确定该项合并的购买日或合并日,计算乙公司应纳入丁公司合并财务报表的净资产价值并编制丁公司确认对乙公司长期股权投资的会计分录。

2.A公司于2022年9月1日以账面价值7 000万元(原值8 000万,已提减值1 000万元),公允价值为9 000万元的固定资产交换甲公司对B公司的80%股权,使B公司成为A公司的子公司,另发生直接税费60万元,合并日B公司所有者权益账面价值为8 000万元。参与合并各方合并前后属同一集团公司。

要求:作出A公司会计分录。

第九章　合并财务报表

学习目标与要求

通过对本章的学习,了解并掌握:

1. 合并财务报表的概念及其认定;
2. 合并范围的确定;
3. 同一控制下合并财务报表的会计处理;
4. 非同一控制下合并财务报表的会计处理;
5. 内部交易的抵销原则。

第一节　合并财务报表概述

一、合并财务报表概念及其产生

合并财务报表又称合并会计报表。它是以母公司和子公司组成的企业集团为一会计主体,以母公司和子公司单独编制的个别财务报表为基础,由母公司编制的综合反映企业集团财务状况、经营成果及现金流量的财务报表。

二、合并财务报表的特点及其作用

(1)合并财务报表反映的是母公司和子公司所组成的企业集团整体的财务状况、经营成果及现金流量的情况,反映的对象是由若干个法人组成的会计主体,是经济意义上的会计主体,而不是法律意义上的主体。

(2)合并财务报表由企业集团中的母公司编制。

(3)合并财务报表以个别财务报表为基础编制。

三、合并财务报表的编制原则

(一)合并财务报表的种类

合并财务报表主要包括合并资产负债表、合并利润表、合并所有者权益变动表和合并现金流量表。

(二)合并财务报表的编制原则

(1)以个别财务报表为基础编制。

(2)一体性原则。

(3)重要性原则。

第二节　合并范围的确定

一、控制的概念

控制，是指一个企业能够决定另一个企业的财务和经营政策，并能据以从该另一个企业的经营活动中获取利益的权利，是指投资方拥有的对被投资方的权利。投资方通过参与被投资方的相关活动而享有可变回报，并且有能力运用对被投资方的权利影响其回报金额。

二、合并财务报表的合并范围

（一）以控制为基础确定合并范围

合并财务报表的合并范围应当以控制为基础予以确定。

投资方要实现控制，必须具备两项基本要素：一是因涉入被投资方而享有可变回报；二是拥有对被投资方的权利，并且有能力运用对被投资方的权利影响其回报金额。投资方只有同时具备上述两个要素时，才能控制被投资方。

（二）纳入合并范围的特殊情况——对被投资方可分割部分的控制

在少数情况下，如果有确凿证据表明同时满足下列条件并且符合相关法律法规规定的，投资方应当将被投资方的一部分视为被投资方可分割的部分，进而判断是否控制该部分（可分割部分）。

（1）该部分的资产是偿付该部分负债或该部分其他利益方的唯一来源，不能用于偿还该部分以外的被投资方的其他负债。

（2）除与该部分相关的各方外，其他方不享有与该部分资产相关的权利，也不享有与该部分资产剩余现金流量相关的权利。

实质上该部分的所有资产、负债及其他相关权益均与被投资方的剩余部分相隔离，即该部分的资产产生的回报不能由该部分以外的被投资方其他部分享有，该部分的负债也不能用该部分以外的被投资方资产偿还。

如果被投资方的一部分资产和负债及其他相关权益满足上述条件，构成可分割部分，则投资方应当基于控制的判断标准确定其是否能控制该可分割部分，考虑该可分割部分的相关活动及其决策机制，投资方是否目前有能力主导可分割部分的相关活动并据以从中取得可变回报。如果投资方控制可分割部分，则应对其进行合并。

（三）合并范围的豁免——投资性主体

1. 豁免规定

母公司应当将其全部子公司（包括母公司所控制的被投资单位的可分割部分、结构化主体）纳入合并范围。但是，如果母公司是投资性主体，则只应将那些为投资性主体的投资活动提供相关服务的子公司纳入合并范围，其他子公司不应予以合并，母公司对其他子公司的投资应当按照公允价值计量且其变动计入当期损益。

一个投资性主体的母公司如果其本身不是投资性主体，则应当将其控制的全部主体，包括投资性主体以及通过投资性主体间接控制的主体，纳入合并财务报表范围。

2. 投资性主体的定义

当母公司同时满足以下条件时，该母公司属于投资性主体。

（1）该公司以向投资方提供投资管理服务为目的，从一个或多个投资者处获取资金。这是投资性主体与其他主体的显著区别。

（2）该公司的唯一经营目的，是通过资本增值、投资收益或两者兼有而让投资者获得回报。例如，如果一个基金在募集说明书中说明其投资的目的是实现资本增值、一般情况下的投资期限较长、制定了比较清晰的投资退出战略等，则这些描述与投资性主体的经营目的是一致的；反之，如果该基金的经营目的是与被投资方合作开发、生产或者销售某种产品，则其不是投资性主体。

【例题·多选题】甲公司（非投资性主体）为乙公司、丙公司的母公司，乙公司为投资性主体，拥有两家全资子公司，两家子公司均不为乙公司的投资活动提供相关服务，丙公司为股权投资基金，拥有两家联营企业，丙公司对其拥有的两家联营企业按照公允价值考核和评价管理层业绩。不考虑其他因素，下列关于甲公司、乙公司和丙公司对其所持股权投资的会计处理中，正确的（　　）。

A. 乙公司不应编制合并财务报表

B. 丙公司在个别财务报表中对其拥有的两家联营企业的投资应按照公允价值计量，公允价值变动计入当期损益

C. 乙公司在个别财务报表中对其拥有的两家子公司应按照公允价值计量，公允价值变动计入当期损益

D. 甲公司在编制合并财务报表时，应将通过乙公司间接控制的两家子公司按公允价值计量，公允价值变动计入当期损益

【正确答案】ABC

第三节　合并财务报表编制的前期准备事项及其程序

一、合并财务报表编制的前期准备事项

（1）统一母公司、子公司的会计政策。

（2）统一母公司、子公司的资产负债表日及会计期间。

（3）对子公司以外币表示的财务报表进行折算。

（4）收集编制合并财务报表的相关资料。

二、合并财务报表的编制程序

（1）设置合并工作底稿。

（2）将母公司、子公司的个别资产负债表、利润表及所有者权益变动表各项目的数据过入合并工作底稿，并在合并工作底稿中对母公司和子公司个别财务报表各项目的数据进行加总，计算得出个别资产负债表、个别利润表及个别所有者权益变动表各项目合计金额。

（3）编制调整分录和抵销分录。

(4)计算合并财务报表各项目的合并金额。

(5)填列合并财务报表。

三、编制合并财务报表需要抵销的项目

作为企业集团不存在的事项均应抵销,具体可参见后续内容。

第四节 长期股权投资与所有者权益的合并处理(同一控制下)

一、同一控制下取得子公司合并日合并财务报表的编制

1. 同一控制下企业合并的处理原则

(1)合并方在合并中确认取得的被合并方的资产、负债仅限于被合并方账面上原已确认的资产和负债,合并中不产生新的资产和负债,也不产生新的商誉,但被合并方在企业合并前账面上原已确认的商誉应作为合并中取得的资产确认。

(2)合并方在合并中取得的被合并方各项资产、负债应维持其在被合并方的原账面价值。被合并方在企业合并前采用的会计政策与合并方不一致的,首先统一会计政策,即合并方应当按照本企业会计政策对被合并方资产、负债的账面价值进行调整,并以调整后的账面价值作为有关资产、负债的入账价值。

(3)母公司在将购买取得的子公司股权登记入账后,在编制合并日合并资产负债表时,只需将对子公司长期股权投资与子公司所有者权益中母公司所拥有的份额相抵销。

发生的审计、评估和法律服务等相关费用计入管理费用,不涉及抵销处理的问题。

【例题·单选题】甲公司拥有对四家公司的控制权,其下属子公司的会计政策和会计估计均符合会计准则规定,不考虑其他因素,甲公司在编制 2021 年合并财务报表时,对其子公司进行的下述调整中,正确的是(　　)。

A. 将子公司(乙公司)1 年以内应收账款坏账准备的计提比例由 3%调整为与甲公司相同的计提比例 5%

B. 对 2021 年通过同一控制下的企业合并取得的子公司(丁公司),将其固定资产、无形资产的折旧和摊销年限按照与甲公司相同的期限进行调整

C. 将子公司(丙公司)投资性房地产的后续计量模式由成本模式调整为与甲公司相同的公允价值模式

D. 将子公司(戊公司)闲置不用但没有明确处置计划的机器设备由固定资产调整为持有待售非流动资产并相应调整后续计量模式

【正确答案】C

2. 合并日编制合并财务报表的调整抵销会计分录

1)合并资产负债表

被合并方的有关资产、负债应以其账面价值并入合并财务报表,这里的账面价值是指被

合并方的有关资产、负债（包括最终控制方收购被合并方而形成的商誉）在最终控制方财务报表中的账面价值。抵销分录如下。

借：股本
　　资本公积
　　盈余公积
　　未分配利润
　　商誉（最终控制方收购被合并方而形成的）
　　贷：长期股权投资
　　　　少数股东权益

注：同一控制下的企业合并下，如果抵销分录出现商誉，说明子公司是最终控制方外购的。

在合并资产负债表中，对于被合并方在企业合并前实现的留存收益（盈余公积和未分配利润之和）中归属于合并方的部分，应按以下原则，自合并方的资本公积转入盈余公积和未分配利润。

①确认企业合并形成的长期股权投资后，合并方账面资本公积（资本溢价或股本溢价）贷方余额大于被合并方在合并前实现的留存收益中归属于合并方的部分，在合并资产负债表中，应将被合并方在合并前实现的留存收益中归属于合并方的部分，体现在合并工作底稿中：

借：资本公积（按照被合并方留存收益 × 母公司所占比例，冲减母公司的资本公积）
　　贷：盈余公积（被合并方盈余公积 × 母公司所占比例）
　　　　未分配利润（被合并方未分配利润 × 母公司所占比例）

②确认企业合并形成的长期股权投资后，合并方账面资本公积（资本溢价或股本溢价）贷方余额小于被合并方在合并前实现的留存收益中归属于合并方的部分，在合并资产负债表中，应以合并方资本公积（资本溢价或股本溢价）的贷方余额为限，将被合并方在企业合并前实现的留存收益中归属于合并方的部分自“资本公积”转入“盈余公积”和“未分配利润”。在合并工作底稿中，借记“资本公积”项目，贷记“盈余公积”和“未分配利润”项目。

因合并方的资本公积（资本溢价或股本溢价）余额不足，被合并方在合并前实现的留存收益中归属于合并方的部分在合并资产负债表中未予全额恢复的，合并方应当在报表附注中对这一情况进行说明。

2）合并利润表

在合并方编制的合并日合并利润表中，应包含合并方及被合并方自合并当期期初至合并日实现的净利润。双方在当期发生的交易，应当按照合并财务报表的有关原则进行抵销。

例如，同一控制下的企业合并发生于 2022 年 7 月 31 日，合并方当日编制的合并利润表中，应包括合并方及被合并方自 2022 年 1 月 1 日至 2022 年 7 月 31 日实现的净利润。

为了帮助企业的会计信息使用者了解合并利润表中净利润的构成，发生同一控制下的企业合并的当期，合并方在合并利润表中的“净利润”项下应单列“其中：被合并方在合并前实现的净利润”项目，反映合并当期期初至合并日自被合并方带入的损益。

3)合并现金流量表

在合并方编制的合并日合并现金流量表中,应包含合并方及被合并方自合并当期期初至合并日产生的现金流量。涉及双方当期发生内部交易产生的现金流量的,应按照合并财务报表准则规定的有关原则进行抵销。

【例 9-1】甲公司 2022 年 1 月 1 日以 28 600 万元的价格取得 A 公司 80%的股权，A 公司净资产的公允价值为 35 000 万元。甲公司在购买 A 公司过程中发生审计、评估和法律服务等相关费用 120 万元。上述价款均以银行存款支付。甲公司与 A 公司均为同一控制下的企业。A 公司采用的会计政策与甲公司一致。由于 A 公司与甲公司均为同一控制下的企业,其交易按同一控制下的企业合并的规定进行处理。根据 A 公司资产负债表，A 公司股东权益总额为 32 000 万元,其中股本为 20 000 万元,资本公积为 8 000 万元,盈余公积为 1 200 万元,未分配利润为 2 800 万元。合并后,甲公司在 A 公司股东权益中所拥有的份额为 25 600 万元。甲公司对 A 公司长期股权投资的初始投资成本为 28 600 万元。至于购买该股权过程中发生的审计、评估等相关费用,则直接计入当期损益,即计入当期管理费用。

借：长期股权投资——A 公司	256 000 000	
管理费用	1 200 000	
资本公积	30 000 000	
贷：银行存款		287 200 000

在同一控制下取得子公司长期股权投资后,母公司采用成本法对其进行核算,并以成本法核算的结果在母公司个别财务报表之中反映。

在本例中,对于甲公司为购买 A 公司所发生的审计、评估和法律服务等相关费用实际上已支付给会计师事务所等中介机构,不属于甲公司与 A 公司所构成的企业集团的内部交易,不涉及抵销处理的问题。编制合并日合并资产负债表时,甲公司应当进行如下抵销处理。

借：股本	200 000 000	
资本公积	80 000 000	
盈余公积	12 000 000	
未分配利润	28 000 000	
贷：长期股权投资		256 000 000
少数股东权益		64 000 000

【例 9-2】A、B 公司分别为甲公司控制下的两家子公司。2022 年 3 月,A 公司与 B 公司控股股东甲公司签订协议,协议约定:A 公司向甲公司定向发行本公司普通股股票 6 000 万股(每股面值 1 元)以换取甲公司持有的 B 公司 80%的股权，A 公司该并购事项于 2022 年 5 月 4 日经监管部门批准,作为对价定向发行的股票于 2022 年 6 月 30 日发行,当日收盘价为每股 18 元。A 公司于 6 月 30 日起主导 B 公司财务和经营决策。合并后 B 公司仍维持其独立法人资格继续经营。合并日 B 公司资产、负债的账面价值为 20 000 万元。假定 A、B 公司采用的会计政策相同。合并日,甲公司合并财务报表中有关 A 公司及 B 公司的所有者权益构成如表 9-1 所示。

表 9-1 A、B 公司所有者权益构成 单位:万元

A 公司		B 公司	
项目	金额	项目	金额
股本	36 000	股本	6 000
资本公积	10 000	资本公积	2 000
盈余公积	8 000	盈余公积	4 000
未分配利润	20 000	未分配利润	8 000
合计	74 000	合计	20 000

要求:编制A公司在合并日个别财务报表和合并财务报表的会计分录。

(1)A公司在合并日个别财务报表的会计处理如下。

A公司长期股权投资账面价值=20 000×80%=16 000(万元)

借:长期股权投资 160 000 000

贷:股本 60 000 000

资本公积——股本溢价 100 000 000

(2)A公司在合并日合并财务报表的会计处理如下。

①抵销A公司的长期股权投资账面价值与B公司所有者权益账面价值。

B公司所有者权益账面价值=20 000×20%=4 000(万元)

借:股本 60 000 000

资本公积 20 000 000

盈余公积 40 000 000

未分配利润 80 000 000

贷:长期股权投资 160 000 000

少数股东权益 40 000 000

②对于企业合并前B公司实现的留存收益中归属于合并方的部分应自资本公积(资本溢价或股本溢价)转入盈余公积和未分配利润。

盈余公积=4 000×80%=3 200(万元)

未分配利润=8 000×80%=6 400(万元)

借:资本公积 96 000 000

贷:盈余公积 32 000 000

未分配利润 64 000 000

二、直接投资及同一控制下取得子公司合并日后合并财务报表的编制

(一)长期股权投资由按成本法调整为按权益法核算的结果

按照权益法调整对子公司的长期股权投资,在合并工作底稿中应编制的调整分录为:对于应享有子公司当期实现净利润的份额,借记"长期股权投资"科目,贷记"投资收益"科目;按照应承担子公司当期发生的亏损份额,借记"投资收益"科目,贷记"长期股权投资"等科目。

对于当期收到的子公司分派的现金股利或利润，应借记“投资收益”科目，贷记“长期股权投资”科目。

对于子公司除净损益以外所有者权益的其他变动，在持股比例不变的情况下，按母公司应享有或应承担的份额，借记或贷记“长期股权投资”科目，贷记或借记“资本公积”科目。

调整分录如下。

（1）投资当年。

①调整被投资单位盈利。

借：长期股权投资

　　贷：投资收益

②调整被投资单位亏损。

借：投资收益

　　贷：长期股权投资

③调整被投资单位分派的现金股利。

借：投资收益

　　贷：长期股权投资

④调整子公司除净损益以外所有者权益的其他变动（假定所有者权益增加）。

借：长期股权投资

　　贷：资本公积——本年

（2）连续编制合并财务报表。

应说明的是，本期合并财务报表中年初“所有者权益”各项目的金额应与上期合并财务报表中的期末“所有者权益”对应项目的金额一致，因此上期编制合并财务报表时涉及股本（或实收资本）、资本公积、盈余公积项目的，在本期编制合并财务报表调整和抵销分录时均应用“股本——年初”“资本公积——年初”和“盈余公积——年初”项目代替；对于上期编制调整和抵销分录时涉及利润表中的项目及所有者权益变动表“未分配利润”栏目的项目，在本期编制合并财务报表调整分录和抵销分录时均应用“未分配利润——年初”项目代替。

①调整以前年度被投资单位盈利。

借：长期股权投资

　　贷：未分配利润——年初

②调整被投资单位本年盈利。

借：长期股权投资

　　贷：投资收益

③调整被投资单位本年亏损。

借：投资收益

　　贷：长期股权投资

④调整被投资单位以前年度分派的现金股利。

借：未分配利润——年初

　　贷：长期股权投资

⑤调整被投资单位当年分派的现金股利。

借：投资收益

　　贷：长期股权投资

⑥调整子公司以前年度除净损益以外所有者权益的其他变动。

借：长期股权投资

　　贷：资本公积——年初

⑦调整子公司除净损益以外所有者权益的其他变动（假定所有者权益增加）。

借：长期股权投资

　　贷：资本公积——本年

【例 9-3】假设 P 公司能够控制 S 公司，S 公司为股份有限公司。2020 年 12 月 31 日，P 公司个别资产负债表中对 S 公司的长期股权投资的金额为 2 600 万元，拥有 S 公司 80%的股份。P 公司在个别资产负债表中采用成本法核算该项长期股权投资。

2020 年 1 月 1 日，P 公司用银行存款 2 600 万元购得 S 公司 80%的股份（假定 P 公司与 S 公司的企业合并属于同一控制下的企业合并）。

2020 年 1 月 1 日，S 公司股东权益总额为 3 500 万元，其中股本为 2 000 万元，资本公积为 1 500 万元，盈余公积为 0 元，未分配利润为 0 元。

2020 年，S 公司实现净利润 1 000 万元，提取法定公积金 100 万元，分派现金股利 600 万元，未分配利润为 300 万元。S 公司因持有的可供出售的金融资产的公允价值变动计入当期资本公积的金额为 100 万元。

2021 年 S 公司实现净利润 1 200 万元，提取法定公积金 120 万元，无其他所有者权益变动。

假定 S 公司的会计政策和会计期间与 P 公司一致，不考虑 P 公司和 S 公司的内部交易及合并资产、负债的所得税影响。

要求：根据上述材料，完成如下会计分录。

（1）编制 P 公司 2020 年 1 月 1 日取得 S 公司 80%股份的会计分录。

（2）在合并财务报表中编制 2020 年 12 月 31 日对长期股权投资的调整分录。

（3）在合并财务报表中编制 2021 年 12 月 31 日对长期股权投资的调整分录。

分析如下。

（1）P 公司 2020 年 1 月 1 日取得 S 公司股份的会计分录如下（单位：万元）。

借：长期股权投资　　2 800（3 500 × 80%）

　　贷：银行存款　　2 600

　　　　资本公积　　200

（2）2020 年 12 月 31 日对长期股权投资的调整分录如下（单位：万元）。

借：长期股权投资　　800（1 000 × 80%）

　　贷：投资收益　　800

借：投资收益　　480（600 × 80%）

　　贷：长期股权投资　　480

借：长期股权投资　　80（100 × 80%）

贷：资本公积 80

（3）2021 年 12 月 31 日对长期股权投资的调整分录如下（单位：万元）。

借：长期股权投资 800（1 000 × 80%）

贷：未分配利润——年初 800

借：未分配利润——年初 480（600 × 80%）

贷：长期股权投资 480

借：长期股权投资 80（100 × 80%）

贷：资本公积——年初 80

借：长期股权投资 960（1 200 × 80%）

贷：投资收益 960

（二）合并抵销的处理

1. 母公司长期股权投资与子公司所有者权益的抵销

借：股本——年初

——本年

资本公积——年初

——本年

盈余公积——年初

——本年

未分配利润——年末（子公司）

贷：长期股权投资（母公司）

少数股东权益（子公司所有者权益 × 少数股东投资持股比例）

提示：在合并财务报表中，子公司少数股东分担的当期亏损超过了少数股东在该子公司期初所有者权益中所享有的份额的，其余额仍应当冲减少数股东权益。

2. 母公司对子公司、子公司相互之间持有对方长期股权投资的投资收益的抵销

借：投资收益

少数股东损益

未分配利润——年初

贷：提取盈余公积

对所有者（或股东）的分配

未分配利润——年末

【例 9-4】沿用【例 9-3】资料。

要求：（1）编制 2020 年与投资有关的抵销分录；（2）编制 2021 年与投资有关的抵销分录。

（1）2020 年与投资有关的抵销分录如下（单位：万元）。

借：股本——年初 2 000

——本年 0

资本公积——年初 1 500

——本年 100

盈余公积——年初　0

——本年　100

未分配利润——年末　300

贷：长期股权投资　3 200（2 800+800−480+80）

少数股东权益　800（（2 000+0+1 500+100+0+100+300）× 20%）

借：投资收益　800

少数股东损益　200（1 000 × 20%）

未分配利润——年初　0

贷：提取盈余公积　100

对所有者（或股东）的分配　600

未分配利润——年末　300

（2）2021 年与投资有关的抵销分录如下（单位：万元）。

借：股本——年初　2 000

——本年　0

资本公积——年初　1 600

——本年　0

盈余公积——年初　100

——本年　120

未分配利润——年末　1 380（300+1 200−120）

贷：长期股权投资　4 160（2 800+800−480+80+960）

少数股东权益　1 040（（2 000+0+1 600+0+100+120+1 380）× 20%）

借：投资收益　960

少数股东损益　240（1 200 × 20%）

未分配利润——年初　300

贷：提取盈余公积　120

对所有者（或股东）的分配　0

未分配利润——年末　1 380

【例 9-5】甲公司于 2022 年 1 月 1 日，以 28 600 万元的价格取得 A 公司 80%的股权，使其成为子公司。

A 公司 2022 年 1 月 1 日股东权益总额为 32 000 万元，其中股本为 20 000 万元，资本公积为 8 000 万元，盈余公积为 1 200 万元，未分配利润为 2 800 万元；2022 年 12 月 31 日，股东权益总额为 38 000 万元，其中股本为 20 000 万元，资本公积为 8 000 万元，盈余公积为 3 200 万元，未分配利润为 6 800 万元。

A 公司 2022 年全年实现净利润 10 500 万元，经公司董事会提议并经股东会批准，2022 年提取盈余公积 2 000 万元，向股东宣告分派现金股利 4 500 万元。

本例中，A 公司当年实现净利润 10 500 万元，经公司董事会提议并经股东会批准，2022 年提取盈余公积 2 000 万元，向股东宣告分派现金股利 4 500 万元。甲公司对 A 公司长期股权投资取得时的账面价值为 25 600 万元，2022 年 12 月 31 日仍为 25 600 万元，甲公司当年确认投资收益为 3 600 万元。

将成本法核算的结果调整为权益法核算的结果的相关的调整分录如下(单位:万元)。

借:长期股权投资——A 公司　　8 400
　　贷:投资收益　　8 400
借:投资收益　　3 600
　　贷:长期股权投资——A 公司　　3 600

经过上述调整后,甲公司对 A 公司长期股权投资的账面价值为 30 400(25 600+8 400−3 600)万元。甲公司对 A 公司长期股权投资账面价值 30 400 万元正好与母公司在 A 公司股东权益所拥有的份额相等。

接【例 9-5】,经过调整后甲公司对 A 公司长期股权投资的金额为 30 400 万元;A 公司股东权益总额为 38 000 万元,甲公司拥有 A 公司 80%的股权,即在子公司股东权益中拥有 30 400 万元;其余 20%则属于少数股东权益。

长期股权投资与子公司所有者权益抵销时,其抵销分录如下(单位:万元)。

借:股本　　20 000
　　资本公积　　8 000
　　盈余公积　　3 200
　　未分配利润　　6 800
　　贷:长期股权投资　　30 400
　　　　少数股东权益　　7 600

甲公司进行上述抵销处理时,其抵销分录如下(单位:万元)。

借:投资收益　　8 400
　　少数股东权益　　2 100
　　未分配利润——年初　　2 800
　　贷:提取盈余公积　　2 000
　　　　向股东分配利润　　4 500
　　　　未分配利润　　6 800

另外,本例中 A 公司本年宣告分派现金股利 4 500 万元,股利款项尚未支付, A 公司已将其计列应付股利 4 500 万元。甲公司根据 A 公司宣告的分派现金股利的公告,按照其所享有的金额,已确认应收股利,并在其资产负债表中计列应收股利 3 600 万元。这属于母公司与子公司之间的债权债务,在编制合并资产负债表时必须将其予以抵销,其抵销分录如下(单位:万元)。

借:应付股利　　3 600
　　贷:应收股利　　3 600

第五节　长期股权投资与所有者权益的合并处理（非同一控制下）

一、非同一控制下的企业合并中的会计处理原则

（1）企业合并成本在取得的可辨认资产和负债之间的分配。

①购买方在企业合并中取得的被购买方各项可辨认资产和负债，要作为本企业的资产、负债（或合并财务报表中的资产、负债）按照公允价值进行确认。

②企业合并中取得的无形资产的确认。购买方在对企业合并中取得的被购买方资产进行初始确认时，应当对被购买方拥有的但在其财务报表中未确认的无形资产进行充分辨认和合理判断，满足条件的，应确认为无形资产。

2020 年 1 月 1 日，甲公司与乙公司签订股权转让协议，取得乙公司持有的丙公司的 80%股权。购买日前，甲公司、乙公司不存在关联方关系。购买日，丙公司可辨认净资产账面价值为 13 000 万元，公允价值为 14 000 万元，假定其符合税法的免税条件，所得税税率为 25%，相关差额资料如下。

①购买日，丙公司有一项已经入账的无形资产为 5 600 万元，公允价值为 6 500 万元。

②购买日，丙公司有一项非专利技术，个别财务报表未确认无形资产，但其公允价值为 100 万元。

要求：甲公司合并财务报表如何确认取得的无形资产？编制甲公司购买日的调整分录。

在购买日甲公司合并财务报表中合并取得的无形资产按 6 600 万元（6 500+100）计量。甲公司购买日的调整分录如下（单位：万元）。

借：无形资产	1 000	
贷：递延所得税负债		250
资本公积		750

（2）企业合并中产生的或有负债的确认。

对于购买方在企业合并时可能需要代被购买方承担的或有负债，在购买日，可能相关的或有事项导致经济利益流出企业的可能性虽然比较小，但其公允价值能够合理确定的情况下，需要将或有负债作为合并中取得的负债确认。

A 公司合并 B 公司，之前两者不存在关联方关系。假定购买日被购买企业 B 公司存在一项未决诉讼，B 公司预计败诉的可能性为 40%，如果败诉很可能赔偿金额为 100 万元，即公允价值能够合理确定。假定其符合税法的免税条件，所得税税率为 25%。

要求：A 公司合并财务报表如何处理？编制 A 公司购买日调整分录。

按照会计准则规定，B 公司不确认预计负债，但是 A 公司在合并财务报表中，于购买日需要确认该负债。A 公司购买日调整分录如下（单位：万元）。

借：递延所得税资产　　25
　　资本公积　　75
　　贷：预计负债　　100

(3)被购买方在企业合并之前已确认的商誉和递延所得税项的处理。

对于被购买方在企业合并之前已经确认的商誉和递延所得税项目,购买方不应予以考虑,在按照规定确定了合并中应予确认的各项可辨认资产、负债的公允价值后,其计税基础与账面价值不同形成暂时性差异的,应当按照《企业会计准则第 18 号——所得税》的规定确认相应的递延所得税资产或递延所得税负债。

(4)企业合并成本与合并中取得的被购买方可辨认净资产公允价值份额之间差额的处理。

购买方对于企业合并成本与确认的被购买方可辨认净资产公允价值份额的差额,应视情况分别处理。

①企业合并成本大于合并中取得的被购买方可辨认净资产公允价值份额的差额,应确认为商誉。由于企业合并方式不同,在控股合并情况下,该差额是指合并财务报表中应予列示的商誉;在吸收合并情况下,该差额是购买方在其账簿及个别财务报表中应确认的商誉。商誉在确认以后,持有期间不要求摊销,企业应当按照《企业会计准则第 8 号——资产减值》的规定对其进行减值测试,对于可收回金额低于账面价值的部分,应计提减值准备。

②企业合并成本小于合并中取得的被购买方可辨认净资产公允价值份额的差额,应计入合并当期损益。在控股合并情况下,上述差额应体现在合并当期的合并利润表中。在吸收合并情况下,上述企业合并成本小于合并中取得的被购买方可辨认净资产公允价值的差额,应计入合并当期购买方的个别利润表。

(5)企业合并成本或合并中取得的可辨认资产、负债公允价值的调整。

按照购买法核算的企业合并,其处理的基本原则是确定公允价值,无论是作为合并对价付出的各项资产的公允价值,还是合并中取得的被购买方各项可辨认资产、负债的公允价值,如果在购买日或合并当期期末,因各种因素影响无法合理确定的,合并当期期末,购买方应以暂时确定的价值为基础进行核算。

①购买日后 12 个月内对有关价值量的调整。

合并当期期末,对合并成本或合并中取得的可辨认资产、负债以暂时确定的价值对企业合并进行处理的情况下,自购买日算起 12 个月内取得的进一步信息表明须对原暂时确定的企业合并成本或所取得的可辨认资产、负债的暂时性价值进行调整的,应视同在购买日发生,即进行追溯调整。

②超过规定期限后的价值量调整。

自购买日算起 12 个月以后对企业合并成本或合并中取得的可辨认资产、负债价值的调整,应当按照《企业会计准则第 28 号——会计政策、会计估计变更和会计差错更正》的规定进行处理,即对企业合并成本、合并中取得的可辨认资产、负债公允价值等进行的调整,应作为前期差错处理。

【例 9-6】甲公司 2021 年 1 月 1 日以定向增发公司普通股票的方式,购买取得 A 公司(净资产 36 000 万元)70%的股权。甲公司定向增发普通股股票 10 000 万股(每股面值为 1

元），甲公司普通股股票面值每股为 1 元，市场价格每股为 2.95 元。甲公司并购 A 公司属于非同一控制下的企业合并，假定不考虑甲公司增发该普通股股票所产生的审计、评估以及发行等相关的费用。

在本例中，有关计算如下。

甲公司合并成本=29 500（万元）

甲公司在 A 公司可辨认净资产公允价值的份额=36 000 × 70%=25 200（万元）

合并商誉=29 500−25 200=4 300（万元）

甲公司将购买取得的 A 公司 70%的股权作为长期股权投资入账，其账务处理如下（单位：万元）。

借：长期股权投资——A 公司	29 500	
贷：股本		10 000
资本公积		19 500

甲公司购买 A 公司股权所形成的商誉，在甲公司个别财务报表中表示对 A 公司长期股权投资的一部分，在编制合并财务报表时，通过将长期股权投资与在子公司所有者权益中所拥有的份额相抵销，其抵销差额在合并资产负债表中则表现为合并商誉。

【例 9-7】与甲公司有关的投资业务的资料如下。

（1）2022 年 7 月 1 日，甲公司向非关联方乙公司非公开发行 7 500 万股股票，取得乙公司控股的丙公司的 80%股权，并于当日办理完成发行股份的登记手续，当日发行股份的公允价值为每股 10 元；丙公司不包含递延所得税的可辨认净资产账面价值为 80 000 万元（其中股本 10 000 万元、资本公积 60 000 万元、盈余公积 1 000 万元、未分配利润 9 000 万元），丙公司不包含递延所得税的可辨认净资产公允价值为 90 000 万元，包含有一项无形资产，其评估增值为 10 000 万元。

（2）丙公司 2022 年 6 月 30 日前涉及一项未决诉讼，估计败诉可能性为 40%，且赔偿金额不确定。2022 年 12 月 31 日法院尚未判决，丙公司重新估计败诉可能性并将其调整为 50%，预计很可能赔偿金额调整为 1 500 万元（税法规定实际发生时允许税前扣除）。为简化会计处理，假定丙公司 2022 年 6 月 30 日至年末所有者权益变动金额为 0。

（3）甲公司、丙公司适用的企业所得税税率均为 25%，甲公司收购丙公司的交易满足税法中特殊性税务处理的条件，乙公司免交企业所得税。

要求：

（1）计算 2022 年 7 月 1 日确认的合并成本及商誉的金额，编制合并财务报表相关调整抵销分录；

（2）判断甲公司是否因该诉讼事项需要调整购买日初始确认的商誉，并说明理由，如果需要调整商誉，计算调整后的商誉金额；

（3）编制 2022 年 12 月 31 日合并报表相关调整抵销分录。

分析如下。

（1）2022 年 7 月 1 日确认的合并成本及商誉的金额的计算如下。

合并成本=7 500 × 10=75 000（万元）

商誉=75 000−（90 000−10 000 × 25%）× 80%=5 000（万元）

合并财务报表相关调整抵销分录如下(单位:万元)。

借:无形资产 10 000
　　贷:递延所得税负债 2 500
　　　　资本公积 7 500

借:股本 10 000
　　资本公积 67 500(60 000+7 500)
　　盈余公积 1 000
　　未分配利润 9 000
　　商誉 5 000
　　贷:长期股权投资 75 000
　　　　少数股东权益 17 500((90 000−10 000×25%)×20%)

(2)应当调整购买日初始确认的商誉。

理由:在合并当期以暂时确定的价值对企业合并进行处理的情况下,自购买日算起 12 个月内取得的进一步信息表明需对原暂时确定的企业合并成本或所取得的资产、负债的暂时性价值进行调整的,应视同在购买日发生,即应进行追溯调整,故应调整商誉。

调整后商誉的金额=75 000−(90 000−10 000×25%−1 500+1 500×25%)×80%
=5 900(万元)

(3)调整抵销分录如下(单位:万元)。

借:无形资产 10 000
　　递延所得税资产 375(1500×25%)
　　贷:预计负债 1500
　　　　递延所得税负债 2 500(10 000×25%)
　　　　资本公积 6 375(8 500×75%)

借:股本 10 000
　　资本公积 66 375(60 000+6 375)
　　盈余公积 1 000
　　未分配利润 9 000
　　商誉 5 900
　　贷:长期股权投资 75 000
　　　　少数股东权益 17 275 [(90 000−10 000×25%−1500×75%)×20%]

二、非同一控制下取得子公司购买日后合并财务报表的编制

非同一控制下的控股合并中,购买方一般应于购买日编制合并资产负债表。在合并资产负债表中,合并中取得的被购买方各项可辨认资产、负债应以其在购买日的公允价值计量,长期股权投资的成本大于合并中取得的被购买方可辨认净资产公允价值份额的差额,体现为合并财务报表中的商誉;长期股权投资的成本小于合并中取得的被购买方可辨认净资产公允价值份额的差额,根据《企业会计准则第 20 号——企业合并》的规定应计入合并当期损益,因购买日不需要编制合并利润表,该差额体现在合并资产负债表上,应调整合并资

产负债表的盈余公积和未分配利润。

（1）购买日计算合并商誉。

合并商誉=企业合并成本-合并中取得的被购买方可辨认净资产公允价值（考虑所得税后）的份额

（2）购买日编制合并财务报表的调整抵销会计分录。

①调整分录（将子公司的账面价值调整为公允价值）。

借：存货、固定资产、无形资产等（评估增值）
　　递延所得税资产（评估减值，确认递延所得税的影响）
　　贷：应收账款等（评估减值）
　　　　递延所得税负债（评估增值，确认递延所得税的影响）
　　　　资本公积（差额）

②抵销分录。

借：股本
　　其他权益工具
　　资本公积
　　其他综合收益
　　盈余公积
　　未分配利润
　　商誉
　　贷：长期股权投资
　　　　少数股东权益

（一）对子公司个别财务报表进行调整

对于非同一控制下的企业合并中取得的子公司，应当根据母公司在购买日设置的备查簿中登记的该子公司有关可辨认资产、负债的公允价值，对子公司的个别财务报表进行调整，使子公司的个别财务报表反映为在购买日公允价值基础上确定的可辨认资产、负债等在本期资产负债表日应有的金额。

调整分录（以固定资产为例，假定固定资产公允价值大于账面价值）如下。

（1）投资当年。

借：固定资产——原价（调整固定资产价值）
　　贷：资本公积

借：管理费用（当年多提折旧）
　　贷：固定资产——累计折旧

（2）连续编制合并财务报表。

借：固定资产——原价（调整固定资产价值）
　　贷：资本公积——年初

借：未分配利润——年初（年初累计多提折旧）
　　贷：固定资产——累计折旧

借：管理费用（当年多提折旧）

贷：固定资产——累计折旧

【例 9-8】假设 P 公司能够控制 S 公司，S 公司为股份有限公司。

2020 年 1 月 1 日，P 公司用银行存款 3 000 万元购得 S 公司 80%的股份（假定 P 公司与 S 公司的企业合并属于非同一控制下的企业合并）。购买日，S 公司有一办公楼，其公允价值为 700 万元，账面价值为 600 万元，按年限平均法计提折旧额，预计使用年限为 20 年，无残值。假定 A 办公楼用于 S 公司的总部管理。其他资产和负债的公允价值与其账面价值相等。

假定 S 公司的会计政策和会计期间与 P 公司一致，不考虑 P 公司和 S 公司的内部交易及合并资产、负债的所得税影响。

要求：完成下列分录。

（1）在合并财务报表中编制 2020 年 12 月 31 日对 S 公司个别财务报表的调整分录。

（2）在合并财务报表中编制 2021 年 12 月 31 日对 S 公司个别财务报表的调整分录。

分析如下。

（1）2020 年 12 月 31 日 S 公司个别财务报表的调整分录如下（单位：万元）。

借：固定资产　　100

　　贷：资本公积　　100

借：管理费用　　5（100 ÷ 20）

　　贷：固定资产——累计折旧　　5

（2）2021 年 12 月 31 日 S 公司个别财务报表的调整分录如下（单位：万元）。

借：固定资产　　100

　　贷：资本公积　　100

借：未分配利润——年初　　5

　　贷：固定资产——累计折旧　　5

借：管理费用　　5（100 ÷ 20）

　　贷：固定资产——累计折旧　　5

（二）长期股权投资由按成本法调整为按权益法核算

长期股权投资按成本法核算的结果调整为按权益法核算的结果的会计处理与同一控制下的相同。

（三）抵销分录

1. 母公司长期股权投资与子公司所有者权益的抵销

借：股本——年初

　　　　——本年

　　资本公积——年初

　　　　　　——本年

　　盈余公积——年初

　　　　　　——本年

　　未分配利润——年末（子公司）

　　商誉（借方差额）

贷：长期股权投资（母公司）

　　少数股东权益（子公司所有者权益 × 少数股东投资持股比例）

2. 母公司对子公司、子公司相互之间持有对方长期股权投资的投资收益的抵销

借：投资收益

　　少数股东损益

　　未分配利润——年初

　　贷：提取盈余公积

　　　　对所有者（或股东）的分配

　　　　未分配利润——年末

【例 9-9】与甲公司有关的企业合并的资料如下。

2021 年 1 月 3 日，甲公司与乙公司签订购买乙公司持有的丙公司 80%股权的合同。合同规定：甲公司向乙公司定向发行 5111 万股本公司股票，以换取乙公司持有的丙公司 80%的股权。甲公司定向发行的股票按规定为每股 4.8 元，双方确定的评估基准日为 2021 年 5 月 30 日。合同经双方股东大会批准后生效。购买丙公司 80%股权时，甲公司与乙公司不存在关联方关系。

购买丙公司 80%股权的合同执行情况如下。

（1）2021 年 4 月 2 日，甲公司和乙公司分别召开股东大会，批准通过了该购买股权的合同。

（2）以丙公司 2021 年 5 月 30 日净资产评估值为基础，丙公司经评估确定 2021 年 5 月 30 日的可辨认净资产公允价值（不含递延所得税资产和负债）为 32 000 万元。甲公司该并购事项于 2021 年 6 月 1 日经监管部门批准，作为对价定向发行的股票于 2021 年 6 月 30 日发行，当日收盘价为每股 6 元。

（3）甲公司和乙公司均于 2021 年 6 月 30 日办理完毕上述相关股权登记手续。交易后乙公司持有甲公司在外发行的普通股股份的 6%，不具有重大影响。甲公司为定向增发普通股股票，支付券商佣金及手续费 300 万元。为核查丙公司资产价值，支付资产评估费 60 万元，以银行存款支付。

（4）甲公司于 2021 年 6 月 30 日对丙公司董事会进行改组，并取得控制权。

（5）丙公司 2021 年 6 月 30 日可辨认净资产的账面价值（不含递延所得税资产和负债）为 36 000 万元，其中：股本为 13 000 万元，资本公积为 20 000 万元，其他综合收益为 2 000 万元，盈余公积为 100 万元，未分配利润为 900 万元。丙公司可辨认资产、负债的公允价值（不含递延所得税资产和负债）为 38 000 万元，与其账面价值仅有 5 项资产、或有负债存在差异（表 9-2）。

表 9-2　丙公司资产负债表部分项目账面价值与公允价值

项目	账面价值	公允价值	评估增值
存货	10 000	10 800	800
应收账款	4 000	3 900	−100

续表

项目	账面价值	公允价值	评估增值
固定资产	500	900	400
无形资产	8 000	9 000	1 000
或有负债	—	100	100
合计			2 000

丙公司固定资产未来仍可使用20年,预计净残值为零,采用年限平均法计提折旧。无形资产未来仍可使用10年,预计净残值为零,采用年限平均法摊销。丙公司的固定资产、无形资产均为管理使用;固定资产、无形资产的折旧(或摊销)年限、折旧(或摊销)方法及预计净残值均与税法规定一致。购买日,丙公司资产和负债的账面价值与其计税基础相同,两家公司适用的所得税税率均为25%。至本年末应收账款按购买日评估确认的金额收回,评估确认的坏账已核销;购买日发生的评估增值的存货,本年已全部对外销售;上述或有负债为丙公司因质量诉讼案件而形成的,因购买日丙公司未满足预计负债确认条件而未确认,年末丙公司败诉并支付赔款100万元。

要求:根据资料编制甲公司购买日2021年6月30日个别财务报表及合并财务报表的相关会计分录。

分析如下。

(1)甲公司购买日个别财务报表的会计分录如下(单位:万元)。

借:长期股权投资　　30 666(5 111×6)
　　贷:股本　　5 111
　　　　资本公积　　25 555(5 111×5)

借:管理费用　　60
　　资本公积　　300
　　贷:银行存款　　360(300+60)

(2)合并中取得子公司可辨认净资产的公允价值=38 000−2 000×25%=37 500(万元)

(3)甲公司合并财务报表确认商誉=30 666−37 500×80%=666(万元)

(4)甲公司合并财务报表调整抵销分录如下(单位:万元)。

借:存货　　800
　　固定资产　　400
　　无形资产　　1 000
　　递延所得税资产　　50(200×25%)
　　贷:应收账款　　100
　　　　预计负债　　100
　　　　递延所得税负债　　550(2 200×25%)
　　　　资本公积　　1 500(2 000×75%)

借:股本　　13 000

资本公积 21 500（20 000+1 500）
其他综合收益 2 000
盈余公积 100
未分配利润 900
商誉 666
贷：长期股权投资 30 666
少数股东权益 7 500（37 500×20%）

第六节 内部商品交易的合并处理

一、不考虑存货跌价准备情况下内部商品销售业务的抵销

不考虑存货跌价准备情况下内部商品销售业务的抵销分录如下。

借：未分配利润——年初（年初存货中包含的未实现内部销售利润）
营业收入（本期内部商品销售产生的收入）
贷：营业成本
存货（期末存货中未实现内部销售利润）

上述抵销分录的原理为：本期发生的未实现内部销售收入与本期发生的存货中未实现内部销售利润之差即为本期发生的未实现内部销售成本。抵销分录中的"未分配利润—年初"和"存货"两项之差即为本期发生的存货中未实现内部销售利润。

上述抵销分录分为如下情况。

（1）将年初存货中未实现内部销售利润抵销。

借：未分配利润——年初（年初存货中包含的未实现内部销售利润）
贷：营业成本

（2）将本期内部商品销售收入抵销。

借：营业收入（本期内部商品销售产生的收入）
贷：营业成本

（3）将期末存货中未实现内部销售利润抵销。

借：营业成本
贷：存货（期末存货中未实现内部销售利润）

【提示】存货中未实现内部销售利润可应用毛利率计算确定。

毛利率=（销售收入-销售成本）÷ 销售收入

存货中包含的未实现内部销售利润=未实现销售收入-未实现销售成本

存货中包含的未实现内部销售利润=购货方内部存货结存价值 × 销售方毛利率

【例 9-10】甲公司拥有 A 公司 70%的股权，系 A 公司的母公司。甲公司本期个别利润表的营业收入中有 3 000 万元，系向 A 公司销售产品取得的销售收入，该产品销售成本为 2 100 万元。A 公司在本期将该产品全部售出，其销售收入为 3 750 万元，销售成本为 3 000 万元，并分别在其个别利润表中列示。

对此,编制合并财务报表将内部销售收入和内部销售成本予以抵销时,应编制如下抵销分录(单位:万元)。

借:营业收入　　3 000
　　贷:营业成本　　3 000

【例 9-11】甲公司系 A 公司的母公司。甲公司本期个别利润表的营业收入中有 2 000 万元,系向 A 公司销售商品实现的收入,其商品成本为 1 400 万元,销售毛利率为 30%。A 公司本期从甲公司购入的商品在本期均未实现销售,期末存货中包含有 2 000 万元从甲公司购进的商品,该存货中包含的未实现内部销售损益为 600 万元。

编制合并利润表将内部销售收入、内部销售成本及存货价值中包含的未实现内部销售损益抵销时,其抵销分录如下(单位:万元)。

借:营业收入　　2 000
　　贷:营业成本　　1 400
　　　　存货　　600

【例 9-12】甲公司本期个别利润表的营业收入中有 5 000 万元,系向 A 公司销售产品取得的销售收入,该产品销售成本为 3 500 万元。A 公司在本期将该批内部购进商品的 60% 实现销售,其销售收入为 3 750 万元,销售成本为 3 000 万元,销售毛利率为 20%,并列于其个别利润表中;该批商品的另外 40%则形成 A 公司期末存货,即期末存货为 2 000 万元,列示于 A 公司的个别资产负债表之中。

此时,在编制合并财务报表时,其抵销处理如下(单位:万元)。

借:营业收入　　5 000(3 000+2 000)
　　贷:营业成本　　4 400(3 000+1 400)
　　　　存货　　600

【例 9-13】母公司个别利润表的营业收入中有 500 万元,系向子公司销售其生产的设备所取得的收入,该设备生产成本为 400 万元。子公司个别资产负债表固定资产原价中包含有该设备的原价,该设备系 12 月购入并投入使用,本期未计提折旧,该固定资产原价中包含有 100 万元未实现内部销售损益。对此,在编制合并财务报表时,需要将母公司相应的销售收入和销售成本予以抵销,并将该固定资产原价中包含的未实现内部销售损益予以抵销。其抵销分录如下(单位:万元)。

借:营业收入　　500
　　贷:营业成本　　400
　　　　固定资产　　100

二、连续编制合并财务报表时内部销售商品的合并处理

【例 9-14】本期甲公司个别财务报表中向 A 公司销售商品取得的销售收入为 6 000 万元,销售成本为 4 200 万元,甲公司本期销售毛利率与上期相同,为 30%。A 公司个别财务报表中从甲公司购进商品本期实现的对外销售收入为 5 625 万元,销售成本为 4 500 万元,销售毛利为 20%;期末内部购进形成的存货为 3 500 万元(期初存货 2 000 万元+本期购进存货 6 000 万元-本期销售成本 4 500 万元),存货价值中包含的未实现内部销售损益为

1 050万元。

此时,编制合并财务报表时应进行如下合并处理(单位:万元)。

(1)调整期初未分配利润的数额。

借：期初未分配利润 600

贷：营业成本 600

(2)抵销本期内部销售收入。

借：营业收入 6 000

贷：营业成本 6 000

(3)抵销期末存货中包含的未实现内部销售损益。

借：营业成本 1 050

贷：存货 1 050

【例9-15】甲公司将成本为800万元的自产产品以1 000万元销售给乙公司,甲公司免缴增值税,假定乙公司可以抵扣9%的进项税额。

要求:编制甲公司合并财务报表抵销分录。

甲公司个别财务报表的会计分录如下(单位:万元)。

借：银行存款 1 000

贷：主营业务收入 1 000

借：主营业务成本 800

贷：库存商品 800

乙公司个别财务报表的会计分录如下(单位:万元)。

借：原材料 910

应交税费——应交增值税(进项税额) 90

贷：银行存款 1 000

抵销分录如下。

借：营业收入 1 000

贷：营业成本 800

存货 110

递延收益 90

【例9-16】甲公司为A公司的母公司。甲公司本期向A公司销售商品2 000万元,其销售成本为1 400万元,并以此在其个别利润表中列示。A公司购进的该商品当期全部未实现对外销售而形成期末存货;期末对存货进行检查时,发现该存货已经部分陈旧,其可变现净值已降至1 320万元。为此,A公司期末对该存货计提存货跌价准备680万元。

在本例中,该存货的可变现净值降至1 320万元,低于抵销未实现内部销售损益后的金额(1 400万元)。在A公司本期计提的存货跌价准备680万元中,其中的600万元是相对于A公司取得成本(2 000万元)高于甲公司销售该商品的取得成本(1 400万元)部分计提的,另外80万元则是相对于甲公司销售该商品的取得成本(1 400万元)高于其可变现净值(1 320万元)的部分计提的。此时, A公司对计提存货跌价准备中相当于抵销的未实现内部销售损益的数额600万元部分,从整个企业集团来说,该商品的取得成本为1 400万元,在可变现净值高于这一金额的情况下，不需要计提存货跌价准备，故必须将其予以抵销；而对于另外的80万元的存货跌价准备，从整个企业集团来说，则是必须计提的存货跌价准备，则不需要进行抵销处理。

在编制本期合并财务报表时，应进行如下抵销处理（单位：万元）。

（1）将内部销售收入与内部销售成本抵销。

借：营业收入　　2 000

　　贷：营业成本　　2 000

（2）将内部销售形成的存货价值中包含的未实现内部销售损益抵销。

借：营业成本　　600

　　贷：存货　　600

（3）将A公司本期计提的存货跌价准备中相当于未实现内部销售利润的部分抵销。

借：存货——存货跌价准备　　600

　　贷：资产减值损失　　600

A公司与甲公司之间本期未发生内部销售。本例期末存货系上期内部销售结存的存货。A公司本期期末对存货清查时，该内部购进存货的可变现净值为1 200万元，A公司期末存货跌价准备余额为800万元。

本例中，该内部购进存货的可变现净值有上期期末的1 840万元降至1 200万元，既低于A公司从甲公司购买时的取得成本，也低于抵销未实现内部销售损益后的金额（即甲公司销售该商品的成本1 400万元）。A公司本期期末存货跌价准备余额800万元，从计提时间来看，包括上期期末计提结存的存货跌价准备160万元，还包括本期期末计提的存货跌价准备640万元。上期计提的部分，在编制上期合并财务报表时已将其与相应的资产减值损失相抵销，从而影响到本期的期初未分配利润。为此，对于这一部分在本期编制合并财务报表时需要调整期初未分配利润的数额。而对于本期计提的640万元存货跌价准备，其中440万元是相对上期计提存货跌价准备后存货净额与甲公司该内部销售商品的销售成本之间的差额计提的，而另外200万元则相对甲公司该内部销售商品的销售成本与其可变现净值之间的差额计提的。从整个企业集团来说，前者应当予以抵销；后者则是属于应当计提的。

甲公司在编制本期合并财务报表时，应进行如下合并处理（单位：万元）。

（1）借：存货——存货跌价准备　　160

　　　　贷：未分配利润——年初　　160

（2）借：未分配利润——年初　　600

　　　　贷：存货　　600

（3）借：存货——存货跌价准备　　440

　　　　贷：资产减值损失　　440

【例9-17】甲公司上期向A公司销售商品2 000万元，其销售成本为1 400万元；A公司购进的该商品当期未实现对外销售全部形成期末存货。A公司期末对存货进行检查时，发现该存货已经部分陈旧，其可变现净值降至1 840万元，A公司期末对该存货计提存货跌价准备160万元。在编制上期合并财务报表时，已将该存货跌价准备予以抵销。甲公司本期向A公司销售商品3 000万元，甲公司销售该商品的销售成本为2 100万元。A公司本期对外销售内部购进商品实现的销售收入为4 000万元，销售成本为3 200万元，其中上期从甲公司购进商品本期全部售出，销售收入为2 500万元，销售成本为2 000万元；本期从甲公司购进商品销售40%，销售收入为1 500万元，销售成本为1 200万元。另60%形成期末存货，其取得成本为1 800万元，期末其可变现净值为1 620万元，A公司本期期末对该内部购进形成的存货计提存货跌价准备180万元。

甲公司应进行如下会计处理（单位：万元）。

（1）借：营业成本　160
　　贷：未分配利润——年初　160

可以分开编制如下两笔分录。

首先，抵销存货跌价准备期初数，抵销分录为：

借：存货——存货跌价准备　160
　　贷：未分配利润——年初　160

其次，抵销因本期销售存货结转的存货跌价准备，抵销分录为：

借：营业成本　160
　　贷：存货——存货跌价准备　160

（2）借：未分配利润——年初　600
　　贷：营业成本　600

（3）借：营业收入　3 000
　　贷：营业成本　3 000

（4）借：营业成本　540
　　贷：存货　540

（5）借：存货——存货跌价准备　180
　　贷：资产减值损失　180

第七节　内部债权债务的合并处理

一、内部债权债务项目本身的抵销

在编制合并资产负债表时，需要进行抵销处理的内部债权债务项目主要包括：①应收账款与应付账款；②应收票据与应付票据；③预付账款与预收账款；④持有至到期投资（假定对于某项债券投资，持有方将其划归为持有至到期投资，也可能作为交易性金融资产等，原理相同）与应付债券；⑤应收股利与应付股利；⑥其他应收款与其他应付款。

抵销分录如下。

借：债务类项目
　　贷：债权类项目

二、内部投资收益(利息收入)和利息费用的抵销

企业集团内部母公司与子公司、子公司相互之间可能发生持有对方债券等内部交易。编制合并财务报表时,应当在抵销内部发行的应付债券和持有至到期投资等内部债权债务的同时,将内部应付债券和持有至到期投资相关的利息费用与投资收益(利息收入)相互抵销。应编制的抵销分录如下。

借:投资收益

  贷:财务费用(在建工程等)

三、内部应收账款计提坏账准备的抵销

在应收账款采用备抵法核算其坏账损失的情况下,某一会计期间坏账准备的数额是以当期应收账款为基础计提的。在编制合并财务报表时,随着内部应收账款的抵销,与此相联系也要将内部应收账款计提的坏账准备抵销。其抵销程序如下。

首先抵销坏账准备的期初数,抵销分录如下。

借:应收账款——坏账准备

  贷:未分配利润——年初

其次,将本期计提(或冲回)的坏账准备数额抵销,抵销分录与计提(或冲回)分录借贷方向相反。

借:应收账款——坏账准备

  贷:资产减值损失

或

借:资产减值损失

  贷:应收账款——坏账准备

总的来说,具体做法就是:先抵销期初数,然后抵销期初数与期末数的差额。

【例 9-18】P 公司 2020 年 12 月 31 日个别资产负债表中的内部应收账款为 475 万元,坏账准备余额为 25 万元。假定 P 公司 2020 年为首次编制合并财务报表(单位:万元)。

借:应付账款	500	
贷:应收账款		500
借:应收账款——坏账准备	25	
贷:资产减值损失		25

连续编制合并财务报表情况(单位:万元)如下。

(1)若 P 公司 2021 年 12 月 31 日个别资产负债表中的内部应收账款仍为 475 万元,坏账准备余额仍为 25 万元。

借:应付账款	500	
贷:应收账款		500
借:应收账款——坏账准备	25	
贷:未分配利润——年初		25

(2)若 P 公司 2021 年 12 月 31 日个别资产负债表中的内部应收账款为 570 万元,坏账

准备余额为 30 万元。

借：应付账款　600

　　贷：应收账款　600

借：应收账款——坏账准备　25

　　贷：未分配利润——年初　25

借：应收账款——坏账准备　5

　　贷：资产减值损失　5

（3）若 P 公司 2021 年 12 月 31 日个别资产负债表中的内部应收账款为 380 万元，坏账准备余额为 20 万元。

借：应付账款　400

　　贷：应收账款　400

借：应收账款——坏账准备　25

　　贷：未分配利润——年初　25

借：资产减值损失　5

　　贷：应收账款——坏账准备　5

【例 9-19】甲公司系 A 公司的母公司。甲公司个别资产负债表应收账款中有 600 万元为应收 A 公司账款；应收票据中有 400 万元为应收 A 公司票据；持有至到期投资中有 A 公司发行的应付债券 2 500 万元。（假定甲公司对 A 公司的应收账款和应收票据均未计提坏账准备。）

对此，甲公司在编制合并财务报表时，应当将这些内部债权债务予以抵销。其抵销分录如下（单位：万元）。

（1）内部应收账款与应付账款抵销。

借：应付账款　600

　　贷：应收账款　600

（2）内部应收票据与应付票据抵销。

借：应付票据　400

　　贷：应收票据　400

（3）持有至到期投资与应付债券抵销。

借：应付债券　2 500

　　贷：持有至到期投资　2 500

【例 9-20】甲公司为 A 公司的母公司。甲公司本期个别资产负债表应收账款中有 580 万元为应收 A 公司账款，该应收账款账面余额为 600 万元，甲公司当年计提坏账准备 20 万元；应收票据中有 390 万元为应收 A 公司票据，该应收票据账面余额为 400 万元，甲公司当年计提坏账准备 10 万元。A 公司本期个别资产负债表中应付账款和应付票据中列示有应付甲公司账款 600 万元和应付甲公司票据 400 万元。

在编制合并财务报表时，甲公司应当将内部应收款项与应付款项相互抵销，同时还应将内部应收款项计提的坏账准备予以抵销，其抵销分录如下（单位：万元）。

（1）应收账款与应付账款抵销。

借：应付账款　　600

　　贷：应收账款　　600

(2)应收票据与应付票据抵销。

借：应付票据　　400

　　贷：应收票据　　400

(3)坏账准备与资产减值损失抵销。

借：应收账款——坏账准备　　20

　　应收票据——坏账准备　　10

　　贷：资产减值损失　　30

【例 9-21】甲公司为 A 公司的母公司。甲公司本期个别资产负债表应收账款中有应收 A 公司账款 580 万元,该应收账款系上期发生的,账面余额为 600 万元,甲公司上期对其计提坏账准备 20 万元,该坏账准备结转到本期;应收 A 公司票据 390 万元,该应收票据系上期发生的,账面余额为 400 万元,甲公司上期对其计提坏账准备 10 万元,该坏账准备结转到本期。本期对上述内部应收账款和应收票据未计提坏账准备。

甲公司在合并工作底稿中应进行如下抵销处理(单位:万元)

(1)将上期内部应收款项计提的坏账准备抵销。在这种情况下,母公司个别资产负债表中坏账准备余额可以理解为上期结转而来的余额,因此只需将上期内部应收款项计提的坏账准备予以抵销,同时调整本期期初未分配利润的数额。其抵销分录如下(单位:万元)。

借：应收账款——坏账准备　　20

　　应收票据——坏账准备　　10

　　贷：未分配利润——年初　　30

(2)内部应收账款、应收票据与应付账款、应付票据抵销。

借：应付账款　　600

　　贷：应收账款　　600

借：应付票据　　400

　　贷：应收票据　　400

【例 9-22】甲公司为 A 公司的母公司。甲公司本期个别资产负债表应收账款中有应收 A 公司账款 735 万元,该应收账款账面余额为 800 万元,甲公司对该应收账款累计计提坏账准备 65 万元,其中 20 万元系上期结转至本期的,本期对其补提坏账准备 45 万元;应收 A 公司票据 875 万元,该应收票据账面余额为 900 万元,甲公司对该应收票据累计计提坏账准备 25 万元,其中 10 万元系上期结转至本期的,本期对其补提坏账准备 15 万元。

甲公司在合并工作底稿中应进行如下抵销处理(单位:万元)。

(1)抵销上期内部应收款项计提的坏账准备,并调整期初未分配利润的数额。

借：应收账款——坏账准备　　20

　　应收票据——坏账准备　　10

　　贷：未分配利润——年初　　30

(2)内部应收账款、应收票据与应付账款、应付票据抵销。

借：应付账款　　800

贷：应收账款　800

借：应付票据　900

贷：应收票据　900

(3)抵销本期内部应收款项增加计提的坏账准备与资产减值损失。

借：应收账款——坏账准备　45

应收票据——坏账准备　15

贷：资产减值损失　60

通过上述抵销分录，内部应收款项及其坏账准备已全部抵销。

【例 9-23】甲公司为 A 公司的母公司。甲公司本期个别资产负债表应收账款中有应收 A 公司账款 538 万元，该应收账款账面余额为 550 万元，甲公司对该应收账款累计计提坏账准备 12 万元，其中上期结转至本期的坏账准备 20 万元，本期冲减坏账准备 8 万元；应收 A 公司票据 374 万元，该应收票据账面余额为 380 万元，甲公司对其累计计提坏账准备 6 万元，其中上期结转至本期的坏账准备 10 万元，本期冲减坏账准备 4 万元。

甲公司在合并工作底稿中应进行如下抵销处理(单位:万元)。

(1)抵销上期内部应收款项计提的坏账准备，并调整期初未分配利润的数额。

借：应收账款——坏账准备　20

应收票据——坏账准备　10

贷：未分配利润——年初　30

(2)内部应收账款、应收票据与应付账款、应付票据抵销。

借：应付账款　550

贷：应收账款　550

借：应付票据　380

贷：应收票据　380

(3)抵销本期内部应收款项冲销的坏账准备与资产减值损失。

借：资产减值损失　12

贷：应收账款——坏账准备　8

应收票据——坏账准备　4

通过上述抵销分录，内部应收款项及其坏账准备已全部抵销。

第八节　内部固定资产交易的合并处理

一、未发生变卖或报废的内部固定资产交易的抵销

(一)将期初固定资产原价中未实现内部销售利润抵销

借：未分配利润——年初

贷：固定资产——原价(期初固定资产原价中未实现内部销售利润)

(二)将期初累计多提折旧抵销

借：固定资产——累计折旧(期初累计多提折旧)

贷：未分配利润——年初

（三）将本期购入的固定资产原价中未实现内部销售利润抵销

1. 一方销售的商品，另一方购入后作为固定资产

借：营业收入（本期内部固定资产交易产生的收入）

贷：营业成本（本期内部固定资交易产生的销售成本）

固定资产——原价（本期购入的固定资产原价中未实现内部销售利润）

2. 一方的固定资产，另一方购入后仍作为固定资产

借：营业外收入

贷：固定资产——原价

（四）将本期多提折旧抵销

借：固定资产——累计折旧（本期多提折旧）

贷：管理费用

二、发生变卖或报废情况下的内部固定资产交易的抵销

将前文所述抵销分录中的“固定资产——原价”项目和“固定资产——累计折旧”项目用“营业外收入”项目或“营业外支出”项目代替。

（一）将期初固定资产原价中未实现内部销售利润抵销

借：未分配利润——年初

贷：营业外收入（期初固定资产原价中未实现内部销售利润）

（二）将期初累计多提折旧抵销

借：营业外收入（期初累计多提折旧）

贷：未分配利润——年初

（三）将本期多提折旧抵销

借：营业外收入（本期多提折旧）

贷：管理费用

【例 9-24】A 公司和 B 公司同为甲公司控制下的两个子公司。A 公司将其净值为 1 280 万元的某厂房，以 1 500 万元的价格变卖给 B 公司作为固定资产使用。A 公司因该内部固定资产交易实现收益 220 万元，并列示于其个别利润表之中。B 公司以 1 550 万元的金额将该厂房作为固定资产的原价入账，并列示于其个别资产负债表之中。

在该内部固定资产交易中，A 公司因交易实现营业外收入 220 万元。编制合并财务报表时，甲公司必须将因该固定资产交易实现的营业外收入与固定资产原价中包含的未实现内部销售损益的数额予以抵销。其抵销分录如下（单位：万元）。

借：营业外收入　　220

贷：固定资产——原价　　220

通过上述抵销处理后，该内部固定资产交易所实现的损益予以抵销，该厂房的原价通过抵销处理后调整为 1 280 万元。

【例 9-25】A 公司和 B 公司同为甲公司控制下的两个子公司。A 公司于 2021 年 12 月，将自己生产的产品销售给 B 公司作为固定资产使用，A 公司销售该产品的销售收入为

1 680 万元，销售成本为 1 200 万元，B 公司以 1 680 万元的价格作为该固定资产的原价入账。

此时，与一般的内部商品交易的抵销处理相似，编制合并财务报表时，甲公司应当将该产品的销售收入 1 680 万元及其销售成本 1 200 万元，以及 B 公司固定资产原价中包含的未实现内部销售损益 480（1 680−1 200）万元予以抵销。在合并工作底稿中应进行如下处理（单位：万元）。

借：营业收入　　1 680

　　贷：营业成本　　1 200

　　　　固定资产——原价　　480

【例 9-26】A 公司和 B 公司同为甲公司控制下的两个子公司。A 公司于 2021 年 1 月 1 日，将自己生产的产品销售给 B 公司作为固定资产使用，A 公司销售该产品的销售收入为 1 680 万元，销售成本为 1 200 万元。B 公司以 1 680 万元的价格作为该固定资产的原价入账。B 公司购买的该固定资产用于公司的行政管理，该固定资产属于不需要安装的固定资产，当月投入使用，其折旧年限为 4 年，预计净残值为零。为简化合并处理，假定该内部交易固定资产在交易当年按 12 个月计提折旧。

甲公司在编制合并财务报表时，应当进行如下抵销处理。

（1）将该内部交易固定资产相关销售收入与销售成本及原价中包含的未实现内部销售利润予以抵销。本例中，A 公司因该内部交易确认销售收入 1 680 万元，其中包含的未实现内部销售损益为 480 万元（1 680−1 200）。在合并工作底稿中应进行如下抵销处理（单位：万元）。

借：营业收入　　1 680

　　贷：营业成本　　1 200

　　　　固定资产——原价　　480

（2）将当年计提的折旧和累计折旧中包含的未实现内部销售损益予以抵销。该固定资产在 B 公司按 4 年的折旧年限计提折旧，每年计提折旧 420 万元，其中每年计提的折旧和累计折旧中包含未实现内部销售损益的摊销额 120 万元。在合并工作底稿中应进行如下抵销处理（单位：万元）。

借：累计折旧　　120

　　贷：管理费用　　120

通过上述抵销分录，在合并工作底稿中累计折旧额减少 120 万元，其合并数为 300 万元；管理费用减少 120 万元，其合并数为 300 万元。

【例 9-27】2019 年 12 月 31 日，甲公司以某项固定资产及现金与其他三家公司共同出资设立乙公司，甲公司持有乙公司 60%股权，能够对其实施控制。当日，双方办理了与固定资产所有权转移相关的手续。该固定资产的账面价值为 2 000 万元，公允价值为 2 600 万元。乙公司预计上述固定资产尚可使用 10 年，预计净残值为 0，采用年限平均法计提折旧，年计提折旧额直接计入当期管理费用。

要求：不考虑其他因素，甲公司在编制合并财务报表时应如何作抵销分录。

分析如下。

甲公司向乙公司投入资产属于内部交易，其抵销分录如下（单位：万元）。

（1）2019 年。

借：资产处置收益 600（2 600−2 000）

  贷：固定资产 600

（2）2020 年。

借：年初未分配利润 600

  贷：固定资产——原价 600

借：固定资产——累计折旧 60

  贷：管理费用 60

（3）2021 年。

借：年初未分配利润 600

  贷：固定资产——原价 600

借：固定资产——累计折旧 60

  贷：年初未分配利润 60

借：固定资产——累计折旧 60

  贷：管理费用 60

因此，2019 年抵销利润表中资产处置收益为 600 万元；

2020 年合并利润表中管理费用抵销 60 万元；2021 年末合并资产负债表中未分配利润抵销金额=600−60=540（万元）；2021 年末合并资产负债表中抵销固定资产项目的金额=600−60−60=480（万元）。

第九节 内部无形资产交易的合并处理

一、未发生变卖或报废的内部无形资产交易的抵销

（一）将期初无形资产原价中未实现内部销售利润抵销

借：未分配利润——年初

  贷：无形资产——原价（期初无形资产原价中未实现内部销售利润）

（二）将期初累计多提摊销抵销

借：无形资产——累计摊销（期初累计多提摊销）

  贷：未分配利润——年初

（三）将本期购入的无形资产原价中未实现内部销售利润抵销

借：营业外收入

  贷：无形资产——原价

（四）将本期多提摊销抵销

借：无形资产——累计摊销（本期多提摊销）

  贷：管理费用

二、发生变卖情况下的内部无形资产交易的抵销

将上述抵销分录中的“无形资产——原价”项目和“无形资产——累计摊销”项目用“营业外收入”项目或“营业外支出”项目代替。

（一）将期初无形资产原价中未实现内部销售利润抵销

借：未分配利润——年初

　　贷：营业外收入（期初无形资产原价中未实现内部销售利润）

（二）将期初累计多提摊销抵销

借：营业外收入（期初累计多提摊销）

　　贷：未分配利润——年初

（三）将本期多提摊销抵销

借：营业外收入（本期多提摊销）

　　贷：管理费用

【例 9-28】甲公司系 A 公司的母公司，甲公司 2021 年 1 月 8 日向 A 公司转让无形资产一项，转让价格为 820 万元，该无形资产的账面成本为 700 万元。A 公司购入该无形资产后，即投入使用，确定使用年限为 5 年。A 公司 2021 年 12 月 31 日资产负债表中无形资产项目的金额为 656 万元，利润表管理费用项目中记有当年摊销的该无形资产价值为 164 万元。

此时，A 公司该无形资产的入账价值为 820 万元，其中包含的未实现内部销售利润为 120 万元；按 5 年的期限，本期摊销的金额为 164 万元（与固定资产不同，无形资产从取得的当月起开始摊销），其中包含的未实现内部销售利润的摊销额为 24 万元。

甲公司在编制 2021 年度合并财务报表时，应当对该内部无形资产交易进行如下抵销处理（单位：万元）。

（1）将 A 公司受让取得该内部交易无形资产时其价值中包含的未实现内部销售利润抵销。

借：营业外收入　　120

　　贷：无形资产　　120

（2）将 A 公司本期该内部交易无形资产价值摊销额中包含的未实现内部销售利润抵销。

借：无形资产——累计摊销　　24

　　贷：管理费用　　24

接【例 9-28】。2022 年 12 月 31 日 A 公司个别资产负债表无形资产项目的金额为 492 万元，利润表管理费用项目中记有当年摊销的该无形资产价值 164 万元。

本例中，A 公司该无形资产取得时入账价值为 820 万元，其中包含的未实现内部销售利润为 120 万元；该无形资产按 5 年的使用期限摊销，每期摊销金额为 164 万元，到 2022 年 12 月 31 日 A 公司该内部交易无形资产累计摊销额为 328 万元，包括上年结转的累计摊销额和本期发生的无形资产摊销额各 164 万元，上年结转的累计摊销额中包含 2021 年因内部交易无形资产价值中包含未实现内部销售利润而多计算的摊销额 24 万元；此外，本期因该

内部交易无形资产使用而计算的摊销额 164 万元,其中也包括因该无形资产价值中包含的未实现内部销售利润而多计算的摊销额 24 万元。

甲公司在编制 2022 年度合并财务报表时,应当对该内部无形资产交易进行如下抵销处理(单位:万元)。

(1)将 A 公司受让取得该无形资产时其价值中包含的未实现内部销售利润抵销。

借:期初未分配利润　120
　贷:无形资产　120

(2)将 A 公司上期期末该无形资产价值摊销额中包含的已摊销未实现内部销售利润抵销。

借:累计摊销　24
　贷:期初未分配利润　24

(3)将 A 公司本期摊销的该无形资产价值中包含的未实现内部销售利润的摊销额抵销。

借:累计摊销　24
　贷:管理费用　24

甲公司在编制 2023 年度合并财务报表时,该内部无形资产交易相关抵销处理如下(单位:万元)。

(1)将 A 公司受让取得该无形资产时其价值中包含的未实现内部销售利润抵销。

借:期初未分配利润　120
　贷:无形资产　120

(2)将 A 公司上期期末该无形资产价值摊销额中包含的已摊销未实现内部销售利润抵销。

借:累计摊销　48
　贷:期初未分配利润　48

(3)将 A 公司本期摊销的该无形资产价值中包含的未实现内部销售利润的摊销额抵销。

借:累计摊销　24
　贷:管理费用　24

甲公司在编制 2024 年度合并财务报表时,该内部无形资产交易相关抵销处理如下(单位:万元)。

(1)将 A 公司受让取得该无形资产时其价值中包含的未实现内部销售利润抵销。

借:期初未分配利润　120
　贷:无形资产　120

(2)将 A 公司上期期末该无形资产价值摊销额中包含的已摊销未实现内部销售利润抵销。

借:累计摊销　72
　贷:期初未分配利润　72

(3)将 A 公司本期摊销的该无形资产价值中包含的未实现内部销售利润的摊销额

抵销。

借：累计摊销　　24

　　贷：管理费用　　24

2025 年 12 月，A 公司该内部交易无形资产使用期满，在其个别资产负债表已无该无形资产摊余价值，在其个别利润表管理费用中仍包含该无形资产使用本期摊销额 164 万元。

甲公司在编制 2025 年度合并财务报表时，应当对该内部无形资产交易进行如下抵销处理（单位：万元）。

（1）将 A 公司受让取得该无形资产时其价值中包含的未实现内部销售利润抵销。

借：期初未分配利润　　120

　　贷：无形资产　　120

（2）将 A 公司上期期末该无形资产价值摊销额中包含的已摊销未实现内部销售利润抵销。

借：累计摊销　　96

　　贷：期初未分配利润　　96

（3）将 A 公司本期摊销的该无形资产价值中包含的未实现内部销售利润的摊销额抵销。

借：累计摊销　　24

　　贷：管理费用　　24

第十节　所得税会计相关的合并处理

一、所得税会计概述

参见本书第三章第一节。

二、与内部应收款项相关的所得税会计的合并抵销处理

首先确认期初坏账准备对递延所得税的影响。

借：未分配利润——年初（期初坏账准备余额 × 所得税税率）

　　贷：递延所得税资产

其次确认递延所得税资产期初期末余额的差额。

　　递延所得税资产的期末余额=期末坏账准备余额 × 所得税税率

若坏账准备期末余额大于期初余额。

借：所得税费用（坏账准备增加额 × 所得税税率）

　　贷：递延所得税资产

若坏账准备期末余额小于期初余额。

借：递延所得税资产

　　贷：所得税费用（坏账准备增加额 × 所得税税率）

【例 9-29】甲公司为 A 公司的母公司。甲公司本期个别资产负债表中应收账款中有

1 700 万元为应收 A 公司账款，该应收账款账面余额为 1 800 万元，甲公司当年对其计提坏账准备 100 万元。A 公司本期个别资产负债表中列示有应付甲公司账款 1 800 万元。甲公司和 A 公司适用的所得税税率均为 25%。

甲公司在编制合并财务报表时，其合并抵销处理如下（单位：万元）。

（1）将内部应收账款与应付账款相互抵销，其抵销分录如下。

借：应付账款 1 800

  贷：应收账款 1 800

（2）将内部应收账款计提的坏账准备予以抵销，其抵销分录如下。

借：应收账款 100

  贷：资产减值损失 100

（3）将甲公司对内部应收账款计提坏账准备导致的暂时性差异确认的递延所得税资产予以抵销。

本例中，甲公司在其个别财务报表中，对应收 A 公司账款计提坏账准备 100 万元，由此导致应收 A 公司账款的账面价值调整为 1 700 万元，与其计税基础 1 800 万元之间存在差额 100 万元，形成当年暂时性差异。对此，按照《企业会计准则第 18 号——所得税》的规定，应当确认该暂时性差异相应的递延所得税资产 25（100 × 25%）万元。甲公司在其个别财务报表中确认递延所得税资产时，一方面借记“递延所得税资产”科目 25 万元，另一方面贷记“所得税费用”科目 25 万元。在编制合并财务报表时随着内部应收账款及其计提的坏账准备的抵销，在合并财务报表中该应收账款已不存在，由此甲公司在其个别财务报表中应收 A 公司账款账面价值与其计税基础之间形成的暂时性差异也不存在，但对该暂时性差异确认的递延所得税资产则需要予以抵销。在编制合并财务报表对其进行合并抵销处理时，其抵销分录如下（单位：万元）。

借：所得税费用 25

  贷：递延所得税资产 25

三、与内部交易存货相关的所得税会计的合并抵销处理

（一）不考虑存货跌价准备情况下所得税的会计处理

首先确认期初存货中未实现内部销售利润对递延所得税的影响。

借：递延所得税资产（期初存货中未实现内部销售利润 × 所得税税率）

  贷：未分配利润——年初

其次确认递延所得税资产期初期末余额的差额。

递延所得税资产的期末余额=期末存货中未实现内部销售利润 × 所得税税率

最后和期初数比较，得出本期应确认或转回的递延所得税资产并进行确认或转回。

借：递延所得税资产

  贷：所得税费用

或

借：所得税费用

  贷：递延所得税资产

（二）存货跌价准备的抵销对所得税的影响

与应收款项减值对所得税的影响的会计处理原理相同。

【例 9-30】甲公司持有 A 公司 80%的股权，系 A 公司的母公司。甲公司 2021 年利润表列示的营业收入中有 5 000 万元，系当年向 A 公司销售产品取得的销售收入，该产品销售成本为 3 500 万元。A 公司在 2021 年将该批内部购进商品的 60%对外销出，其销售收入为 3 750 万元，销售成本为 3 000 万元，并列示于其利润表中；该批商品的另外 40%则形成 A 公司期末存货，即期末存货为 2 000 万元，列示于 A 公司 2021 年的资产负债表之中。甲公司和 A 公司使用的企业所得税税率均为 25%。

甲公司在编制合并财务报表时，其合并抵销处理如下（单位：万元）。

（1）将内部销售收入与内部销售成本及存货价值中包含的未实现内部销售利润抵销，其抵销分录如下。

借：营业收入　　5 000

　　贷：营业成本　　4 400

　　　　存货　　600

（2）确认因编制合并财务报表导致的存货账面价值与其计税基础之间的暂时性差异相关递延所得税资产。本例中，从 A 公司来说，其持有该存货账面价值与计税基础均为 2 000 万元；从甲公司角度来说，通过上述合并抵销处理，合并资产负债表中该存货的价值为 1 400 万元；由于甲公司和 A 公司均为独立的法人实体，这一存货的计税基础应从 A 公司角度来考虑，即其计税基础为 2 000 万元。因该内部交易抵销的未实现内部销售损益导致的暂时性差异为 600（2 000−1 400）万元，实际上就是抵销的未实现内部销售损益的金额。为此，编制合并财务报表时应当对该暂时性差异确认递延所得税资产 150（600 × 25%）万元。进行合并抵销处理时，其抵销分录如下（单位：万元）。

借：递延所得税资产　　150

　　贷：所得税费用　　150

四、与内部交易固定资产等相关的所得税会计的合并抵销处理

首先确认期初固定资产中未实现内部销售利润对递延所得税的影响

借：递延所得税资产（期初固定资产等资产中未实现内部销售利润 × 所得税税率）

　　贷：未分配利润——年初

其次确认递延所得税资产期初期末余额的差额。

递延所得税资产的期末余额=期末固定资产中未实现内部销售利润 × 所得税税率

最后和期初数比较，得出本期应确认或转回的递延所得税资产并进行确认或转回。

借：递延所得税资产

　　贷：所得税费用

或

借：所得税费用

　　贷：递延所得税资产

【例 9-31】A 公司和 B 公司同为甲公司控制下的子公司。A 公司于 2021 年 1 月 1 日，

将自己生产的产品销售给B公司作为固定资产使用，A公司销售该产品的销售收入为1 680万元，销售成本为1 200万元。B公司以1 680万元的价格作为该固定资产的原价入账。B公司购买的该固定资产用于公司的销售业务，该固定资产属于不需要安装的固定资产，当月投入使用，其折旧年限为4年，预计净残值为零。B公司对该固定资产确定的折旧年限和预计净残值与税法规定一致。为简化合并处理，假定该内部交易固定资产在交易当年按12个月计提折旧。B公司在2021年12月31日的资产负债表中列示有该固定资产，其原价为1 680万元，累计折旧为420万元，固定资产净值1 260万元。A公司、B公司和甲公司适用的所得税税率均为25%。

甲公司在编制合并财务报表时，应当进行如下抵销处理（单位：万元）。

（1）将该内部交易固定资产相关销售收入与销售成本及原价中包含的未实现内部销售利润予以抵销。其抵销分录如下。

借：营业收入	1 680	
贷：营业成本		1 200
固定资产——原价		480

（2）将当年计提的折旧和累计折旧中包含的未实现内部销售损益予以抵销。其抵销分录如下。

借：累计折旧	120	
贷：销售费用		120

（3）确认因编制合并财务报表导致的内部交易固定资产账面价值与计税基础之间的暂时性差异相关递延所得税资产。

本例中，确认递延所得税资产或负债相关计算如下。

B公司该固定资产的账面价值=1 680（固定资产原价）-420（当年计提的折旧额）
=1 260（万元）

B公司该固定资产的计税基础=1 680（固定资产原价）-420（当年计提的折旧额）
=1 260（万元）

根据上述计算，从B公司角度来看，因该内部交易形成的固定资产账面价值与其计税基础相同，不产生暂时性差异，在B公司个别财务报表中不涉及确认递延所得税资产或递延所得税负债的问题。

合并财务报表中该固定资产的账面价值=1 200（甲公司取得该资产的成本）-300（按取得资产成本计算确定的折旧额）
=900（万元）

合并财务报表中该固定资产的计税基础=B公司该固定资产的计税基础=1 260（万元）

合并财务报表中该固定资产相关暂时性差异=900（账面价值）-1 260（计税基础）
=-360（万元）

关于计税基础，企业所得税是以单个企业的纳税所得税为对象计算征收的。某一资产的计税基础是从使用该资产的企业的角度来考虑的。从某一企业来说，资产的取得成本就是其计税基础。由于该内部交易固定资产属于B公司拥有并使用，B公司该固定资产的计税基础也就是整个企业集团（甲公司）的计税基础，个别财务报表确定该固定资产的计税基础与合并财务报表确定的该固定资产计税基础是相同的。

合并财务报表中该固定资产的账面价值，是以抵销未实现内部销售利润后的固定资产原价（即销售企业的销售成本）1 200 万元（固定资产原价 1 680 万元-未实现内部销售利润 480 万元），以及按抵销未实现内部销售利润后的固定资产原价计算的折旧额为基础计算的。

合并财务报表中该固定资产相关的暂时性差异，就是因抵销未实现内部销售利润而产生的。本例中该固定资产原价抵销的未实现内部销售利润为 480 万元，同时由于该固定资产使用而当年计提的折旧额为 420 万元中也包含未实现内部销售利润 120 万元，这 120 万元随着固定资产折旧而结转为已实现内部销售利润，因此该内部交易形成的固定资产价值中当年实际抵销的未实现内部销售利润为 360（480-120）万元。这 360 万元也就是因未实现内部销售利润而产生的暂时性差异。

对于合并财务报表中该内部交易固定资产因未实现内部销售利润的抵销而产生的暂时性差异，应当确认的递延所得税资产为 90（360×25%）万元。本例中，确认相关递延所得税资产的合并抵销分录如下（单位：万元）。

借：递延所得税资产　90

　　贷：所得税费用　90

第十一节　合并现金流量表的编制

一、合并现金流量表概述

合并现金流量表是综合反映母公司及其子公司组成的企业集团，在一定会计期间现金流入量、现金流出量以及其增减变动情况的会计报表。现金流量表要求按照收付实现制反映企业经济业务引起的现金流入和现金流出。

在合并方编制的合并日合并现金流量表中，应包含合并方及被合并方自合并当期期初至合并日产生的现金流量。涉及的双方当期发生内部交易产生的现金流量，应按照合并财务报表准则规定的有关原则进行抵销。

同一控制下的企业合并发生于 2022 年 7 月 31 日，合并方当日编制的现金流量表中，应包括合并方及被合并方自 2022 年 1 月 1 日至 2022 年 7 月 31 日产生的现金流量。

二、编制合并现金流量表需要抵销的项目

编制合并现金流量表时需要进行抵销处理的项目，主要有：①母公司与子公司、子公司相互之间当期以现金投资或收购股权增加的投资所产生的现金流量；②母公司与子公司、子公司相互之间当期取得投资收益收到的现金与分配股利、利润或偿付利息支付的现金；③母公司与子公司、子公司相互之间以现金结算债权与债务所产生的现金流量；④母公司与子公司、子公司相互之间当期销售商品所产生的现金流量；⑤母公司与子公司、子公司相互之间处置固定资产、无形资产和其他长期资产收回的现金净额与购建固定资产、无形资产和其他长期资产支付的现金等。

第十二节　本期增加子公司和减少子公司的合并处理

一、本期增加子公司的合并处理

（一）母公司在报告期内增加子公司在合并资产负债表的反映

母公司在报告期内增加子公司的，合并当期编制合并资产负债表时，应当区分同一控制下的企业合并增加的子公司和非同一控制下的企业合并增加的子公司两种情况。

（1）因同一控制下的企业合并增加的子公司，编制合并资产负债表时，应当调整合并资产负债表的期初数。

（2）因非同一控制下的企业合并增加的子公司，不应调整合并资产负债表的期初数。

（二）母公司在报告期内增加子公司在合并利润表的反映

母公司因追加投资等原因控制了另一个企业即实现了企业合并。在合并当期编制合并利润表时，应当区分同一控制下的企业合并增加的子公司和非同一控制下的企业合并增加的子公司两种情况。

（1）因同一控制下的企业合并增加的子公司，在编制合并利润表时，应当将该子公司合并当期期初至报告期期末的收入、费用、利润纳入合并利润表。

（2）因非同一控制下的企业合并增加的子公司，在编制合并利润表时，应当将该子公司购买日至报告期期末的收入、费用、利润纳入合并利润表。

（三）母公司在报告期内增加子公司在合并现金流量表的反映

母公司因追加投资等原因控制了另一个企业即实现了企业合并。在合并当期编制合并现金流量表时，应当区分同一控制下的企业合并增加的子公司和非同一控制下的企业合并增加的子公司两种情况。

（1）因同一控制下的企业合并增加的子公司，在编制合并现金流量表时，应当将该子公司合并当期期初至报告期期末的现金流量纳入合并现金流量表。

（2）因非同一控制下的企业合并增加的子公司，在编制合并现金流量表时，应当将该子公司购买日至报告期期末的现金流量纳入合并现金流量表。

二、本期减少子公司的合并处理

（一）母公司在报告期内处置子公司在合并资产负债表的反映

母公司在报告期内处置子公司，编制合并资产负债表时，不应当调整合并资产负债表的期初数。

（二）母公司在报告期内处置子公司在合并利润表的反映

母公司在报告期内处置子公司，应当将该子公司期初至处置日的收入、费用、利润纳入合并利润表。

（三）母公司在报告期内处置子公司在合并现金流量表的反映

母公司在报告期内处置子公司，应将该子公司期初至处置日的现金流量纳入合并现金流量表。

【综合题】甲公司为上市公司。2017 年至 2019 年，甲公司及其子公司发生的有关交易或事项如下。

(1)2017 年 1 月 1 日，甲公司以 30 500 万元从非关联方购入乙公司 60%的股权，购买日乙公司可辨认净资产的公允价值为 50 000 万元(含原未确认的无形资产公允价值 3 000 万元)，除原未确认的无形资产外，其余各项可辨认资产、负债的公允价值与其账面价值相同。上述无形资产按 10 年采用直线法摊销，预计净残值为零。甲公司取得乙公司 60%股权后，能够对乙公司的财务和经营决政策实施控制。

2019 年 1 月 10 日，甲公司与乙公司的其他股东签订协议，甲公司从乙公司其他股东处购买乙公司 40%股权；甲公司以向乙公司其他股东发行本公司普通股股票作为对价，发行的普通股数量以乙公司 2019 年 3 月 31 日经评估确认的净资产公允价值为基础确定。甲公司股东大会、乙公司股东会于 2019 年 1 月 20 日同时批准上述协议。

乙公司 2019 年 3 月 31 日经评估确认的净资产公允价值为 62 000 万元。经与乙公司其他股东协商，甲公司确定发行 2 500 万股本公司普通股股票作为购买乙公司 40%股权的对价。

2019 年 6 月 20 日，甲公司定向发行本公司普通股购买乙公司 40%股权的方案经相关监管部门批准。2019 年 6 月 30 日，甲公司向乙公司其他股东定向发行本公司普通股 2 500 万股，并已办理完成定向发行股票的登记手续和乙公司股东的变更登记手续。同日，甲公司股票的市场价格为每股 10.5 元。

2017 年 1 月 1 日至 2019 年 6 月 30 日，乙公司实现净利润 9 500 万元，在此期间未分配现金股利；乙公司因可供出售金融资产公允价值变动增加资本公积 1 200 万元；除上述内容外，乙公司无其他影响所有者权益变动的事项。

(2)为了处置 2019 年末账龄在 5 年以上、账面余额为 5 500 万元、账面价值为 3 000 万元的应收账款，乙公司管理层 2019 年 12 月 31 日制定了以下两个可供选择的方案，供董事会决策。

方案 1：将上述应收账款按照公允价值 3 100 万元出售给甲公司的子公司(丙公司)，并由丙公司享有或承担该应收账款的收益或风险。

方案 2：将上述应收账款委托某信托公司设立信托，由信托公司以该应收账款的未来现金流量为基础向社会公众发行年利率为 3%、3 年期的资产支持证券 2 800 万元，乙公司享有或承担该应收账款的收益或风险。

(3)经董事会批准，甲公司 2017 年 1 月 1 日实施股权激励计划，其主要内容为：甲公司向乙公司 50 名管理人员每人授予 10 000 份现金股票增值权，行权条件为乙公司 2017 年度实现的净利润较前 1 年增长 6%，截至 2018 年 12 月 31 日 2 个会计年度平均净利润增长率为 7%，截至 2019 年 12 月 31 日 3 个会计年度平均净利润增长率为 8%；从达到上述业绩条件的当年末起，每持有 1 份现金股票增值权可以从甲公司获得相关于行权当日甲公司股票每股市场价格的现金，行权期为 3 年。

乙公司 2017 年度实现的净利润较前 1 年增长 5%，本年度没有管理人员离职。该年末，甲公司预计乙公司截至 2018 年 12 月 31 日 2 个会计年度平均净利润增长率将达到 7%，未来 1 年将有 2 名管理人员离职。

2018年度,乙公司有3名管理人员离职,实现的净利润较前1年增长7%。该年末,甲公司预计乙公司截至2019年12月31日3个会计年度平均净利润增长率将达到10%,未来1年将有4名管理人员离职。

2019年10月20日,甲公司经董事会批准取消原授予乙公司管理人员的股权激励计划,同时以现金补偿原授予现金股票增值权且尚未离职的乙公司管理人员600万元。2019年初至取消股权激励计划前,乙公司有1名管理人员离职。

每份现金股票增值权公允价值如下:2017年1月1日为9元;2017年12月31日为10元;2018年12月31日为12元;2019年10月20日为11元。

本题不考虑税费和其他因素。

要求:根据上述资料,回答下列问题。

(1)根据资料(1),判断甲公司购买乙公司40%股权的交易性质,并说明判断依据。

(2)根据资料(1),计算甲公司购买乙公司40%股权的成本,以及该交易对甲公司2019年6月30日合并股东权益的影响金额。

(3)根据资料(1),计算甲公司2019年12月31日合并资产负债表应当列示的商誉金额。

(4)根据资料(2),分别针对方案1和方案2,简述应收账款处置在乙公司个别财务报表和甲公司合并财务报表中的会计处理,并说明理由。

(5)根据资料(3),计算股权激励计划的实施对甲公司2017年度和2018年度合并财务报表的影响,并简述相应的会计处理。

(6)根据资料(3),计算股权激励计划的取消对甲公司2019年度合并财务报表的影响,并简述相应的会计处理。

分析如下。

(1)甲公司购买乙公司40%股权的交易为购买少数股东权益。

判断依据:甲公司已于2017年1月1日购买了乙公司60%的股权,能够对乙公司的财务和经营决策实施控制,这表明乙公司为甲公司的子公司。2019年6月30日,甲公司再购买乙公司40%股权,属于购买少数股东权益交易。

(2)甲公司购买乙公司40%股权的成本=2 500×10.5=26 250(万元)。

按购买日持续计算的该交易日的子公司净资产公允价值=50 000+9 500+1 200−3 000/10×2.5=59 950(万元)。

其中特有40%的股权享有的份额=59 950×40%=23 980(万元)。

所以,在合并报表中,应该调减资本公积的金额=26 250−23 980=2 270(万元)

(3)甲公司2019年12月31日合并资产负债表中应当列示的商誉的金额=30 500−50 000×60%=500(万元)。

(4)针对方案1的相关会计处理如下。

①乙公司在其个别财务报表中的会计处理如下。

第一,终止确认拟处置的应收账款。

第二,处置价款3 100万元与其账面价值3 000万元之间的差额100万元,计入处置当期营业外收入(或损益)。

理由:由于乙公司不再享有或承担拟处置应收账款的收益或风险,与拟处置的应收账款相关的风险和报酬已经转移,符合金融资产终止确认的条件。

②甲公司在其合并财务报表中的会计处理如下。

第一,将乙公司确认的营业外收入 100 万元与丙公司应收账款 100 万元抵销。

第二,将丙公司在其个别财务报表中已计提的坏账准备予以抵销。

第三,按照乙公司拟处置的应收账款于处置当期期末未来现金流量的现值与其账面价值的差额确认坏账损失。

理由:乙公司将应收账款出售给丙公司,属于集团内部交易。从集团角度看,应收账款的风险和报酬并没有转移,因此,在合并财务报表中不应终止确认应收账款。

针对方案 2 的会计处理如下。

第一,在乙公司个别财务报表和甲公司合并财务报表中,不应当终止确认应收账款,均应按照未来现金流量现值小于其账面价值的差额确认坏账损失。

第二,将收到发行的资产支持证券款项同时确认为一项资产和一项负债,并在各期确认相关的利息费用。

理由:乙公司将拟处置的应收账款委托给某信托公司设立信托,但乙公司仍然享有或承担应收账款的收益或风险,这说明应收账款上的风险和报酬并没有转移,不符合终止确认条件。

(5)股权激励计划的实施对甲公司 2017 年度合并财务报表的影响=(50−2)×1×10×1/2=240(万元)。

相应的会计处理:甲公司在其 2017 年度合并财务报表中,确认应付职工薪酬和管理费用 240 万元。

股权激励计划的实施对甲公司 2018 年度合并财务报表的影响=(50−3−4)× 1×12×2/3−240=104(万元)。

相应的会计处理:甲公司在其 2018 年度合并财务报表中,确认应付职工薪酬和管理费用 104 万元。

(6)股权激励计划的取消对甲公司 2019 年度合并财务报表的影响=[(50−3−1)×1×11×3/3−240−104]+(600−506)=256(万元)。

或:

股权激励计划的取消对甲公司 2019 年度合并财务报表的影响=600−344=256(万元)

相应的会计处理如下。

①甲公司在其 2019 年度合并财务报表中应将股权激励计划的取消作为加速可行权处理,原应在剩余期间内确认的相关费用应在 2019 年度全部确认。

②补偿的现金与因股权激励计划确认的应付职工薪酬之间的差额计入当期损益。

本章小结

合并财务报表是指由母公司编制的,将母公司、子公司形成的企业集团作为一个会计主体,综合反映企业集团整体财务状况、经营成果和现金流量的报表。母公司是指有一个或一个以上子公司的企业;子公司是指被母公司控制的企业。母公司应当是依法登记的、取得企业法人资格的控股企业。

1. 合并财务报表范围的确定

合并财务报表的合并范围应当以控制为基础予以确定。

(1)母公司直接或通过子公司间接拥有被投资单位半数以上的表决权,表明母公司能够控制被投资单位,应当将该被投资单位认定为子公司,纳入合并财务报表的合并范围。但是,有证据表明母公司不能控制被投资单位的除外。

(2)母公司拥有被投资单位半数或以下的表决权,且满足下列条件之一的,视为母公司能够控制被投资单位,但是,有证据表明母公司不能控制被投资单位的除外。

(3)在确定能否控制被投资单位时,应当考虑企业和其他企业持有的被投资单位的当期可转换的可转换公司债券、当期可执行的认股权证等潜在表决权因素。母公司应当将其全部子公司,无论是小规模的子公司还是经营业务性质特殊的子公司,均纳入合并财务报表的合并范围。

2. 编制合并财务报表的程序

1)统一会计政策和会计期间

在编制合并财务报表前,母公司应当统一子公司所采用的会计政策,使子公司采用的会计政策与母公司保持一致。子公司所采用的会计政策与母公司不一致的,应当按照母公司的会计政策对子公司财务报表进行必要的调整;或者要求子公司按照母公司的会计政策另行编报财务报表。同时,母公司应当统一子公司的会计期间,使子公司的会计期间与母公司保持一致。子公司的会计期间与母公司不一致的,应当按照母公司的会计期间对子公司财务报表进行调整;或者要求子公司按照母公司的会计期间另行编报财务报表。

2)编制合并工作底稿

合并工作底稿的作用是为合并财务报表的编制提供基础。在合并工作底稿中,对母公司和子公司的个别财务报表各项目的金额进行汇总和抵销处理,最终计算得出合并财务报表各项目的合并金额。

3)编制调整分录和抵销分录

在合并工作底稿中编制调整分录和抵销分录,将内部交易对合并财务报表有关项目的影响进行抵销处理。编制抵销分录,进行抵销处理是合并财务报表编制的关键和主要内容,其目的在于将个别财务报表各项目的加总金额中重复的因素予以抵销。

4)计算合并财务报表各项目的合并金额

在母公司和子公司个别财务报表各项目加总金额的基础上,分别计算出合并财务报表中各资产项目、负债项目、所有者权益项目、收入项目和费用项目等的合并金额。其计算方法如下。

(1)资产类各项目,其合并金额根据该项目加总金额,加上该项目抵销分录有关的借方发生额,减去该项目抵销分录有关的贷方发生额计算确定。

(2)负债类各项目和所有者权益类项目,其合并金额根据该项目加总金额,减去该项目抵销分录有关的借方发生额,加上该项目抵销分录有关的贷方发生额计算确定。

(3)有关收入类各项目和有关所有者权益变动各项目,其合并金额根据该项目加总金额，减去该项目抵销分录的借方发生额，加上该项目抵销分录的贷方发生额计算确定。

（4）有关费用类项目，其合并金额根据该项目加总金额，加上该项目抵销分录的借方发生额，减去该项目抵销分录的贷方发生额计算确定。

5）填列合并财务报表

根据合并工作底稿中计算出的资产、负债、所有者权益、收入、费用类以及现金流量表中各项目的合并金额，填列生成正式的合并财务报表。

思考题

1. 与合并日财务报表相比，合并日后合并财务报表新增哪些调整或抵销分录？
2. 与购买日财务报表相比，购买日后合并财务报表新增哪些调整或抵销分录？
3. 购买子公司股权后，在编制合并财务报表时企业合并商誉是否变化？
4. 什么是一揽子交易？
5. 如何抵销母公司对子公司的投资收益？

案例分析 1

【案例描述】

新华公司和嘉德公司均为增值税一般纳税人，适用的增值税税率为17%，适用的所得税税率为25%，所得税采用资产负债表债务法核算；年末均按实现净利润的10%提取法定盈余公积。

假定产品销售价格均为不含增值税的公允价格。2020年度发生的有关交易或事项如下。

（1）1月1日，新华公司以5 600万元取得嘉德公司有表决权股份的60%，能够对嘉德公司实施控制。当日，嘉德公司可辨认净资产的账面价值和公允价值均为8 400万元；所有者权益构成为：股本4 000万元，资本公积2 400万元，盈余公积600万元，未分配利润1 400万元。在此之前，新华公司和嘉德公司为同一集团下的子公司，且嘉德公司为其母公司直接出资设立的公司。

（2）6月30日，嘉德公司向新华公司销售一件A产品，销售价格为1 000万元，成本为600万元，未计提存货跌价准备，款项已于当日收存银行。新华公司购买的A产品作为管理用固定资产，于当日投入使用，预计可使用年限为5年，预计净残值为零，采用年限平均法计提折旧。

（3）7月1日，嘉德公司向新华公司销售B产品200件，单位销售价格为20万元，单位成本为18万元，未计提存货跌价准备，款项尚未收取。新华公司将购入的B产品作为存货入库；至2020年12月31日，新华公司已对外销售B产品40件，单位销售价格为20.6万元；2020年12月31日，对尚未销售的B产品每件计提存货跌价准备2.4万元。

（4）12月31日，嘉德公司尚未收到向新华公司销售200件B产品的款项；当日，嘉德公司对该笔应收账款计提了40万元的坏账准备。

（5）4月12日，嘉德公司对外宣告发放上年度现金股利400万元；4月20日，新华公司收到嘉德公司发放的现金股利240万元。嘉德公司2020年度利润表列报的净利润为800

万元。

（6）其他资料如下。

① 2020 年初新华公司“资本公积——股本溢价”科目余额为 3 600 万元。

②新华公司与嘉德公司的会计年度和采用的会计政策相同。

③不考虑所得税等其他因素。

要求：根据材料编制如下会计分录。

（1）新华公司 2020 年 1 月 1 日取得长期股权投资的分录。

（2）新华公司 2020 年 1 月 1 日编制合并财务报表的相关抵销分录。

（3）新华公司 2020 年 12 月 31 日合并财务报表时按照权益法调整相关长期股权投资的会计分录。

（4）新华公司 2020 年 12 月 31 日合并财务报表的各项相关抵销分录。（不要求编制与合并现金流量表相关的抵销分录；答案中的金额的单位用万元表示）

【案例解析】

（1）借：长期股权投资　　5 040（8 400 × 60%）
　　　资本公积——股本溢价　　560
　　　贷：银行存款　　5 600

（2）借：股本　　4 000
　　　资本公积　　2 400
　　　盈余公积　　600
　　　未分配利润　　1 400
　　　贷：长期股权投资　　5 040
　　　　　少数股东权益　　3 360

借：资本公积　　1 200
　贷：盈余公积　　360（600 × 60%）
　　　未分配利润　　840（1400 × 60%）

（3）按照权益法调整长期股权投资。

借：长期股权投资　　480（800 × 60%）
　贷：投资收益　　480

借：投资收益　　240
　贷：长期股权投资　　240

（4）①投资业务抵销。

借：股本　　4 000
　资本公积　　2 400
　盈余公积　　680（600+800 × 10%）
　未分配利润——年末　　1 720（1 400+800−80−400）
　贷：长期股权投资　　5 280（5 040−240+480）
　　　少数股东权益　　3 520 [（4 000+2 400+680+1 720）× 40%]

借：投资收益　　480（800 × 60%）

少数股东损益　320（800×40%）
未分配利润——年初　1 400
贷：提取盈余公积　80（800×10%）
对所有者（或股东）的分配　400
未分配利润——年末　1 720

合并方在合并前实现的留存收益中归属于合并方的部分要转回。

借：资本公积——股本溢价　1 200
贷：盈余公积　360（600×60%）
未分配利润　840（1400×60%）

②固定资产业务抵销。

借：营业收入　1 000
贷：营业成本　600
固定资产——原价　400（1 000-600）
借：固定资产——累计折旧　40（400/5×6/12）
贷：管理费用　40
借：少数股东权益　108[（400-40-90）×40%]
贷：少数股东损益　108

③存货业务抵销。

借：营业收入　4 000（400×10）
贷：营业成本　4 000
借：营业成本　320[320×（10-9）]
贷：存货　320
借：存货——存货跌价准备　320
贷：资产减值损失　320

④债权债务抵销。

借：应付账款　4 680
贷：应收账款　4 680
借：应收账款——坏账准备　40
贷：资产减值损失　40
借：所得税费用　10
贷：递延所得税资产　10
借：少数股东损益　12[（40-10）×40%]
贷：少数股东权益　12

案例分析 2

【案例描述】

甲上市公司（以下简称甲公司）2017 年起实施了一系列股权交易计划，具体情况如下。

（1）2017 年 10 月，甲公司与乙公司控股股东丁公司签订协议，协议约定：甲公司向丁公司定向发行 1.2 亿股本公司股票，以换取丁公司持有的乙公司 60%的股权。甲公司定向发行的股票按规定确定为每股 5 元，双方确定的评估基准日为 2017 年 9 月 30 日。乙公司经评估确定 2017 年 9 月 30 日的可辨认净资产公允价值（不含递延所得税资产和负债）为 10 亿元。

（2）甲公司该并购事项于 2017 年 12 月 10 日经监管部门批准，作为对价定向发行的股票于 2017 年 12 月 31 日发行，当日收盘价为每股 5.5 元。甲公司于 12 月 31 日起主导乙公司财务和生产经营决策。以 2017 年 9 月 30 日的评估值为基础，乙公司可辨认净资产于 2017 年 12 月 31 日的公允价值为 10.5 亿元（不含递延所得税资产和负债），其中公允价值与账面价值的差异产生于一项无形资产和一项固定资产：

①无形资产系 2015 年 1 月取得，成本为 8 000 万元，预计使用 10 年，采用直线法摊销，预计净残值为零，2017 年 12 月 31 日的公允价值为 8 400 万元；

②固定资产系 2015 年 12 月取得，成本为 4 800 万元，预计使用 8 年，预计净残值为零，采用年限平均法计提折旧，2017 年 12 月 31 日的公允价值为 7 200 万元。

注：无形资产评估增值=8 400−（8 000−8 000/10×3）=2 800（万元），尚可使用 10−3=7（年）；固定资产评估增值=7 200−（4 800−4 800/8×2）=3 600（万元），尚可使用 8−2=6（年）；合计评估增值 2 800+3 600=6 400（万元）。

上述资产均未计提减值，其计税基础与按历史成本计算确定的账面价值相同。

甲公司和丁公司在此项交易前不存在关联方关系。有关资产在该项交易后预计使用年限、净残值、折旧和摊销方法保持不变。甲公司向丁公司发行股份后，丁公司持有甲公司发行在外普通股的 10%，不具有重大影响。

（3）2019 年 1 月 1 日，甲公司又支付 5 亿元自乙公司其他股东处进一步购入乙公司 40%的股权，当日乙公司可辨认净资产公允价值为 12.5 亿元，乙公司个别财务报表中净资产账面价值为 11.86 亿元，其中 2018 年实现净利润为 2 亿元。

（4）2019 年 10 月，甲公司与其另一子公司（丙公司）协商，将持有的全部乙公司股权转让给丙公司。以乙公司 2019 年 10 月 31 日评估值 14 亿元为基础，丙公司向甲公司定向发行本公司普通股 7 000 万股（每股面值 1 元），按规定确定为每股 20 元。有关股份于 2019 年 12 月 31 日发行，丙公司于当日开始主导乙公司生产经营决策。当日，丙公司每股股票收盘价为 21 元，乙公司可辨认净资产公允价值为 14.3 亿元。

乙公司个别财务报表显示，其 2019 年实现净利润为 1.6 亿元。

（5）其他有关资料：①本题中各公司适用的所得税税率均为 25%，除所得税外，不考虑其他因素；②乙公司没有子公司和其他被投资单位，在甲公司取得其控制权后未进行利润分配，除所实现净利润外，无其他影响所有者权益变动的事项；③甲公司取得乙公司控制权后，每年末对商誉进行的减值测试表明商誉未发生减值；④甲公司与乙公司均以公历年度作为会计年度，采用相同的会计政策。

要求：根据上述资料，完成如下会计处理。

（1）根据资料（1）和（2），确定甲公司合并乙公司的类型，并说明理由；如为同一控制下的企业合并，确定其合并日，确认长期股权投资应调整所有者权益的金额；如为非同一控制下的企业合并，确定其购买日，计算企业合并成本、合并中取得可辨认净资产公允价值及合并中应予确认的商誉或计入当期损益的金额。

（2）根据资料（3），计算确定甲公司在其个别财务报表中对乙公司长期股权投资的账面价值并编制相关会计分录；计算确定该项交易发生时乙公司应并入甲公司合并财务报表的可辨认净资产价值及该交易对甲公司合并资产负债表中所有者权益项目的影响金额。

（3）根据资料（4），确定丙公司合并乙公司的类型，并说明理由；确定该项合并的购买日或合并日，计算乙公司应纳入丙公司合并财务报表的净资产价值并编制丙公司确认对乙公司长期股权投资的会计分录。

【案例解析】

（1）该项合并为非同一控制下的企业合并。理由：甲公司与乙公司在合并发生前后不存在同一最终控制方；或甲公司与丁公司在交易发生前不存在关联方关系。

购买日为 2017 年 12 月 31 日。

企业合并成本=12 000 × 5.5=66 000（万元）

合并中取得可辨认净资产公允价值=105 000−6 400 × 25%=103 400（万元）

商誉=66 000−103 400 × 60%=3 960（万元）

（2）个别财务报表长期股权投资账面价值=66 000+50 000=116 000（万元）。

乙公司应纳入甲公司合并财务报表中的可辨认净资产价值=购买日为 2017 年 12 月 31 日已考虑递延所得税的可辨认净资产公允价值 103 400+2018 年调整前净利润 20 000−无形资产摊销 2 800/7 × 75%−固定资产折旧 3 600/6 × 75%=122 650（万元）。

应当冲减合并财务报表资本公积金额=支付对价 50 000−持续计算的可辨认净资产价值 122 650 × 40%=940（万元）

（3）该项交易为同一控制下的企业合并。理由：乙、丙公司在合并前后均受甲公司最终控制，且符合时间性要求。

乙公司应纳入丙公司合并财务报表的净资产价值=122 650+2019 年调整前净利润 16 000−无形资产摊销 2 800/7 × 75%−固定资产折旧 3 600/6 × 75%+3 960=137 900+3 960=141 860（万元）。

借：长期股权投资	141 860	
贷：股本		7 000
资本公积		134 860

自测题

一、单项选择题

1. 下列关于合并范围的说法中，错误的是（　　）。

A. 在判断投资方是否拥有对被投资方的权利时，应仅考虑投资方和其他方享有的实质性权利

B. 在判断投资方是否拥有对被投资方的权利时，应考虑投资方和其他方享有的保护性权利和实质性权利

C. 实质性权利通常是当前可执行的权利，但某些情况下目前不可行使的权利也可能是

实质性权利

D. 投资方仅仅持有保护性权利不能对被投资方实施控制,也不能阻止其他方对被投资方实施控制

2. 甲公司 2020 年 1 月 1 日用银行存款 3 200 万元购入其母公司持有的乙公司 80%的有表决权股份,合并当日乙公司相对于最终控制方而言的所有者权益账面价值为 3 500 万元,假定最终控制方合并报表未确认商誉。2020 年 5 月 8 日乙公司宣告分派 2019 年度现金股利 300 万元。2020 年度乙公司实现净利润 500 万元。2021 年乙公司实现净利润 700 万元。此外,乙公司 2021 年购入的以公允价值计量且其变动计入其他综合收益的金融资产公允价值上升导致其他综合收益增加 100 万元。不考虑其他因素影响,则在 2021 年末甲公司编制合并财务报表调整分录时,长期股权投资按权益法调整后的余额为(　　)万元。

A.3 200　　B.2 800　　C.3 600　　D.4 000

3.2020 年 1 月 1 日,甲公司以增发 1 000 万股普通股(每股市价 1.5 元,每股面值 1 元)作为对价,从 W 公司处取得乙公司 80%的股权,能够对乙公司实施控制,另用银行存款支付发行费用 80 万元。当日,乙公司可辨认净资产账面价值为 1 600 万元,公允价值为 1 800 万元,差额为乙公司一项固定资产所引起,该项固定资产的账面价值为 300 万元,公允价值为 500 万元。甲公司与 W 公司不具有关联方关系;假定该项企业合并符合《财政部 国家税务总局关于企业重组业务企业所得税处理若干问题的通知》中关于特殊性税务处理的有关规定,有关各方选择采用免税处理。假定甲、乙公司适用的所得税税率是 25%,所得税均采用资产负债表债务法核算。该项企业合并的合并商誉为(　　)万元。

A.20　　B.60　　C.100　　D.180

4. 甲公司 2017 年 1 月 1 日从集团外部取得乙公司 80%股份,能够对乙公司实施控制。2017 年 1 月 1 日,乙公司除一项固定资产外,其他资产、负债的公允价值与账面价值相等,该固定资产账面价值为 500 万元,公允价值为 600 万元,尚可使用年限为 10 年,采用年限平均法计提折旧,预计净残值为 0。2016 年甲公司实现净利润 2 000 万元,乙公司实现净利润为 600 万元。2017 年乙公司向甲公司销售一批 A 商品,该批 A 商品售价为 100 万元,成本为 60 万元,至 2017 年 12 月 31 日,甲公司将上述商品对外出售 60%。2017 年甲公司向乙公司销售一批 B 商品,该批 B 商品售价为 200 万元,成本为 100 万元,至 2017 年 12 月 31 日,乙公司将上述商品对外出售 80%。甲公司和乙公司适用的所得税税率均为 25%。则甲公司 2017 年合并利润表中归属于母公司的净利润为(　　)万元。

A.2 462.4　　B.2 446.4　　C.2 449.4　　D.2 000

5. 甲公司和乙公司没有关联方关系。甲公司 2021 年 1 月 1 日以银行存款 1 000 万元购入乙公司 100%股权(交易后乙公司仍保留独立的法人资格),当日乙公司可辨认净资产公允价值为 800 万元,账面价值为 700 万元,其差额为一项固定资产评估增值所致。该固定资产在购买日的公允价值为 400 万元,账面价值为 300 万元,预计尚可使用年限为 5 年,采用年限平均法计提折旧,预计净残值为 0。2021 年乙公司实现净利润 300 万元。假定不考虑所得税等其他因素,该项固定资产在 2021 年 12 月 31 日合并报表上列示的金额为(　　)万元。

A.240　　B.300　　C.320　　D.400

6. 黄河公司为甲公司和乙公司的母公司。2021 年 6 月 1 日，甲公司将本公司生产的一批产品出售给乙公司，售价 1 200 万元（不含增值税，下同），成本为 700 万元。至 2021 年 12 月 31 日，乙公司已对外售出该批存货的 60%，售价为 820 万元。不考虑其他因素，2021 年 12 月 31 日在合并财务报表中因该事项列示的营业成本为（　　）万元。

A.0　　B.280　　C.420　　D.820

7. 甲公司和乙公司均为纳入长江公司合并范围的子公司。2020 年 7 月 1 日，乙公司将一项专利权销售给甲公司，售价 50 万元，当日该专利权在乙公司的账面价值为 26 万元。甲公司购入后当月投入使用并按 4 年的期限、采用直线法进行摊销，无残值。长江公司在编制 2021 年度合并财务报表时，应调减“无形资产”项目的金额为（　　）万元。

A.3　　B.3.5　　C.9　　D.15

8. A 公司 2021 年 1 月 1 日以 100 万元取得 B 公司 60%股权，能够对 B 公司实施控制，购买日 B 公司可辨认净资产公允价值为 180 万元；2022 年 1 月 1 日 A 公司以银行存款 15 万元取得原少数股东持有的 B 公司 5%的股权。当日 B 公司可辨认净资产公允价值为 200 万元，B 公司按购买日公允价值开始持续计算的可辨认净资产账面价值 220 万元，购买日 A 公司资本公积的余额为 10 万元，A 公司和 B 公司无关联方关系。则 2022 年 1 月 1 日合并财务报表应确认的资本公积为（　　）万元。

A.4　　B.-4　　C.5　　D.-5

9. 甲公司于 2021 年 12 月 31 日以 2 800 万元取得乙公司 95%的股权，能够对乙公司实施控制，形成非同一控制下的企业合并，购买日乙公司可辨认净资产公允价值总额为 2 200 万元。2022 年 12 月 10 日甲公司处置乙公司 5%的股权取得价款 220 万元。当日乙公司有关资产、负债以购买日公允价值持续计算的可辨认净资产账面价值为 3 024 万元，2022 年 12 月 10 日乙公司可辨认净资产公允价值为 3 080 万元。甲公司、乙公司及乙公司的少数股东在交易前不存在任何关联方关系。甲公司在编制 2022 年的合并资产负债表时，应确认的商誉和因处置少数股权而调整的资本公积金额分别为（　　）万元。

A.-4，68.8　　B.710，68.8　　C.60，68.6　　D.710，66

10. 2018 年 1 月 1 日，甲公司支付 8 000 万元取得乙公司 100%的股权。购买日乙公司可辨认净资产的公允价值为 6 000 万元，账面价值为 5 950 万元，差额由一批存货的评估增值产生，该批存货的账面价值为 200 万元，公允价值为 250 万元。2018 年 1 月 1 日至 2019 年 12 月 31 日期间，乙公司实现的净利润为 500 万元（未分配现金股利），因自用房地产转为公允价值计量的投资性房地产形成其他综合收益 200 万元，乙公司该批存货对外出售 40%。除上述情况外，乙公司无其他影响所有者权益变动的事项。2020 年 1 月 1 日，甲公司转让所持有乙公司 70%的股权，取得转让款项 7 000 万元；甲公司持有乙公司剩余 30%股权的公允价值为 3 000 万元。转让后，甲公司能够对乙公司施加重大影响。不考虑所得税等其他因素，甲公司因转让乙公司 70%股权在 2020 年度合并财务报表中应确认的投资收益为（　　）万元。

A.930　　B.1 130　　C.1 400　　D.1 520

11. 某企业集团母公司、子公司坏账准备计提比例均为应收账款余额的 3%，所得税税率均为 25%。2019 年末母公司对其子公司内部应收账款余额为 4 000 万元（假定在此之前母公司对其子公司的应收款项余额为0)，2020年末该余额增至5 000万元。母公司2020年编制合并财务报表时就上述事项应抵销的递延所得税资产金额为(　　)万元。

A.30　　B.7.5　　C.37.5　　D.60

12. 甲公司拥有乙公司80%的有表决权股份,能够控制乙公司财务和经营决策。2021年6月1日,甲公司将本公司生产的一批产品出售给乙公司,售价为3 200万元(不含增值税),成本为2 000万元。至2021年12月31日,乙公司已对外售出该批存货的40%,当日,剩余存货的可变现净值为1 000万元。甲公司、乙公司均采用资产负债表债务法核算其所得税,适用的所得税税率均为25%。不考虑其他因素,对上述交易进行抵销后，2021年12月31日在合并财务报表层面因该业务应列示的递延所得税资产为(　　)万元。

A.50　　B.190　　C.200　　D.230

13. 甲公司只有一个子公司乙公司,2020年度甲公司和乙公司个别现金流量表中“销售商品、提供劳务收到的现金”项目的金额分别为300万元和350万元。2020年甲公司向乙公司销售商品收到现金35万元,不考虑其他因素,甲公司编制的合并现金流量表中“销售商品、提供劳务收到的现金”项目的金额为(　　)万元。

A.650　　B.685　　C.615　　D.300

二、多项选择题

1. 下列各项中,不应当纳入母公司合并财务报表合并范围的有(　　)。

A. 已被清理整顿的原子公司

B. 联营企业

C. 已宣告破产的原子公司

D. 母公司拥有其半数以下表决权,但根据协议有权决定被投资单位的财务和经营政策的被投资单位

2. 2020年1月1日,甲公司从非关联方处购入乙公司80%股权,能够对乙公司的财务和经营决策实施控制。除乙公司外,甲公司无其他子公司。2020年度,乙公司以购买日可辨认净资产公允价值为基础计算实现的本年净利润为2 000万元,无其他所有者权益变动。2020年末,甲公司合并财务报表中少数股东权益为800万元。2021年度,乙公司以购买日可辨认净资产公允价值为基础计算的净亏损为4 500万元,无其他所有者权益变动。2021年末,甲公司个别财务报表中所有者权益总额为8 000万元。不考虑其他因素,下列各项关于合并财务报表列报的表述中,正确的有(　　)。

A.2020年度少数股东损益为400万元

B.2021年度少数股东损益为-900万元

C.2021年12月31日少数股东权益为0

D.2021年12月31日归属于母公司股东权益为4 400万元

3. 甲公司拥有乙公司80%股权,能够对乙公司实施控制。2019年8月,甲公司自乙公司处购入一批W商品并拟对外出售,该批商品在乙公司的成本为200万元,售价为300万元,截至2019年12月31日,甲公司已对外销售该批商品的40%,截至2020年12月31日,甲公司原自乙公司购入的W商品累计已有90%对外出售。关于甲公司2020年合并财务报

表的会计处理,下列项目中正确的有(　　)。

A. 应冲减存货 10 万元　　B. 应冲减营业成本 50 万元

C. 应减少少数股东损益 10 万元　　D. 应减少少数股东权益 2 万元

4. A 公司 2019 年 6 月 30 日以 12 000 万元取得 B 公司 60%股权,能够对 B 公司实施控制。2020 年 6 月 30 日又以 4 800 万元取得原少数股东持有的 B 公司 20%股权。2019 年 6 月 30 日 B 公司可辨认净资产公允价值 18 000 万元(假设与账面价值相同),其中股本 1 200 万元、资本公积 10 800 万元、留存收益 6 000 万元。2020 年 6 月 30 日 B 公司自购买日开始按公允价值持续计算的可辨认净资产价值为 21 000 万元,差额均为留存收益增加。A 公司与 B 公司合并前不存在关联方关系,不考虑其他因素的影响,在 2020 年 6 月 30 日合并财务报表中,以下表述正确的有(　　)。

A. 购买日合并财务报表商誉为 1 200 万元

B. 取得 20%股权时合并商誉为 600 万元

C. 合并财务报表上资本公积调减总额为 11 400 万元

D. 合并财务报表上少数股东权益为 4 200 万元

5. 甲公司于 2019 年 12 月 29 日以 1 000 万元取得对乙公司 80%的股权,能够对乙公司实施控制,形成非同一控制下的企业合并。合并当日乙公司可辨认净资产公允价值总额为 900 万元。2020 年 12 月 25 日甲公司处置了乙公司 10%的股权,收到价款 150 万元,交易日乙公司有关资产、负债以购买日开始持续计算的金额(对母公司的价值)为 1 050 万元。甲公司、乙公司及乙公司的少数股东在交易前不存在任何关联方关系。不考虑其他因素,下列说法中正确的有(　　)。

A. 甲公司个别财务报表 2020 年 12 月 31 日长期股权投资的账面价值为 875 万元

B. 2020 年度甲公司个别财务报表因处置 10%股权投资应确认的投资收益为 25 万元

C. 2020 年 12 月 31 日合并财务报表中列示的商誉为 280 万元

D. 2020 年 12 月 31 日合并财务报表调整分录中贷方计入资本公积——股本溢价 45 万元

6. 甲公司与乙公司均为 A 公司设立的子公司。2020 年 1 月 1 日,甲公司取得乙公司 80%的股权,能够对乙公司实施控制。取得投资时乙公司所有者权益的账面价值为 3 000 万元,公允价值为 3 200 万元,其差额为一项无形资产形成的,该项无形资产的账面价值为 500 万元,公允价值为 700 万元,预计尚可使用年限为 5 年,预计净残值为 0,采用直线法摊销。假设甲公司与乙公司所采用的会计政策、会计期间一致, 2020 年度甲公司与乙公司之间未发生内部交易,不考虑其他因素的影响。则下列说法中,不正确的有(　　)。

A. 甲公司在编制合并财务报表时,应以乙公司的个别财务报表为基础,不需要进行调整

B. 甲公司在编制合并财务报表时,应对乙公司的个别财务报表进行调整,使乙公司的个别财务报表反映为在购买日的公允价值

C. 甲公司在编制合并财务报表时,应将乙公司的无形资产调整为公允价值,借记“无形资产”科目,贷记“资本公积”科目

D. 甲公司在编制 2020 年末合并财务报表时,应调增乙公司个别财务报表中无形资产

的价值 160 万元

7. 2019 年 12 月母公司将一批成本为 240 万元的产品销售给其子公司，销售价格为 300 万元。至年末该产品仍有 50%没有实现对外销售，形成存货。2020 年 2 月母公司又将成本为 150 万元的同类商品以 180 万元的价格销售给其子公司，2020 年 4 月子公司将上述存货的部分对外销售，销售价格为 275 万元，销售成本为 210 万元，其余没有实现对外销售，子公司采用先进先出法对发出存货进行核算。不考虑所得税等其他因素的影响，2020 年末编制合并财务报表时，下列抵销分录（单位：万元）中正确的有（　　）。

A. 借：未分配利润——年初　30
　　贷：营业成本　30

B. 借：营业收入　180
　　贷：营业成本　180

C. 借：营业成本　20
　　贷：存货　20

D. 借：营业收入　150
　　贷：营业成本　150

8. 甲公司为乙公司的母公司，甲公司 2021 年个别资产负债表中对乙公司内部应收账款账面价值与 2020 年相同，仍为 2 500 万元，坏账准备余额仍为 50 万元。2021 年内部应收账款对应的坏账准备计提比例未发生增减变化。乙公司个别资产负债表中应付账款 2 550 万元系 2020 年向甲公司购入商品发生的应付购货款。不考虑所得税等其他因素的影响，则在 2021 年合并工作底稿中应编制的抵销分录（单位：万元）有（　　）。

A. 借：应付账款　2 550
　　贷：应收账款　2 550

B. 借：应付账款　2 500
　　贷：应收账款　2 500

C. 借：应收账款——坏账准备　50
　　贷：资产减值损失　50

D. 借：应收账款——坏账准备　50
　　贷：未分配利润——年初　50

9. 下列有关处置子公司股权投资直至丧失控制权的各项交易属于一揽子交易的表述中，正确的有（　　）。

A. 应当将各项交易作为一项处置子公司并丧失控制权的交易进行会计处理

B. 在丧失控制权之前，对于每一次处置价款与处置长期股权投资部分账面价值的差额，个别财务报表中确认为投资收益

C. 在丧失控制权之前，对于每一次处置价款与处置投资对应的享有该子公司自购买日公允价值开始持续计算的净资产份额的差额，合并财务报表中确认为资本公积（股本溢价或资本溢价）

D. 在丧失控制权之前，每一次处置价款与处置投资对应的享有该子公司自购买日公允价值开始持续计算的净资产份额的差额，合并财务报表中确认为其他综合收益

10. 企业在报告期内出售子公司，报告期期末编制合并财务报表时，下列表述中，正确的有（　　）。

A. 不调整合并资产负债表的期初数

B. 应将被出售子公司年初至出售日的现金流量纳入合并现金流量表

C. 应将被出售子公司年初至出售日的相关收入和费用纳入合并利润表

D. 应将被出售子公司年初至出售日的净利润计入合并利润表投资收益

11. 下列关于母公司、子公司交叉持股在合并财务报表上的会计处理的表述正确的有（　　）。

A. 母公司持有子公司股权，应当抵销母公司长期股权投资和子公司所有者权益

B. 子公司持有母公司股权，应当按照子公司取得母公司股权日所确认的长期股权投资的初始投资成本，将其转为合并财务报表中的资本公积

C. 子公司持有母公司股权，应当按照子公司取得母公司股权日所确认的长期股权投资的初始投资成本，将其转为合并财务报表中的库存股

D. 子公司相互之间持有的长期股权投资，应当比照母公司对子公司的股权投资的抵销方法，将长期股权投资与其对应的子公司所有者权益中所享有的份额相互抵销

三、计算分析题

1.A 公司于 2021 年 3 月 1 日以银行存款 1 000 万元取得 B 公司 20%的股权，当日 B 公司可辨认净资产公允价值为 4 000 万元（与账面价值相等）。取得投资后 A 公司派人参与 B 公司的生产经营决策。

2021 年 3 月 1 日至 2021 年 12 月 31 日 B 公司实现净利润 2 000 万元，自用房地产转换为以公允价值计量的投资性房地产确认其他综合收益 500 万元，当年，B 公司未宣告发放现金股利或利润，无其他权益变动。

2022 年 1 月 1 日，A 公司又以银行存款 3 000 万元进一步取得 B 公司 40%的股权，至此合计持有 B 公司股权的比例为 60%，能够对 B 公司实施控制。

购买日 B 公司可辨认净资产的公允价值为 7 000 万元（与账面价值相等），A 公司之前取得 B 公司的 20%股权于购买日的公允价值为 1 650 万元。

B 公司 2022 年 1 月 1 日账面股东权益总额为 7 000 万元，其中股本为 2 000 万元，资本公积为 900 万元，其他综合收益为 500 万元，盈余公积为 1 000 万元，未分配利润为 2 600 万元。

B 公司 2022 年实现净利润 1 000 万元，未发生其他计入所有者权益变动的交易和事项。

假定：① A 公司和 B 公司均按净利润的 10%计提盈余公积，A 公司和 B 公司在投资前无关联方关系；②不考虑其他因素的影响。

要求：根据材料完成如下会计处理（答案中的金额的单位用万元表示）。

（1）编制 A 公司 2021 年个别财务报表的相关会计分录，并计算 2021 年末个别财务报表中该项长期股权投资的账面价值。

（2）编制 A 公司 2022 年度购买日个别财务报表的相关会计分录，并计算 2022 年末个

别财务报表中对 B 公司长期股权投资的账面价值。

(3)计算 2022 年 1 月 1 日购入 B 公司 40%股权对合并财务报表中投资收益的影响金额。

(4)计算购买日在合并资产负债表中列示的商誉的金额。

(5)编制 A 公司 2022 年合并财务报表的相关调整抵销分录。

2. 甲公司和乙公司采用的会计政策和会计期间相同,甲公司和乙公司 2021 年至 2022 年有关长期股权投资及其内部交易或事项如下。

资料一:2021 年度资料。

①1 月 1 日,甲公司以银行存款 18 400 万元自非关联方处购入乙公司 80%有表决权的股份。交易前,甲公司不持有乙公司的股份且与乙公司不存在关联方关系;交易后,甲公司取得乙公司的控制权。乙公司当日可辨认净资产的账面价值为 23 000 万元(与公允价值相等),其中股本 6 000 万元、资本公积 4 800 万元、盈余公积 1 200 万元、未分配利润 11 000 万元。

②3 月 10 日,甲公司向乙公司销售 A 产品一批,售价为 2 000 万元,生产成本为 1 400 万元。至当年末,乙公司已向集团外销售 A 产品的 60%。剩余部分形成年末存货,其可变现净值为 600 万元,计提了存货跌价准备 200 万元;甲公司应收款项 2 000 万元尚未收回,计提坏账准备 100 万元。

③7 月 1 日,甲公司将其一项专利权以 1 200 万元的价格转让给乙公司,款项于当日收存银行。甲公司该专利权的原价为 1 000 万元,预计使用年限为 10 年、无残值,采用直线法进行摊销,至转让时已摊销 5 年,未计提减值准备。乙公司取得该专利权后作为管理用无形资产核算,预计尚可使用 5 年,无残值,采用直线法进行摊销。

④乙公司当年实现的净利润为 6 000 万元,提取法定盈余公积 600 万元,向股东分配现金股利 3 000 万元;因自用房地产转换为以公允价值计量的投资性房地产影响乙公司当期其他综合收益的金额为 400 万元。

资料二:2022 年度资料。

2022 年度,甲公司与乙公司之间未发生内部购销交易。至 2022 年 12 月 31 日,乙公司上年自甲公司购入的 A 产品剩余部分全部向集团外售出;乙公司支付了上年所欠甲公司货款 2 000 万元。

甲、乙公司采用资产负债表债务法核算所得税,适用的所得税税率 25%;且假定不考虑所得税以外的相关税费及其他因素。

要求:根据材料完成如下会计处理。

(1)编制甲公司 2021 年 12 月 31 日合并乙公司财务报表时按照权益法调整长期股权投资的调整分录以及与该项投资直接相关的(含甲公司内部投资收益)抵销分录。

(2)编制甲公司 2021 年 12 月 31 日合并乙公司财务报表时与内部购销交易相关的抵销分录。(不要求编制与合并现金流量表相关的抵销分录。)

(3)编制甲公司 2022 年 12 月 31 日合并乙公司财务报表时与内部购销交易相关的抵销分录。

自测题参考答案

第一章 非货币性资产交换

一、单项选择题

1.C 2.D 3.D 4.B 5.D 6.A 7.D 8.C 9.A 10.D 11.A 12.B

二、多项选择题

1.AD 2.AD 3.ADE 4.ABCDE 5.CD 6.BDE 7.BCD 8.DE 9.AD 10.ABD 11.ABCD 12.ABCDE

三、判断题

1. × 2. × 3. × 4. √ 5. √ 6. √ 7. √ 8. √ 9. √ 10. × 11. × 12. √

四、计算及账务处理题

1. 乙支付的 49 200 元包含增值税税差 29 200 元，补价为 20 000 元。补价 20 000 元占交换资产公允价值 400 000 元的比例为 5%，小于 25%，因此该交易属于非货币性资产交换。

（1）在第一种假设下，由于该交易具有商业实质，因此应该采用公允价值进行计量。

①甲公司的会计处理如下。

甲公司换入专利的成本=400 000-20 000=380 000（元）

借：固定资产清理	340 000	
累计折旧	220 000	
固定资产减值准备	40 000	
贷：固定资产		600 000
借：银行存款	49 200	
无形资产	380 000	
应交税费——应交增值税（进项税额）	22 800	
贷：固定资产清理		340 000
应交税费——应交增值税（销项税额）		52 000
资产处置损益		60 000

②乙公司的会计处理如下。

借：固定资产——设备	400 000	
应交税费——应交增值税（进项税额）	52 000	
累计摊销	150 000	
贷：无形资产		500 000
应交税费——应交增值税（销项税额）		22 800
资产处置损益		30 000
银行存款		49 200

(2)在第二种假设下,由于该交易不具有商业实质,因此应该采用账面价值进行计量。

①甲公司的会计处理如下。

甲公司换入专利的成本=600 000-220 000-40 000-20 000=320 000(元)

借:固定资产清理	340 000	
固定资产减值准备	40 000	
累计折旧	220 000	
贷:固定资产		600 000
借:银行存款	49 200	
无形资产	320 000	
应交税费——应交增值税(进项税额)	22 800	
贷:固定资产清理		340 000
应交税费——应交增值税(销项税额)		52 000

②乙公司的会计处理如下。

借:固定资产——设备	370 000	
应交税费——应交增值税(进项税额)	52 000	
累计摊销	150 000	
贷:无形资产		500 000
应交税费——应交增值税(销项税额)		22 800
银行存款		49 200

2.(1)补价为10万元,占交换资产价值50万元的比例为20%,低于25%,该交易属于非货币性资产交换。

甲公司换入设备的成本=400 000+100 000+10 000=510 000(元)

借:固定资产	510 000	
应交税费——应交增值税(进项税额)	65 000	
贷:主营业务收入		400 000
应交税费——应交增值税(销项税额)		52 000
银行存款		123 000
借:主营业务成本	360 000	
存货跌价准备	20 000	
贷:库存商品		380 000
借:税金及附加	40 000	
贷:应交税费——应交消费税		40 000

(2)补价为10万元占交换资产价值200万元的比例为5%,低于25%,属于非货币性资产交换。

甲公司换入资产入账价值总额=190+10+10=210(万元)

设备公允价值占换入资产公允价值总额的比例=50/(50+150)=25%

无形资产公允价值占换入资产公允价值总额的比例=150/(50+150)=75%

则换入设备的入账价值=210×25%=52.5(万元)

换入无形资产的入账价值=210×75%=157.5(万元)

借：固定资产——设备 525 000
　　应交税费——应交增值税(进项税额) 170 000
　　无形资产 1 575 000
　　长期股权投资减值准备 200 000
　　投资收益 200 000
　　贷：长期股权投资 2 300 000
　　　　银行存款 370 000
借：其他综合收益 400 000
　　贷：投资收益 400 000

(3)补价2万元,占交换资产价值42万元的比例为4.8%,低于25%,因此该交换为非货币性资产交换。

甲公司换入商品的成本=420 000−20 000=400 000(元)

借：库存商品 400 000
　　应交税费——应交增值税(进项税额) 52 000
　　贷：其他权益工具投资——成本 320 000
　　　　　　　　　　　——公允价值变动 60 000
　　　　留存收益 40 000
　　　　银行存款 32 000
借：其他综合收益 60 000
　　贷：留存收益 60 000

3. 补价为200万元,占交换资产的价值总额2 200万元的比例低于25%,因此该交易属于非货币性资产交换,并且应该采用公允价值进行计量。

(1)计算双方换入资产的总成本。

甲公司换入资产的总成本=2 000+200=2 200(万元)

乙公司换入资产的总成本=2 200−200=2 000(万元)

(2)计算双方换入的各项资产的入账价值。

①甲公司的各项资产的入账价值。

换入的原材料应分配的价值=400/2 200×2 200=400(万元)

换入的固定资产应分配的价值=1 800/2 200×2 200=1 800(万元)

②乙公司的各项资产的入账价值。

换入的库存商品应分配的价值=300/2 000×2 000=300(万元)

换入的股权投资应分配的价值=1 000/2 000×2 000=1 000(万元)

换入的无形资产应分配的价值=700/2 000×2 000=700(万元)

(3)编制相关的会计分录(单位:万元)。

①甲公司的账务处理如下。

借：原材料 400
　　固定资产 1 800

应交税费——应交增值税(进项税额) 214
累计摊销 300
贷：主营业务收入 300
应交税费——应交增值税(销项税额) 39
长期股权投资 800
投资收益 200
无形资产 800
应交税费——应交增值税(销项税额) 42
资产处置损益 200
银行存款 333
借：主营业务成本 200
贷：库存商品 200

②乙公司的账务处理如下。

借：固定资产清理 1 200
累计折旧 300
贷：固定资产 1 500
借：库存商品 300
长期股权投资 1 000
无形资产 700
应交税费——应交增值税(进项税额) 81
银行存款 333
贷：其他业务收入 400
应交税费——应交增值税(销项税额) 214
固定资产清理 1 200
资产处置损益 600
借：其他业务成本 300
贷：原材料 300

第二章 债务重组

一、单项选择题

1.A 2.D 3.A 4.D 5.A 6.D 7.B 8.A 9.D 10.A 11. B 12.A 13.B 14.C 15.D

二、多项选择题

1.ABC 2.ABC 3.ABCD 4. ABCD 5.BD

三、判断题

1.× 2.√ 3. × 4.√ 5.√

四、计算及账务处理题

1. ①乙公司的会计处理为:固定资产的入账价值=680-400-220×13%=251.4(万元);其

他权益工具投资的入账价值=420(万元)。

借：固定资产	251.4	
应交税费——应交增值税(进项税额)	28.6(220×13%)	
其他权益工具投资	420	
坏账准备	2.5	
贷：应收账款——甲公司		700
投资收益		2.5

②甲公司的会计处理为：

借：应付账款——乙公司	700	
存货跌价准备	1	
贷：库存商品		180
应交税费——应交增值税(销项税额)		28.6
交易性金融资产——成本		200
——公允价值变动		100
其他收益——债务重组收益		192.4

2. ①甲公司的账务处理如下。

借：固定资产	3 396(3 390+6)	
坏账准备	20	
投资收益	250(3 390−3 640)	
贷：应收账款		3 660
银行存款		6

②乙公司的账务处理如下。

借：固定资产清理	2 800	
累计折旧	50	
贷：固定资产		2 850
借：应付账款	3 660	
贷：固定资产清理		2 800
其他收益——债务重组收益		860

第三章　所得税会计

一、单项选择题

1.B　2.D　3.B　4.B　5.D　6.D　7.D　8.A　9.C　10.D

二、多项选择题

1.BD　2.ABD　3.ABD　4.AC　5.ABC　6.AC　7.AB　8.AC　9.ACD　10.AB

三、计算分析题

1.(1)应纳税所得额=2 000+[300×2/10−(300−15/10)]−120/10+(120−90)+80=2 129.5(万元),应交所得税=2 129.5×25%=532.38(万元)。

(2)事项(1)2021年12月31日固定资产的账面价值=300−300/10×2=240(万元),计税基础=300-（300-15）/10=271.5（万元），产生可抵扣暂时性差异=271.5-240=31.5（万元），应确认递延所得税资产=31.5×25%=7.88（万元）。

事项（2）无形资产使用寿命不确定，不计提摊销，所以2021年12月31日成本为120万元，可收回金额为90万元，所以账面价值为90万元，计税基础=120-120/10=108（万元），产生可抵扣暂时性差异=108-90=18（万元）。确认递延所得税资产=18×25%=4.5（万元）。

事项（3）2021年12月31日预计负债账面价值为80万元，计税基础为0，产生可抵扣暂时性差异80万元，应确认递延所得税资产=80×25%=20（万元）。

事项（4）2021年12月31日以公允价值计量且其变动计入其他综合收益的金融资产债务工具账面价值为1 020万元，计税基础为900万元，产生应纳税暂时性差异=1 020-900=120（万元），应确认递延所得税负债30（120×25%）万元。

综上，2021年12月31日递延所得税资产余额=7.88+4.5+20=32.38（万元）；2021年12月31日递延所得税负债余额为30万元。

（3）2021年所得税费用=532.38-32.38=500（万元）。

会计分录如下（单位：万元）。

借：所得税费用　500
　　递延所得税资产　32.38
　　其他综合收益　30
　　贷：应交税费——应交所得税　532.38
　　　　递延所得税负债　30

2.（1）借：其他权益工具投资　1 010
　　　　贷：银行存款　1 010（200×5+10）

借：其他权益工具投资　390
　　贷：其他综合收益　390（1 400-1 010）

借：其他综合收益　97.5（390×25%）
　　贷：递延所得税负债　97.5

（2）2021年末“递延所得税资产”科目余额=500-350-50+[4 000-4 000×（1-10%）/20×9/12-3 600]×25%+（350-310）×25%=176.25（万元）。

（3）2021年末“递延所得税负债”科目余额=（1 400-1010）×25%=97.5（万元）。

（4）长城公司2021年度应确认的递延所得税费用=500-176.25=323.75（万元）。

（5）应纳税所得额=6 000+[（4 000-3 600）-4 000×（1-10%）/20×9/12]（事项1）-100（事项2）+40（事项4）-50÷25%（事项5转回上年超标的广告费）-350÷25%（弥补以前年度亏损）=4 605（万元），当期应交所得税=应纳税所得额×所得税税率=4 605×25%=1 151.25（万元）。

（6）2021年度所得税费用=1 151.25+323.75=1 475（万元）。

借：所得税费用　1 475
　　贷：应交税费——应交所得税　1 151.25
　　　　递延所得税资产　323.75

第四章 外币折算

一、单项选择题

1.A 2.D 3.B 4.A 5.A 6.D 7.B 8.A 9.B 10.C

二、多项选择题

1.ABD 2.ACD 3.ABD 4. BD 5.BCD 6.CD 7.ACD 8.AD 9.ACD 10.ABC

三、计算分析题

1.（1）甲公司 2021 年第一季度与外币交易或事项相关的会计分录如下（单位：万元）。

①1 月 5 日。

借：银行存款——美元 237（30 × 7.9）

财务费用——汇兑差额 0.6

贷：银行存款——人民币 237.6（30 × 7.92）

②1 月 10 日。

借：原材料 4 580（500 × 7.92+620）

应交税费——应交增值税（进项税额） 778.6

贷：应付账款——美元 3 960（500 × 7.92）

银行存款——人民币 1 398.6（620+778.6）

③2 月 14 日。

借：应收账款——美元 5 947.5（300 × 2.5 × 7.93）

贷：主营业务收入 5 947.5

④2 月 20 日。

借：银行存款——美元 2 379（300 × 7.93）

贷：应收账款——美元 2 268（300 × 7.56）

财务费用——汇兑差额 111

⑤3 月 31 日。

借：在建工程 99.75

贷：长期借款——应计利息——美元 99.75（1 000 × 5% × 3/12 × 7.98）

（2）银行存款汇兑损益=（400+30+300）× 7.98−（3 024+237+2 379）=185.4（万元）人民币（收益）。

应收账款汇兑损益=（500+300 × 2.5−300）× 7.98−（3 780+5 947.5−2 268）=121.5（万元）人民币（收益）。

应付账款汇兑损益=（300+500）× 7.98−（2 268+3 960）=156（万元）人民币（损失）。

长期借款汇兑损益=（1 000+1 000 × 5% × 3/12）× 7.98−（7 560+99.75）=420（万元）人民币（损失）。

相关会计分录如下（单位：万元）。

借：银行存款——美元 185.4

应收账款——美元 121.5

贷：应付账款——美元 156

财务费用——汇兑差额 150.9

借：在建工程 420

贷：长期借款——美元 420

甲公司外币账户 2021 年 3 月 31 日汇兑损益如下表所示。

外币账户	2021 年 3 月 31 日汇兑差额（人民币）/万元
银行存款（美元）	+185.4
应收账款（美元）	+121.5
应付账款（美元）	−156
长期借款（美元）	−420

2.（1）12 月 1 日会计分录如下。

借：交易性金融资产 36 000

贷：银行存款 36 000

（2）12 月 31 日会计分录如下。

借：公允价值变动损益 1 000

贷：交易性金融资产——公允价值变动 1 000

第五章　租赁

一、单项选择题

1.C　2.C　3.C　4.A　5.B　6.C　7.C　8.C　9.C　10.B　11.C　12.C　13.B　14.A　15.D　16.D　17.B　18.B　19.C　20.D

二、多项选择题

1.AB　2.ABCD　3.BC　4.ABDE　5.ABC　6.ABCE　7.ADE　8.ABCDE　9.BCDE　10.ABCE

三、判断题

1. ×　2. √　3. ×　4. ×　5. √　6. ×　7. ×　8. ×　9. ×　10. √

四、计算及账务处理题

1. 承租人（甲公司）租赁期的会计处理如下。

（1）识别租赁合同。

甲公司有权在 3 年内使用生产设备。已识别的资产为全新生产设备，甲公司实质上有权获得 3 年内使用生产设备而产生的全部经济利益，故此合同为租赁。

（2）计算租赁付款额及其现值，确定租赁负债的入账价值。

租赁付款额=各期固定租金之和+租赁期满优惠购置款=300+400+20=720（万元）。

租赁付款额的现值$=300\times(P/F,6\%,1)+400\times(P/F,6\%,2)+20\times(P/F,6\%,3)$

$=300\times0.943\,4+400\times0.890\,0+20\times0.839\,62$

$=283.02+356+16.792\,4=655.812\,4$（万元）

（3）2019 年 12 月 15 日的会计处理如下。

借：使用权资产 6 558 124

贷：租赁负债 6 558 124

（4）2020 年 12 月 31 日、2021 年 12 月 31 日支付租金的会计处理如下。

首先，在租赁期内采用实际利率法计算租赁利息费用，见下表。

租赁利息费用计算表（实际利率法）

单位：元

日期 ①	租赁付款额 ②	利息费用 ③=期初⑤×6%	应付本金的减少额 ④=②-③	应付本金余额 期末⑤=期初⑤-④
2020 年 1 月 1 日				6 558 124
2020 年 12 月 31 日	3 000 000	393 487	2 606 513	3 951 611
2021 年 12 月 31 日	4 000 000	237 097	3 762 903	188 708
2022 年 12 月 31 日	200 000	11 292	188 708	0
合计	7 200 000			

注：2021 年 12 月 31 日，先归还尚未支付的本金 188 708 元，然后，倒挤本年利息 11 292（200 000-188 708）元。

（5）2020 年 12 月 31 日的相关会计处理如下。

①计提利息费用。

利息费用=租赁负债的摊余成本 × 实际利率=6 558 124×6%=393 487（元）

借：财务费用 393 487

贷：租赁负债 393 487

②支付租金。

借：租赁负债 3 000 000

贷：银行存款 3 000 000

③2020 年 12 月 31 日，计提折旧。

制造费用=6 558 124÷5=1 311 624.8（元）

借：制造费用 1 311 624.8

贷：使用权资产累计折旧 1 311 624.8

（6）2021 年 12 月 31 日的相关会计处理如下。

①确认利息费用。

借：财务费用 237 097

贷：租赁负债 237 097

②2021 年 12 月 31 日，支付租金 4 000 000 元的会计处理如下。

借：租赁负债 4 000 000

贷：银行存款 4 000 000

借：制造费用 1 311 624.8

贷：使用权资产累计折旧 1 311 624.8

（7）2022 年 12 月 31 日的相关会计处理如下。

①确认优惠留购款的利息费用。

租赁付款额的期初摊余成本=188 708（元）

优惠留购款=200 000（元）

利息费用=200 000−188 708=11 292（元）

借：财务费用　　11 292

　　贷：租赁负债　　11 292

②支付优惠留购款。

借：租赁负债　　200 000

　　贷：银行存款　　200 000

③计提折旧。

借：制造费用　　1 311 624.8

　　贷：使用权资产累计折旧　　1 311 624.8

④ 2022 年 12 月 31 日，将使用权资产转为自有资产。

借：固定资产　　6 557 812

　　贷：使用权资产　　6 557 812

借：使用权资产累计折旧　　2 459 094

　　贷：累计折旧　　2 459 094

2.

单位：万元

年度	会计分录
第 1 年初预收租金	借：银行存款　200 　贷：预收账款/应收账款　200
第 1 至 5 年收取租金并确认租金收入	借：银行存款　10 　预收账款/应收账款　40（借贷平衡数） 　贷：主营业务收入　300/6=50
第 6 年收取租金并确认租金收入	借：银行存款　50 　贷：主营业务收入　50

3.（1）甲设备的公允价值为 1 200 万元时，即销售价格=公允价值。

租赁期开始日的会计分录如下。

第一步，计算租赁付款额的现值。

租赁付款额现值=2 500 000×（P/A，6%，5）=2 500 000×4.212 36=10 530 900（元）

第二步，计算使用权资产的入账价值。

使用权资产的入账价值=租赁资产账面价值 ×（租赁付款额现值/租赁资产公允价值）

=9 000 000×（10 530 900/12 000 000）=7 898 175（元）

第三步，计算资产销售利得（或损失），即已转让给 B 租赁公司部分才能确认为当期损益。

销售利得（或损失）=总销售利得（或损失）×（1−使用权资产入账价值/租赁资产账面价值）

=3 000 000×（1−7 898 175/9 000 000）

=367 275（元）

售后租回公允价值分配表(按照公允价值销售)

单位:元

	总额	归属于A公司	归属于B租赁公司
公允价值(销售对价)分摊	12 000 000	10 530 900	1 469 100
账面价值(依公允价值分摊)	9 000 000	7 898 175	1 101 825
销售利得或损失(依公允价值分摊)	3 000 000	2 632 725	367 275

根据上述分摊金额,A公司可作如下会计分录。

借:银行存款 12 000 000
　　累计折旧 500 000
　　使用权资产 7 898 175
　　贷:固定资产 9 500 000
　　　　租赁负债 10 530 900
　　　　资产处置损益 367 275

(2)甲设备的公允价值为1 000万元时,即销售价格 > 公允价值。

租赁期开始日的会计分录如下。

第一步,计算租赁付款额的现值。

租赁付款额现值=2 500 000×(P/A,6%,5)=2 500 000×4.212 36=10 530 900(元)

销售价格超出公允价值的2 000 000(12 000 000−10 000 000)元可被认定为B租赁公司给予A公司额外的融资额度,A公司实际支付的租赁款(即归属于A公司的公允价值)为8 530 900(10 530 900−2 000 000)元,相应归属于B租赁公司的销售价格(公允价值)部分为1 469 100(10 000 000−8 530 900)元. 在此基础上可以将账面金额与销售利得在A公司与B租赁公司间进行分配。其中归属于A公司的销售对价与账面金额部分,从本质上讲是由A公司保留而未转移出去的资产价值部分,因此A公司不能确认归属于自身的销售利得,而只确认归属于B租赁公司的销售利得。

第二步,计算使用权资产的入账价值。

使用权资产的入账价值=租赁资产账面价值 ×(租赁付款额现值/租赁资产公允价值)
=9 000 000×(8 530 900/10 000 000)=7 677 810(元)

第三步,计算资产销售利得(或损失),即已转让给B租赁公司部分才能确认为当期损益。

销售利得(或损失)=总销售利得(或损失)×(1−使用权资产入账价值/租赁资产账面价值)
=1 000 000×(1−7 677 810/9 000 000)
=146 910(元)

售后租回公允价值分配表(按照公允价值销售)

单位:元

项目	总额	归属于A公司	归属于B租赁公司
公允价值(销售对价)分摊	10 000 000	8 530 900	1 469 100

续表

项目	总额	归属于 A 公司	归属于 B 租赁公司
账面价值（依公允价值分摊）	9 000 000	7 677 810	1 322 190
销售利得或损失（依公允价值分摊）	1 000 000	853 090	146 910

根据上述分摊金额，A 公司可作如下会计分录。

借：银行存款　　12 000 000
　　累计折旧　　500 000
　　使用权资产　　7 677 810
　　贷：固定资产　　9 500 000
　　　　租赁负债　　8 530 900
　　　　长期应付款　　2 000 000
　　　　资产处置损益　　146 910

（3）甲设备的公允价值为 1 300 万元时，即销售价格 < 公允价值。

租赁期开始日的会计分录如下。

第一步，计算租赁付款额的现值。

租赁付款额现值=2 500 000×（P/A，6%，5）=2 500 000×4.212 36=10 530 900（元）

租赁付款额现值 10 530 900 元可以代表归属于 A 公司的公允价值部分。销售价格低于公允价值的 1 000 000 元，可被认定为 A 公司提前向 B 租赁公司支付了租赁款，因此 A 公司的租赁款共计为 11 530 900（10 530 900+1 000 000）元，而归属于 B 租赁公司的公允价值则为 1 469 100（13 000 000−11 530 900）元。

在此基础上可以将账面金额与销售利得在 A 公司与 B 租赁公司间进行分配。其中归属于 A 公司的销售对价与账面金额部分，从本质上讲是由 A 公司保留而未转移出去的资产价值部分，因此 A 公司不能确认归属于自身的销售利得，而只确认归属于 B 租赁公司的销售利得。

第二步，计算使用权资产的入账价值。

使用权资产的入账价值=租赁资产账面价值 ×（租赁付款额现值/租赁资产公允价值）
=9 000 000×（11 530 900/13 000 000）=7 982 930（元）

第三步，计算资产销售利得（或损失），即已转让给 B 租赁公司部分才能确认为当期损益。

销售利得（或损失）=总销售利得（或损失）×（1−使用权资产入账价值/租赁资产账面价值）
=4 000 000×（1−7 982 930/9 000 000）
=452 030（元）

售后租回公允价值分配表(按照公允价值销售) 单位:元

	总额	归属于A公司	归属于B租赁公司
公允价值(销售对价)分摊	13 000 000	11 530 900	1 469 100
账面价值(依公允价值分摊)	9 000 000	7 982 930	1 017 070
销售利得或损失(依公允价值分摊)	4 000 000	3 547 970	452 030

根据上述分摊金额,A公司可作如下会计分录。

借:银行存款 12 000 000

　　累计折旧 500 000

　　使用权资产 7 982 930

　　贷:固定资产 9 500 000

　　　　租赁负债 10 530 900

　　　　资产处置损益 452 030

五、案例分析题

(1)甲公司应对此合同进行分析,从而确定此合同是否为意向租赁。

合同中,明确规定了甲公司使用推土机、卡车和长臂挖掘机,因此存在已识别资产。此外,甲公司可从单独使用这三项设备中的每一项,或将其与易于获得的其他资源一起使用中获利,因此此合同是一项租赁。

(2)甲公司的会计处理如下。

假设甲公司未采用简化处理,将非租赁部分(维护服务)与租入的各项设备分别进行会计处理。甲公司租入的推土机、卡车和长臂挖掘机分别属于单独租赁,原因如下:①甲公司可从单独使用这三项设备中的每一项,或将其与易于获得的其他资源一起使用中获利(例如,甲公司易于租入或购买其他卡车或挖掘机用于其采矿业务);②尽管甲公司租入这三项设备只有一个目的(即从事采矿业务),但这些设备不存在高度依赖或高度关联关系。因此,合同中存在三个租赁部分和对应的三个非租赁部分(维护服务)。甲公司可将合同对价分摊至三个租赁部分和非租赁部分。

市场上,推土机和卡车维护服务的可观察单独价格分别为160 000元和80 000元。根据乙公司提供长臂挖掘机维护服务的市场价格,甲公司估计长臂挖掘机维护服务的单独价格为280 000元。因此,维护服务的价格一共为520 000元。

甲公司将合同固定对价3 000 000元分摊至租赁和非租赁部分的情况如下表所示。

合同固定对价分摊情况

<table>
<tr><td colspan="5">项目</td><td>合计</td></tr>
<tr><td rowspan="3">可观察的单独价格</td><td>租赁</td><td>推土机:900 000元</td><td>卡车:580 000元</td><td>长臂挖掘机:1 200 000元</td><td>2 680 000元</td></tr>
<tr><td colspan="4">非租赁(维护服务)</td><td>520 000元</td></tr>
<tr><td colspan="4">合计</td><td>3 200 000元</td></tr>
<tr><td colspan="5">固定对价总额</td><td>3 000 000元</td></tr>
<tr><td colspan="5">分摊率/%</td><td>93.75</td></tr>
</table>

按照相关会计准则规定，甲公司按照推土机、卡车、长臂挖掘机这三个租赁部分单独价格 900 000 元、580 000 元、1 200 000 元和非租赁部分的单独价格之和 520 000 元的相对比例来分摊合同对价，然后分别按照租赁和购买服务进行会计处理。

第六章　股份支付

一、单项选择题

1.D　2.A　3.B　4.C　5.B　6.B　7.A　8.C　9.B　10.C　11.B　12.A　13.D　14.D　15.B

二、多项选择题

1.AC　2.AC　3.AD　4.CD　5.ABCD　6.CD　7.ACD　8.ABC　9.BCD　10.ACD

三、判断题

1. ×　2. ×　3. ×　4. ×　5. ×　6. √　7. √　8. √　9. √　10. √

四、计算及账务处理题

1.（1）股价目标属于市场条件。根据股份支付准则，企业在确定权益工具在授予日的公允价值时应考虑股份支付协议规定的可行权条件中的市场条件和非可行权条件的影响，市场条件是否得到满足，不影响企业对预计可行权情况的估计。本题中，D 公司在期权授予日确定期权公允价值时已经考虑了市场条件的影响，因此只要公司预计该高管未来能够为本公司提供 3 年的服务，就应该对该项股份支付有关的费用和资本公积予以确认。每期确认费用的金额计算过程如下表所示。

D 公司有关费用计算表　　单位：元

年份	预计 3 年总费用	累计应确认费用	期初累计已确认费用	当年应确认费用
2017 年	10 000 × 24=240 000	240 000 × 1/3=80 000	0	80 000
2018 年	10 000 × 24=240 000	240 000 × 2/3=160 000	80 000	80 000
2019 年	10 000 × 24=240 000	240 000	160 000	80 000

（2）如果股价在第 3 年末没有达到 65 元/股，则此项期权作废。

（3）如果该高管在第 3 年离开公司，以前确认的金额应予以转回。

期权作废的两种情况的会计分录比较　　单位：元

项目	职工第 3 年离开公司（未满足服务期条件）	第 3 年末股价没有达到 65 元/股（未满足市场业绩条件）
授予日	不作处理	不作处理
2017 年末	借：管理费用　80 000 　贷：资本公积——其他资本公积　80 000	借：管理费用　80 000 　贷：资本公积——其他资本公积　80 000
2018 年末	借：管理费用　80 000 　贷：资本公积——其他资本公积　80 000	借：管理费用　80 000 　贷：资本公积——其他资本公积　80 000
2019 年末	借：资本公积——其他资本公积　80 000 　贷：管理费用　80 000	借：资本公积——其他资本公积　80 000 　贷：资本公积——股本溢价　80 000

2.（1）费用计算如下表所示。

费用计算表

单位:元

年份	计算过程	当期费用	累计费用
2019 年	150 × (1−20%) × 200 × 18 × 1/3	144 000	144 000
2020 年	150 × (1−30%) × 200 × 18 × 2/3−144 000	108 000	252 000
2021 年	105 × 200 × 18−252 000	126 000	378 000

（2）会计分录如下。

① 2019 年 1 月 1 日。

授予日不作会计分录。

② 2019 年 12 月 31 日。

借：管理费用　144 000

　　贷：资本公积——其他资本公积　144 000

③ 2020 年 12 月 31 日。

借：管理费用　108 000

　　贷：资本公积——其他资本公积　108 000

④ 2021 年 12 月 31 日。

借：管理费用　126 000

　　贷：资本公积——其他资本公积　126 000

⑤ 2022 年 12 月 31 日。

借：银行存款　210 000

　　资本公积——其他资本公积　378 000

　　贷：股本　21 000

　　　　资本公积——股本溢价　567 000

3. 负债和费用的计算如下表所示。

负债和费用计算表

单位:元

年份	负债计算①	支付现金结算②	当期费用③ = ① + ② −上期①
2018 年	(100−20−10) × 300 × 10 × 1/3=70 000		70 000
2019 年	(100−20−8−6) × 300 × 15 × 2/3=198 000		128 000
2020 年	(100−20−8−2−20) × 300 × 18=270 000	20 × 300 × 16=96 000	168 000
2021 年	(100−20−8−2−20−30) × 300 × 20=120 000	30 × 300 × 18=162 000	12 000
2022 年	0	20 × 300 × 21=126 000	6 000
合计		384 000	384 000

（1）2018 年 12 月 31 日。

借：管理费用 70 000

　　贷：应付职工薪酬——股份支付 70 000

(2)2019 年 12 月 31 日。

借：管理费用 128 000

　　贷：应付职工薪酬——股份支付 128 000

(3)2020 年 12 月 31 日。

借：管理费用 168 000

　　贷：应付职工薪酬——股份支付 168 000

借：应付职工薪酬——股份支付 96 000

　　贷：银行存款 96 000

(4)2021 年 12 月 31 日。

借：公允价值变动损益 12 000

　　贷：应付职工薪酬——股份支付 12 000

借：应付职工薪酬——股份支付 162 000

　　贷：银行存款 162 000

(5)2022 年 12 月 31 日。

借：公允价值变动损益 6 000

　　贷：应付职工薪酬——股份支付 6 000

借：应付职工薪酬——股份支付 126 000

　　贷：银行存款 126 000

第七章　会计调整

一、单项选择题

1.D　2.B　3.C　4.D　5.A　6.C　7.A　8.C　9.A　10.C　11.B

二、多项选择题

1.AD　2.ABCD　3.ABC　4.ACD　5.ABC　6.BCD　7.BCD　8.CD　9.ACD　10.AC　11.AD　12.ABCD　13.ABCD

三、计算分析题

1.(1)事项(1)和(4)属于会计政策变更。

事项(1)的追溯调整分录如下(单位:万元)。

借：盈余公积 250

　　利润分配——未分配利润 2 250

　　贷：长期股权投资——损益调整 2 500

事项(4)按照实际利率法摊销,应付债券 2020 年应确认财务费用=1 000 × 10%=100(万元),利息调整应摊销=100−59=41(万元);按照直线法摊销 2020 年应确认财务费用=59+(1 250−1 000)/5=109(万元),利息调整应摊销=(1 250−1 000)/5=50(万元)。

事项(4)的追溯调整分录如下(单位:万元)。

借：应付债券——利息调整 9(50−41)

贷：递延所得税负债 2.25

盈余公积 0.68

利润分配——未分配利润 6.07

（2）事项（2）和（3）属于会计估计变更。

事项（2）会计估计变更对净利润的影响额=（500−600）×（1−25%）=−75（万元）。会计分录如下（单位:万元）。

借：管理费用 600

贷：累计摊销 600

事项（3）原估计坏账准备余额=2 200×5%=110（万元），本期计提坏账准备=110−（1 000×5%−15）=75（万元）；新估计坏账准备期末余额=2 200×3%=66（万元），本期计提坏账准备=66−（1 000×5%−15）=31（万元）。会计估计变更对净利润的影响额=（75−31）×（1−25%）=33（万元）。会计分录如下（单位:万元）。

借：资产减值损失 31

贷：坏账准备 31

2.（1）设备 2018 年计提的折旧额=100×2/10=20（万元）。

设备 2019 年计提的折旧额=（100−20）×2/10=16（万元）。

（2）2020 年 1 月 1 日设备的账面净值=100−20−16=64（万元）。

设备 2020 年计提的折旧额=（64−4）÷（8−2）=10（万元）。

（3）按原会计估计，设备 2020 年计提的折旧额=（100−20−16）×2/10=12.8（万元）。

上述会计估计变更使 2020 年净利润增加=（12.8−10）×（1−25%）=2.1（万元）。

第八章　企业合并

一、单项选择题

1.D　2.C　3.A　4.D　5.D　6.B　7.D　8.C　9.B　10.A

二、多项选择题

1.ABD　2.BCD　3.ABC　4.BCD　5.ABD　6.BCD　7. ABC　8.ABC　9.ACD

三、综合题

（1）该项合并为非同一控制下的企业合并。

理由：甲公司与乙公司在合并发生前不存在同一最终控制方，或甲公司与乙、丙公司在交易前不存在关联方关系。

购买日为 2020 年 12 月 31 日。

合并成本=1 400×15=21 000（万元）。

借：长期股权投资 21 000

贷：股本 1 400

资本公积——股本溢价 19 600

借：资本公积——股本溢价 300

管理费用 20

贷：银行存款 320

（2）购买日因乙公司可辨认净资产的公允价值与账面价值的差额应确认的递延所得税负债=（8 600−8 000）×25%+[16 400−（20 000−6000）]×25%=750（万元），考虑递延所得税因素影响后的乙公司可辨认净资产的公允价值=27 000−750=26 250（万元），则应确认的商誉=21 000−26 250×70%=2625（万元）。

借：存货 600
　　固定资产 2 400
　　贷：资本公积 3 000
借：资本公积 750
　　贷：递延所得税负债 750
借：股本 6 000
　　资本公积 7 250
　　盈余公积 1 500
　　未分配利润 11 500
　　商誉 2 625
　　贷：长期股权投资 21 000
　　　　少数股东权益 7 875

（3）该项交易为同一控制下的企业合并。

理由：乙、丁公司在合并前后均受甲公司最终控制，且符合时间性要求。

2021 年度乙公司调整后的净利润=3 500−（8 600−8 000）×（1−25%）−[16 400−（20 000−6 000）]/10×（1−25%）=2 870（万元），2022 年度乙公司调整后的净利润=4 000−[16 400−（20 000−6 000）]/10×（1−25%）=3 820（万元）。

乙公司应纳入丁公司合并财务报表的净资产价值=26 250+2 870+3 820+2 625=35 565（万元）。

借：长期股权投资 35 565
　　贷：股本 1 300
　　　　资本公积 34 265

2.A 公司会计分录如下。

借：长期股权投资 6 400
　　资本公积 600
　　累计折旧 1 000
　　贷：固定资产 8 000

第九章　合并财务报表

一、单项选择题

1.B　2.C　3.C　4.C　5.C　6.C　7.D　8.B　9.B　10.D　11.C　12.D　13.C

二、多项选择题

1.ABC　2.AB　3.ABD　4.ACD　5.ABCD　6.BCD　7.ABC　8.AD　9.ABD　10.ABC　11.ACD

三、计算分析题

1.(1)2021年3月1日。

借：长期股权投资——投资成本 1 000

贷：银行存款 1 000

2021年12月31日。

借：长期股权投资——损益调整 400

贷：投资收益 400(2 000×20%)

借：长期股权投资——其他综合收益 100

贷：其他综合收益 100(500×20%)

2021年末个别财务报表中该项长期股权投资的账面价值=1 000+400+100=1 500(万元)。

(2)2022年1月1日个别财务报表相关会计处理如下。

借：长期股权投资 3 000

贷：银行存款 3 000

2022年末个别财务报表中该项长期股权投资的账面价值=1 500+3 000=4 500(万元)。

(3)2022年1月1日购买40%股权交易对合并财务报表中投资收益的影响金额=1650-1 500+100=250(万元)。

(4)购买日在合并资产负债表中列示的商誉的金额=合并财务报表计算确定的合并成本(1 650+3 000)-7 000×60%=450(万元)。

(5)2022年合并财务报表相关抵销调整分录如下。

①调整分录。

借：长期股权投资 150(1 650-1 500)

其他综合收益 100

贷：投资收益 250

借：长期股权投资 600(1 000×60%)

贷：投资收益 600

②抵销分录。

借：股本 2 000

资本公积 900

其他综合收益 500

盈余公积 1 100

未分配利润——年末 3 500(2 600+1 000-1 000×10%)

商誉 450

贷：长期股权投资 5 250(4 500+150+600)

少数股东权益 3 200

借：投资收益 600

少数股东损益 400(1 000×40%)

未分配利润——年初 2 600

贷：提取盈余公积 100

未分配利润——年末 3 500

2.（1）合并财务报表中按照权益法调整，取得投资当年应确认的投资收益=6 000×80%=4 800（万元），相应会计分录如下（单位：万元）

借：长期股权投资 4 800

贷：投资收益 4 800

应确认的其他综合收益=400×80%=320（万元），相应会计分录如下（单位：万元）。

借：长期股权投资 320

贷：其他综合收益 320

分配现金股利调整减少长期股权投资=3 000×80%=2 400（万元），相应会计分录如下（单位：万元）。

借：投资收益 2 400

贷：长期股权投资 2 400

调整后长期股权投资的账面价值=18 400+4 800−2 400+320=21 120（万元）。

抵销长期股权投资和子公司所有者权益分录如下（单位：万元）。

借：股本 6 000

资本公积 4 800

其他综合收益 400

盈余公积 1 800（1 200+6 000×10%）

未分配利润——年末 13 400（11 000+6 000−600−3 000）

贷：长期股权投资 21 120

少数股东权益 5 280

借：投资收益 4 800

少数股东损益 1 200

未分配利润——年初 11 000

贷：提取盈余公积 600

对所有者（或股东）的分配 3 000

未分配利润——年末 13 400

（2）2021 年 12 月 31 日与内部购销交易相关的抵销分录如下（单位：万元）。

借：营业收入 2 000

贷：营业成本 2 000

借：营业成本 240

贷：存货 240[（2 000−1 400）×（1−60%）]

借：存货——存货跌价准备 200

贷：资产减值损失 200

借：递延所得税资产 10

贷：所得税费用 10（40×25%）

借：应付账款 2 000

贷：应收账款 2 000

借：应收账款 100

贷：资产减值损失 100

借：所得税费用 25（100×25%）

贷：递延所得税资产 25

借：资产处置收益 700

贷：无形资产 700

借：无形资产 70（700/5×6/12）

贷：管理费用 70

借：递延所得税资产 157.5[（700−70）×25%]

贷：所得税费用 157.5

（3）2022 年 12 月 31 日与内部购销交易相关的抵销分录如下（单位:万元）。

借：未分配利润——年初 240

贷：营业成本 240

借：存货——存货跌价准备 200

贷：未分配利润——年初 200

借：营业成本 200

贷：存货——存货跌价准备 200

借：递延所得税资产 10

贷：未分配利润——年初 10

借：所得税费用 10

贷：递延所得税资产 10

借：应收账款 100

贷：未分配利润——年初 100

借：资产减值损失 100

贷：应收账款 100

借：未分配利润——年初 25

贷：递延所得税资产 25

借：递延所得税资产 25

贷：所得税费用 25

借：未分配利润——年初 700

贷：无形资产 700

借：无形资产 70

贷：未分配利润——年初 70

借：无形资产 140（700/5）

贷：管理费用 140

借：递延所得税资产 157.5

贷：未分配利润——年初 157.5

借：所得税费用 35（140×25%）

贷：递延所得税资产 35

参考文献

[1] 财政部. 企业会计准则第 7 号——非货币性资产交换[M]. 北京:经济科学出版社,2006.
[2] 财政部. 企业会计准则第 12 号——债务重组[M]. 北京:经济科学出版社,2006.
[3] 财政部. 企业会计准则第 11 号——股份支付[M]. 北京:经济科学出版社,2006.
[4] 财政部. 企业会计准则第 19 号——外币折算[M]. 北京:经济科学出版社,2006.
[5] 财政部. 企业会计准则第 18 号——所得税会计[M]. 北京:经济科学出版社,2006.
[6] 财政部. 企业会计准则第 21 号——租赁[M]. 北京:经济科学出版社,2006.
[7] 财政部. 企业会计准则第 33 号——合并财务报表[M]. 北京:经济科学出版社,2006.
[8] 财政部. 企业会计准则第 20 号——企业合并[M]. 北京:经济科学出版社,2006.
[9] 财政部会计司编写组. 企业会计准则讲解(2010)[M]. 北京:人民出版社,2010.
[10] 杜兴强. 高级财务会计学[M]. 厦门:厦门大学出版社,2007.
[11] 陈玲娣,花爱梅. 高级财务会计理论与实务[M]. 北京:清华大学出版社,2012.
[12] 彭小洁. 高级财务会计[M]. 大连:东北财经大学出版社,2015.
[13] 刘永泽. 高级财务会计[M]. 沈阳:东北财经大学出版社,2021.
[14] 傅荣. 高级财务会计[M]. 北京:中国人民大学出版社,2021.
[15] 周婵. 高级财务会计[M]. 北京:清华大学出版社,2020.
[16] 周晓慧. 高级财务会计[M]. 北京:经济科学出版社,2019.
[17] 张宏亮. 高级财务会计学[M]. 沈阳:辽宁大学出版社,2013.
[18] 张志英. 高级财务会计学[M]. 北京:对外经济贸易大学出版社,2014.
[19] 尚洪涛,王婉秋. 高级财务会计[M]. 北京:清华大学出版社,2020.
[20] 余国杰. 高级财务会计[M]. 北京:科学出版社,2013.
[21] 中国注册会计师协会. 会计[M]. 北京:中国财政经济出版社,2017.
[22] 中国注册会计师协会. 会计[M]. 北京:中国财政经济出版社,2022.
[23] 杨琦,任春艳. 高级财务会计[M]. 北京:高等教育出版社,2020.
[24] 闫达五,耿建新,戴明德. 高级财务会计[M]. 北京:中国人民大学出版社,2002.
[25] 耿建新,戴明德,周华. 高级会计学[M]. 北京:中国人民大学出版社,2021.
[26] 陈文军. 高级财务会计[M]. 上海:立信会计出版社,2020.
[27] 栾甫贵,李百兴. 高级财务会计[M]. 北京:首都经济贸易大学出版社,2020.
[28] 毛新达. 财务理论与实务[M]. 北京:中国人民大学出版社,2021.
[29] 杨金观. 高级财务会计[M]. 北京:经济科学出版社,2019.
[30] 王竹泉,王荭,高芳. 高级财务会计[M]. 大连:东北财经大学出版社,2014.
[31] 石本仁. 高级财务会计学[M]. 北京:人民邮电出版社,2017.
[32] 邵毅平,黄平. 高级财务会计[M]. 北京:中国财政经济出版社,2018.
[33] 周华. 高级财务会计[M]. 北京:中国人民大学出版社,2021.

[34] 陈信元,钱逢胜. 高级财务会计[M]. 上海:上海财经大学出版社,2018.
[35] 刘三昌,韩伟爱,刘胜强. 高级财务会计[M]. 北京:清华大学出版社,2011.
[36] 陈玉菁,薛跃. 高级财务会计[M]. 上海:华东师范大学出版社,2015.
[37] 中国税务师协会. 财务与会计[M]. 北京:中国税务出版社,2020.
[37] 中国税务师协会. 财务与会计[M]. 北京:中国税务出版社,2022.
[38] 谭小平. 高级财务会计[M]. 广州:暨南大学出版社,2019.